Bibelverkostung

Ralf-Peter Fuchs (Hrsg.)

Bibelverkostung

Das Lukasevangelium am Puls der Zeit

EVANGELISCHE VERLAGSANSTALT
Leipzig

Bibliographische Information der Deutschen Nationalbibliothek
Die Deutsche Nationalbibliothek verzeichnet diese Publikation in der
Deutschen Nationalbibliographie; detaillierte bibliographische Daten
sind im Internet über http://dnb.de abrufbar.

Cover: Zacharias Bähring, Leipzig
Satz: Steffi Glauche, Leipzig
Druck und Binden: Hubert & Co., Göttingen

ISBN 978-3-374-07191-3 // eISBN (PDF) 978-3-374-07192-0
www.eva-leipzig.de

Vorwort

Zwischen April 2021 und Mai 2022 haben 60 Prediger*innen aus Deutschland, England und Österreich die Kanzel der Eisenacher Georgenkirche bestiegen. Darunter waren Frauen und Männer, die jeder aus den Medien kennt, und auch die, die niemand aus den Medien kennt. Gemeinsam war ihnen die Liebe zum »Buch der Bücher«. Miteinander und doch jeder auf seine Weise haben sie die Texte des Lukasevangeliums ausgelegt. Entstanden ist ein vielgestaltiger Dialog zwischen biblischen Einsichten und Gegenwartserfahrung, ein faszinierendes Gespräch zwischen der erzählten Weisheit des Lukasevangeliums und aktueller Zeitgeschichte.

Der Anlass für diese außergewöhnliche Predigtreihe ist das Jubiläum der Übersetzung des Neuen Testaments durch Martin Luther. Zwischen Dezember 1521 und Februar 1522 hatte er auf der Wartburg zu Eisenach seine wirkmächtige Übersetzungsleistung vollbracht. 500 Jahre später ist das, was manche noch für gutes Lutherdeutsch halten, für andere schon wieder Kirchenlatein geworden. Man muss sich darüber nicht ärgern. Die Übersetzung der Bibel in die jeweils gegenwärtigen Sprach- und Denkweisen ist eine jederzeitige Aufgabe. Die Predigtreihe »Bibelverkostung« war dazu ein Beitrag. Und dieses Buch über diese Predigtreihe will Hilfe und Anregung für jeden Leser sein, die Bibel in die Sprache der eigenen Gedanken und des eigenen Herzens zu übersetzen.

Diejenigen, die das Lukasevangelium kennenlernen möchten, finden in diesem Buch überraschende Zugänge und kundige Begleitung. Wer in der Fülle der Tagesinformationen nach Orientierung sucht, hat gute Chancen, hier fündig zu werden. Alle, die Woche für Woche auf der Kanzel stehen, finden eine Fülle von Ideen für die eigene Predigtvorbereitung. Diejenigen, die die Predigtreihe in der Kirche oder am Radio verfolgt haben, können ihre persönlichen Highlights nachlesen. Und da das Predigen vor allem eine Sprech- und Hörkunst und keine Schreib- und Lesekunst ist, können Sie allen Predigern/innen auch über die eingefügten QR-Codes am Ende des jeweiligen Textes lauschen.

Dieses Buch ist darüber hinaus ein einzigartiges Zeugnis der protestanti-schen Predigtkultur im 21. Jahrhundert und eine Verneigung vor der Aktualität der Bibel und der Übersetzungsleistung Martin Luthers.

Ralf-Peter Fuchs

Inhalt

Geburtsanzeige für Johannes, Lukas 1,1–25

Kristina Kühnbaum-Schmidt

[1]Da es nun schon viele unternommen haben, Bericht zu geben von den Geschichten, die sich unter uns erfüllt haben, [2]wie uns das überliefert haben, die es von Anfang an selbst gesehen haben und Diener des Wortes gewesen sind ,[3]habe auch ich's für gut gehalten, nachdem ich alles von Anfang an sorgfältig erkundet habe, es für dich, hochgeehrter Theophilus, in guter Ordnung aufzuschreiben, [4]auf dass du den sicheren Grund der Lehre erfährst, in der du unterrichtet bist. [5]Zu der Zeit des Herodes, des Königs von Judäa, lebte ein Priester von der Ordnung Abija mit Namen Zacharias, und seine Frau war von den Töchtern Aaron, die hieß Elisabeth. [6]Sie waren aber alle beide gerecht und fromm vor Gott und lebten in allen Geboten und Satzungen des Herrn untadelig. [7]Und sie hatten kein Kind; denn Elisabeth war unfruchtbar, und beide waren hochbetagt. [8]Und es begab sich, als Zacharias den Priesterdienst vor Gott versah, da seine Ordnung an der Reihe war, [9]dass ihn nach dem Brauch der Priesterschaft das Los traf, das Räucheropfer darzubringen; und er ging in den Tempel des Herrn. [10]Und die ganze Menge des Volkes betete draußen zur Stunde des Räucheropfers. [11]Da erschien ihm der Engel des Herrn, der stand an der rechten Seite des Räucheraltars. [12]Und als Zacharias ihn sah, erschrak er, und Furcht überfiel ihn. [13]Aber der Engel sprach zu ihm: Fürchte dich nicht, Zacharias, denn dein Gebet ist erhört, und deine Frau Elisabeth wird dir einen Sohn gebären, dem sollst du den Namen Johannes geben. [14]Und du wirst Freude und Wonne haben, und viele werden sich über seine Geburt freuen. [15]Denn er wird groß sein vor dem Herrn; Wein und starkes Getränk wird er nicht trinken und wird schon von Mutterleib an erfüllt werden mit dem Heiligen Geist. [16]Und er wird viele der Israeliten zu dem Herrn, ihrem Gott, bekehren. [17]Und er wird vor ihm hergehen im Geist und in der Kraft des Elia, zu bekehren die Herzen der Väter zu den Kindern und die Ungehorsamen zu der Klugheit der Gerechten, zuzurichten dem Herrn ein Volk, das wohl vorbereitet ist. [18]Und Zacharias sprach zu dem Engel: Woran soll ich das erkennen? Denn ich bin alt und meine Frau ist hochbetagt. [19]Der Engel antwortete und sprach zu ihm: Ich bin Gabriel, der vor Gott steht, und bin gesandt, mit dir zu reden und dir dies zu verkündigen. [20]Und siehe, du wirst verstummen und nicht reden können bis zu dem Tag, an dem dies geschehen wird, weil du mei-

nen Worten nicht geglaubt hast, die erfüllt werden sollen zu ihrer Zeit. [21]Und das Volk wartete auf Zacharias und wunderte sich, dass er so lange im Tempel blieb. [22]Als er aber herauskam, konnte er nicht mit ihnen reden; und sie merkten, dass er eine Erscheinung gehabt hatte im Tempel. Und er winkte ihnen und blieb stumm. [23]Und es begab sich, als die Zeit seines Dienstes um war, da ging er heim in sein Haus. [24]Nach diesen Tagen wurde seine Frau Elisabeth schwanger und hielt sich fünf Monate verborgen und sprach: [25]So hat der Herr an mir getan in den Tagen, als er mich angesehen hat, um meine Schmach unter den Menschen von mir zu nehmen.

I. Im Tempel

Kerzenlicht, wunderbarer Gesang, Gebet und Lieder, die umhüllende Geborgenheit schützender Mauern. Ahnung von der wundersamen Gegenwart Gottes. Und an der Seite des Altars erscheint ein Engel, spricht die erlösenden Worte: Fürchte dich nicht!

So tröstlich beginnt dieser 1. Advent. So tröstlich beginnt das Evangelium des Lukas. Es beginnt mit einer guten Nachricht, die zwei Menschen aus dem Dunkel ins Licht führt. Die zwei Menschen sind: Zacharias und Elisabeth. Im Tempel kommt die gute Nachricht zu ihnen, dass sie *doch noch* Eltern werden. Ja, dass die wunderbare Geburt ihres Kindes der Anfang sein wird von etwas völlig Neuem, etwas noch Schönerem, das schon mit der Geburt ihres Kindes beginnt.

Kerzenlicht, wunderbarer Gesang, Gebet und Lieder, die umhüllende Geborgenheit schützender Mauern. Ahnung von der wundersamen Gegenwart Gottes. Auch hier, in der Georgenkirche in Eisenach, ist so viel Sehnsucht nach einer guten Nachricht, nach erlösenden Engelsworten: Fürchte dich nicht!

Zu uns kommt die gute Nachricht zeichenhaft: Die erste Adventskerze ist angezündet, Gottes Advent, seine Ankunft beginnt. Das Licht der Hoffnung und des Trostes scheint – beharrlich, verlässlich. Mit diesem ersten Adventslicht hoffe ich: dass Gott nahe ist den Kranken und den Heilenden, den Einsamen und Isolierten. Dass Gott nahe ist allen, die unter Ungerechtigkeit leiden, die so wenig zum Leben haben – Obdachlose, Geflüchtete, Menschen am Anfang der globalen Lieferketten, die Kinder in den ärmsten Ländern der Erde, denen die diesjährige Aktion von Brot für die Welt Zukunft eröffnen will.

Ihnen allen, uns allen, verheißt Gottes Engel: Fürchtet euch nicht.

II. Am Anfang

Zur Zeit des Herodes, des Königs von Judäa, lebte ein Priester mit Namen Zacharias, und seine Frau war von den Töchtern Aaron, die hieß Elisabeth. Sie waren aber alle beide gerecht und fromm vor Gott.

In einer Zeit, in der die Geschichtsschreibung das Zeitgeschehen ausschließlich im Blick auf die vermeintlich Großen erfasst, hier: Herodes den Großen, schwenkt Lukas mitten im Satz um und richtet den Blick auf einfache Leute. Schon das ist eine Botschaft. Alle Menschengeschwister, alle Gotteskinder, alle zählen vor Gott, nicht nur die vermeintlich Großen.

Was dabei wahre Größe bedeutet, verkündet der Engel mit einem geradezu aufregenden Satz: Johannes soll das Kind heißen, *und er wird groß werden vor Gott*. Die einzige Größe, die zählt, ist die Größe vor Gott.

Lukas beschreibt in seinem Evangelium von Anfang an eine neue Sicht auf die Wirklichkeit: auf das Verhältnis der Geschlechter untereinander, von Jung und Alt, Arm und Reich. Und er wirft auch einen neuen Blick auf die Geschichte. Lukas gesteht der Gegenwart einen Eigenwert, ihr eigenes Recht zu. Das ist neu, weil die christliche Generation vor ihm noch innerhalb kürzester Zeit mit dem Ende der Welt gerechnet hatte. Lukas aber denkt und bejaht die Gegenwart als eine Sphäre des Gelingens und der Erfüllung, vor allem aber als eigenständige Epoche.

Denn die Geburtswehen des Himmelreichs auf Erden beginnen für ihn in der Gegenwart. Mit der Geburt von Johannes dem Täufer. Schon seine Geburt ist ein neuer Anfang für zwei, die nicht mehr viel vom Leben erwarten. Schon gar keine Zukunft. Schon gar kein neues Leben. Und am allerwenigsten: ein Kind.

»Damit ein Anfang sei, wurde der Mensch geschaffen«, schrieb später der Kirchenvater Augustin. Die Philosophin Hannah Arendt hat Jahrhunderte später diesen Gedanken zum Anlass genommen, die Grundbedingungen menschlichen Daseins neu zu denken: Und zwar ausgehend von der Geburtlichkeit des Menschen und seiner Fähigkeit, neu anzufangen. Jedes neue Leben ein neuer Anfang.

Das Neue, das mit der Geburt des Johannes beginnt, fassen die Worte des Engels so: *Er wird die Herzen der Väter bekehren zu den Kindern und die Ungehorsamen zur Klugheit der Gerechten.* Das stellt die tatsächlichen Verhältnisse auf den Kopf. Welcher Erziehungsratgeber empfiehlt schon, dass die Älteren dem Vorbild der Jüngeren folgen? Aber: so viele Jugendliche fordern in der Klimapolitik einen radikalen Wandel und entschlossenes Handeln und sind damit vielen Menschen der Generationen vor ihnen weit voraus. Und: diese jungen Leute werden gehört, ihre Stimmen verschaffen sich Gehör, sie finden ihren Weg auch zu den Herzen der Mütter und Väter.

Er wird die Herzen der Väter bekehren zu den Kindern und die Ungehorsamen zur Klugheit der Gerechten. Lukas weist mit seinen Worten darauf hin: Der Wandel der Verhältnisse ist nicht von den vermeintlich Mächtigen zu erwarten. Sondern die ersten, die davon hören, die ersten, bei denen das Neue beginnt, regelrecht zur Welt kommt, sind einfache Leute: Elisabeth, Zacharias, Maria, Josef und die Hirten auf dem Feld. Ihnen allen sagt der Engel: Fürchtet euch nicht.

III. Auf Wartburg und Marktplatz

Fürchte dich nicht, dein Gebet wurde erhört. Auf der Wartburg hat Martin Luther die dem Zacharias geltende Botschaft des Engels mit diesen Worten übersetzt.

Luther mischte sich immer wieder unter die Leute auf dem Marktplatz, um die Qualität seiner Übersetzung zu testen. Im Alltag, im Gespräch, auf der Straße. Er führte die alte biblische Sprache heraus aus ihrer historischen und sakralen Abgeschlossenheit hinein in die Öffentlichkeit.

Von solch einer Bewegung berichtet auch Lukas. Das Wort, das drinnen im Tempel an Zacharias ergeht, wandert nach draußen, in die Öffentlichkeit, wo alles Volk auf dem Platz den Priester Zacharias erwartungsvoll anschaut. Als er die Menge sieht, verstummt Zacharias. Weil er nicht glauben kann, was der Engel verheißen hat.

Zacharias verschlägt es die Sprache. Anders Elisabeth, seine Frau: sie findet Worte des Lobes und des Dankes. Das Neue, das beiden verheißen wird, kann Zacharias noch nicht glauben. Aber Elisabeth spürt schon, wie es in ihr heranwächst, größer wird und Gestalt annimmt. Sie spürt jetzt schon, was Zacharias und so viele andere erst noch sehen *werden*.

IV. In Veränderung

Während Zacharias verstummt, versteht Elisabeth, was geschieht. Etwas Neues bahnt sich seinen Weg in unsere Welt. Es verändert die Welt, es verändert alle Menschen, es verändert auch Elisabeth selbst. *Gott hat mich gesehen, um meine Schmach unter den Menschen von mir zu nehmen.* Die Scham, kein Kind bekommen zu können, keine »richtige« Frau zu sein, ist von ihr genommen. Mit dem Kind, das in ihr wächst, und dem Christuskind, das nach ihm zur Welt kommen wird, beginnt etwas Neues: Gedemütigte werden erhöht, Gebeugte gestärkt, Trauernde getröstet, Unterdrückte befreit, Machtlose bestärkt, Hungernde satt. So beginnt der Himmel auf Erden, der in Jesus Christus gegenwärtig ist.

Dieser neue Anfang, den Gott macht, das neue Leben, das mit ihm in unsere Welt kommt, lässt schließlich auch Zacharias seine Sprache wiederfinden. Als sein Sohn geboren wird, singt er überwältigt von Freude und Glück: *»Durch die herzliche Barmherzigkeit unseres Gottes, durch die uns besuchen wird das aufgehende Licht aus der Höhe, hat Gott sein Volk besucht und erlöst, dass es erscheine denen, die im Finsteren sitzen und richte unsere Wege auf den Weg des Friedens.«* (Lk 1,78 f.)

V. Auf dem Weg

Kerzenlicht, wunderbarer Gesang, Gebet und Lieder, die umhüllende Geborgenheit schützender Mauern. Ahnung von der wundersamen Gegenwart Gottes.

Die Namen von drei Menschen und einem Engel lassen uns wissen, was wirklich wichtig ist für uns. An diesem 1. Advent. An jedem Tag. Auf dem Weg durch das Leben. Zacharias bedeutet übersetzt: Gott gedenkt, Elisabeth, dieser Name heißt: Gottes Eid, Johannes: Gott ist gnädig. Gabriel: Gott ist stark.

Also: Gott gedenkt seines Eids, den er geschworen hat: Gott ist gnädig und stark. Mit dieser tröstlichen Zusage beginnt der 1. Advent. Gottes Licht scheint beharrlich und unbeirrbar. Und sein Engel sagt: Fürchte dich nicht.

Auslegerin:
Kristina Kühnbaum-Schmidt ist seit 2018 Landesbischöfin der Evangelisch-Lutherischen Kirche in Norddeutschland.

Ankündigung der Geburt Jesu, Lukas 1,26–38

Ralf Gebauer

(Der Predigttext wird später gelesen)

Was gehört für Sie zur Adventszeit dazu? Für mich gibt es viele schöne Dinge, auf die ich mich jedes Jahr freue, wie zum Beispiel Lichterketten und Herrenhuter Sterne, Lebkuchen und Plätzchen. Daneben gibt es anderes, welches ich mir erhoffe, womit es aber oft nicht so richtig klappt. Dazu gehört beispielsweise der Wunsch nach Ruhe, Einkehr und Besinnlichkeit. Und manchmal gibt es auch handfeste Enttäuschungen, wie in der gegenwärtigen Corona-Krise. Wir freuen uns auf Weihnachtsmärkte, Gemeinschaftserlebnisse, auf Harmonie. Und dann müssen wir wieder einmal feststellen, dass alles anders kommt und Dinge abgesagt werden müssen und Streit das Miteinander schwierig macht.

Der Advent ist so anders, als wir ihn uns erhofft haben. Das ist eine irritierende Erfahrung. Wie können wir umgehen mit Enttäuschung, auch mit Wut? Die Frage führt mitten hinein in den Predigttext. Es ist eine Geschichte, die genauso zur Adventszeit gehört wie Plätzchen und Herrenhuter Sterne. Eine Geschichte, von der wir alle schon Bilder gesehen haben. Eine Geschichte, bei der wir aber beim richtigen Hinhören wahrnehmen können, dass sie viel mit Enttäuschungen zu tun hat. Besonders wertvoll finde ich diese Geschichte, weil sie nicht in der Enttäuschung stecken bleibt, sondern den Blick für ein großes Wunder öffnet.

Ich lese Worte aus dem ersten Kapitel im Lukasevangelium:

[26]Und im sechsten Monat wurde der Engel Gabriel von Gott gesandt in eine Stadt in Galiläa, die heißt Nazareth, [27]zu einer Jungfrau, die vertraut war einem Mann mit Namen Josef vom Hause David; und die Jungfrau hieß Maria. [28]Und der Engel kam zu ihr hinein und sprach: Sei gegrüßt, du Begnadete! Der Herr ist mit dir! [29]Sie aber erschrak über die Rede und dachte: Welch ein Gruß ist das? [30]Und der Engel sprach zu ihr: Fürchte dich nicht, Maria! Du hast Gnade bei Gott gefunden. [31]Siehe, du wirst schwanger werden und einen Sohn gebären, dem sollst du den Namen

Jesus geben. ³²Der wird groß sein und Sohn des Höchsten genannt werden; und Gott der Herr wird ihm den Thron seines Vaters David geben, ³³und er wird König sein über das Haus Jakob in Ewigkeit, und sein Reich wird kein Ende haben. ³⁴Da sprach Maria zu dem Engel: Wie soll das zugehen, da ich doch von keinem Manne weiß? ³⁵Der Engel antwortete und sprach zu ihr: Der Heilige Geist wird über dich kommen, und die Kraft des Höchsten wird dich überschatten; darum wird auch das Heilige, das geboren wird, Gottes Sohn genannt werden. ³⁶Und siehe, Elisabeth, deine Verwandte, ist auch schwanger mit einem Sohn, in ihrem Alter, und ist jetzt im sechsten Monat, sie, von der man sagt, dass sie unfruchtbar sei. ³⁷Denn bei Gott ist kein Ding unmöglich. 38Maria aber sprach: Siehe, ich bin des Herrn Magd; mir geschehe, wie du gesagt hast. Und der Engel schied von ihr.

Viel Vertrautes, große Enttäuschungen und dann ein großes Wunder – das möchte ich gemeinsam mit Ihnen in dieser Geschichte entdecken. So nehme ich Sie mit auf Entdeckungsreise.

Anfangen möchte ich mit dem, was unmittelbar vor Augen ist, was uns vertraut scheint. Dafür habe ich ein Bild mitgebracht, das aus meiner Heimatkirche stammt, der Stadtkirche St. Georg in Schmalkalden. Gemalt wurde es im 16. Jahrhundert. Es gehört zur Originalausstattung der Kirche. Schon Martin Luther hat es betrachten können, als er 1537 dort gepredigt hat bei der Tagung des Schmalkaldischen Bundes.

Wir sehen auf dem Gemälde die vertraute Szene. Mir fällt auf, dass der Engel nicht sehr majestätisch aussieht. Eher wirkt er jugendlich-kindlich, fast als wären er und Maria gleichaltrig. Er sieht der jungen Frau sogar irgendwie ein bisschen ähnlich, finde ich. Die Fahne mit dem Gruß hält er in der gleichen Hand, in der er auch den grünen Vorhang greift, der dadurch einen leichten Faltenwurf bekommt.

Maria wirkt auf mich nicht erschrocken. Sie schaut mit stillem Lächeln. Ihr Blick wandert aber nicht in das kleine rote Büchlein, in dem sie gerade eben noch gelesen haben mag. Eher geht ihr Blick ein bisschen versonnen ins Leere.

Irgendwie wirkt die ganze Szene sehr friedlich. Das Gemälde entspricht in vielem dem Bild, das wir uns von der Geschichte machen. Doch das täuscht, denn diese Art der Betrachtung zeigt eine Art Zuckerguss, unter dem die eigentliche Geschichte liegt. Schaut man etwas tiefer, kommt anderes zum Vorschein. Wir legen deshalb das Bild jetzt beiseite und schauen näher auf die Personen, von denen erzählt wird.

Da ist zunächst der Engel Gabriel, der in der Bibel eine besondere Stellung hat. Es ist einer der Großen, wenn Sie so wollen, eine Art »Chefengel«. Ob er Maria ähnlich ist, wissen wir nicht. Aus der Geschichte erfahren wir gar nichts über sein Aussehen. Noch nicht einmal von Flügeln ist die Rede. Das Aussehen ist bei Engeln auch nicht wichtig, nur das, was er mitbringt. Er kommt nicht in eigenem Auftrag, sondern in Gottes Namen mit einer Botschaft, die es wirklich in sich hat. Das ganze Süßliche des Bildes verschwindet durch diese Botschaft. Das wird klar, wenn wir auf Maria schauen.

Beim Blick auf sie sehen wir eine junge Frau, die völlig überrascht wird. Ich kann mir nur vage vorstellen, wie es mir an ihrer Stelle gegangen wäre, schon allein, weil ich keine Frau bin und in einer anderen Zeit lebe. Worüber ich mir aber sicher bin: auch Maria wird ihre Träume für ihr Leben gehabt haben. Aber nach dem, was sie sich wünscht und vorstellt, wird überhaupt nicht gefragt. Eines ist jedoch klar: ganz gleich, was sie sich für ihr Leben erträumt hat, diese Träume sind jetzt jäh am Ende. Wenn sie in ihrer Lebenssituation schwanger wird, kann sie froh sein, wenn sie die Wirren überlebt, die jetzt auf sie zukommen. Eine ungewollte, voreheliche Schwangerschaft bedeutete die Steinigung. Auch die gemeinsame Zukunft mit Josef erscheint mehr als unsicher. Durch den Besuch des Engels wird erst einmal alles infrage gestellt in ihrem Leben.

An dieser Stelle regt sich Widerstand in mir. Mein Gefühl rebelliert. Denn das kann doch nicht das Ziel sein. Dass Gott einfach alles durcheinanderbringt und Träume zerplatzen lässt, kann nicht sein letztes Wort sein. Und damit nähern wir uns dem Kern – der Botschaft.

Mein Blick wandert an das Ende der Geschichte. Da steht bei biblischen Geschichten meistens das Wichtigste. Deshalb muss man die Geschichten vom Ende her lesen. Da spricht Maria die überraschenden Worte: »Mir geschehe, wie Du gesagt hast.« Ich lese es und muss zweimal hinschauen. Tatsächlich: sie erklärt sich einverstanden. Ich frage mich: »Wie kommt das? Wie wird ihr das möglich?«

Schauen wir nochmal auf Gabriel, den Chefengel. Er kommt nicht, um Marias Leben zu zerstören. Das, was er ankündigt, übersteigt den Rahmen eines einzelnen menschlichen Lebens bei Weitem. Er kündigt an, dass ein neuer König kommen wird. Und es ist nicht irgendein beliebiger König, wie ihn die Welt schon oft gesehen hat. Die Erfahrungen mit Machthabern waren damals schon sehr zwiespältig. Hier geht es um viel mehr, denn Gott selbst will Mensch werden, sich ganz in diese Welt hinein schenken. Und wenn er kommt, dann erfüllen sich große Sehnsüchte. Dann baut er das Friedensreich auf, nach dem alle sich so sehr sehnen. Ein Reich, in dem Gerechtigkeit herrscht und Friede. Das alles schwingt mit in den Worten, die der Engel spricht.

Auf einmal öffnet sich ein weiter Raum, in dem sich auch Maria gut aufgehoben fühlt. Denn sie trägt all diese Hoffnungen auch in sich. Die Hoffnung auf eine Welt, so wie Gott sie sich gedacht hat. Eine Welt ohne Schmerz, ohne Geschrei, ohne Leid.

Was bleibt, ist die Frage, wie das alles gehen kann. So fragt Maria es auch: »Wie soll das zugehen …?« Es reduziert sich dann aber mehr oder weniger auf eine technische Frage: Wie soll es gehen? Es ist keine Frage, die das ganze Vorhaben infrage stellt, obwohl es bedeutet, dass zunächst alles schwierig und furchtbar für Maria wird. Wie es durch die Schwierigkeiten hindurchgeht, ist auch vollkommen unklar. Klar sind noch nicht einmal die nächsten Schritte.

Aber wenn man darauf schaut, welchen Weg das Kind genommen hat, das sie gebären wird, dann bekommt alles eine andere Bedeutung. Auch diese Geschichte muss man vom Ende her betrachten. Dann sehe ich, dass Jesus den Menschen das Reich Gottes gebracht hat. Dass die neue Welt Gottes aufleuchtete, wo er war. Die Menschen haben in der Begegnung mit Jesus erfahren, dass der Himmel auf die Erde kommt. Dass die Sehnsüchte nach Frieden, nach Gerechtigkeit, nach Heil sich erfüllen. Und dass am Ende sogar der Tod seine Macht verloren hat. Das alles ist ein einziges großes Wunder.

Das ist alles eigentlich unglaublich. Aber wie sagt es der Engel so richtig: »Bei Gott ist kein Ding unmöglich.« Bei Gott ist es sogar möglich, dass die Katastrophe, in die Maria hineinläuft, sich am Ende zum Guten wendet.

In dieses Vertrauen kann Maria sich fallen lassen. Sie sagt ja. Auch das ist für sich genommen ein Wunder. Es bedeutet nicht einmal, dass sie ihre eigenen Träume hintenanstellt. Sondern, dass ihre Sehnsüchte in der Erfüllung des großen Traums aufgehen. So spricht sie ihr »Ja« zu Gottes Vorhaben.

Ich schaue auf diese Geschichte, die so viel Überraschendes für uns bereithält. Ich schaue auf meine eigenen Sehnsüchte, Erwartungen und Träume. Ich sehe, dass es immer wieder anders kommt, als ich es mir erhoffe. Und dann halte ich mich fest an der Verheißung des Engels. Denn Gott ist auch zu uns auf dem Weg, immer wieder neu. Er möchte auch für uns Perspektiven schaffen durch alle Enttäuschungen hindurch. Und er lädt uns ein in seine neue Welt. Sie nimmt mit dem Kind in der Krippe einen kleinen Anfang. Aber sie wächst. In uns und um uns herum. Um nichts weniger geht es im Advent. Gott sei Dank! Amen.

Was ist nun mit uns? Eigentlich habe ich die ganze Zeit nicht nur von Maria geredet, sondern genauso auch von uns.

Wir wissen nicht, wie der Lebensentwurf Marias aussah. Wie ist es aber mit unseren Träumen? Unseren Sehnsüchten? Unseren Wünschen? Dem nachzuspüren ist auch eine Aufgabe in der Adventszeit. Jeder und jede für sich ganz persönlich, aber auch wir alle gemeinsam.

In diesem Jahr ist es – wenn ich auf unsere Gesellschaft und die Welt sehe – schon wieder eine Zeit der geplatzten Träume, der enttäuschten Hoffnungen. Aber auch der steigenden Aggressivität, der Dünnhäutigkeit.

Was Sie beim Blick auf Ihr eigenes Leben sehen, das wissen Sie selbst am besten.

Manches davon decken wir mit Plätzchen und Lichtern eine Weile zu. Aber es ist da.

Genauso ist aber die große Hoffnung da, die Gott in die Welt bringt. Die Hoffnung darauf, dass uns allen eine neue Welt blüht. Und dass diese Welt im Werden ist.

Deshalb ist es so gut, dass es die Geschichte von Maria gibt. Sie verschafft uns einen Ausblick. Dass aus Schwierigem so viel Gutes entsteht – das ist das Wunder. Das ist auch der Trost für all die Menschen, die sich von Gott verlassen vorkommen: Gott wirkt Wunder, auch in den widrigsten Umständen.

So mag ich vielleicht ein wenig seufzen. Und ein »Ja« zu dem Schweren, wie es Maria gesprochen hat, fällt mir nicht so ganz leicht. Aber an der großen Hoffnung möchte ich mich trotzdem festhalten, dass Gott seine neue Welt bauen möchte. Und dass es mit Jesus anfängt. Und dass er zu uns auf dem Weg ist. Und dass er unsere Welt verwandelt.

Gott will nicht, dass Verzweiflung und Enttäuschung am Ende stehen. Er tut Wunder, auch heute noch.

Ausleger:
Ralf Gebauer ist seit 2012 Dekan des Kirchenkreises Schmalkalden.

Maria bei Elisabeth/Magnificat, Lukas 1,39–56

In Erinnerung an Prof. Klaus-Peter Hertzsch

Carmen Jäger

[39]Maria aber machte sich auf in diesen Tagen und ging eilends in das Gebirge zu einer Stadt in Juda [40]und kam in das Haus des Zacharias und begrüßte Elisabeth. [41]Und es begab sich, als Elisabeth den Gruß Marias hörte, hüpfte das Kind in ihrem Leibe. Und Elisabeth wurde vom Heiligen Geist erfüllt [42]und rief laut und sprach: Gesegnet bist du unter den Frauen, und gesegnet ist die Frucht deines Leibes! [43]Und wie geschieht mir, dass die Mutter meines Herrn zu mir kommt? [44]Denn siehe, als ich die Stimme deines Grußes hörte, hüpfte das Kind vor Freude in meinem Leibe. [45]Ja, selig ist, die da geglaubt hat! Denn es wird vollendet werden, was ihr gesagt ist von dem Herrn. [46]Und Maria sprach: Meine Seele erhebt den Herrn, [47]und mein Geist freuet sich Gottes, meines Heilandes; [48]denn er hat die Niedrigkeit seiner Magd angesehen. Siehe, von nun an werden mich selig preisen alle Kindeskinder. [49]Denn er hat große Dinge an mir getan, der da mächtig ist und dessen Name heilig ist. [50]Und seine Barmherzigkeit währet für und für bei denen, die ihn fürchten. [51]Er übt Gewalt mit seinem Arm und zerstreut, die hoffärtig sind in ihres Herzens Sinn. [52]Er stößt die Gewaltigen vom Thron und erhebt die Niedrigen. [53]Die Hungrigen füllt er mit Gütern und lässt die Reichen leer ausgehen. [54]Er gedenkt der Barmherzigkeit und hilft seinem Diener Israel auf, [55]wie er geredet hat zu unsern Vätern, Abraham und seinen Nachkommen in Ewigkeit. [56]Und Maria blieb bei ihr etwa drei Monate; danach kehrte sie wieder heim.

Über diese Geschichte von Maria und Elisabeth haben wir neulich ein Gespräch geführt. Das war zuletzt wie eine richtige Predigt über unseren Lukas-Text. Wenn Christen miteinander über die Bibel reden, dann ist das ja immer eine besonders gute Art der Predigt, die man gemeinsam hält und gemeinsam hört. Darum will ich Ihnen heute von unserem Gespräch erzählen, und vielleicht reden Sie in Gedanken in unserer Runde mit.

Wir waren also am Abend bei Freunden eingeladen, die wir aus der Gemeinde kennen. Bis die Kinder zu Bett mußten, sangen wir unter dem Adventskranz alte und neue Lieder. Danach hörten wir Schallplatten und sprachen zwischendurch über dies und das. Und dann gefiel uns allen eine kleine Platte besonders gut mit einem schönen alten Chorsatz von Johann Eckard – ich weiß nicht, ob Sie ihn auch schon gehört haben –:

»Über's Gebirg Maria geht zu ihrer Bas' Elisabeth.«

Das ist schön, sagten wir wie aus einem Mund. Nicht nur die Musik, mehr noch diese Geschichte.

»Sie grüßt die Freundin, die vom Geist freudig bewegt, Maria preist.«

Das hat man gleich vor Augen: wie Maria, die junge schwangere Frau, ins Hochland hinaufsteigt; da muß sie die Nebenstraßen benutzen, denn die Hauptstraßen führen in die großen Städte. Und weil es heißt, sie geht eilends, so verschwindet sie denen, die ihr da allenfalls begegnen, rasch wieder aus dem Blick. Die Ortschaft, in die sie wandert, muß ja klein und abgelegen sein, wir erfahren nicht einmal ihren Namen. Aber groß ist dann natürlich die Freude, als sie bei Elisabeth ankommt, ihrer Verwandten und älteren Freundin, die auch ein Kind erwartet. Freilich, auch diese Freude ist eher heimlich und nicht für die Öffentlichkeit, ein Gespräch unter Frauen, vertraulich, glücklich unter vier Augen. Wären wir zufällig dazugekommen, hätten wir sicher gut daran getan, hier nicht zu stören.

Aber das heißt doch, sagte einer, daß von dieser ganzen Begebenheit überhaupt niemand hat Notiz nehmen können. Man weiß also gar nicht, ob das wirklich so geschehen ist. Die Frage ging an mich, und ich sagte: Nein, mitgeschrieben hat das bestimmt niemand. Es ist überhaupt nicht eine Geschichte von der Art, daß die Geschichtsschreiber der Welt Notiz davon nehmen könnten. Erst viel später, als sich Großes ereignet hatte, hat man all diese persönlichen frühen Vorgeschichten nachüberlegt und zurückgeholt und im Glauben einander erzählt.

Einer unter uns, der gern historische Bücher liest, lachte und sagte: Ja, da hätten die Historiker wirklich zu viel zu tun, wenn sie all diese winzigen Begebenheiten aufschreiben sollten, von denen noch niemand weiß, ob sie mal Bedeutung haben werden. Das sind so Dinge, wie sie jeden Tag tausendmal vorkommen. Damals hatten sie zum Beispiel genug damit zu tun, über all die Aktionen und Befehle zu berichten, die vom Kaiser Augustus und seinen vielen Statthaltern ausgingen, über Truppenverschiebungen, Volkszählungen, Hofintrigen und was weiß ich.

Aber seine Frau sagte nachdenklich: Und doch ist es merkwürdig, daß diese kleine und scheinbar ganz private Geschichte der beiden glücklichen Frauen zuletzt viel wichtiger ist und größere Bedeutung für die Weltgeschichte gewonnen hat als das, was damals in den Kaiser-Chroniken und den Annalen der Mächtigen gestanden haben mag. Der Evangelist Lukas hat offenbar gemerkt, daß es zwei Arten von Geschichte gibt: die öffentliche, aufzeigbare und die heimliche, alltägliche, auf die zuerst gar keiner achtet. Und dabei ist es keineswegs von vornherein ausgemacht, in welcher Geschichte das eigentlich Wichtige geschieht.

Einer sagte: Ich glaube, es ist noch anders. Die große Weltgeschichte und die verborgene Geschichte der Alltäglichkeiten hängen eng miteinander zusammen. Man kann sagen: auch die größten Ereignisse der Welt haben einen solch kleinen, unbemerkbaren Anfang. Mit den Kindern im Mutterleib beginnt es immer, damit, daß zwei Freundinnen sich ihre Freude im Vertrauen mitteilen, daß da eine junge Frau voller Erwartung ist. Überall, wo Kinder erwartet, geboren und aufgezogen werden, überall da ist große Hoffnung für die Menschheit, Verheißung, daß sich einmal Großes und Unerwartetes ereignet. Man muß sich einmal überlegen, wie unsere Welt, wenn man es so sieht, voller Hoffnung ist. In all den Mütterberatungen und Entbindungsstationen, in den Kinderkrippen und auf den vielen Spielplätzen beginnt heute schon große Weltgeschichte, die noch niemand kennt, weil es eben die Geschichte von morgen ist. Der König Herodes hat davon etwas gewußt, als er die Kinder einer ganzen Gegend umbringen ließ: er wollte diese heimliche Weltgeschichte aufhalten; aber sie ist unaufhaltsam, und diese Hoffnung der Menschheit kann nicht getötet werden.

Unser Historiker sagte: Ich habe gelesen, daß die Juden meinten, wenn sich ein Kind im Mutterleib bewegt, dann hüpft es vor Freude aufs kommende Leben. Übrigens dachte man sich, daß wie die Menschen auch die Zeiten schwanger sein könnten, heils- oder unheilschwanger. Da hüpft es jetzt also in ihnen vor Freude auf das, was kommt und was möglich ist. Denn nun können ja auch die scheinbar unbedeutendsten Ereignisse und Leute ein noch unerkannter Teil der großen Erfüllung sein. Voll von Verheißung ist alle Zeit.

Als wir in unserem Gespräch soweit waren, sagte jemand: Das sind sicher alles schöne Gedanken. Aber ich frage mich: Ist nicht in unsrer Geschichte von ganz etwas anderem die Rede? Nicht von alltäglicher und allgemeiner Hoffnung und Verheißung, sondern von der ganz einmaligen, großen Hoffnung und ihrer Erfüllung. Es geht eben doch nicht um die Ankunft von irgendeinem Kind, sondern um die Ankunft des so lang erwarteten Messias. Ich fürchte, wir haben an der Sache vorbeigeredet.

Was meinen Sie? Hatten wir das? Ich glaube es nämlich nicht. Vielmehr hatten wir etwas bemerkt, was die Menschen zu Marias Zeiten eben nicht bemerkt hatten und etwas begriffen, was ihnen so schwer zu begreifen war: daß gerade diese geheime, alltägliche Geschichte die Geschichte Gottes ist, und daß er zu uns kommt als ein Kind unter unzähligen Kindern, ein Unbemerkter unter all den Unbeachteten, ein Menschenkind wie unsereiner. Freilich hatte das alte Gottesvolk auf den Messias gewartet, den Heiland, der ihnen seit Urvätertagen versprochen war. Aber natürlich hielt man dort nach ihm Ausschau, wo auch die Geschichtsschreiber hinschauen: bei den Hochgestellten und unter denen, die als die bedeutenden Männer ihres Zeitalters galten. Wer sollte auf den Gedanken kommen, daß seine Ankunft so vor sich gehen könnte wie die Ankunft aller andern Erdenkinder? Daß die alltägliche Verheißung der Messiasverheißung so ähnlich sein könnte? Erst später und im nachhinein haben einige es verstanden – zuerst waren das nicht viel –, und da fing man an, sich diese Geschichte von den zwei glücklichen Frauen zu erzählen. Und man sang dann auch das Lied, das Maria in dieser Geschichte anstimmt. – Das ist ja nicht nur ihr persönliches Lied, sondern es ist zum Lied der ganzen Christenheit geworden, durch alle Jahrhunderte seitdem gesungen, es ist gleichsam das Ur-Adventslied, der große Hymnus von Verheißung und Überraschung der Gottesgeschichte.

»Denn er hat auf die Niedrigkeit, auf die Bedeutungslosigkeit seiner Magd hingeblickt«, heißt es. Und wir wissen: das tat er nicht ausnahmsweise bei Maria, sondern es ist die göttliche Blickrichtung überhaupt. Die scheinbar Bedeutungslosen blickt er an, alte, einsame Leute, kleine, hilflose Kinder, Menschen, die täglich ihre Arbeit wechselnd mit Lust und mit Seufzen verrichten, die Neugeborenen und noch Ungeborenen, die Kommenden und die Gehenden: und weil er sie anblickt, sind sie eben nicht bedeutungslos und nicht gleichgültig. Was wichtig ist und was unwichtig, das verschiebt sich jetzt, kehrt sich um. Oben und Unten wird neu festgesetzt unter Gottes Blick. »Er stößt die Gewaltigen vom Thron und erhebt die Niedrigen.« Daß es auf die Niedrigen in dieser Welt ankommt, auf die kleinen Leute, die bis dahin gering Geachteten: damit beginnt die Weihnachtsbotschaft. Aber vom Gottesgnadentum der Großmächtigen kann seitdem keine Rede mehr sein; jene Männer, die von sich meinten, sie machten die Geschichte, sind ganz gleichgültig geworden. Die Hoffnung der Menschheit liegt da, wo die gewöhnlichen Kinder von den einfachen Müttern geboren werden; denn mitten unter ihnen bringt Maria den Heiland zur Welt. Die Verheißung der Zukunft ist dort, wo die gewöhnlichen Leute ihre einfache Menschenliebe üben; denn mitten unter ihnen ist Christus am Werk.

Um auf unser Gespräch am Adventsabend zurückzukommen: Einer sagte: So habe ich das noch nie gesehen. Offen gestanden, ich hatte gedacht, wo von Gott die Rede ist, da ist davon die Rede, wie zuletzt alles beim alten bleibt, weil er eben der ewig Gleichbleibende ist. Aber hier ist ja von lauter großen Veränderungen die Rede: Veränderung in den Maßstäben und Rangordnungen, in den Besitzverhältnissen und in den Machtverhältnissen jener Zeit, daß die Herrscher klein werden und die Kleinen herrschen, daß die Bettler reich und die Reichen Bettler werden. So ist also die Veränderung der Welt Gottes Wille. – Ja, sagten wir uns – und wir waren uns ein bißchen zu schnell einig –: Wenn das Gottes Wille ist, dann ist ja auch erklärlich, daß man nicht recht sagen kann, ob diese Veränderung schon geschehen ist oder noch zu erwarten. Denn Gottes Wille ist ja immer Vergangenheit und Zukunft zugleich: erkennbar in der Geschichte seit Abrahams und Jacobs Tagen, wie das Lied der Maria singt, und doch immer noch ausstehend, so daß wir im Vater-unser täglich darum bitten: sein Reich möge nun kommen und sein Wille geschehen.

Wir wollten gerade unser Gespräch abschließen, als einer sagte: Nein, das mit dem Willen Gottes gefällt mir so noch nicht. Seinen Willen preisen: ja. Seinen Willen erwarten: gut. Aber ich lese im Evangelium, daß es für Jesu Jünger vor allem darum geht, seinen Willen zu *tun*. Wenn wir uns heute deutlich gemacht haben, wie Gottes Wille in der Welt aussieht, dann betrifft das doch nicht nur Vergangenheit und Zukunft, sondern mit besonderem Nachdruck unsere Gegenwart, in der wir diesen Willen tun sollen. Ja, das ist richtig, sagten wir alle. Und er darauf: Ihr sagt: »Das ist richtig«, aber macht ihr euch klar, was das jetzt bedeutet? Daß die Geringen groß, die Niedrigen der Welt wichtig, die Hungernden der Erde satt werden, das ist eine schwierige und große Aufgabe. Da werden wir zu tun haben. – Und so dachten wir zuletzt alle bei uns nach, was wir in den Tagen des kommenden Christfestes und des kommenden Jahres tun wollten, um diesem erstaunlichen Willen Gottes zu dienen. Was geschehen muss, damit die Hungrigen der Erde »mit Gütern gesättigt« werden, um welchen einsamen Menschen, auf dem der Blick Gottes liegt und der darum also groß und wichtig ist, wir uns kümmern wollten, was wir tun könnten, damit die Veränderungen, die heute über unsere Welt hingehen, zu guter, zu fröhlicher Zukunft führen. Über all das dachten wir nach, als wir die schöne Schallplatte noch einmal hörten und der Chor sang: »Was bleiben wir denn noch daheim? Laßt uns doch aufs Gebirge gehen!« Und zum Schluß aufrufend und zugleich tröstlich: »Er ist mein Heiland. Fürchtet ihn. Er will allzeit barmherzig sein.«

Ausleger:
Predigt in Erinnerung an Prof. Klaus-Peter Hertzsch, vorgetragen von Pfarrerin Carmen Jäger. Die Predigt stammt aus dem Jahr 1969. Klaus-Peter Hertzsch war Professor für Praktische Theologie an der Friedrich-Schiller-Universität in Jena und gehörte über Jahrzehnte zu den eindrücklichsten Predigern in Deutschland. Carmen Jäger war eine seiner Schülerinnen und arbeitete als Rundfunkbeauftragte in der Ev.-Luth. Kirche in Thüringen.

Geburt Johannes / Lobgesang des Zacharias, Lukas 1,57–80

Rudolf Mader

[57]Und für Elisabeth kam die Zeit, dass sie gebären sollte; und sie gebar einen Sohn. [58]Und ihre Nachbarn und Verwandten hörten, dass der Herr große Barmherzigkeit an ihr getan hatte, und freuten sich mit ihr. [59]Und es begab sich am achten Tag, da kamen sie, das Kindlein zu beschneiden, und wollten es nach seinem Vater Zacharias nennen. [60]Aber seine Mutter antwortete und sprach: Nein, sondern er soll Johannes heißen. [61]Und sie sprachen zu ihr: Ist doch niemand in deiner Verwandtschaft, der so heißt. [62]Und sie winkten seinem Vater, wie er ihn nennen lassen wollte. [63]Und er forderte eine kleine Tafel und schrieb: Er heißt Johannes. Und sie wunderten sich alle. [64]Und sogleich wurde sein Mund und seine Zunge aufgetan, und er redete und lobte Gott. [65]Und es kam Furcht über alle Nachbarn; und diese ganze Geschichte wurde bekannt auf dem ganzen Gebirge Judäas. [66]Und alle, die es hörten, nahmen's zu Herzen und sprachen: Was wird aus diesem Kindlein werden? Denn die Hand des Herrn war mit ihm. [67]Und sein Vater Zacharias wurde vom Heiligen Geist erfüllt, weissagte und sprach: [68]Gelobt sei der Herr, der Gott Israels! Denn er hat besucht und erlöst sein Volk [69]und hat uns aufgerichtet ein Horn des Heils im Hause seines Dieners David – [70]wie er vorzeiten geredet hat durch den Mund seiner heiligen Propheten –, [71]dass er uns errettete von unsern Feinden und aus der Hand aller, die uns hassen, [72]und Barmherzigkeit erzeigte unsern Vätern und gedächte an seinen heiligen Bund, [73]an den Eid, den er geschworen hat unserm Vater Abraham, uns zu geben, [74]dass wir, erlöst aus der Hand der Feinde, ihm dienten ohne Furcht [75]unser Leben lang in Heiligkeit und Gerechtigkeit vor seinen Augen. [76]Und du, Kindlein, wirst Prophet des Höchsten heißen. Denn du wirst dem Herrn vorangehen, dass du seinen Weg bereitest [77]und Erkenntnis des Heils gebest seinem Volk in der Vergebung ihrer Sünden, [78]durch die herzliche Barmherzigkeit unseres Gottes, durch die uns besuchen wird das aufgehende Licht aus der Höhe, [79]auf dass es erscheine denen, die sitzen in Finsternis und Schatten des Todes, und richte unsere Füße auf den Weg des Friedens. [80]Und das Kindlein wuchs und wurde stark im Geist. Und er war in der Wüste bis zu dem Tag, an dem er vor das Volk Israel treten sollte.

[Am Anfang des Morgens]

Es ist früh am Morgen. Noch früher als jetzt. Viel früher. Der Tag bricht gerade an. In der Kirche brennen Kerzen. Aber noch ist keiner da.

Da öffnet sich die Tür und still treten nacheinander Männer ein. Die Kleidung, die sie tragen: schlicht. Ihre Haare: kurz. Sie sind Mönche. Ihr Zuhause ist der Berg Monte Cassino in der Mitte Italiens. Benedikt heißt der Abt, der ihnen vorsteht. Wir schreiben das Jahr 545 nach Christi Geburt.

Der Gesang der Benediktiner hebt an. Die einfache Melodie hilft, die Worte zu tragen. Ton um Ton erklingt. Wort für Wort schreitet voran.

In der Ordensregel, die ihr Abt Benedikt aufgeschrieben hat, steht: »Der Lobgesang am Morgen umfasst Psalmen, eine Lesung (auswendig vorgetragen), einen Antwortgesang, ein Gemeindelied, das Benedictus, die Litanei und den Abschluss.«

Daher singen die Mönche jetzt: »Benedictus – Hoch sei gepriesen unser Gott, der Gott Israels. Denn er hat besucht und erlöst sein Volk und hat uns aufgerichtet eine Macht des Heils [...] durch die herzliche Barmherzigkeit unseres Gottes, durch die uns besuchen wird das aufgehende Licht aus der Höhe.«

Es sind Worte aus dem Benedictus, dem alten Gesang aus dem Lukasevangelium. Dass die Benedikts-Regel festlegt: »Das Benedictus soll zu jedem Lobgesang am Morgen gesungen werden!«, ist wegweisend. Seit Gründung der Benediktiner auf dem Monte Cassino gehört das Benedictus zum täglichen Gesang der Kirche.

Das alte Lied erklang damals. Und es erklingt heute. Zigtausend mal. In den Klöstern der Benediktinerinnen und Benediktiner und in vielen anderen klösterlichen Gemeinschaften. Egal, ob katholisch, anglikanisch oder evangelisch.

Warum erklingt es? Weil das Lied vom alten Zacharias kurz vor der Geburt von Jesus den lang ersehnten Zielpunkt erreicht sieht. Die Mönche und Ordensfrauen weltweit wollen den ganzen Tag so vor Gott leben, wie er es mag. Das ist Grund genug, dass die Mönche das Lied am Anfang eines jeden Morgens singen.

[Ein Anfang für uralte Eltern.]

Elisabeth und Zacharias. Das ergraute Ehepaar. Sie sind alt. Uralt. Und doch jung. Richtig jung. Eigentlich war es nach allen biologischen Erfahrungswerten nicht mehr möglich, dass sie noch Eltern werden. Kaum zu fassen: Jetzt schreit ein Baby in ihrem Haus.

Jetzt ist alles anders. Das Kind ist geboren. Ein Sohn. Zacharias. Nein: Johannes heißt er. Die Nachbarn und Freunde kommen zum Schauen und zum Gratulieren und zum Ritual der Beschneidung.

Der Kontrast könnte schärfer nicht sein: hohes Alter, junge Eltern. Der Vater platzt vor Freude und singt das Lied. »Benedictus – Hoch sei gepriesen unser Gott, der Gott Israels. Denn er hat besucht und erlöst sein Volk und hat uns aufgerichtet eine Macht des Heils. […] und du, Kindlein, wirst ein Prophet des Höchsten heißen. Denn Du wirst dem Herrn vorangehen, dass Du seinen Weg bereitest.«

Ein Geburtstagslied. Der Anfang vom neuen Glück.

[Der Anfang an sich]

Ein Anfang hat etwas Schönes in sich. Es heißt: Dem Anfang wohnt ein Zauber inne. Es gibt nichts, was nicht zum Anfang werden kann. Zumindest bei Gott. Hohes Alter ist kein Hinderungsgrund für eine Geburt; und alte Worte kein Hinderungsgrund, dass sie noch heute jeden Morgen neu gesungen werden. Einer muss den Anfang machen. Sonst beginnt nichts Neues. Großes beginnt oft im Kleinen.

Ich freue mich über den Anfang, den der Advent wieder bringt. Das Licht leuchtet heute, am vierten Advent, noch heller auf dem Adventskranz.

[Kein Licht: Ein Gang in Finsternis]

Ich erinnere mich noch gut, wie es mir als Kind schwer viel, den Anfang zu machen. Ich wurde regelrecht von meiner Familie gedrängt, loszugehen. Wir saßen beim Abendessen und der Saft war alle geworden. Unten im Vorratskeller standen allerdings noch etliche volle Saftflaschen. Ich sollte eine neue holen.

Mein Problem: Es war dunkel. Wir aßen ja gerade Abendbrot. Und ich hatte höllische Angst, allein in den Keller zu gehen. Ich wusste natürlich, wo die Lichtschalter waren. Aber mich packte jedes Mal die Angst, hinter der nächsten Ecke könnte ein Einbrecher stehen. In meiner schlimmen Not habe ich mir ein großes Messer mitgenommen. Was sollte ich auch tun? Die Dunkelheit war furchtbar für mich. Allein im Keller bei dieser Tageszeit unterwegs, ein Graus.

Vielleicht kennen Sie das auch: unbändige Angst. Sie steigt so schnell auf, wie eine Welle, die über einem zusammenbricht. Sie lässt zu irrationalen Taten schreiten. Wie eine Plane ist sie, die über die schönen Blumen gezogen wird, die im Sommer im Licht der Sonne wachsen und blühen wollen.

Vielleicht kennen Sie das auch: hineingedrängt zu werden in eine Situation, die düster daherkommt.

In diesen Tagen regiert auch Angst den Umgang mit dem kleinen, überaus gefährlichen Virus.

Die einen sind von der Angst gepackt, die anderen könnten fahrlässig handeln und daher dem Schrecken kein Ende setzen. Die anderen sind von der

Angst gepackt, ihnen werde zu viel Freiheit genommen und die Schutzmaßnahmen seien übertrieben. Angst gegen Angst. Nicht nur, aber auch.

Angst, die sich einspeist in den Austausch der Argumente und den gewachsenen Wissenspool, und die dadurch zu irrationalen Gefühlen und Vorwürfen führt.

[Der Anfang vom Licht: der Aufgang aus der Höhe]

Am Ende seines Geburtstagslieds singt der alte Zacharias: »Durch die herzliche Barmherzigkeit unseres Gottes wird uns besuchen das aufgehende Licht aus der Höhe. Es wird allen leuchten, die in Finsternis sitzen und im Dunkel des Todes; es wird unsere Schritte auf den Weg des Friedens lenken.«

Dass Gott rettet, kann mit einem Stern am Himmel verglichen werden, der plötzlich aufstrahlt. Immer wieder bemerke ich in meinem Leben, dass Strahlen von diesem aufgehenden Stern in mir aufstrahlen. Das tut mir ausgesprochen gut.

Ich vermute, dass die Angst vor der Finsternis in den Fluren und Zimmern bis zur Vorratskammer mit Schatten in mir selbst zu tun hatte. Da gab es finstere Ecken in meinem eigenen inneren Haus. Sie sind weniger geworden. Ganz weg sind sie immer noch nicht. Mir kann immer noch angst und bange werden.

Die, die in Finsternis und Schatten des Todes sitzen, so erklingt es, denen scheint ein Licht auf. Gut, wenn es drinnen beginnt hell zu werden. Gott sucht sich die dunklen Ecken zur Rettung aus. Stark, wie es im Benedictus heißt: Sie sitzen in Finsternis und Schatten des Todes. Finsternis und Angst lassen ja zusammenkauern. Die Beine werden da eng angezogen. Das freie Spiel der Bewegung von Händen, Füßen, Schultern und Beinen, schrumpft massiv.

Kauern statt Stehen.

[Ein Johannes-Innenblick von Finsternis: Schuld]

Ich glaube, dass Gott mir meine gewaltige Angst vergibt. Hat sie denn mit Schuld zu tun? Ich denke schon: Denn, wenn mich gewaltige Angst überkommt, dann schwindet mir der Blick dafür, dass Gott ungeahnte Möglichkeiten hat. Das Vertrauen zu ihm geht mir in solchen Momenten schnell verloren. Ein Teufelskreis. Das kann ich in den guten Momenten sehen. Jetzt. Dank des aufgehenden Lichts aus der Höhe.

Und, so frage ich weiter: Hätte mir nicht geholfen werden können, als ich allein in den Keller musste? Wäre nicht Unterstützung angesagt gewesen?

Meine zahlreiche Familie dachte: Es ist ein wichtiges Lehrstück für mich. Aber das war es nicht. Vielleicht haben sie auch Schuld auf sich genommen. Ich kann es mir vorstellen. Aber Gott urteilt am besten.

Im Geburtstaglied für Johannes heißt es: Du, Kindlein, wirst Erkenntnis des Heils geben seinem Volk in der Vergebung ihrer Sünden. Das Kindlein macht mich darauf aufmerksam: Es gibt den Bruch mit Gott. Sünden. Sie werden mir vergeben.

Das ist auch ein Aufruf für uns als Christen, für Lichtstrahlen in den unterschiedlichen Ängsten inmitten der Corona-Pandemie zu beten. Beten wir füreinander mit unseren jeweils verschiedenen Ängsten.

[Freude als neuer Anfang]

Ich freue mich: Denn es gibt für uns Befreiung aus der Angst. Und Vergebung. Und meine Freude geht weiter: Denn wir werden aus finsteren Ecken herausgeholt – besonders aus dem schlimmsten Dunkel: dem langen Schatten des Todes.

Ich freue mich, dass schon in wenigen Tagen Weihnachten ist. Wenn ich an den alten Zacharias denke, packt mich übrigens auch die Freude. Ich kann es mir richtig vorstellen, wie er vor Begeisterung über das späte Glück der Vaterschaft seinen Sohn mit beiden Armen in die Höhe hebt. Er singt das Geburtstagslied – dabei hält er seinen Sohn stolz hoch. Vielleicht tanzte er dabei auch. Zu gern male ich es mir so aus.

Seine Frau hatte schon vor einigen Monaten das Kribbeln in allen Gliedern erlebt. Für sie war es besonders intensiv gewesen, als der kleine Johannes vor Lebens-Freude zu seinem Verwandten in ihrem Bauch hüpfte.

[Der Morgen-Geschmack von Ewigkeit]

Das alte Lied vom Zacharias wird auch weiterhin morgens gesungen werden. In den vielen Kirchen und an den vielen anderen Orten, wo Menschen am Anfang des Tages zu den Lobgesängen zusammenkommen. Ich finde es schön, das zu wissen. Auch wenn ich es nicht direkt höre: Es klingt weiter, das alte Lied von der erfüllten Zeit.

Seine Worte schmecken nach den kostbaren Gewürzen, die Gebäck so schmackhaft machen: herzliche Barmherzigkeit, Erlösung, Befreiung.

Die Worte zusammen ergeben das exotische Werk eines alten Meisterbäckers. Sie schmecken denen, die die Hoffnung auf Veränderung durch Gott nicht aufgeben. Sie schmecken am Morgen besonders gut, weil sie vom beginnenden Tag auch ewige Lichtstrahlen ins Herz erwarten.

Die Mönche und Ordensfrauen: Sie essen karg, aber nähren ihre Seele offensichtlich mit Freuden-Worten. Die Melodie geht durch die Welt. »Benedictus –

Hoch sei gepriesen unser Gott, der Gott Israels! Denn er hat besucht und erlöst sein Volk und hat uns aufgerichtet eine Macht des Heils.«

Ausleger:
Rudolf Mader ist Pfarrer im »Luther-Stammort« Möhra.

Jesu Geburt, Lukas 2,1–7

Stephan Köhler

[1]Es begab sich aber zu der Zeit, dass ein Gebot von dem Kaiser Augustus ausging, dass alle Welt geschätzt würde. [2]Und diese Schätzung war die allererste und geschah zur Zeit, da Quirinius Statthalter in Syrien war. [3]Und jedermann ging, dass er sich schätzen ließe, ein jeglicher in seine Stadt. [4]Da machte sich auf auch Josef aus Galiläa, aus der Stadt Nazareth, in das judäische Land zur Stadt Davids, die da heißt Bethlehem, darum dass er von dem Hause und Geschlechte Davids war, [5]auf dass er sich schätzen ließe mit Maria, seinem vertrauten Weibe; die war schwanger. [6]Und als sie daselbst waren, kam die Zeit, dass sie gebären sollte. [7]Und sie gebar ihren ersten Sohn und wickelte ihn in Windeln und legte ihn in eine Krippe; denn sie hatten sonst keinen Raum in der Herberge.

Es begab sich aber zu der Zeit, … – Ja, genau! So hat Martin Luther den Anfang der Bibelgeschichte von der Heiligen Nacht übersetzt – vielleicht ja gerade heute vor 500 Jahren, Weihnachten 1521, als er auf der Wartburg war.

Es begab sich aber zu der Zeit, … – So beginnt sie, die Weihnachtsgeschichte, von der wir heute kosten können in der Reihe der Bibelverkostungen aus dem Lukasevangelium hier in der Georgenkirche.

Es begab sich aber zu der Zeit, … – Ja, genau! Ganz vertraut ist mir der Klang dieser Worte. Ich fühl mich gleich wie zu Hause darin: Ja, so ist es gut. So ist es richtig. Genau so hört sich Weihnachten an. So riecht es – nach Tannenduft und Kerzen; so schmeckt es – nach Plätzchen und Braten. – Ja, genau so soll es sein – eben wie immer am Heiligen Abend! Genau so soll es sein – wie in jedem Jahr seit ich Kind war – ganz vertraut, sodass ich die Worte beinahe schon mitsprechen kann: *Es begab sich aber zu der Zeit, …* – Freundlich geborgen und friedlich. Voller Licht … – Ja genau! So soll es sein zu Weihnachten …

Aber … aber so ist es ja eben nicht! – Sieh doch nur hin! – Ist doch schon wieder alles anders zu Weihnachten in diesem Jahr! Ist doch schon wieder alles eben *nicht* wie gewohnt, unklar, durcheinander: Weihnachtsmarkt aufgebaut, eröffnet. Kurz darauf schon wieder geschlossen. – Umbenannt zum Wintermarkt dann ganz offen. – Alle Konzerte abgesagt – ja sogar das Weihnachtsoratorium! Und selbst am Eingang zur Kirche wird kontrolliert. Man muss sich Tickets besorgen für die Plätze. – Schon wieder ist alles befremdlich anders, ganz aus der Ordnung! – So eine Zeit ist das gerade jetzt!

Es begab sich aber zu der Zeit, …

Kein Wunder, wenn Menschen müde sind und mürbe, unsicher und voller Sorge. Angst breitet sich aus. Und sie wird geschickt verstärkt von Algorithmen in sozialen Netzwerken: Erschreckende Nachrichten verkaufen sich einfach besser! – So wächst Misstrauen. Nervös sind die Leute, angespannt, reagieren empfindlich, gereizt. Schnell entsteht Streit.

Und natürlich gibt's welche, die das noch anheizen mit Gewalt, um zu profitieren davon. – Viel mühsamer als sonst scheint es, einander auszuhalten, zu ertragen. – Nein, weihnachtlich fühlt sich das überhaupt nicht an zu dieser Zeit!

Oder … oder vielleicht doch – nur ganz anders als ich bisher dachte? – Ich hör nochmal genau hin auf die so vertrauten Worte. – Vielleicht habe ich ja was überhört aus lauter Gewohnheit? Vielleicht hab ich was übersehen, weil ich ja so gut kenne, was da berichtet wird?

Es begab sich aber zu der Zeit, dass ein Gebot von dem Kaiser Augustus ausging, dass alle Welt geschätzt würde. Und diese Schätzung war die allererste und geschah zur Zeit, da Quirinius Statthalter in Syrien war.

Und jedermann ging, dass er sich schätzen ließe, ein jeglicher in seine Stadt. Da machte sich auf auch Josef aus Galiläa, aus der Stadt Nazareth, in das judäische Land zur Stadt Davids, die da heißt Bethlehem, darum dass er von dem Hause und Geschlechte Davids war, auf dass er sich schätzen ließe mit Maria, seinem vertrauten Weibe; die war schwanger.

Nein, nach vertrauter Geborgenheit klingt das wahrlich nicht. Von Normalität kann da keine Rede sein, von weihnachtlicher Ruhe erst recht nicht. Von wegen – so, wie's immer war! – Ganz anders ist es als sonst, überhaupt nicht wie gewohnt – befremdlich anders, gänzlich aus der Ordnung geraten!

Hin und her, kreuz und quer ziehen die Leute durch's Land. Die Schätzung, die sie aufgescheucht hat, war die allererste – die allererste Volkszählung, vom Kaiser geboten! – Ausnahmezustand also, ganz und gar nicht normal!

Es begab sich aber zu der Zeit, … – So eine Zeit ist das, von der wir da zu kosten bekommen! – Nach Störung des Lebens schmeckt das, nach eiligem Packen und Aufbruch, nach Straßenstaub und ängstlicher Unsicherheit. – Gibt's Wegelagerer, Leute, die dieses Durcheinander ausnutzen? – Kein Wunder, wenn einer da misstrauisch wird. – Wo soll man unterkommen, wo schlafen? – Keine Sicherheit!

Und damit nicht genug: auch noch schwanger, die Maria, hochschwanger! – Also nein, nichts wie gewohnt, gar nichts – alles anders, unklar, durcheinander!

So beschreibt der Evangelist Lukas die Zeit, als zum ersten Mal Weihnachten wurde:

Und als sie daselbst waren, kam die Zeit, dass sie gebären sollte. Und sie gebar ihren ersten Sohn und wickelte ihn in Windeln und legte ihn in eine Krippe; denn sie hatten sonst keinen Raum in der Herberge.

In der Fremde wird das Kind geboren, in eine gleichgültige Welt hinein. – Nicht mal ein Bett ist da – nur eine Krippe, die Futterstelle von Ochs und Esel. Windeln immerhin, mehr nicht. –

Wie's da gerochen hat, kann man sich vorstellen. – Ganz anders jedenfalls als sich's eine Mutter und ein Vater wünschen würden für ihr erstes Kind.

Es begab sich aber zu ›der‹ Zeit, … – So beschreibt der Evangelist Lukas die Zeit, in der zum ersten Mal Weihnachten wurde. – Ganz und gar nicht wie gewohnt – fremd, unsicher, aus der Ordnung geraten.

Da geht's mir doch gut, denk ich. – Immerhin hab ich ein Zuhause, ein Bett; eine Weihnachtsstube sogar: warm, mit Baum und Kerzen, Familie, Festessen. Immerhin hab ich die Christvesper hier mit den vertrauten Melodien. Immerhin ist doch wieder Weihnachten, Heilige Nacht:

Es begab sich aber zu der Zeit, … Und Maria gebar ihren ersten Sohn und wickelte ihn in Windeln und legte ihn in eine Krippe.

In all dem Fremden, in all dem ungewohnten Durcheinander ist es doch etwas ganz Besonderes mit diesem Kind in Windeln gewickelt und in einer Krippe liegend.

Die Menschen in ihrem Hin und Her, in ihrem düsteren Lauschen auf die nächste Katastrophenmeldung, hätten's vielleicht gar nicht bemerkt. Gereizt, voller Sorge und Angst, müde vom Lauern einer auf den andern, saßen sie ganz schön im Dunkeln, in stockfinstrer Nacht. – Da geschieht's:

Des Herrn Engel trat zu ihnen, und die Klarheit des Herrn leuchtete um sie; und sie fürchteten sich sehr.

Stellt Euch das mal vor – in all dem Durcheinander, in all unserm Lebens-Hin-und-Her plötzlich Klarheit – hellerlicht leuchtend bis in mein Innerstes: Kein Zweifel, ich bin gesehen, erkannt bis auf den Grund meines Lebens! – Ich schrecke zusammen: Bin ich verraten und verkauft? Gänzlich bloßgestellt? Bricht jetzt ein Shitstorm über mich herein? – Doch dann hör ich: Fürchte dich nicht!

Fürchtet euch nicht! Siehe, ich verkündige euch große Freude, die allem Volk widerfahren wird; denn euch ist heute der Heiland geboren, welcher ist Christus, der Herr, … Und das habt zum Zeichen: Ihr werdet finden das Kind in Windeln gewickelt und in einer Krippe liegen.

Also ein warmes Licht ist das, ein wohlwollendes Erkennen, was ich brauche, wonach ich mich sehne. Ein liebevolles Gegenüber, das mich freundlich ansieht mit all meinen Verwundungen und Gaben, mit allen Stärken und Versäumnissen, in all meiner Angst und Hoffnung:

Euch ist heute der Heiland geboren! Heilen will er, trösten, verbinden. Ganz nah will er euch sein, euch fest in Sein Herz schließen, dass ihr nicht verloren werdet. –

Große, unglaubliche Freude! Unfassbare Erleichterung! – Freude, so riesig groß und himmlisch schön, dass ich glatt die Engel singen höre:

»[…] die Menge der himmlischen Heerscharen, die lobten Gott und sprachen: Ehre sei Gott in der Höhe und Friede auf Erden bei den Menschen seines Wohlgefallens.« (Lk 2,13 f.)

Ich staune. Steh da, mit offenem Mund. Kann's kaum glauben … – *Fürchtet euch nicht! Siehe, ich verkündige euch große Freude.* Frieden soll sein auf Erden bei den Menschen. Ihr müsst nicht streiten. Er sieht euch doch, jede und jeden. – So wunderbar groß ist Gott!

Also auf, lasst uns *die Geschichte sehen, die da geschehen ist, die uns der Herr kundgetan hat!*

Lasst uns sehen und spüren, was die Engel singen zu Weihnachten von Maria und Joseph, dazu von dem Kind in der Krippe liegend. – Ob es uns tatsächlich das Herz bewegt und die Seele? Ob's uns zum klaren Licht wird in unsrer Finsternis? Ob ich sie wirklich fühlen kann, die weite, singende Freude?

Ja, wirklich, Gott selbst kommt zur Welt in diesem Kind in Windeln gewickelt und in der Krippe liegend. Gott selbst kommt mitten hinein in unser Durcheinander. Er kommt zu uns, zu mir, in mein Leben – in meine Angst und in mein Glück, in meine Müdigkeit und meine Kraft. Gott kommt, ist einfach da, liebevoll, wunderbar belebend, liebenswert, ermutigend frisch, zum Staunen und Stillwerden – eben so, wie ein kleines neugeborenes Kind. – So ist Er da, dieser große, unfassbare, unnahbare Gott, hier bei uns – kommt in diese Kirche, in unsere Häuser und Familien. – Er lässt uns eben nicht sitzen in der Finsternis, sondern kommt uns ganz nah – Dir und mir, sodass uns plötzlich der Himmel aufgeht zum Staunen und Hoffen und Singen – und zum Lieben.

Wenn, dann kann *so* wieder Frieden wachsen in der Stadt, im Land, auf der Erde. Das Herz wird mir weit und der Geist freundlich, dass ich wieder hinhören lerne, aushalten, geduldig sein. – Eingeladen sind wir an die Krippe, dass wir dem Kind begegnen, uns anrühren lassen, damit auch unser Miteinander heil werden kann und wir weihnachtlich froh werden.

Ausleger:
Stephan Köhler ist Pfarrer an der Georgenkirche in Eisenach.

Die Hirten auf dem Feld, Lukas 2,8–14

Kathrin Stötzner

⁸Und es waren Hirten in derselben Gegend auf dem Felde bei den Hürden, die hüteten des Nachts ihre Herde. ⁹Und des Herrn Engel trat zu ihnen, und die Klarheit des Herrn leuchtete um sie; und sie fürchteten sich sehr. ¹⁰Und der Engel sprach zu ihnen: Fürchtet euch nicht! Siehe, ich verkündige euch große Freude, die allem Volk widerfahren wird; ¹¹denn euch ist heute der Heiland geboren, welcher ist Christus, der Herr, in der Stadt Davids. ¹²Und das habt zum Zeichen: Ihr werdet finden das Kind in Windeln gewickelt und in einer Krippe liegen. ¹³Und alsbald war da bei dem Engel die Menge der himmlischen Heerscharen, die lobten Gott und sprachen: ¹⁴Ehre sei Gott in der Höhe und Friede auf Erden bei den Menschen seines Wohlgefallens.

… und sie fürchteten sich sehr. So heißt es von den Hirten in der Weihnachtsgeschichte nach Lukas. So haben wir es gerade im Weihnachtsoratorium gehört. Ihnen fühle ich mich besonders nah. Denn Gründe zum Fürchten haben wir genug.

Seit fast zwei Jahren wütet das Coronavirus. Zwar sind viele Menschen geimpft. Doch es sind längst nicht genug. Die Infektionszahlen übersteigen alles bisher Dagewesene und die Krankenhäuser können die Zahl der Patienten nicht mehr fassen. Tag für Tag sterben viele Menschen an dem Virus. Wir haben Angst um die Gesundheit, um Angehörige und Freunde. Hinzu kommt die Sorge um die Psyche der Kinder und Jugendlichen, bei manchen die Angst um die wirtschaftliche Existenz.

… und sie fürchteten sich sehr. Auf Furcht und Angst reagieren Menschen verschieden. Manche resignieren, ziehen sich zurück bis zur Vereinsamung. Einige suchen Schuldige, lassen Wut und Frust lautstark an anderen aus und die Rechtsextremen profitieren davon. Und dann gibt es die vielen, die die Situation nehmen, wie sie ist. Sich informieren, zuhören, dazulernen. Versuchen, das Beste aus der Lage zu machen.

… und sie fürchteten sich sehr. Doch Furcht und Angst verbreitet nicht nur das Coronavirus. Da sind Nachrichten von Terror und Kriegsgefahr. Da ist die

Angst vor der Zukunft angesichts des nun sehr realen Klimawandels – mit Trockenheit, Überschwemmungen und schweren Stürmen. Da sind Todesfälle im eigenen Umkreis, die uns traurig machen. Oder Sorgen um die Gesundheit, Sorgen um Angehörige.

… und sie fürchteten sich sehr. Ja, Gründe zum Fürchten haben wir genug. Damit will ich niemandem die Weihnachtsstimmung verderben. Aber vielleicht sollten wir uns trauen, diesen Teil des Lebens wahrzunehmen, damit wir dann auch die Botschaft wirklich hören können:

Und der Engel sprach zu ihnen: Fürchtet euch nicht. Siehe, ich verkündige euch große Freude […]; denn euch ist heute der Heiland geboren, welcher ist Christus, der Herr, in der Stadt Davids.

Fürchtet euch nicht – Hat der Engel zu viel versprochen? Wo es doch immer noch so viel Grund zum Fürchten gibt? Können seine Worte überhaupt etwas bewirken – damals und heute?

Ich habe überlegt, was mir hilft gegen die Angst. Für mich ist am wichtigsten: wenn ich nicht mehr allein mit ihr bin. Angst macht eng, nimmt die Luft und den freien Blick. Wenn ich allein bin mit meiner Angst, dann wird es immer enger und ich sehe keinen Ausweg mehr.

Ganz anders, wenn ich meine Angst eingestehen und aussprechen kann. Wenn jemand sagt: »Hab keine Angst, zusammen schaffen wir es.« Oder: »Ich verstehe dich, ich habe auch Angst. Aber es wird sich ein Weg finden. Lass uns gemeinsam überlegen, was wir tun können.«

Die Situation selber ist nicht anders als vorher: Doch die Nähe eines Menschen tröstet und wärmt, die Worte eröffnen einen neuen Horizont. Ist das nicht genau das, was der Engel gemacht hat? Er hat den Hirten durch sein: *Fürchtet euch nicht* die Angst genommen und die Weite des Himmels gezeigt.

Und dann haben sich die Hirten auf den Weg nach Bethlehem gemacht, um zu sehen, was da geschehen ist. Und sie *»fanden beide, Maria und Josef, dazu das Kind in der Krippe liegen.«* (Lk 2,16)

Ich bin sicher, der Engel hat nicht zu viel versprochen. Das, was die Hirten finden, das neugeborene Kind in einem Stall, ist Gottes Art uns zu sagen: »Ich liebe dich, ich will dir nahe sein – auch in deiner Angst.« So eindrücklich ist dieses Bild, dass es jedes Jahr unzählige Menschen in die Kirchen zieht.

Auch in Eisenach sind wir gekommen, um dieses Bild zu sehen: Das Kind in der Krippe, auf Heu und auf Stroh. Denn in diesem Kind begegnet uns der lebendige Gott, teilt unseren Schmerz und unsere Hoffnung, um uns diese Wahrheit zu zeigen: *Fürchte dich nicht.* Niemals bist du allein und dein Leben hat ein gutes Ziel.

Ja, es stimmt: Solange wir in dieser Welt leben, haben wir Grund zur Furcht: Angst vor Versagen, Angst um die Existenz, Angst vor Krankheit und Gewalt.

All das ist unverändert. Nur eines hat sich seit der Heiligen Nacht verändert. Ich weiß jetzt, dass ich von Gottes Liebe umhüllt bin, was auch geschieht, und das kann meine Angst in die Schranken weisen.

Ist dieses Wissen nun schön, aber letztlich nutzlos, oder kann es wirklich etwas ändern? Mir hilft ein Bild aus dem Alltag: Wissen Sie, wie sich das eigene Gefühl verändert durch ein Kleidungsstück? Das schwarze Kleid mit dem schönen Schnitt, da fühlt sie sich attraktiver. Oder der Anzug mit der Krawatte, die gut zur Augenfarbe passt: Damit tritt er viel selbstbewusster auf.

Könnten wir nicht auch in unserem Leben die Weihnachtsbotschaft anziehen? *Fürchtet euch nicht. Siehe, ich verkündige euch große Freude […] denn euch ist heute der Heiland geboren, welcher ist Christus.* Wir könnten diese Botschaft der Liebe anziehen, indem wir sie in unserem Herzen tragen. Und ich glaube, allein das wird uns verändern: der Gang wird leichter und aufrechter. Der Blick geht ins Weite, nicht nur auf die alltäglichen Nöte. Sieht auch die anderen und nicht nur sich selbst, sieht das *wir* und nicht nur das *ich*.

Fürchtet euch nicht […] denn euch ist heute der Heiland geboren, welcher ist Christus, der Herr, in der Stadt Davids. Auf seine Nähe will ich vertrauen. Wir werden spüren und ausstrahlen, dass der Engel die Wahrheit gesagt hat. Und andere Menschen werden es uns anmerken, davon bin ich überzeugt.

Fürchtet euch nicht […] denn euch ist heute der Heiland geboren, welcher ist Christus.

Auslegerin:
Kathrin Stötzner ist Pastorin an der Paul-Gerhardt-Kirche in Eisenach.

Die Ausbreitung des Wortes, Lukas 2,15–20

Dr. Hans Mikosch

**

¹⁵*Und da die Engel von ihnen gen Himmel fuhren, sprachen die Hirten untereinander: Lasst uns nun gehen gen Bethlehem und die Geschichte sehen, die da geschehen ist, die uns der Herr kundgetan hat.* ¹⁶*Und sie kamen eilend und fanden beide, Maria und Josef, dazu das Kind in der Krippe liegen.* ¹⁷*Da sie es aber gesehen hatten, breiteten sie das Wort aus, welches zu ihnen von diesem Kinde gesagt war.* ¹⁸*Und alle, vor die es kam, wunderten sich über die Rede, die ihnen die Hirten gesagt hatten.* ¹⁹*Maria aber behielt alle diese Worte und bewegte sie in ihrem Herzen.* ²⁰*Und die Hirten kehrten wieder um, priesen und lobten Gott für alles, was sie gehört und gesehen hatten, wie denn zu ihnen gesagt war.*

Wie eine Decke bedeckt Corona das Land. Die Menschen sind müde, einsam, manche verzweifelt. Da fragt es sich:

1. Was müsste geschehen?

Was müsste geschehen, damit Sie, liebe Gemeinden, *heute* alles stehen und liegen ließen, um sich auf den Weg zu machen, zu sehen, was da los ist? Während Sie nachdenken, kurz *meine* Schreck-Aufbrüche: 1974 am Stammort der Herren von Witzleben bei Arnstadt: Eine Windhose rasiert die Dorfdächer, entwurzelt Bäume, schmeißt Traktoren mit Hänger, auf denen Frauen saßen, einfach um. Dorfbekannte Atheisten sollen laut gebetet haben. Sie fürchteten, der Weltuntergang sei nahe. Am 9. November 1989 renne ich am Nachmittag in Gefell vom Pfarramt hinüber ins Gemeindehaus zu den dort übenden Bläsern: »Die Grenze ist offen!«. Kein Jubelschrei, ungläubig lächelnd und verstört gehen die im Sperrgebiet Aufgewachsenen nach Hause. Das *konnte* es ja gar nicht geben! 1996 höre ich aus großen Lautsprechern vor meiner Stadtkirche in Gera: »Die Evangelische Kirche liegt falsch. Sie unterstützt einen Juden. Jesus. Die Juden sind die Erzfeinde Deutschlands.«

Ein jedes Mal war ich geschockt, wollte sehen, was da geschehen war. Wie auch einst die Hirten auf Bethlehems Fluren. Bitterkalt war's, die Volkszählung in aller Munde. Für wen würde sie sich auszahlen? Wer würde noch mehr geschröpft? Urplötzlich mit Lichtgeschwindigkeit gleißend hell der Nachthimmel. Alle Gespräche verstummen. Jeder spürt: Hier geschieht Unerhörtes. Gott handelt und spricht ein Machtwort, das die einfachen Leute sich seit langem ersehnten: *»Ehre sei Gott in der Höhe! Friede auf Erden! Den Menschen ein Wohlgefallen!«* Kürzer und klarer ging es nicht. Entschlossen die Reaktion: »Das müssen wir sehen!« Auf! *Transeamus usque Bethlehem.*

Martin Luther, der in dieser Kirche predigte, hat sich alle Jahre wieder wohl auch für seine Kinder neue deftige Beispiele für die Situation an der Futterraufe in der Heiligen Nacht ausgesucht: Das Kind, mit Windeln aus den Unterhosen des Joseph zusammengestückelt. Unmittelbar neben der kreißenden Maria Ochs und Esel und weitere Tiere mit ihren Ausdünstungen und unumgänglichen Hinterlassenschaften. Ein pittoreskes Bild, sodass einer der Weisen in einem modernen Krippenspiel heute ausruft: »Und *das, das,* soll der Herrscher der Welt sein?!« Und ein anderer wird sehr ernst, fast feierlich, wenn er sagt: »Ja, das ist der Messias!« »Aber schau nur genau hin, ›denn man sieht nur mit dem Herzen gut.‹« Dieses Zitat aus dem kleinen Prinzen wird im Urtext bei Antoine de Saint-Exupéry ergänzt: »Das Wesentliche ist für die Augen unsichtbar.«

2. »Man sieht nur mit dem Herzen gut« – eine etwas andere Form der Mission

Bei Lukas folgt auf den Besuch im Stall, nach dem Sehen und Erkennen, was da geschehen war, ein – ich übertreibe nicht – weltgeschichtlich folgenreicher Satz: *Und sie kehrten wieder um und breiteten das Wort aus.* Zugegebenermaßen gestaltet es sich oft nicht ganz einfach, dorthin zurückzukehren, woher man kam. Ich möchte nicht in meine ehemaligen Pfarrstellen zurückkehren. Und gleich gar nicht nach einem solchen erhebenden Erlebnis mit himmlischer Musik, mit zukunftsweisender Ansage und einem Jungen in der Futterkrippe. Was ist dagegen das täglich wiederkehrende Einerlei bei den Schafen und mit all den bekannten Problemen? Wie gehen die heutigen Hirtinnen und Hirten, Pastorinnen und Pastoren damit um, wenn sie Jahre gerackert haben, eine Kirche zu sanieren, die Bischöfin kommt und das Haus ist voll und zum nächsten regulären Gottesdienst sind es wieder nur die gleichen altbekannten drei, fünf oder fünfzehn Gottesdienstbesucherinnen, oftmals beladen mit *ihren* Problemen und nach Augenschein so gar nicht »Kirche von morgen«?! Liebe Gemeinde, der ehemalige Superintendent von Gera spürte meine Enttäuschung über die Gottesdienstzahlen an der Geraer Hauptkirche, die etwa einem Viertel der mir geläufigen aus dem Schleizer Oberland ausmachten, und sagte nur einen Satz: »Man muss die kleine Gemeinde, so wie sie ist, liebhaben. »Vielleicht haben dies Hirten getan und damit erste Erfolge verbucht. Aber nicht nur die Hirten und

Weisen hat der Blick auf das Kind, auf die Welt, auf die ihnen gesagten Worte grundlegend verändert. Das galt auch für Joseph und Maria.

3. Joseph und Maria

Joseph muss eine große Liebe zu seiner Frau und einen großen Glauben zu seinem Gott gehabt haben. Er musste akzeptieren: das Kind in der Krippe ist nicht von dir. Und: Gott mutet dir einfachem Zimmermann zu, den seit Generationen ersehnten Messias gemeinsam mit deiner noch sehr jungen Frau großzuziehen. Wie sollte das gelingen? Maria »meditierte« das neu geborene Kind und wusste wohl am ehesten, was zu tun ist und was die nächsten Tage bringen würden. Im Urtext steht: »Sie fügte alle die Worte und Fragen, die guten Wünsche, das ganze Geschehen um *sie* und *um das Kind* herum zusammen.« Maria fügt in ihrem Herzen die erlebten Teile zusammen. Luther übersetzt: »Sie bewegte alles in ihrem Herzen.«

4. Wir sind Bethlehem

Wir leben in einer sich weithin aufgeklärt gebenden Zeit – wenn auch derzeit die sogenannten »Spaziergänge« in vielen Städten Zweifel daran aufkommen lassen, was die Menschen eigentlich wollen. Wobei zugleich zu sagen ist: Es fehlt in unserem Land an klarer Führung, wohin die Reise geht, wie die Pandemie zu besiegen ist, worauf sich Eltern und Kinder, Kliniken und Altenheime, Gastwirte und Reiseunternehmen einzustellen haben. Ich erlebe in der letzten Woche: Eine Friseurin und ein Kfz-Meister aus DDR-Zeiten wussten im Gespräch mit dem Begriff ›Krippenspiel‹ oder den Namen ›Maria‹ und ›Josef‹ nichts anzufangen. Für andere beginnt Weihnachten mit dem WO, gerade für junge Leute auch in Gera oftmals mit der Christmette um Mitternacht am Heiligen Abend. Für sie alle getauft und nicht getauft, »geboostert« und nicht »geboostert«, bietet unser Text strahlend wie die Heilige Nacht und nüchtern bescheiden wie die Krippe zugleich an: Lasst euch animieren vom Licht der Heiligen Nacht! Macht euch auf, reißt euch los aus dem Einerlei des Alltags! Man muss bei Gott ankommen, anschauen, vielleicht sogar berühren, wie einst die Hirten die Krippe. Sich hineinversetzen lassen in eine andere Welt, die endlich einen unendlichen inneren Frieden bereithält.

Unsere Kirche ist, so wie sie ist, keineswegs das Paradies. Jedwede Herrschaftsansprüche und moralisches Richten stehen ihr schlecht zu Gesicht. Aber sie kann einen Mikrokosmos, eine Geborgenheit schenkende Welt an Wärme und Liebe sein, in der sich die Menschen mit anderen Augen ansehen, in der Hass zu schmelzen beginnt und die Versöhnung Raum gewinnt. »Komm und siehe«, wird den Hirten gesagt. Komm und siehe möchten wir den Menschen sagen, allen Menschen: »Hier, bei dir, zwischen uns beiden, kann – bei allem, was uns unterscheiden mag in der Beurteilung von Corona und »denen da oben« – Bethlehem sein. Das wären dann unsere einladenden Kirchenräume. Unsere geöffneten Ohren und Herzen für die Sorgen und Nöte unserer Mitmenschen. Bethlehem wäre dann eine Chiffre für Hoffnung und Zukunft, für Sehnsucht und Erfüllung.

Der Zeitgenosse Jochen Kleppers, Anton Tikhomirow, Direktor der St. Petersburger Geistlichen Akademie, erinnert aus einem Gespräch, dass Jochen Klepper auf die Frage, was denn zu predigen sei, ihm geantwortet habe: »Trost, immer wieder Trost«. Mit dieser Gewissheit auch *für* uns, mit dieser Bitte auch *an* uns wünsche ich uns allen eine gesegnete Weihnachtszeit und einen bereiteten und gesegneten Weg in das Jahr des Herrn 2022.

Ausleger:
Dr Hans Mikosch war bis 2011 Propst des Propstsprengels Gera-Weimar.

Beschneidung und Lobgesang des Simeon, Lukas 2,21–40

Eberhard Grüneberg

[21]Und als acht Tage um waren und er beschnitten werden sollte, gab man ihm den Namen Jesus, welcher genannt war von dem Engel, ehe er im Mutterleib empfangen war. [22]Und als die Tage ihrer Reinigung nach dem Gesetz des Mose um waren, brachten sie ihn hinauf nach Jerusalem, bum ihn dem Herrn darzustellen, [23]wie geschrieben steht im Gesetz des Herrn (2.Mose 13,2; 13,15): »Alles Männliche, das zuerst den Mutterschoß durchbricht, soll dem Herrn geheiligt heißen«, [24]und um das Opfer darzubringen, wie es gesagt ist im Gesetz des Herrn: »ein Paar Turteltauben oder zwei junge Tauben« (3.Mose 12,6-8). [25]Und siehe, ein Mensch war in Jerusalem mit Namen Simeon; und dieser Mensch war gerecht und gottesfürchtig und wartete auf den Trost Israels, und der Heilige Geist war auf ihm. [26]Und ihm war vom Heiligen Geist geweissagt worden, er sollte den Tod nicht sehen, er habe denn zuvor den Christus des Herrn gesehen. [27]Und er kam vom Geist geführt in den Tempel. Und als die Eltern das Kind Jesus in den Tempel brachten, um mit ihm zu tun, wie es Brauch ist nach dem Gesetz, [28]da nahm er ihn auf seine Arme und lobte Gott und sprach: [29]Herr, nun lässt du deinen Diener in Frieden fahren, wie du gesagt hast; [30]denn meine Augen haben deinen Heiland gesehen, [31]das Heil, das du bereitet hast vor allen Völkern, [32]ein Licht zur Erleuchtung der Heiden und zum Preis deines Volkes Israel. [33]Und sein Vater und seine Mutter wunderten sich über das, was von ihm gesagt wurde. [34]Und Simeon segnete sie und sprach zu Maria, seiner Mutter: Siehe, dieser ist dazu bestimmt, dass viele in Israel fallen und viele aufstehen, und ist bestimmt zu einem Zeichen, dem widersprochen wird – [35]und auch durch deine Seele wird ein Schwert dringen -, damit aus vielen Herzen die Gedanken offenbar werden. [36]Und es war eine Prophetin, Hanna, eine Tochter Phanuëls, aus dem Stamm Asser. Sie war hochbetagt. Nach ihrer Jungfrauschaft hatte sie sieben Jahre mit ihrem Mann gelebt [37]und war nun eine Witwe von vierundachtzig Jahren; die wich nicht vom Tempel und diente Gott mit Fasten und Beten Tag und Nacht. [38]Die trat auch hinzu zu derselben Stunde und pries Gott und redete von ihm zu allen, die auf die Erlösung Jerusalems warteten. [39]Und als sie alles vollendet hatten nach dem Gesetz des Herrn, kehrten sie wieder zurück nach Galiläa

*in ihre Stadt Nazareth. ⁴⁰Das Kind aber wuchs und wurde stark, voller Weisheit,
und Gottes Gnade lag auf ihm.*

Im Mittelpunkt der Kantate im heutigen Gottesdienst steht, genauso wie im eben
gehörten Evangelium, der alte Mann mit Namen Simeon!

Um ihn geht es! Auf ihn sollen wir schauen und über ihn nachdenken! Von
ihm sollen wir etwas lernen! Und zwar nicht Lesen, Schreiben oder Rechnen,
sondern *Glauben*! Also: Es geht wieder einmal um Grundsätzliches!

Wenn jemand von den vielen Atheisten um uns herum fragt: Wie geht das
eigentlich – *glauben*? Ich würde das eigentlich auch gern wollen, hab aber keine
Ahnung, wie ich das machen soll?

Dann ist das kein Moment für schnelle Antworten, sondern die Gelegenheit,
eine Erfahrung zu erinnern. Der persönliche Glauben von jedem einzelnen von
uns ist meistens angestoßen worden durch einen anderen Menschen. Entweder
hat dieser Mensch sich besonders um uns bemüht, den Glauben in uns zu wecken. Oder aber es war jemand, dessen Art, seinen Glauben zu leben, so überzeugend war, dass wir gesagt haben: Ja, so ein Christ oder so eine Christin will
ich auch sein!

Und genau so einer ist Simeon! *Ein Vorbild dafür, wie man glauben kann!*
Von ihm können wir die innere Haltung eines Glaubenden abschauen! Lassen
Sie uns dem gemeinsam gedanklich nachgehen!

Der Auftritt von Simeon im Tempel hat eine kurze Einleitung! Maria und
Josef hielten sich an die üblichen religiösen Vorschriften. Denn: Nach den alten
Verheißungen kann jeder erstgeborene Sohn der ersehnte Messias sein! Von
daher gilt die Vorschrift: Eltern, die als erstes Kind einen Sohn bekommen, haben mit ihm den Tempel aufzusuchen. Dort soll das Kind Gott gezeigt oder ge-
weiht werden!

Als sie mit ihrem Kind in den Tempel kommen, marschiert der alte Simeon
auf sie zu und nimmt der überraschten Mutter das Kind aus den Armen – daran
merkt man, dass sich die Begebenheit vor 2000 Jahren zugetragen hat, denn
das würde sich heute ein alter Mann nicht mehr trauen und eine junge Mutter
noch viel weniger zulassen.

Maria aber ließ es also zu! Vielleicht, weil sie schon beim Auf-sie-Zukommen
die strahlenden Augen des Alten gesehen hat. Er hält dann den Jungen vor aller
Augen in die Höhe – so wie manchmal nach der Taufe in unseren Gottesdiensten
ein Kind in die Höhe gehalten und als neues Gemeindeglied mit Applaus begrüßt wird. Er dreht sich mit einem glücklichen und beseelten Gesicht in alle
Richtungen und ruft: »Meine Augen haben den Heiland gesehen!« Glückseligkeit
pur! Die Erfüllung eines Lebenstraumes!

Einem sehr alten Mann kommt im Tempel die Ehre zu, die langersehnte Ankunft des Messias auszurufen. Und nach Simeon wird ja auch noch von Hanna,
der 84-jährigen Prophetin berichtet, die ebenfalls in das Gotteslob einstimmt.

Alte Menschen haben an dieser Stelle eine so wichtige Funktion! Das kann kein Zufall sein!

Vielleicht ist das eine *erste Erkenntnis*, die wir festhalten können, wenn wir über Glauben reden.

Erstens: Wer glaubt, braucht einen langen Atem.

Glauben braucht Zeit. Er ist nicht gleich durch die Taufe mit voller Kraft da, sondern muss wachsen. Stück für Stück, Jahr und Jahr!

Ein Kind beginnt zu glauben durch die Geschichten, die es von Erwachsenen hört und neugierig aufsaugt!

Eine Jugendliche findet im Glauben auf der Suche nach sich selbst ein Stück eigene Identität!

Dann kommen die zwanziger, die dreißiger und die vierziger Jahre – und vieles kann dem Glauben in den Weg kommen:

- Eine Freundin, die für den Buddhismus schwärmt;
- Die Gewohnheit, sonntags gerne auszuschlafen;
- Freunde, die Kirche abwegig oder altmodisch finden;
- Sportarten oder Hobbys, die die Freizeit ganz und gar ausfüllen und tausend Gründe mehr.

Mit anderen Worten: zum Wesen des Glaubens gehört, dass er verloren gehen kann oder dass er sich bewährt.

Bei ganz alten Menschen, die an ihrem Glauben festgehalten haben, hat genau das stattgefunden. Ihr Glauben hat sich bewährt durch die Höhen und Tiefen eines Lebens. Ihr Glauben ist so gewachsen, dass er für sie zu einer Gewissheit geworden ist. In der letzten Phase ihres Lebens hat sich dann auch ihr Glauben vollendet. Genau an dem Punkt begegnen wir Simeon und Hanna.

Und nun konzentrieren wir uns – genau wie die Kantate – nur noch auf Simeon! Nachdem wir verstanden haben, dass Glauben ein Wachstumsprozess ist, schauen wir uns bei Simeon an, wie er – ganz konkret – geglaubt hat!

Zweitens: Wer glaubt, hat einen Traum

Simeon hatte denselben Traum, ich könnte auch sagen, dieselbe Hoffnung, dieselbe Sehnsucht wie die meisten anderen seiner Landsleute damals: Sie alle träumten vom Kommen des Messias, der in ihrem Land endlich gerechte und friedliche Verhältnisse schaffen würde.

Simeon trat aber dennoch hervor, weil sein tiefer Glaube ihm etwas offenbart hatte – nämlich eine Art Versprechen direkt von Gott! *Noch bevor du stirbst, wirst du mit eigenen Augen den Messias sehen!*

Seitdem – und darüber waren schon Jahre vergangen – war Simeon Tag für Tag in den Tempel gegangen, beseelt von dieser Sehnsucht nach *dem* Moment! Dieser Traum wurde sein Lebensinhalt. Jeden Morgen ist er gespannt zum Tempel aufgebrochen und jeden Abend ernüchtert zurückgekommen. Wie oft wird ihn seine Frau – wenn er eine hatte – gefragt haben: »Und, wieder nichts?!« »Nein, aber vielleicht morgen!« Er hat seinen Traum einfach nicht aufgegeben! Er hat seine Hoffnungen nicht verraten und über Bord geworfen. Er hat sich nicht abbringen lassen von seinem Kurs, allen Enttäuschungen zum Trotz!

Einen Traum haben und dazu den langen Atem, ihn nicht aufzugeben. Das ist praktischer Glauben. Zumal ein ganz großer Traum sowieso zum Christsein gehört, der nur in der langweiligen Kirchensprache altmodisch klingt: der Traum vom Reich Gottes! Das klingt fast so wie bei Simeon, aber es ist so aktuell wie nur irgendetwas.

Reich Gottes heißt: Gerechtigkeit herrscht auf der Erde, Kriege gehören der Vergangenheit an; niemand muss mehr auf der Flucht sein! Gottes Schöpfung stöhnt nicht mehr, sondern wird bewahrt! Reich Gottes heißt: Menschen, Tiere und Natur leben im Einklang miteinander und schützen sich gegenseitig!

Das ist doch der Traum, den die Jugendlichen von »Fridays for Future« haben. Das ist der Traum, den Tausende Helfer auf der Welt haben, die sich in Hilfsorganisationen immer und immer wieder gegen Hunger stark machen. Das ist der Traum, den Flüchtlinge haben, das ist der Traum, den wir selbst haben von unserem Land und von unserer Welt.

Wer sich hier einbringt und dies als Teil seines Glaubens versteht, dem wird auch der lange Atem geschenkt, dieses Ziel trotz aller Rückschläge und Enttäuschungen nicht aufzugeben. Dabei geht es um kleine Schritte in Richtung dieses Traumes. Von Simeon lernen wir, dass das möglich ist und dass es Erfolg verspricht! Und dass ein einziger guter Moment die Welt besser macht!

Drittens: Wer glaubt, sieht nach vorn

Jetzt sind wir an dem Punkt, wo auch die Kantate ihren inhaltlichen Schwerpunkt setzt. Das Lebensziel Simeons hatte sich mit dieser Begegnung im Tempel erfüllt. Dabei fasziniert mich seine *Haltung danach*. Viele ältere Menschen leben sehr stark von ihren Erinnerungen und sehr in der Vergangenheit. Manche erwarten kaum noch etwas von dem, was vor ihnen liegen könnte. Das ist schade! Denn Simeon bietet eine ganz andere Haltung an:

Er schaute trotz seines hohen Alters konsequent nach vorn, und zwar nahezu mit visionärer Kraft.

Insbesondere mit Blick auf seine Gegenüber, die Heilige Familie! Er segnete sie und wusste zugleich, wie nötig sie diesen Segen hatten!

Er sah die Lebensreise des Kindes vor sich, von dem die Eltern mit Verwunderung hörten, dass es vielen Heil und Leben bringen, aber dass es auch Hass und Gewalt erfahren würde.

Er sah auch die Lebensreise der Mutter Maria, die ihren größer werdenden Sohn immer weniger verstehen wird, und sprach ihr Mut zu, die schweren Prüfungen zu bestehen.

Aber auch auf sich selbst bezogen blieb sein Blick ausschließlich nach vorn gerichtet. Von dem Augenblick an, als seine Augen den Heiland gesehen hatten, war sein Traum wahr geworden. Gott hatte sein Versprechen ihm gegenüber eingelöst. Das hieß: Keine innere Unruhe mehr, nur noch ein großer innerer Frieden. Was konnte ihm jetzt noch passieren? Er wusste: Von nun an war für ihn und für die Welt gesorgt. Dieses Kind war für ihn und für alle Welt der Garant des Lebens, sogar über den Tod hinaus.

Diese Einsicht hören wir auch aus den Worten der Kantate: Erfüllung der Verheißung und Freude über den Anblick des Gottessohnes. Allerdings: Die Lebenssattheit und den Verdruss am irdischen Leben, den die Kantate hier mehrmals betont, finde ich so im biblischen Text nicht. Aber gewiss war das Leben vor dreihundert Jahren zu Bachs Zeiten auch härter, als wir uns das heute vorstellen können: Denn Simeon hat so eine begeisterte Todessehnsucht, wie wir sie in der Kantate hören »*ich freue mich auf meinen Tod, ach hätt er sich schon eingefunden*« jedenfalls nicht geäußert. Das ist auch mir etwas zu viel Vorfreude aufs Ableben! Zumal wir heute unser Dasein auf dieser Erde auch im fortgeschrittenen Alter noch ganz gut gestalten können und vielleicht sogar noch wichtige Aufgaben zu erledigen haben, obwohl vielleicht bei US-Präsidenten eine Alters-Obergrenze ganz sinnvoll wäre.

Da ist mir die Haltung Simeons etwas näher. Sein Glauben hat mit dieser Begegnung im Tempel so etwas wie eine beruhigende Gewissheit bekommen. Er sieht getrost und gelassen in die Zukunft, und – als alter Mann – unter anderem auch auf sein Sterben! Das muss für Simeon trotzdem nicht gleich sein! Wenn es aber so weit ist, dann sieht er mit einem großen inneren Frieden darauf und weiß, dass dies nur ein weiterer Schritt nach vorn ist, hinein in eine Zukunft mit Gott! Diesem Beispiel möchte ich gerne folgen!

Ausleger:
Eberhard Grüneberg war bis 2017 Vorstandsvorsitzender der Diakonie Mitteldeutschland.

Der zwölfjährige Jesus im Tempel, Lukas 2,41–52

Dr. Jutta Noetzel

[41]Und seine Eltern gingen alle Jahre nach Jerusalem zum Passafest. [42]Und als er zwölf Jahre alt war, gingen sie hinauf nach dem Brauch des Festes. [43]Und als die Tage vorüber waren und sie wieder nach Hause gingen, blieb der Knabe Jesus in Jerusalem, und seine Eltern wussten's nicht. [44]Sie meinten aber, er wäre unter den Gefährten, und kamen eine Tagereise weit und suchten ihn unter den Verwandten und Bekannten. [45]Und da sie ihn nicht fanden, gingen sie wieder nach Jerusalem und suchten ihn. [46]Und es begab sich nach drei Tagen, da fanden sie ihn im Tempel sitzen, mitten unter den Lehrern, wie er ihnen zuhörte und sie fragte. [47]Und alle, die ihm zuhörten, verwunderten sich über seinen Verstand und seine Antworten. [48]Und als sie ihn sahen, entsetzten sie sich. Und seine Mutter sprach zu ihm: Mein Kind, warum hast du uns das getan? Siehe, dein Vater und ich haben dich mit Schmerzen gesucht. [49]Und er sprach zu ihnen: Warum habt ihr mich gesucht? Wusstet ihr nicht, dass ich sein muss in dem, was meines Vaters ist? [50]Und sie verstanden das Wort nicht, das er zu ihnen sagte. [51]Und er ging mit ihnen hinab und kam nach Nazareth und war ihnen gehorsam. Und seine Mutter behielt alle diese Worte in ihrem Herzen. [52]Und Jesus nahm zu an Weisheit, Alter und Gnade bei Gott und den Menschen.

Ich habe den Eindruck, dass es heute um eine Revision gehen soll. Um das prüfende Wieder-Ansehen eines biblischen Textes mit einem für die jüdische Identität Jesu wachen Blick auf die einzige Geschichte, die in den kanonischen Evangelien aus seiner Kindheit erzählt, auf die Erzählung des Lukas vom 12-jährigen Jesus im Tempel. Wie wichtig ein revidierender Blick für diesen Text ist, wurde mir erst deutlich, als ich mir viele Darstellungen dieser Geschichte in der Kunst ansah. Wie oft steht da ein helles lichtes Kind im Zentrum und erklärt den Schriftgelehrten und einem staunenden Publikum die Welt.

Dieses Bild von dem hellen lichten Kind, das den Schriftgelehrten die Welt erklärt, hat vielleicht viel mit dem reformatorischen Bildungsideal und der dazugehörigen Theologie zu tun, aber wenig mit dem Lukasevangelium. Lukas erzählt:

Und es geschah nach drei Tagen, da fanden sie [sc. seine Eltern] ihn [Jesus] im Tempel mitten unter den Lehrern. Und er hörte ihnen zu und fragte sie. Und als sie ihn hörten, waren sie entzückt über seinen Verstand und über seine Antworten.

Zuerst hört er zu. Dann fragt er. Dann gibt er vielleicht auch mal eine Antwort. Das ist das so Besondere in der jüdischen Tradition. Die lebendige Diskussion wird nicht nur hochgeschätzt, auch ihre vielfältigen, oft gegensätzlichen Auslegungen und sogar die *Fragen*, die ein Text auslöst, gelten als gottgewollt, sogar als ein Teil der göttlichen Offenbarung. Ein Midrasch bringt das schön zum Ausdruck. Offensichtlich war er den Gelehrten so wichtig, dass er mehrfach in der jüdischen Auslegungsliteratur zu lesen ist: »Als Gott sich auf dem Sinai offenbarte, um Israel die Tora zu geben, trug er es dem Mose nach der Ordnung vor, nämlich Schrift, Mischna, Talmud und Agada, […] selbst das, was der Schüler den Lehrer fragt, hat Gott dem Mose gesagt.« (Midrasch SchemR 47,1 ÜS August Wünsche)

Unsere Lehrtradition ist da anders. Da lernten die Schüler die Fragen und dann noch die Antworten dazu. »Ich glaube an Gott, den Vater, den Schöpfer des Himmels und der Erde. Was ist das?« oder »Was ist dein einziger Trost im Leben und im Sterben? Dass ich mit Leib und Seele im Leben und im Sterben nicht mir, sondern meinem getreuen Heiland Jesus Christus gehöre. Er hat mit seinem teuren Blut für alle meine Sünden vollkommen bezahlt und mich aus aller Gewalt des Teufels erlöst; …« Ob nun der kleine Katechismus von Martin Luther oder der Heidelberger Katechismus – die Idee ist ähnlich und mag in der Reformationszeit auch sinnvoll gewesen sein. Spätestens seit der Sendung mit der Maus ist dieses Lehrkonzept jedoch an sein Ende gekommen. In den Schulen, im Konfirmandenunterricht, bei Kinderbibelwochen – die Fragen der Kinder sind wichtig geworden. – Nur ich stehe immer noch hier oben und es nicht vorgesehen, dass Sie Fragen stellen oder mir gar widersprechen. Schade eigentlich. [Aber keine Sorge, ich werde jetzt nicht herunterkommen, denn wir haben aufgrund der Mikrofone ja einen guten Grund, es so zu belassen.]

»Bibelverkostung« heißt Ihre Predigtreihe. Gute Fragen sind wie gute Appetizer. Von Vorträgen hat man irgendwann genug. Aber Fragen machen Appetit auf mehr. Die festen Bissen legen das Fundament für die Geschmacksrezeptoren, die dann den guten Wein erkennen.

Also fragen wir!

Wer ist dieses Kind? Und ist er noch ein Kind?

In der Kultur der Alten Welt ist Jesus nicht der einzige Überflieger. Der jüdische Geschichtsschreiber Josephus erzählt vom Propheten Samuel, der als 12-Jähriger zu prophezeien anfing.[1] Und Plutarch berichtet von Alexander dem Großen, der mit 12 Jahren als einziger in der Lage war, Bukephalos zu bändigen, das Pferd, das durch ihn zur Berühmtheit wurde (Plut Alex 5). Überall in der Antike findet man den Topos des begabten Knaben, der mit 12 Jahren seine überlegene Intelligenz beweist.[2] Im Judentum folgt Jesus darin Mose, Salomo, Samuel, Daniel. Mit 12 Jahren spricht er zum ersten Mal – nachdem der Evangelist Lukas zuvor Engel, Hirten und Menschen *über* ihn hat sprechen lassen. Nun spricht Jesus selbst. Und die Lehrer Israels sind entzückt. Eine große Geschichte eines in besonderer Weise mit Gottes Geist Begabten wirft ihre Schatten voraus.

Lukas zeichnet Jesus als Kind einer typisch jüdischen Familie, am 8. Tag beschnitten (Lk 2,21), 40 Tage nach seiner Geburt als Erstgeborener am Tempel ausgelöst (Lk 2,22 f.). Der Tora entsprechend unternimmt die Familie alljährlich zum Pessachfest eine Wallfahrt nach Jerusalem. Mit 12 Jahren hat Jesus genau das richtige Alter, um sich mit der Bibel und ihrer Auslegung zu beschäftigen, heißt es doch in der Mischna: »Als 5-Jähriger zum Bibellesen, als Zehnjähriger zum Mischnalesen, als 13-Jähriger zur Gebotserfüllung« (Abot V,21). Aber darum streiten sich die Interpreten. Das 3. Esrabuch rechnet schon die 12-Jährigen zu den Erwachsenen (3 Esr 5,41). François Bovon meint, dass sich die Regelungen der Mischna zur Zeit Jesu noch gar nicht belegen lassen. Prediger*-innen der Gegenwart machen hingegen besonders darauf aufmerksam, dass Jesus als Pubertierender dargestellt wird, der zum ersten Mal in seinem Leben auf eigenen Füßen stehen will und dabei Dinge tut, die seine Eltern in höchstem Maße irritieren. Inken Rühle meint sogar, dass der Gottessohn auf diese Weise sehr menschlich erscheine.[3] Jesus sagt zwar nicht: »Du bist nicht mein Vater!« Aber diese für die Eltern wahrscheinlich schwer zu ertragende Rhetorik: »Wusstet ihr nicht, dass ich sein muss in dem, was meines Vaters ist?« lässt für Eltern pubertierender Kinder sicher Ähnliches anklingen.

Lukas aber sagt ausdrücklich, dass Jesus noch ein Kind ist (v. 43).

Wieso spielt die Geschichte eigentlich im Tempel? Der Tempel war doch kein Lehrhaus! Sollte es im Tempel eine Synagoge gegeben haben? Ist nirgends belegt. Vielleicht hat Lukas die Säulenhalle Salomos, dessen Weisheit ihm natürlich bekannt war, vor Augen. Dorthin hatte er später auch die Lehrstätte der Apostel platziert. Oder sollte die erste Diskussion Jesu einfach nicht in der Dorfsynagoge in Nazareth, sondern im Tempel in Jerusalem sein – der weltweit als Haus seines Vaters bekannt war? Also im »richtigen« Vaterhaus?

Vielleicht musste er dort sein, wo er auch später sein musste? Warum erzählt Lukas als einziger von den Evangelisten diese Geschichte?

---

[1]   Josephus, Ant V 10,4 § 348.
[2]   Bovon 155.
[3]   Predigtmeditationen, 72.

Soll die Reise der Heiligen Familie nach Jerusalem vielleicht ein prophetisches Vorzeichen sein für die große Reise nach Jerusalem, von der Lukas im zweiten Teil seines Evangeliums erzählt?

Hier zieht die Familie hinauf nach Jerusalem, nachher werden es Jesus und seine Jünger sein. Hier offenbart sich in einer für die Eltern sehr schmerzhaften Situation am dritten Tag, wer Jesus ist: einer von den Weisen Israels, ein Schriftkundiger, von den Lehrern Bewunderter, Sohn Gottes. Nachher werden es die Jünger sein, denen sich Jesus in einer sehr schmerzhaften Erfahrung ihres eigenen Versagens und ihrer Ohnmacht am dritten Tag offenbart. Als Auferstandener, der mit ihnen nach Emmaus geht und den sie am Brotbrechen erkennen. Der dann – als sie alle versammelt sind, in ihre Mitte tritt und sagt »Friede sei mit euch!« (Lk 24,36)

Wie konnte es dazu kommen, dass man aus dieser Geschichte, die Jesus ins Zentrum der jüdischen Lehrkultur platziert, eine christliche Belehrungsgeschichte machte?

Der Kirchenvater Irenäus berichtet von Häretikern, die behauptet hätten, Jesus wollte den bis dahin unbekannten Gott den uneinsichtigen Eltern vorstellen. Die Stimmen der Überbietung des Christentums über das Judentum sind bis heute nicht verstummt. Aber schon der Kirchenvater Origenes lud seine Zuhörer ein, die Schrift und das Wort mit der gleichen Energie zu suchen wie die Eltern ihr Kind.[4]

Man könnte immer weiter fragen.

Verwirre ich Sie mit den so unterschiedlichen Frage- und Antwortstimmen? Wäre Ihnen ein stringenter Vortrag mit klaren Entscheidungen für eine bestimmte Auslegung lieber? Wir haben uns in der Kirche oft und leider auch oft in fataler Weise geirrt mit unseren allzu gewissen Antworten, mit unserem Verzicht auf Fragen, unseren Predigten und Verlautbarungen.

Von Berthold Brecht stammt das schöne Zitat: »Ich habe gemerkt, sagte Herr K., dass wir viele abschrecken von unserer Lehre dadurch, dass wir auf alles eine Antwort wissen.«

Die Schriftstellerin Juli Zeh gab gerade ein Interview für die ZEIT, in dem sie sinngemäß sagte: »Ich schreibe keine Essays mehr. Wir müssen miteinander reden. Es ist nicht interessant, was ich mir allein am Schreibtisch ausdenke.«

Gute Fragen machen Appetit auf mehr. Sich in eine Sache reinzudenken und am Ende vielleicht auf die Dinge zu stoßen, die uns Halt geben im Leben und Orientierung. Beim Fragen auf die letzten Fragen zu stoßen, auf die nach dem Woher und Wohin, auf die Frage nach dem Sinn und dem Grund unserer Hoffnung. Gute Fragen machen Appetit und lassen uns vielleicht das Leben schmecken. Ohne dass man sich da ganz sicher sein muss.

---

4   Bovon, 158.

Übrigens war am Ende sogar die Mutter Jesu ruhiger. Maria bewahrte all diese Dinge in ihrem Herzen, erzählt Lukas. Genauso wie vor 12 Jahren in Bethlehem. Nur ein Wort verwendet Lukas anders am Ende der Geburtsgeschichte. Was sie dort erlebt hatte, musste sie damals erst in ihrem Herzen zusammenbringen und bewegen. Jetzt war offensichtlich manches klarer geworden. Warum erfahren wir nicht. Ob es die Beruhigung war, dass der Junge noch einmal mit nach Hause kommt? Oder ob ihr Herz anfing zu verstehen, wozu der Kopf noch nicht in der Lage war? Oder ob sie auch etwas Heilsames gefunden hatte in der Verletzung: nämlich wie erfüllend die Begegnungen im Gespräch sein können, bei denen sie ihren Sohn gesehen hatte?

Auslegerin:
Dr. Jutta Noetzel ist seit 2014 Senior des reformierten Kirchenkreises der Evangelisch-Lutherischen Kirche in Mitteldeutschland.

Johannes der Täufer, Lukas 3,1–20

Cornelia Biesecke

¹Im fünfzehnten Jahr der Herrschaft des Kaisers Tiberius, als Pontius Pilatus Statthalter in Judäa war und Herodes Landesfürst von Galiläa und sein Bruder Philippus Landesfürst von Ituräa und der Landschaft Trachonitis und Lysanias Landesfürst von Abilene, ²als Hannas und Kaiphas Hohepriester waren, da geschah das Wort Gottes zu Johannes, dem Sohn des Zacharias, in der Wüste. ³Und er kam in die ganze Gegend um den Jordan und predigte die Taufe der Buße zur Vergebung der Sünden, ⁴wie geschrieben steht im Buch der Worte des Propheten Jesaja (Jesaja 40,3–5): »Es ist eine Stimme eines Predigers in der Wüste: Bereitet den Weg des Herrn, macht seine Steige eben! ⁵Alle Täler sollen erhöht werden, und alle Berge und Hügel sollen erniedrigt werden; und was krumm ist, soll gerade werden, und was uneben ist, soll ebener Weg werden, ⁶und alles Fleisch wird das Heil Gottes sehen.« ⁷Da sprach Johannes zu der Menge, die hinausging, um sich von ihm taufen zu lassen: Ihr Otterngezücht, wer hat euch gewiss gemacht, dass ihr dem künftigen Zorn entrinnen werdet? ⁸Seht zu, bringt rechtschaffene Früchte der Buße; und nehmt euch nicht vor zu sagen: Wir haben Abraham zum Vater. Denn ich sage euch: Gott kann dem Abraham aus diesen Steinen Kinder erwecken. ⁹Es ist schon die Axt den Bäumen an die Wurzel gelegt; jeder Baum, der nicht gute Frucht bringt, wird abgehauen und ins Feuer geworfen. ¹⁰Und die Menge fragte ihn und sprach: Was sollen wir nun tun? ¹¹Er antwortete aber und sprach zu ihnen: Wer zwei Hemden hat, der gebe dem, der keines hat; und wer Speise hat, tue ebenso. ¹²Es kamen aber auch Zöllner, um sich taufen zu lassen, und sprachen zu ihm: Meister, was sollen denn wir tun? ¹³Er sprach zu ihnen: Fordert nicht mehr, als euch vorgeschrieben ist! ¹⁴Da fragten ihn auch Soldaten und sprachen: Was sollen denn wir tun? Und er sprach zu ihnen: Tut niemandem Gewalt noch Unrecht und lasst euch genügen an eurem Sold! ¹⁵Als aber das Volk voll Erwartung war und alle dachten in ihren Herzen, ob Johannes vielleicht der Christus wäre, ¹⁶antwortete Johannes und sprach zu allen: Ich taufe euch mit Wasser; es kommt aber der, der stärker ist als ich; ich bin nicht wert, dass ich ihm die Riemen seiner Schuhe löse; der wird euch mit dem Heiligen Geist und mit Feuer taufen. ¹⁷In seiner Hand ist die Worfschaufel, und er wird die Spreu vom Weizen trennen und den Weizen in seine Scheune sammeln, die Spreu aber wird er mit unauslöschlichem Feuer verbrennen. [18]Und mit vielem andern mehr ermahnte er das Volk und predigte ihm. [19]Herodes aber, der Landesfürst, der von Johannes zurechtgewiesen wurde wegen Herodias, der Frau seines Bruders, und wegen all des Bösen, das er getan hatte, [20]fügte zu dem allen noch dies hinzu: Er warf Johannes ins Gefängnis.

Mussten Sie in der Vergangenheit mal operiert werden? Da wissen Sie sicher noch, wie der Arzt oder die Ärztin hieß, die Sie operiert hat. War es sogar der Chefarzt? Aber kennen Sie den Namen der Schwester, die zuverlässig dem Operateur die Instrumente angereicht hat? Oder können Sie sich an den Namen der Reinigungskraft erinnern, die dafür gesorgt hat, dass Ihr Zimmer sauber war?

Nebenrollen spielen, Zuarbeit leisten, dafür da sein, dass andere Erfolge feiern oder tolle Arbeit leisten können … genau um eine solche Nebenrolle geht es in unserem heutigen Predigttext. Von Lukas, dem Historiker, der das Ereignis, von dem er berichtet, zunächst zeitgeschichtlich einordnet, mit konkreten Namen und Zahlen. Lukas will dem Ganzen Gewicht verleihen.

Im fünfzehnten Jahr der Herrschaft des Kaisers Tiberius […]. Das ist ziemlich genau das Jahr 28 nach Christus.

Von der Hauptstadt des römischen Weltreiches geht es hinüber zur kleinen Provinz (Syrien-Palästina) und die Namen derer werden genannt, die dort das Sagen haben, politische und religiöse Führer: Pontius Pilatus, der Statthalter, und die Fürsten der Herodesfamilie, allesamt abhängig und untertan den römischen Besatzern.

Nach einer sehr langen Aufzählung fällt endlich der entscheidende Satz: *»[…] da geschah das Wort Gottes zu Johannes, dem Sohn des Zacharias, in der Wüste«.* Inmitten der großen und kleinen Weltgeschichte schreibt Gott Geschichte. Und zwar mit einer Botschaft, die an Palast und Synagoge vorbeigeht, fernab von jeglicher Zivilisation – hinein in die Wüste.

Gott spricht zu Johannes – einem asketisch anmutenden Mann. Lange Haare, krauser Bart. Er trägt einen Mantel aus Kamelhaaren, lebt von wildem Honig und Heuschrecken, hat kein Zuhause, keinen Beruf, keine Freunde.

Er lebt in der Wüste und hört Gottes Wort. Und das predigt er den Menschen.

Und er kam in die ganze Gegend um den Jordan und predigte die Taufe der Buße zur Vergebung der Sünden, wie geschrieben steht im Buch der Worte des Propheten Jesaja (Jesaja 40,3–5): »Es ist eine Stimme eines Predigers in der Wüste: Bereitet den Weg des Herrn, macht seine Steige eben! Alle Täler sollen erhöht werden, und alle Berge und Hügel sollen erniedrigt werden; und was krumm ist, soll gerade werden, und was uneben ist, soll ebener Weg werden, und alles Fleisch wird das Heil Gottes sehen.«

Was er da predigt, sind bekannte Worte aus Jesaja 40, die auch wir kennen. Der Dienst des Johannes als Prediger in der Wüste ist also die Erfüllung alttestamentlicher Prophezeiung. Dem Herrn soll der Weg bereitet werden. Wenn ein irdischer König zu den Menschen kommt, dann werden die Straßen sorgfältig vorbereitet, repariert – eben so präpariert, dass einem würdigen Empfang nichts im Wege steht. Übertragen auf das Kommen des Messias meint das: Das eigene Herz soll vorbereitet werden, alles Holprige, Störende soll weggeräumt werden.

Johannes' Worte setzen in Bewegung. Menschenscharen machen sich auf den Weg zu diesem ungewöhnlichen Prediger. Sie spüren: Hier liest nicht nur einer irgendetwas vor. Oder macht kluge Sprüche. Sondern hier hat einer wirklich was zu sagen.

Die Menschen kommen und hören ihm zu. Und wir stellen uns gedanklich dazu und hören, was Johannes zu sagen hat:

Da sprach Johannes zu der Menge, die hinausging, um sich von ihm taufen zu lassen: Ihr Otterngezücht, wer hat euch gewiss gemacht, dass ihr dem künftigen Zorn entrinnen werdet? Seht zu, bringt rechtschaffene Früchte der Buße; und nehmt euch nicht vor zu sagen: Wir haben Abraham zum Vater. Denn ich sage euch: Gott kann dem Abraham aus diesen Steinen Kinder erwecken.

Da geht es ganz schön zur Sache. Johannes sagt nicht, wie ich vorhin: »Liebe Gemeinde«, auch nicht »Sehr geehrte Damen und Herren« – Im Gegenteil: »Ihr Otterngezücht«.

Johannes will die Menschen nicht für sich einnehmen, keine Wählerstimmen gewinnen, seine Worte sind direkt und scharf und damit echte Prophetenworte. Ausreden gelten nicht, sagt er, Verwandtschaftsverhältnisse mit gottesfürchtigen Menschen machen nicht fromm.

Der Herr kommt. Und nur eins zählt: Dass ihr bereit seid! Nicht nur irgendwie tief im Herzen, heimlich, verborgen. Nicht als Lippenbekenntnis. Sondern aktiv. Mit euren ganzen Leben.

Johannes predigt einen hohen moralischen Anspruch mit eindrücklicher Bildersprache.

Es ist schon die Axt den Bäumen an die Wurzel gelegt; jeder Baum, der nicht gute Frucht bringt, wird abgehauen und ins Feuer geworfen.

»Das Gericht ist nahe«, sagt Johannes. Der Messias kommt. Wer für ihn bereit sein will, der muss sein Leben ändern, jetzt. Zum Zeichen dafür tauft Johannes mit Wasser. Seine Taufe ist eine Bußtaufe. Äußeres Zeichen innerer Umkehr.

Und die Menschen, die das hören? Die drehen sich nicht weg, obwohl Johannes sie vor den Kopf stößt. Die fühlen sich angesprochen und aufgerüttelt. Und *wollen* das: Bereit sein für den Herrn. Also gehen sie zu Johannes, steigen mit ihm ins Wasser und lassen sich taufen.

Sie wollen ihr Leben ändern. Sie wollen umkehren. Und darum fragen sie: Was sollen wir nun tun?

Jetzt erwartet man eigentlich ganz Großes. Doch die größte Überraschung des Textes ist: Johannes antwortet ganz konkret und ganz einfach: Wer zwei Hemden hat, soll dem eins geben, der keins hat; und wer etwas zu essen hat, soll es mit dem teilen, der nichts hat. Verlangt nicht mehr von den Leuten, als festgesetzt ist. Beraubt und erpresst niemanden und gebt euch mit eurem Sold zufrieden.

Johannes prangert die Machenschaften der Zöllner an, die nur abgeben, was die Obrigkeit festgesetzt hat. Was sie darüber hinaus fordern, wandert in die eigene Tasche. Und die Soldaten haben auch so ihre »Methoden«, ihren kargen Sold aufzubessern.

Doch genau diese Fragen: »Was sollen wir denn tun?« Was Johannes ihnen sagt, klingt eigentlich machbar und selbstverständlich, wenn Menschen miteinander leben. Doch ist es das? Leider nein, damals wie heute. Auch heute bereichern wir uns auf Kosten anderer. Wir leben mit hohen Nebenkosten. Das heißt, unser Lebensstil geht immer auch auf Kosten anderer.

Das ist die Wunde, die Johannes trifft, damals wie heute. Und doch sind die Menschen damals fasziniert von Johannes, wollen sich und ihr Leben ändern. Warum? Ich glaube, es ist die Dringlichkeit, mit der er zur Umkehr aufruft. Er erinnert mich an manche großen Mahner der Weltgeschichte, oft belächelt oder als Spinner verspottet. Weil sie unbequeme Wahrheiten sagten, weil sie empfindliche Punkte getroffen haben. Und am Ende oft Recht behielten.

Was sollen wir denn tun? Johannes fordert: Buße. Was meint »Buße tun«? Da gibt es viele theologische Antworten: Das gestörte Verhältnis zwischen Mensch und Gott aufheben, umkehren, Reue üben, sich Strafen auferlegen. Spannend finde ich, was es von der Wortherkunft bedeutet: Da meint Buße tun, Besserung, also: Es besser machen. »Jeder Mensch sollte mit seinem Leben die Welt ein ganz klein wenig besser machen.« Dieser Satz ist nicht von Johannes, auch nicht von mir. Er ist ein Filmzitat. Und zwar aus einem Film, der zu den Weihnachtsklassikern gehört: Der kleine Lord. Ja, der Film ist fürchterlich kitschig und erfüllt alle Klischees einer heilen Welt. Aber dieser eine Satz, der zugegeben schnulzig klingt, enthält viel Wahrheit. Was sollen wir denn tun? Genau das.

Zurück zu Johannes. Er ist der Wegbereiter für Jesus Christus. Er kennt seine Rolle, seine Nebenrolle. Er sagt: *Ich taufe euch mit Wasser; es kommt aber der, der stärker ist als ich; ich bin nicht wert, dass ich ihm die Riemen seiner Schuhe löse [...].*

Biblisch gesehen nur eine Nebenrolle. Sein Vater Zacharias hat das nach der Geburt seines Sohnes vorausgesehen: Du wirst der lebendigen Gotteskraft vorangehen und ihre Wege bereiten.

Genau diese Rolle füllt Johannes aus – in aller Konsequenz und Furchtlosigkeit.

Am Ende bezahlt er mit seinem Leben. Der Landesfürst Herodes bringt ihn ins Gefängnis, weil Johannes seine Lebensweise kritisiert hat. Und lässt ihn töten. Ein kurzes Leben. Und doch geht von Johannes eine wichtige Spur aus. Zweimal im Jahr begegnen wir ihm in unseren Gottesdiensten: Zur Mitte und im Advent. Dem Unbequemen, dem Mahner. Der uns aufrüttelt, wenn wir es uns allzu gemütlich machen wollen. Macht es besser. Kehrt um. Gebt ab. Füllt eure Aufgabe aus, eure Rolle, auch wenn es nur eine Nebenrolle zu sein scheint. Macht mit eurem Leben die Welt besser. Nicht die ganze Welt müsst ihr retten. Aber lebt so, dass auch andere leben können. Und das konsequent!

Als die namenlose OP-Schwester, die Reinigungskraft oder was auch immer.

Auslegerin:
Cornelia Biesecke ist Pfarrerin der St. Annenkirche in Eisenach.

Jesu Taufe und Stammbaum, Lukas 3,21–38

Ilse Junkermann

(Der Predigttext wird später gelesen.)

Ein Stammbaum erzählt von den Ursprüngen: Woher komme ich? Von wem stamme ich ab? Weiß ich überhaupt, wer meine Vorfahren sind? Ahnenforschung hat Hochkonjunktur; wieder, müssen wir sagen, diesmal freiwillig.

Vor 90 Jahren war sie Zwang: Bereits ab April 1933 mussten alle Beamten einen sog. »Ariernachweis« erbringen; ein »Nachweis«, dass man keine jüdischen Vorfahren hat. Heute wissen wir, was für eine Konstruktion dieser Rassegedanke ist, insbesondere auch, was die sog. »Arier« betrifft. Damals diente die Ahnenforschung dazu, jüdische Bürger aus dem Berufsleben zu entfernen. Auf die Beamten folgten noch im gleichen Jahr die Ärzte und Rechtsanwälte, die einen solchen Nachweis erbringen mussten. Wer dies nicht konnte, durfte seinen Beruf nicht mehr ausüben. 1935 wurde der Arierausweis mit den sog. Nürnberger Rassegesetzen für alle Bürgerinnen und Bürger verpflichtend. Menschen mit jüdischen Vorfahren hatten nun keinerlei politischen Rechte mehr, auch ihre persönlichen Freiheitsrechte wurden eingeschränkt. So war ihre Diskriminierung als Bürgerinnen und Bürger 2. Klasse bereits 1935 durch den Staat vollzogen. Die Grundlage für die Verfolgung und Ermordung von sechs Millionen jüdischen Menschen in ganz Europa war gelegt.

Ihr Stammbaum war ihr Todesurteil.

Und für die anderen: Da war es ein Ausweis, dass sie zu den »besseren« gehören, eine »erstklassige Abstammung« haben.

Wer heute Ahnenforschung betreibt, hofft auf eine gute, ja, auf eine besondere Abstammung. Die eigene Person bedeutet mehr – wenn ich zu einer »guten« Familie gehöre, wenn unter meinen Vorfahren bedeutende Männer und Frauen sind. Abstammung als Qualitätsausweis!

Gilt das auch für Jesu Stammbaum? Er gehört zu unserer heutigen Bibelverkostung – schwere Kost!

Sie haben ihn vor sich. Wir haben in der Lesung Anfang und Ende gehört. Ich lese ihn jetzt ganz, auch wenn er schwere Kost ist. Denn: Er hat eine geheime Botschaft. Wenn Sie mögen, lesen Sie mit!

²¹Und es begab sich, als alles Volk sich taufen ließ und Jesus auch getauft worden war und betete, da tat sich der Himmel auf, ²²und der Heilige Geist fuhr hernieder auf ihn in leiblicher Gestalt wie eine Taube, und eine Stimme kam aus dem Himmel: Du bist mein lieber Sohn, an dir habe ich Wohlgefallen. ²³Und Jesus war, als er auftrat, etwa dreißig Jahre alt und wurde gehalten für einen Sohn Josefs, der war ein Sohn Elis, ²⁴der war ein Sohn Mattats, der war ein Sohn Levis, der war ein Sohn Melchis, der war ein Sohn Jannais, der war ein Sohn Josefs, ²⁵der war ein Sohn Mattitjas, der war ein Sohn des Amos, der war ein Sohn Nahums, der war ein Sohn Heslis, der war ein Sohn Naggais, ²⁶der war ein Sohn Mahats, der war ein Sohn Mattitjas, der war ein Sohn Schimis, der war ein Sohn Josechs, der war ein Sohn Jodas, ²⁷der war ein Sohn Johanans, der war ein Sohn Resas, der war ein Sohn Serubbabels, der war ein Sohn Schealtiëls, der war ein Sohn Neris, ²⁸der war ein Sohn Melchis, der war ein Sohn Addis, der war ein Sohn Kosams, der war ein Sohn Elmadams, der war ein Sohn Gers, ²⁹der war ein Sohn Joschuas, der war ein Sohn Eliësers, der war ein Sohn Jorims, der war ein Sohn Mattats, der war ein Sohn Levis, ³⁰der war ein Sohn Simeons, der war ein Sohn Judas, der war ein Sohn Josefs, der war ein Sohn Jonams, der war ein Sohn Eljakims, ³¹der war ein Sohn Meleas, der war ein Sohn Mennas, der war ein Sohn Mattatas, der war ein Sohn Natams, der war ein Sohn Davids, ³²der war ein Sohn Isais, der war ein Sohn Obeds, der war ein Sohn des Boas, der war ein Sohn Salas, der war ein Sohn Nachschons, ³³der war ein Sohn Amminadabs, der war ein Sohn Admins, der war ein Sohn Arnis, der war ein Sohn Hezrons, der war ein Sohn des Perez, der war ein Sohn Judas, ³⁴der war ein Sohn Jakobs, der war ein Sohn Isaaks, der war ein Sohn Abrahams, der war ein Sohn Terachs, der war ein Sohn Nahors, ³⁵der war ein Sohn Serugs, der war ein Sohn Regus, der war ein Sohn Pelegs, der war ein Sohn Ebers, der war ein Sohn Schelachs, ³⁶der war ein Sohn Kenans, der war ein Sohn Arpachschads, der war ein Sohn Sems, der war ein Sohn Noahs, der war ein Sohn Lamechs, ³⁷der war ein Sohn Metuschelachs, der war ein Sohn Henochs, der war ein Sohn Jereds, der war ein Sohn Mahalalels, der war ein Sohn Kenans, ³⁸der war ein Sohn des Enosch, der war ein Sohn Sets, der war ein Sohn Adams. Der war Gottes.

Eine lange Liste. Unglaublich wie lang die Liste der Vorfahren ist! Haben Sie die Namen alle mitgezählt? 76 Männernamen, 76 plus 1, der Gottesname. So viele Väter und Vorväter hat Jesus. Manche Namen sind Ihnen bekannt, viele überhaupt nicht. Wichtig ist: Jesus gehört zum »Hause und Geschlechte Davids« – durch seinen Vater Josef stammt er vom großen König Israels, König David, ab. Und dieser wieder, in einer langen Generationenfolge, von Abraham, dem Stammvater des Volkes Israel.

Bis zu Abraham zurück geht Jesu Stammbaum auch bei Matthäus. Für Matthäus ist wichtig: Jesus ist Jude. Er kommt mitten aus dem Volk Gottes, aus Israel. Lukas ist das auch wichtig. Aber er geht noch weiter zurück – bis zu Adam. Von Adam zusammen mit Eva sind sie der erste Mensch, so die Bedeutung des Wortes Adam: Mensch. Eva und Adam sind zusammen Mensch. Von ihnen stammen alle Menschen ab. Lukas will sagen: Jesus gehört zum Volk Israel; und mit diesem zu allen Menschen aus allen Völkern. In Adam haben sie ihren gemeinsamen Vater, in Eva ihre gemeinsame Mutter. Und diese beiden zusammen haben Gott als Vater, sie sind Sohn und Tochter Gottes, Mensch Gottes.

Doch Jesus ist ein besonderer Mensch Gottes. Das steckt in den 76 Namen in Jesu Stammbaum. Was nur wie eine langatmige Aufzählung klingt, birgt eine Botschaft in sich. Zurück gezählt bis zum ersten Menschen im Exil, Schealtiël, sind es drei mal sieben Generationen; von dessen Vater Neri, der letzte in Freiheit, zurück bis David sind es wieder drei mal sieben Generationen: Also sechs Folgen von sieben Generationen seit David. Das bedeutet: Mit Jesus beginnt die siebte Folge. Sieben ist die Zahl der Vollkommenheit, d. h.: Jesus vollendet die Davidslinie. Das ist die erste Botschaft.

Die andere ist: Er vollendet die Weltgeschichte, die mit Adam und Eva begonnen hat. Auch hier führen die Zahlen zur Botschaft: Von David bis Abraham zurück sind es zwei mal sieben Generationen, von Abraham bis Adam drei mal sieben. Diese fünf mal sieben mit den vorigen sechs mal sieben Generationen sind elf mal sieben Generationen. D. h.: Mit Jesus beginnt die zwölfte Generationenfolge. Diese ist nach der apokalyptischen Tradition die letzte der Weltgeschichte[1]. Mit dieser zwölften Generationenfolge geht die bisherige Weltgeschichte zu Ende. Eine neue Zeit beginnt.

Aber gehört Jesus überhaupt zum Stammbaum Josefs?

Ja! Durch Josef und Maria ist er wahrer Mensch geworden. Als wahrer Mensch ist er Sohn Gottes – wie Adam; Mensch, wie Gott ihn gedacht und geschaffen hat: gut. Jesus ist der neue Adam. Mit ihm ist die letzte Zeit der Weltgeschichte angebrochen. Wie Elisabeth Cruciger in ihrem Epiphaniaslied so schön von ihm dichtet: Dieser einig Gott's Sohn, aus seim Herzen entsprossen, ist »[…] für uns ein Mensch geboren, im letzten Teil der Zeit«[2].

Mit ihm beginnt Gott seine Geschichte mit der Menschheit – der ADAMA – noch einmal. Die ADAMs-Geschichte geht nicht einfach weiter, vor »Gott verlorn in Ewigkeit«, als Leben, das vom Tod umfangen ist. Vielmehr geht Gott mit Jesus als seinem neuem Adam hinter Adams Fall, den Sündenfall, zurück. Mit diesem neuen Adam fängt Leben noch einmal an; als Leben, wie es Gott im Anfang ge-

---

[1]   4. Esra 4,11.
[2]   EG 67,2.

schaffen hat; als Leben in enger Gemeinschaft mit ihm, denn: Er hat »den Tod für uns zerbrochen, den Himmel aufgeschlossen, das Leben wiederbracht [...]«[3]. Oder, wie es ein Ausleger unserer Zeit formuliert: »Adams Gottessohnschaft kommt in ganz neuer Weise durch Gottes Geist zu ihrem Ziel und holt die gesamte Menschheit zu Gott zurück.«[4]

Deshalb ist Jesu Stammbaum für Lukas so wichtig: In der Folge der Generationen ist die Zeitenwende erkennbar: Eine neue Zeit beginnt.

Und genau dies erzählt er in den kurzen Versen davor. Der Abschnitt wird üblicherweise überschrieben mit Jesu Taufe.

Davon ist allerdings nur ganz kurz die Rede:

Und es begab sich, als alles Volk sich taufen ließ und Jesus auch getauft worden war [...]. Als Lukas uns auf die Szene blicken lässt, liegt Jesu Taufe schon hinter ihm. Er betont: Jesus ist mitten unter allem Volk, er gehört mitten in dieses Volk und zu diesem Volk. Wie alles Volk hatte auch er sich taufen lassen. Das ist schon vorbei. Johannes ist bereits von der Bildfläche verschwunden und wird gar nicht mehr erwähnt.

Was Lukas ausführlich erzählt, das erzählt er nun in der einfachen Vergangenheitsform; als wäre es gerade erst geschehen, sodass wir sehen und hören, was nach dieser Taufe geschieht:

»[...] als Jesus auch getauft worden war und«, so fährt er fort, *»[...] und betete, da tat sich der Himmel auf, und der Heilige Geist fuhr hernieder auf ihn in leiblicher Gestalt wie eine Taube, und eine Stimme kam aus dem Himmel: Du bist mein lieber Sohn, an dir habe ich Wohlgefallen.«*

Jesus betet. Mitten in allem Volk wendet er sich ganz Gott zu. Gott ist wichtig – und nicht seine Stellung im Volk.

Da, mitten in seinem Beten, tut sich der Himmel auf: Eine neue Zeit beginnt.

Unter einem geöffneten Himmel können Menschen aufblicken; aufblicken vom Acker ihres Lebens mit seinen Dornen und Disteln, aus ihrer Mühe und Arbeit, aus dem Staub, zu dem sie werden, Bild für ihren Lebensweg in den Tod.

Unter einem geöffneten Himmel können Menschen aufblicken – und Kraft aus der Höhe empfangen. Denn, so erzählt Lukas weiter: Gottes Geist kommt hernieder auf diesen neuen Adam, *»[...] in leiblicher Gestalt wie eine Taube [...]«.* Die Taube, Botin von Gottes Wohlgefallen für seine Menschen nach der Sintflut;

---

[3]   Ebd.
[4]   Eduard Schweizer, Das Evangelium nach Lukas, NTD 3, Göttingen 1993, 54.

Zeichen für seinen Friedensbund mit ihnen, obwohl er weiß, »*des Menschen Herz ist böse von Jugend auf*«[5].

Nun ruht Gottes Geist auf Jesus, dem neuen Adam. Eine neue Zeit beginnt; eine Zeit, in der, wie die Engel den Hirten und wir mit ihnen jeden Sonntag singen: »*Ehre sei Gott in der Höhe und Friede auf Erden bei den Menschen seines Wohlgefallens*«, oder vielmehr, wie Luther übersetzt: *»[...] und den Menschen ein Wohlgefallen«* (Lk 2, 14). In diesem Menschen Jesus zeigt Gott sein Wohlgefallen, ja, er proklamiert es regelrecht: »*[...] und eine Stimme kam aus dem Himmel: Du bist mein lieber Sohn, an dir habe ich Wohlgefallen«.*

Darauf kommt es Lukas an: Mit Jesus beginnt eine neue Weltzeit. Eine Zeit, in der die Werte und Maßstäbe umgedreht werden und sind: In keinem Palast, in einem Stall wird er geboren. Keine große Stadt, das elende Dorf Bethlehem ist sein Geburtsort.

Seine Eltern haben einen langen Stammbaum, ja, das wohl. Aber, wenn wir genau nachforschen: Viele unbekannte Namen aus Seitenlinien werden genannt. Wichtig ist: Er stammt mitten aus Gottes erwähltem Volk, aus Israel. Diese Erwählung bleibt. Durch den Sohn aus diesem Volk öffnet Gott den Zugang für Menschen aus allen anderen Völkern. So auch für uns. Gott will die Menschen als Mensch gewinnen. Er will sie zu neuer Menschlichkeit in diesem neuen Menschen Jesus anstiften.

Er, dieser »*ist mein lieber Sohn*«, ist wahrer Mensch. Und er ist wahrer Gott: ganz von Gottes Geist erfüllt und geleitet. Mit dem einen Ziel: Dass alle Menschen Söhne und Töchter Gottes werden; Menschen, die unter Gottes Wohlgefallen leben als menschliche Menschen. Vor ihm alle gleich; und vor ihm miteinander gleichwürdige neue Menschen.

In unserer Taufe werden wir solche neuen Menschen, getauft auf den Namen des neuen Adam, Jesus Christus.

Unsere Taufe stiftet Gemeinschaft mit Gottes Sohn, unserem Bruder. Sie ist Angeld auf das neue Leben in einer neu begonnenen Weltzeit mit einem neuen Geist. Sie macht uns zu Schwestern und Brüdern dieses Gottes- und Menschensohns.

Wie er lassen wir unseren Blick nicht vom Tod und seinen vielen Helfern und Helferinnen bannen.

Wir strecken uns immer wieder aus nach dem offenen Himmel und treten für das Leben eines jeden Geschöpfes ein.

Wir lassen uns immer wieder neu von einem anderen Geist, dem Geist Gottes bestimmen, dem Geist der Kraft, der Liebe und – gerade in diesen Monaten – der Besonnenheit.

---

[5]   1. Mose 6,5 und 8,21.

In diesem Geist treten wir ein für Frieden und Friedlichkeit und Mitmensch-lichkeit.

Und wenden uns, wie unser Bruder Jesus immer wieder hin zu Gott Vater und Mutter, bitten um sein Wohlgefallen, um ihre Liebe. Dafür müssen wir ›täg-lich aus unserer Taufe kriechen‹, wie Martin Luther so anschaulich formuliert hat, uns unserer Taufe erinnern.

Jesus, Gottes lieber Sohn, der neue Adam, wahrer Gott und wahrer Mensch, ein Mensch an unserer Seite bis in Not und Tod, so erzählt Lukas in seinem Evangelium weiter. Ein Mensch, auf dem Gottes Wohlgefallen ruht; ein Mensch, der uns den Weg aus dem Tod ins Leben bahnt; wahrer Mensch und wahrer Gott – ein Geheimnis, dem wir lebenslang auf der Spur sind.

So bitten wir mit den bald fünfhundert Jahre alten Worten von Elisabeth Cruciger: »[…] lass uns in Deiner Liebe und Kenntnis nehmen zu, dass wir am Glauben bleiben, dir dienen im Geist so, dass wir hier mögen schmecken Dein Süßigkeit im Herzen und dürsten stets nach dir«[6].

Auslegerin:
Ilse Junkermann war bis 2019 Landesbischöfin der Evangelischen Kirche in Mitteldeutschland und leitet seit 2019 die Forschungsstelle »Kirchliche Praxis in der DDR« am Institut für Praktische Theologie in Leipzig.

---

[6]   EG 67,3.

Jesu Versuchung, Lukas 4,1–13

Dr. h. c. Frank Otfried July

(Der Predigttext wird später gelesen.)

In dieser besonderen Reihe der Auslegung der „Verkostung" von Texten aus dem Lukasevangelium ist mir die Aufgabe zugefallen, mit einem Textwort mich zu beschäftigen, das gerade auch im Hinblick auf Eisenach, Luther und die Wartburg einprägend ist. Es geht um Versuchung. Jesu Versuchung. Und Martin Luther kannte die Dimension der Versuchung sehr gut.

Immerhin wird bei Besuchen auf der Wartburg unverdrossen über den Wurf Luthers mit dem Tintenfass nach dem Satan, dem Versucher, berichtet. Der Tintenklecks wurde immer erneuert. Das hat ja durchaus mit der Nachhaltigkeit von Versuchung etwas zu tun.

Auf der Wartburg rang Luther mit der rechten Deutung des biblischen Wortes: »Oft plagte mich der Satan mit seinen Erscheinungen, ganz besonders auf jener Burg, in der ich eine Zeit lang gefangen gehalten wurde …« Schon durch dieses Wort wird deutlich, wie biblische Texte sich anverwandeln können zu jeweils eigenen Herausforderungen, in den Fragehorizont des Lebens einwandern oder ihn jeweils neu gestalten.

Hören wir auf den heutigen Predigttext:

¹Jesus aber, voll Heiligen Geistes, kam zurück vom Jordan. Und er wurde vom Geist in der Wüste umhergeführt ²vierzig Tage lang und von dem Teufel versucht. Und er aß nichts in diesen Tagen, und als sie ein Ende hatten, hungerte ihn. ³Der Teufel aber sprach zu ihm: Bist du Gottes Sohn, so sprich zu diesem Stein, dass er Brot werde. ⁴Und Jesus antwortete ihm: Es steht geschrieben (5.Mose 8,3): »Der Mensch lebt nicht vom Brot allein.« ⁵Und der Teufel führte ihn hoch hinauf und zeigte ihm alle Reiche der ganzen Welt in einem Augenblick ⁶und sprach zu ihm: Alle diese Macht will ich dir geben und ihre Herrlichkeit; denn sie ist mir übergeben und ich gebe sie, wem ich will. ⁷Wenn du mich nun anbetest, so soll sie ganz dein sein. 8Jesus antwortete und sprach zu ihm: Es steht geschrieben (5.Mose 6,13): »Du sollst den Herrn, deinen Gott, anbeten und ihm allein dienen.« ⁹Und er führte ihn nach Jerusalem und stellte ihn auf die Zinne des Tempels und sprach zu ihm: Bist du Gottes Sohn, so wirf dich von hier hinunter; ¹⁰denn es steht geschrieben (Psalm

91,11-12): »Er wird befehlen seinen Engeln für dich, dass sie dich bewahren.«[11]Und:
»Sie werden dich auf den Händen tragen, damit du deinen Fuß nicht an einen Stein
stößt.«[12]Jesus antwortete und sprach zu ihm: Es ist gesagt (5.Mose 6,16): »Du sollst
den Herrn, deinen Gott, nicht versuchen.«[13]Und als der Teufel alle Versuchung voll-
endet hatte, wich er von ihm bis zur bestimmten Zeit.

Das Erste, was auffällt: die Geistes-Gegenwart. Jesus, aber »voll Heiligen Geistes« – so beginnt der Text. *Und er wurde vom Geist in der Wüste umhergeführt*
vierzig Tage lang und von dem Teufel versucht.

Jesus ist geistesgegenwärtig, gerade in der Wüste – durchaus auch in dem
Sinn, den wir manchmal umgangssprachlich benutzen.

Denn die Versuchungsmacht arbeitet mit allen Mitteln und Tricks, die den
Geist umnebeln und die Klarheit der Unterscheidung trüben.

Menschen in Diktaturen in der Vergangenheit und weltweiten Gegenwart
können ein Lied davon singen. Existenzielle Mangel- und Wüstenerfahrung wird
ausgenutzt: Christus setzt sich dem aus. Real, wirklich leidend.

Bist Du Gottes Sohn so sprich zu diesem Stein, dass er Brot werde.

Verführung pur. Du hast doch die Möglichkeit, die Dinge für Dich bestmöglich
zu wenden. Sprich mir Dein Wort, so wird der Mangel für Dich beseitigt.

Verführung: Das kennen wir doch auch aus der Vergangenheit: Auch unseres Landes. Unterschreib doch nur, dass Du Deine Möglichkeiten und Kontakte
für uns einsetzt, für die Sicherheit unseres Staates, dann werden sich die Dinge
für Dich zum Besseren wenden. So sagte es die Staatsmacht.

Du kritisierst unser Unternehmen? Wir geben Dir einen besser bezahlten
Job! Denn, so heißt es im Sprichwort: »Wes Brot ich ess, des Lied ich sing.«

Geistesgegenwart: Er, Christus, der selbst das Brot des Lebens ist (Johannesevangelium), spricht in der Kraft des Geistes das biblische Wort aus: *»Der*
Mensch lebt nicht von Brot allein …« Man wiederholt einen solchen Satz eher
zitternd angesichts der vielen Mangel- oder Hungerbilder dieser Welt, in denen
der Kampf um das tägliche Überleben die Menschen innerlich und äußerlich
ganz bestimmt aushöhlt.

Bei meinen vielen Begegnungen im Lutherischen Weltbund mit Christinnen
und Christen aus anderen Weltgegenden, habe ich oft erlebt, wie stark die Frage
der materiellen Versorgung »des Leibes Notdurft« (Luther) die Kirchen dort beschäftigt. Aber sie haben immer auch hinzugesetzt: Es geht um die Versorgung
von Leib und Seele!

Es geht eben auch um Geistesgegenwart, damit die materielle Not nicht zum
Experimentierfeld der Versucher aller Zeiten wird.

Die Diktatoren in Vergangenheit und Gegenwart hatten dafür ein feines/gro-
bes Gespür. (Brot und Spiele)

Martin Luther, der nach der alten Ordnung immer über die Versuchungsgeschichte in der Fassung des Matthäusevangeliums gepredigt hat, nennt diese erste Versuchung in seinem eigenen Farbenspiel den »schwarzen Teufel«: Er plagt uns mit leiblicher Not, mit Hunger, Krankheit, Krieg und Pestilenz. Luther macht das deutlich am Beispiel der alten Kirche vor Konstantin. Die Christen litten Hungersnot und Krankheit als die Entbehrungen, mit denen uns der schwarze Teufel vom rechten Weg und vom Vertrauen auf Christus abbringen will.

In den Pandemiezeiten, in denen wir uns gegenwärtig befinden, – und diese Versuchung darf bei einer solchen Aufzählung nicht fehlen – wird ja in Kirche und Gesellschaft kritisch gefragt, welch Geistes Kind wir sind. Was haben wir in diesen Zeiten zu sagen? Wie sagen wir es? Haben wir die Geistesgegenwart, die Sachverhalte richtig zu unterscheiden? Uns in der von Gott gegebenen Vernunft-Verantwortung auch für den Nächsten einzusetzen? In Fürsorge und Vorsorge, auch mit allen uns möglichen und verantwortbaren medizinischen Möglichkeiten?

Dabei zugleich neu zu verstehen, dass die Versuchung uns auch mit der Vorspiegelung begleiten kann, als ob wir selbst die Produzenten eigenen Lebensglücks sein könnten. Und deswegen fassungslos mit all den gesellschaftlichen und persönlichen »Glücks-Störungen« umgehen.

Ja, wir dürfen gelegentlich die Fassung verlieren und fragen: »Geht's noch?«

Vor Gott aber auch unseren eigenen Mangel eingestehen und unseren Trost bei dem zu suchen, der geistesgegenwärtig spricht: Der Mensch lebt nicht vom Brot allein.

Aber, liebe Schwestern und Brüder, das Versuchungsdrama geht weiter. Es zeigt, wie die Welt auch heute ist. Das Panorama wird erweitert: *Er zeigte ihm alle Reiche der ganzen Welt in einem Augenblick. Alle diese Macht will ich dir geben und ihre Herrlichkeit, denn sie ist mir übergeben und ich gebe sie, wem ich will. Wenn du mich nun anbetest, so soll sie ganz dein sein.*

Eigentlich müsste die Menschheit diese Versuchung nun schon lange als gefährlich, menschenfeindlich, ja widergöttlich erkannt haben. Müsste – in Wirklichkeit wiederholen sich diese Versuchungsgeschichten nach den alten Musterschnittbögen der Macht in immer neuen Formen.

Es gibt sie noch, die Macht berauschten Diktatoren weltweit, die auf Demonstranten schießen lassen, Menschen in Foltercamps einsperren, Oppositionelle Jahre lang ins Gefängnis werfen oder mit Raketen spielen wie Kinder im Lego-Baukasten.

Ob Lukaschenko, Kim Jong-un, Baschar al-Assad, ob in Myanmar, ob in Venezuela … letztlich erkennen *sie* niemanden über sich an, keinen Gott, der ihnen auf die Finger schaut und sie wissen lässt, dass Gottesfurcht zur Menschenachtung führt – auch wenn wir Kirchen das selbst mühevoll durchbuchstabieren und lernen mussten. »Wenn Du mich nur anbetest, so soll alles ganz Dein sein«.

Ich habe den Predigttext im Vorfeld und in Vorbereitung auf diesen Gottesdienst mit einer Bekannten diskutiert. Von den alten Redeweisen Martin Luthers und seiner kräftigen Sprache, wenn er über die Teufeleien dieser Welt sprach, erzählt und von der Versuchungsgeschichte Jesu. Da sagte sie (obwohl sie sonst große Zurückhaltung auch gegenüber kirchlichen Traditionen zeigt): »Da hat er doch recht.«

Und weiter: Der Versuchungstext: Das ist doch genau wie heute. Das ist doch aktuell. Da zeigt sich doch, wie Jesu Wort mitten ins Leben trifft:

Wie antwortet Jesus auf diese Versuchung: »Du sollst den Herren, deinen Gott, anbeten und ihm allein dienen«.

In Zeiten der Zwielichtigkeit und der Irrlichter, der Fake News, der Polarisierung und der Orientierungssuche schau auf Gottes Gebot und Weisung, stelle ihn als Deine Orientierung vor Augen, bete nicht die Machtfülle an, sondern Gott selbst.

Er gibt Dir das Fundament im Treibsand des Lebens, der Versuchungen, der Zweideutigkeiten, auch dann, wenn Du selbst zu treiben scheinst und verunsichert bist.

Liebe Schwestern und Brüder, im Wort »Versuchung« steckt auch das Wort Suche.

Der Teufel geht ja mit Suchbildern des Lebens ins Gespräch. Versuchungen treffen uns alle mitten im vollen Menschenleben.

Also nicht, weil wir schon früh aufstehen mit einem kalten Herz oder mit finsteren Machtgedanken, sondern weil wir mitten in unseren eigenen Lebensvollzügen unterwegs sind, nach Glück suchen, nach Erfüllung, nach Erfolg, ja nach Einfluss, nach Perspektiven und materieller Sicherheit, nach Orientierung … man könnte die Reihe fortsetzen.

Legitime oder weniger legitime Suchbewegungen in unserem Leben.

Dort, dort ist auch das Feld der Versuchungen. Im letzten Abschnitt unseres Textes geschieht nämlich etwas besonders Herausforderndes.

Der Versucher begibt sich in das innere Feld der Schrift, dort wo Menschen suchen nach Orientierung, Trost, Perspektive, Seelsorge, Hoffnung … In der Heiligen Stadt Jerusalem, auf dem Heiligen Tempel … das ist wahrlich in dem großen Versuchungsdrama – auf die Spitze getrieben – auf die Zinne des Tempels. *Bist du Gottes Sohn, so wirf dich von hier hinunter; denn es steht geschrieben* … und dann folgt ein Wort aus Psalm 91 gleichsam als Ermutigung dieser Versuchung nachzugeben.

Luther spricht hier übrigens vom »weißen Teufel«, der sich schmückt mit der Auslegung der Heiligen Schrift, die er aber verkehrt, wie es seinen Zwecken dienlich ist. Wie bei einem Suchbild, bei dem mit Strichen die Perspektiven verschoben sind und ein eigenes, verstecktes Bild eingebaut wird.

Oder wie bei Karikaturen: einige Striche gelingen, die Perspektiven und Proportionen werden verändert und manchmal kommt genau das Gegenteil heraus.

Der weiße Teufel lässt im Schriftzitat aus Psalm 91 zwei Worte aus »auf allen deinen Wegen« und verändert so die Aussage.

Mit Luthers Worten: Sich vom Dach herunterzustürzen ist der rechte Weg für Tauben, Sperlinge und andere Vögel – denn die können fliegen. Für den Menschen ist das nicht der rechte Weg, denn da war eine gute Treppe, die konnte er hinuntergehen.

Die Aufforderung war also völlig unnötig und letzten Endes nur in der unvollständigen Schriftlesung begründet.

Der weiße Teufel weiß sehr genau, dass wir Christenmenschen da am anfälligsten sind, weil wir ja gerade darauf achten möchten, dass unser Tun und Denken sich am Anspruch der Schrift messen lassen kann, deshalb kann er hier sein Einfallstor wählen. Eigene Machtansprüche und Interessen mit der Schrift vermischen und sie zu instrumentalisieren – damit ist viel Unheil angerichtet worden in Kirche und in Politik.

Die Versuchungsgeschichte ist keine abstrakte Konstruktion, keine Erzählung, die am Leben der Menschen vorbeigeht. Christus war diesen Versuchungen ausgesetzt bis in die letzten Stunden seines Lebens hinein. (Da ist die Versuchung wiedergekehrt, die im V.13 von ihm wich) Luther war ihnen ausgesetzt hier auf der Wartburg – ob mit Tintenfass oder ohne – und anderswo. Und manchmal ist er ihnen auch erlegen. Wie Sie und ich auch. Denn wir sind ihnen ausgesetzt, ob persönlich, ob als Kirche, ob in den Verhaltensweisen in unserer Gesellschaft und im politischen Geschehen weltweit.

Macht, Einfluss, existentieller und materieller Mangel, Suche nach abschließenden und ewig geltenden Feststellungen. Instrumentalisierung des Gottesnamens und der Heiligen Schrift, das gibt es bis heute.

Sage keiner, er/sie kenne das nicht. Wir stecken oftmals mittendrin. Da komme ich dann inmitten aller Sprachspiele, aller Fragen und Anpassungen unserer Zeit, aller klugen und weniger klugen Behauptungen, zurück zu dem ganz alten Wort: crux stat – das Kreuz steht und wir legen dort unsere Versuchungen ab, weil er Christus, er dem Versucher, widerstanden hat und für uns die Versuchungen trägt. Das kann uns aufs Neue frei machen zu widerstehen, zu unterscheiden lernen: mit Christus in der Schrift und Christus in der Gesellschaft und Luthers Wort nehmen in den Versuchungen unserer Zeit und unserer Welt: »Christus selbst muss sprechen: Heb dich weg von mir, Satan«.

Ausleger:
Dr. h. c. Frank Otfried July war bis 2022 Landesbischof der Evangelischen Landeskirche in Württemberg.

Beginn des Wirkens Jesu, Lukas 4,14–30

Prof. Dr. Karl-Wilhelm Niebuhr

[14]Und Jesus kam in der Kraft des Geistes wieder nach Galiläa; und die Kunde von ihm erscholl durch das ganze umliegende Land. [15]Und er lehrte in ihren Synagogen und wurde von jedermann gepriesen. Jesu Predigt in Nazareth [16]Und er kam nach Nazareth, wo er aufgewachsen war, und ging nach seiner Gewohnheit am Sabbat in die Synagoge und stand auf, um zu lesen. [17]Da wurde ihm das Buch des Propheten Jesaja gereicht. Und als er das Buch auftat, fand er die Stelle, wo geschrieben steht (Jesaja 61,1–2): [18]»Der Geist des Herrn ist auf mir, weil er mich gesalbt hat und gesandt, zu verkündigen das Evangelium den Armen, zu predigen den Gefangenen, dass sie frei sein sollen, und den Blinden, dass sie sehen sollen, und die Zerschlagenen zu entlassen in die Freiheit [19]und zu verkündigen das Gnadenjahr des Herrn.« [20]Und als er das Buch zutat, gab er's dem Diener und setzte sich. Und aller Augen in der Synagoge sahen auf ihn. [21]Und er fing an, zu ihnen zu reden: Heute ist dieses Wort der Schrift erfüllt vor euren Ohren. [22]Und sie gaben alle Zeugnis von ihm und wunderten sich über die Worte der Gnade, die aus seinem Munde kamen, und sprachen: Ist das nicht Josefs Sohn? [23]Und er sprach zu ihnen: Ihr werdet mir freilich dies Sprichwort sagen: Arzt, hilf dir selber! Denn wie große Dinge haben wir gehört, die in Kapernaum geschehen sind! Tu so auch hier in deiner Vaterstadt! [24]Er sprach aber: Wahrlich, ich sage euch: Kein Prophet ist willkommen in seinem Vaterland. [25]Aber wahrhaftig, ich sage euch: Es waren viele Witwen in Israel zur Zeit des Elia, als der Himmel verschlossen war drei Jahre und sechs Monate und eine große Hungersnot herrschte im ganzen Lande, [26]und zu keiner von ihnen wurde Elia gesandt als allein nach Sarepta im Gebiet von Sidon zu einer Witwe. [27]Und viele Aussätzige waren in Israel zur Zeit des Propheten Elisa, und keiner von ihnen wurde rein als allein Naaman, der Syrer. [28]Und alle, die in der Synagoge waren, wurden von Zorn erfüllt, als sie das hörten. [29]Und sie standen auf und stießen ihn zur Stadt hinaus und führten ihn an den Abhang des Berges, auf dem ihre Stadt gebaut war, um ihn hinabzustürzen. [30]Aber er ging mitten durch sie hinweg.

I

Was für ein Auftakt! Jesus kommt, voll des Heiligen Geistes, nach Galiläa, und alle Augen richten sich auf ihn. Man kennt ihn wohl aus seiner Jugend, man hat wohl schon manches gehört über ihn, was er in Kafarnaum getan haben soll, allerhand Gerüchte, aber nun kommt er selbst, geht sofort dahin, wo er die meisten Menschen treffen kann, am Sabbat in der Synagoge. Sein erster großer Auftritt, und alle sind gespannt.

Lukas beschreibt geradezu genüsslich die Spannung, mit allen Details, die zu so einem Synagogengottesdienst dazugehören. Und dann öffnet Jesus den Mund, und alle Augen und Ohren sind auf ihn gerichtet, und er fängt an, aus der Schrift zu lesen: »Der Geist des Herrn ist auf mir ...«. Welch ein Auftritt, welch ein Anspruch! Der Geist Gottes liegt auf mir, so schreibt es der Prophet Jesaja, so liest es Jesus vor. Und dann, nachdem er die Schriftrolle wieder geschlossen und dem Synagogendiener zurückgegeben hat, beginnt er seine Predigt. Die besteht aus einem einzigen Satz: »Heute ist dieses Wort der Schrift erfüllt vor euren Ohren.« Die Predigt schlägt ein, vielleicht gerade, weil sie so kurz ist, ein einziger Satz. Der Erfolg ist jedenfalls gewaltig. Offenbar ist sie angekommen bei ihren Hörern, denn die reagieren sofort. Erst mit Beifall und Staunen, dann zunehmend mit Verwunderung und schließlich mit Ablehnung, Zorn und Wut: Sie jagen ihn zur Stadt hinaus und wollen ihn steinigen. »Aber er ging mitten durch sie hinweg.« Was für ein Auftakt! Die ganze Jesus-Geschichte, das ganze Evangelium in einer einzigen Szene, auf einen Blick, von Anfang bis Ende.

Dieser Jesus, den Lukas uns da bei seinem ersten Auftritt in Nazaret vor Augen führt, ist eine faszinierende Figur, zweifellos. Gerade Lukas hat in seinem Evangelium diese Jesus-Figur ganz besonders eindrücklich gezeichnet, angefangen bei dem Kind in der Krippe zu Betlehem bis hin zum Gekreuzigten neben den beiden Schächern auf Golgota. Und hier nun, in Nazaret: Jesus, der Prediger in der Synagoge, der Aufsehen erregt bei seinem ersten Auftritt, der sich erst scheinbar allen vorgegebenen Mustern und Bräuchen unterordnet, so tut, als wäre er nichts anderes als ein Vorleser, ein Lektor im Gottesdienst, der die Prophetenlesung vorzutragen hat, und man fängt schon an gerade ein wenig wegzudämmern, und da kommt plötzlich der große Knall: Heute! Jetzt, in dem Moment, wo ihr da alle sitzt und träumt, *heute* ist das Wort der Schrift erfüllt vor euren Ohren! Und sofort ist allen klar: Das ist ein ganz spezieller Prediger, einer, der etwas in sich hat, das herausdrängt, der gar nicht anders kann, als das auszusprechen, was ihn so erfüllt, koste es, was es wolle. Lukas sagt, es ist der Geist Gottes, der Jesus erfüllt. Lukas sagt das klarer und offener als alle anderen Evangelisten. »Voll Heiligen Geistes« war Jesus schon vom Jordan, von der Taufe durch Johannes, zurückgekommen nach Galiläa. »In der Kraft des Geistes« kommt er nun auch nach Nazaret. Und dann lässt es Lukas ihn selbst sagen, vorlesen aus der Schrift: »Der Geist des Herrn ist auf mir.«

Solche Geistträger haben es in der Regel nicht leicht. Sie können ja nicht anders, als ihre Botschaft auszusprechen, loszuwerden. Aber oft wirkt das auf andere merkwürdig, provokant, ja, überheblich. Was ist denn das für einer! Wir wissen doch, wo der herkommt. Der soll doch erst mal bei sich selbst anfangen. »Arzt, heile dich selbst!« So auch Jesus bei Lukas. Am Anfang erntet er noch Staunen und Bewunderung, vielleicht gar Begeisterung. Bald aber schlägt die Stimmung um, und am Ende will man diesen Jesus nur noch loswerden. Geistträger haben es schwer. Der Prophet gilt nichts in seinem Vaterland. Sprichwörtlich.

II

Das hat aber Lukas nicht davon abgehalten, diesen Jesus in seinem Evangelium als Geistträger zu beschreiben, ihn gerade so vor Augen zu führen. Lukas tut das mit den Mitteln, mit Hilfe der Schrift, der Schriften Israels, unserem Alten Testament. Wie kein anderer der Evangelisten stellt Lukas Jesus in das Licht der Schriften Israels, und ganz besonders heute in unserem Predigttext.

Eine Bibelverkostung mit Lukas kann das nicht übersehen und übergehen, schon gar nicht hier in Eisenach. Jesus ohne das Licht der Schriften Israels, ohne Altes Testament, wie sähe der wohl aus? Ohne die Verheißung für Betlehem, die Stadt Davids? Ohne den Lobgesang der Maria, die von Gottes Barmherzigkeit über Israel singt, über seinen Bund mit den Vätern, Abraham und seinen Kindern bis in Ewigkeit? Ohne den zwölfjährigen Jesus im Tempel, der die Schriftgelehrten über die Schrift belehrt? Und ohne das Zeugnis für den Gottesknecht, der leiden und sterben musste und den Gott am Ende doch zu sich erhöht hat? Jesus ohne das Licht der Schriften Israels, ohne das Alte Testament, wird unglaublich blass, besonders bei Lukas. Und doch gab es Zeiten, in denen man das nicht sehen wollte, gab es Menschen, die das sogar gezielt und bewusst verdecken wollten, indem sie das Neue Testament von allem »Jüdischen« reinigen, indem sie im »deutschen kirchlichen Leben« jeglichen »jüdischen Einfluss beseitigen« wollten. Ja, so etwas gab es, hier in Eisenach, und solche Menschen, Christen, Theologen, Neutestamentler gab es, und einer von ihnen war mein Vorgänger auf dem Lehrstuhl für Neues Testament in Jena.

Aber heute geht es mir nicht um Zeitgeschichte, nicht um Walter Grundmann, nicht um das ›Entjudungsinstitut‹ in Eisenach. Heute geht es mir um Lukas und sein Jesusbild. Dieses Jesusbild verliert all seinen Glanz, wenn es nicht im Licht der Schriften Israels betrachtet wird. Gerade bei Lukas ist Jesus der fromme Jude, und seine ganze Familie war es schon. Deshalb geht Jesus auch

»nach seiner Gewohnheit am Sabbat in die Synagoge« und übernimmt dort die Prophetenlesung. Erst in diesem Setting, im Sabbatgottesdienst in der Synagoge wird so richtig klar, was es heißt, wenn Jesus sagt: »Der Geist des Herrn ist auf mir.« Seine Hörer haben das sehr schnell begriffen, denn sie kannten die Schriften Israels und sie wussten, was es bedeutet, wenn da einer kommt, der behauptet, der Geist des Herrn sei auf ihm. Sie wussten genau, was es heißt, wenn dieser Jesus auch noch sagt: »Heute!« Jetzt ist die Zeit der Gnade. Jetzt ist der Tag des Heils. Die Nazarener wussten es und haben die Konsequenzen daraus gezogen und haben diesen Jesus zur Stadt hinausgejagt.

III

Heute ist Heilszeit – sagt Jesus. Heute ist »das Gnadenjahr des Herrn«. Die Frist ist um! Heute ist dieses Wort der Schrift erfüllt vor euren Ohren.

Heute? Am letzten Sonntag der Epiphaniaszeit? An der Schwelle zum Jahr drei nach Corona? Ein Kollege schrieb mir kürzlich in einem E-Mail: »Ach, ich freu mich schon auf die Zeit, wenn das alles vorbei ist und wenn wir uns wieder in den Armen liegen können und sagen: Was war'n das nur für verrückte zwölf Jahre!« Das »Gnadenjahr des Herrn«, das Erlassjahr für alle Schulden in Israel, war nach der Bibel das fünfzigste Jahr! Was bedeutet dann »heute« in diesen Dimensionen? Nun, es bedeutet wohl vor allem: Lasst uns nicht länger warten, sondern lasst uns hören und sehen, was Jesus uns heute sagt und bringt.

Jesus bringt das Evangelium. So zitiert er es aus den Schriften Israels, aus dem Propheten Jesaja: »Er, Gott, hat mich gesandt zu verkündigen das Evangelium den Armen, zu predigen den Gefangenen, dass sie frei sein sollen, den Blinden, dass sie sehen sollen«. Und heute ist das erfüllt durch Jesus, nicht gestern, damals irgendwann im antiken Judentum, und nicht morgen, wenn Corona endlich vorbei sein wird. Nein, das Evangelium ist für heute.

Denn wir sind noch in der Epiphaniaszeit. Gott scheint auf in unseren Herzen – das heißt Epiphanias.

> Von Gott kommt mir ein Freudenschein,
> wenn du mich mit den Augen dein
> gar freundlich tust anblicken.
> O Herr Jesu, mein trautes Gut,
> dein Wort, dein Geist, dein Leib und Blut
> mich innerlich erquicken.
> Nimm mich freundlich in dein Arme.
> Herr, erbarme dich in Gnaden;
> auf dein Wort komm ich geladen.

Gottes Licht glänzt von Weihnachten her immer noch. Gottes Licht fällt auch auf Jesus und lässt ihn uns erscheinen als Gottes Sohn. Es ist gerade das Licht des Alten Testaments; das uns Jesus als Gottes Sohn erkennen lässt, die »Herrlichkeit des Herrn«, in der Jesus erglänzt. Keiner hat dieses Jesusbild so glänzend, so faszinierend vor Augen gestellt wie Lukas. Sein Evangelium kann man nicht nur lesen und hören. Man kann es auch sehen – und vielleicht sogar schmecken, wenigstens einmal kosten. »Schmecket und sehet, wie freundlich der Herr ist.« So könnte als Überschrift über dem Lukasevangelium stehen – und als Einladung.

Ausleger:
Prof. Dr. Karl-Wilhelm Niebuhr ist seit 1997 Professor für Neues Testament an der Friedrich-Schiller-Universität Jena.

Fischzug des Petrus, Lukas 5,1–11

Johannes Reinhardt

¹Es begab sich aber, als sich die Menge zu ihm drängte, zu hören das Wort Gottes, da stand er am See Genezareth. ²Und er sah zwei Boote am Ufer liegen; die Fischer aber waren ausgestiegen und wuschen ihre Netze. ³Da stieg er in eines der Boote, das Simon gehörte, und bat ihn, ein wenig vom Land wegzufahren. Und er setzte sich und lehrte die Menge vom Boot aus. ⁴Und als er aufgehört hatte zu reden, sprach er zu Simon: Fahre hinaus, wo es tief ist, und werft eure Netze zum Fang aus! ⁵Und Simon antwortete und sprach: Meister, wir haben die ganze Nacht gearbeitet und nichts gefangen; aber auf dein Wort hin will ich die Netze auswerfen. ⁶Und als sie das taten, fingen sie eine große Menge Fische und ihre Netze begannen zu reißen. ⁷Und sie winkten ihren Gefährten, die im andern Boot waren, sie sollten kommen und ihnen ziehen helfen. Und sie kamen und füllten beide Boote voll, sodass sie fast sanken. ⁸Da Simon Petrus das sah, fiel er Jesus zu Füßen und sprach: Herr, geh weg von mir! Ich bin ein sündiger Mensch. ⁹Denn ein Schrecken hatte ihn erfasst und alle, die mit ihm waren, über diesen Fang, den sie miteinander getan hatten, ¹⁰ebenso auch Jakobus und Johannes, die Söhne des Zebedäus, Simons Gefährten. Und Jesus sprach zu Simon: Fürchte dich nicht! Von nun an wirst du Menschen fangen. ¹¹Und sie brachten die Boote ans Land und verließen alles und folgten ihm nach.

Leicht fischig schmeckt unser Abschnitt, mit einem bitteren Angang. Er schmeckt nach erfolglos durchfischter Nacht, nach sinnloser Mühe und Tang in den Netzen. Trotz Morgensonne hat Simon ein schales und ziemlich verbrauchtes Mundgefühl – und das Bett ruft.

Aber Jesus ruft auch. Man kennt sich, er hat vor kurzem die Schwiegermutter geheilt und auch andere sind offensichtlich von ihm fasziniert. Unglaublich, wie die Menge drängelt, und noch unglaublicher ist der Grund: Sie kommen »zu hören das Wort Gottes«! Da haben wir das erste Wunder! Ihr staunt über die vielen Fische? Ja, ich auch. Aber dass die Menschen strömen, um Jesus reden zu hören, das wundert mich noch mehr. Sie drängen sich, »zu hören das Wort Gottes«! Was muss das für ein kostbares Wort sein!

Dieses Wort, das Welten schuf und Leben verändert, weil es Zugang gibt zu Gottes liebevollem Herzen und wir merken: Nicht nur vom Brot leben wir, sondern von einem jeden Wort aus Gottes Mund: Durch das Reden des Lebendigen empfangen wir das Leben. Der verborgene Gott spricht und wir dürfen den Kontakt mit ihm aufnehmen. Wer uns dieses Wort bringt, der tut uns den größten Dienst. Ein Hoch auf alle Pfarrer und Bibelübersetzer! Ein Hoch auf jeden, der an ein Krankenbett oder an eine Festtafel kommt und uns das Wort Gottes sagt. Gottes Wort hat Kraft. Das ist das Thema unseres Abschnittes. Ein überaus kräftiger Geschmack begegnet uns hier!

Ein ›Hoch‹ auf jeden, der dieses einzigartige, gotthaltige Wort weitergibt! Und ein ›Pfui‹ all denen, gerade auch als theologische Lehrer, die uns dieses Wort, das wir allein in der Heiligen Schrift haben und finden, madig machen. Wer uns die Bibel nimmt, der nimmt uns den Himmel! Ja, zubereiten darfst Du es mit Hilfe des Heiligen Geistes, aber wehe, du verdirbst der Gemeinde den Geschmack daran! Keine Gedichtchen und Geschichtchen werden die Gemeinde Gottes retten, keine Wunderheilungen oder moderne Gemeindebaukonzepte. Alles nur Unterstützung, damit Gott selbst redet durch sein Wort. So, wie er jetzt auch den Kahn in Dienst nimmt: Mit königlicher Selbstverständlichkeit springt er hinein und sagt dann zu Simon doch ganz freundlich »Bitte«. Und der gutwillige Netzaktivist unterbricht seine Arbeit und stößt ab vom Ufer, damit der Rabbi sich setzen kann in sein glückloses Boot, das nun zur schwimmenden Kanzel wird.

Ein Ausleger (HJIwand) schreibt: »Jesus wirft das Netz der Wahrheit über die Menge der Hörer.« So macht er das bis heute! Lasst uns sein Netz sorgfältig pflegen, wir haben kein anderes Werkzeug zur Rettung der Seelen als nur das köstliche Wort. Und dann schenke es der Herr der Fische und der Herzen, dass die Menge sich wieder drängt und vor Wohlgeschmack mit der Zunge schnalzt, weil treue Mitarbeiter nicht irre geworden sind an ihrem Werkzeug, sondern munter das Wort austeilen und die Menschen merken: Das schmeckt wie nichts anderes sonst, nicht zu vergleichen mit anderen Worten, es belebt und gibt ungeahnte Kräfte, dieses himmlische Aroma von Freiheit und Trost und Reinheit und Neugeburt vom Himmel her!

Je mehr du isst, je größer wird der Appetit »zu hören das Wort Gottes«!

Nach dem »Amen« und dem Segen löst sich die Menge langsam auf und Jesus widmet sich dem lieben Simon ganz persönlich. Nach der freundlichen Bitte von vorhin folgt jetzt der im Befehl versteckte Test: Fahre ins Tiefe und wirf das Netz zum Fang!

Da ist es zum Zweiten. Das Wort. In seiner ganzen Autorität. Und – das sehen wir ja dann auch im Fortgang der Geschichte – in seiner ganzen Kraft. Simon war mit seinem Fischerlatein ja am Ende. Die optimale Fangmethode hatte ihm nichts genützt. Und jetzt sagt dieser Prediger, wie es gehen soll. Und schaut ihn lächelnd an. Und Petrus schaut etwas genervt zurück. Und fixiert

Jesus dann mit seinem Blick. Denn hier geht es nicht um einen Austausch über die neuesten Fangmethoden. Hier geht es um Jesus selbst! Hat er mir etwas zu sagen? Wie wahr und wie vertrauenswürdig ist, was er sagt? Kann ich mich auf ihn verlassen? Auch in der Not meines alltäglichen Brot- bzw. Fischerwerbs?

Und Simon spricht: Meister, hier ist die ganze Erfolglosigkeit und Mühe meines Alltags, »*aber auf dein Wort*« hin will ich es tun. In der einen Waagschale liege ich mit meiner Schlauheit und Erfahrung. Und in der anderen – Du. Und weißt du was? Ich mache es. Auf *dein* Wort. *Das ist das zweite Wunder!*

Ja, es ist ungewöhnlich, dass die Fische am Tag nicht vom Bootsschatten verschreckt werden und, als es eng wird, nicht einfach nach unten aus dem Netz schwimmen, was im tiefen Wasser ihr normales Fluchtverhalten wäre. Ein Wunder! Aber dass Petrus ohne Netz und doppelten Boden zaghaft dem Wort Jesu vertraut – wider seine Vernunft und Fischerehre – das ist das größere Wunder! Dass die Fische ihre normalen Tagesplätze im Tiefen verlassen, damit man sie an der Oberfläche einsammelt – erstaunlich! Aber dass ein Mensch gegen alles, was für ihn nachvollziehbar ist, den Platz seiner Überzeugungen und Lebenserfahrung verlässt und diesem fachfremden Prediger vertraut, das ist das eigentliche Wunder.

Und wenn ich Ihnen noch mal ein Häppchen zur besonderen Degustation darreichen darf, dann soll es dieses ›Aber‹ des Petrus sein: »Herr, das ist mein Leben. Mit seiner Mühe und Not, so wie ich mich durchkämpfe ....« Das ist meine Situation, vielleicht auch die leeren Netze unserer Gemeindearbeit, die leeren Bänke unserer Kirchen nach der Coronazeit, da ist das alles, was ich weiß und bin. »*Aber* auf dein Wort« – dieses kleine wackelige, zweifelsvolle »aber« ist eine heimliche Liebeserklärung an Jesus.

Ach, dass wir als Kirche, dass du, lieber Hörer, dieses *Aber* auch so sagen könntest! Hier ist meine Nacht. *Aber* auf dein Wort werfe ich Netze und Angeln und mich selbst ins kalte Wasser, wo immer du es sagst und willst.

Und jetzt zum Dritten: Nachdem die Fische in die Boote geschaufelt sind, stehen sie bis zu den Knöcheln in Gottes netzesprengender Freundlichkeit! Und Simon fallen die Schuppen von den Augen. Er ahnt, mit wem er es zu tun hat. Jesus hat nicht etwa gut geraten, sondern die Fische selbst ins Netz gesendet! Er ist im Bund mit Gott, in seiner welten- und fische-lenkenden Majestät. Und in seiner herzensdurchleuchtenden Reinheit. Und diese Jesus-Erkenntnis führt direkt zu einer erschütternden Selbsterkenntnis.

Wenn es der echte biblische Jesus ist, mit dem Du unterwegs bist, dann wirst Du ganz sicher irgendwann an diesen Punkt des Erschreckens über Dich kommen. Und es wird der Moment deines tiefsten Gott-Erlebens werden! Gottesbegegnung bewirkt in der Bibel immer das Bewusstsein, dass etwas anders werden muss. Simon erschrickt zutiefst: Es geht nicht um Einzeltaten, sondern um seine ganze Existenz: Sünder. Und als Lösung dieser schmerzenden Differenz sieht er nur Scheidung: Geh jetzt weg von mir, Du, denn wir passen niemals zusammen!

Und da kommt das *dritte Wort-Wunder* (den »großen Fischzug« gar nicht mitgezählt)! Nämlich die Vergebung. Jesus tröstet ihn mit seinem machtvollen: »Fürchte dich nicht, siehe ich verkündige dir große Freude, ich bin der Heiland, der Heilmacher, deine Schuld sollst du bekennen, aber nur – damit du frei wirst – trennen kann sie uns nicht. Ich geh nicht weg von dir, ich geh weg *mit* dir. Wir gehören zusammen. Du gehörst in meinen Dienst.«

Das ist ja das Ungewöhnliche, dass hier von Vergebung so ausdrücklich gar nichts steht. Jesus tritt nicht ein in ein Gespräch über Reue und Wiedergutmachung. Die Vergebung verbirgt sich in seiner Zukunftsansage: *Du wirst Menschen ins Leben fischen.* (Hier steht ein zusammengesetztes Wort aus Leben und Fangen.) Du wirst sie in unser ›Boot‹ holen, und das wird ihnen das Leben bringen. Dafür will ich deine Mühe, deine Treue zu meinem Wort, Deinen Glauben. Ich will Dich ganz mit deinen Gaben, selbst mit deinem Zweifel und Frust. Weil ich *Dich* will.

So wirst du Menschen auffischen wie Schiffbrüchige aus dem Todes-Meer und einsammeln ins Leben. Und weil das so sein wird, mache dir keine Gedanken über deine Unvollkommenheit. Denn, dass ich der Herr all dieser Fischerei bin, das hast du ja nun heute gemerkt, nicht wahr?!

Und plötzlich bekommt Petrus einen anderen Geschmack in den Mund zwischen all diesen Fischen und angesichts des lächelnden Herrn: Dieser Morgen schmeckt nach Neuanfang und Liebe. Und so ist es nichts Großes, den großen Fang zurückzulassen, denn sie haben einen größeren gemacht: Hier ist *die* Chance ihres Lebens, nein, eine *Wirklichkeit*, nach der sich jeder, der es erlebt, ebenfalls alle zehn Finger ablecken würde.

Und wir merken: Aus der Verkostung dieser Geschichte wird uns heute ein sättigendes Hauptgericht, das uns dann selbst zu Gastgebern beruft, andere einzuladen an den mit Liebe überreich gedeckten Tisch dieses gütigen Herrn der Fische und der Menschen.

Ausleger:
Johannes Reinhardt ist Pfarrer in den Kirchengemeinden des Pfarrbereichs Seebach im Kirchenkreis Eisenach-Gerstungen.

Die Berufung des Levi und das Zöllnermahl, Lukas 5,27–32

Martin Weidner

²⁷Und danach ging er hinaus und sah einen Zöllner mit Namen Levi am Zoll sitzen und sprach zu ihm: Folge mir nach! ²⁸Und er verließ alles, stand auf und folgte ihm nach. ²⁹Und Levi richtete ihm ein großes Mahl zu in seinem Haus, und viele Zöllner und andre saßen mit ihm zu Tisch. ³⁰Und die Pharisäer und ihre Schriftgelehrten murrten und sprachen zu seinen Jüngern: Warum esst und trinkt ihr mit den Zöllnern und Sündern? ³¹Und Jesus antwortete und sprach zu ihnen: Die Gesunden bedürfen des Arztes nicht, sondern die Kranken. ³²Ich bin nicht gekommen, Gerechte zu rufen, sondern Sünder zur Buße.

Im Rahmen der Bibelverkostung hören wir heute einen Text, der von einem Gastmahl erzählt – also auch von einer »Verkostung«. Wir erfahren zwar nicht, was es da zu essen und zu trinken gab, aber wir erfahren etwas über die Gäste und ihre Gespräche untereinander.

Das ist keine zufällige Gesellschaft, die da zusammengekommen war. Bei Jesus ist man nie »zufällig«, sondern man entscheidet sich, zu ihm zu gehen. Und zuallererst hat Jesus sich entschieden, Menschen zu sich zu rufen – etwa den Zöllner Levi. Anschließend lädt Levi den Herrn und dessen Jünger in sein Haus ein, dazu auch viele seiner Berufskollegen – Zöllner wie er selbst. In gewisser Weise also eine »geschlossene Gesellschaft«.

So ist das eigentlich immer, wenn Einladungen ausgesprochen werden: Man möchte solche Menschen um sich haben, die gut zueinander passen. Und (unausgesprochen) sind damit alle anderen »ausgeladen«, weil sie stören würden oder einfach weil es sonst unübersichtlich würde.

Schon die Räumlichkeiten erfordern meistens, dass die Zahl der Gäste begrenzt werden muss – das haben wir selbst in unseren Kirchen schmerzlich gespürt während der Corona-Krise. Und vieles an Gastfreundschaft musste auf der Strecke bleiben: Wie schwer fiel manchmal die Entscheidung, wen man sich als den einzigen erlaubten Gast ins Haus holen sollte!

Warum erinnere ich an diese Dinge? Weil wir es gewöhnt sind, die Einladung in Gottes Reich als eine universale Einladung zu verstehen: »Jeder Mensch

darf kommen!« Und das ist ja auch richtig. Im Reich Gottes gibt es keine Platz-
probleme – im Gegenteil! Jesus erzählte bei einer ähnlichen Gelegenheit – als
er bei einem *Pharisäer* zum Essen eingeladen war – dass man sich Gottes Reich
wie ein großes Festmahl vorstellen kann (Lk 14,16–24). Allerdings wollten da
die geladenen Gäste nicht kommen und entschuldigten sich der Reihe nach.
Daraufhin ließ der Gastgeber die Türen öffnen – wahllos, für alle, die kommen
wollten.

Was Jesus damit sagen will, ist leicht zu verstehen: Gott hat ein weites Herz.
Er will allen Menschen das *»Leben in ganzer Fülle«* (Joh 10,10) schenken. Gott
stellt keine Vorbedingungen und keinen »Numerus clausus«. Deswegen ging
Jesus auch ganz unvoreingenommen zu den Pharisäern, wenn sie ihn einluden,
und beim Zöllner Zachäus lud er sich sogar selbst ein (Lk 19,5). Er hatte keine
Berührungsängste!

Aber wir Menschen kennen Berührungsängste – auch als fromme Menschen!

Wir glauben, dass die Einladung in Gottes Reich prinzipiell allen Menschen
gilt, aber praktisch bilden wir doch oft geschlossene Gesellschaften: Pharisäer
unter sich und Zöllner unter sich – es wäre ihnen nie in den Sinn gekommen,
sich gegenseitig einzuladen.

Dafür lassen sich Gründe finden: Wie die Zöllner im Allgemeinen mit der
Bevölkerung umgingen, das war pure Schikane und schamlose Korruption. Kein
Wunder, dass die Pharisäer keinen Zöllner an ihrem Tisch geduldet hätten! Wie
kann ich jemanden willkommen heißen, der meine Werte mit Füßen tritt?! Und
zum anderen waren sie wohl auch schon an der Zollstation abgezockt worden:
Erlittenes Unrecht kann Menschen bitter machen!

Wir glauben, dass die Einladung in Gottes Reich prinzipiell allen Menschen
gilt, aber praktisch bilden wir doch oft geschlossene Gesellschaften: Viele Christen bekennen zwar »die eine, heilige, allgemeine und apostolische Kirche«
[Nicaenum] und finden es wunderbar, dass es dieses weltumspannende (= ökumenische) Glaubensnetz gibt! Aber für den Alltagsgebrauch suchen sie eine
überschaubare Gemeinschaft: Da kennt man einander und findet sich zurecht, da spürt man Nestwärme und fühlt sich geborgen. Außerhalb dieses
Kreises sind die »Anderen« – die gehören wohl auch zu Jesus, aber weil man
sie nicht kennt, wirken sie verunsichernd, vielleicht sogar bedrohlich und ab-
stoßend.

Wir glauben, dass die Einladung in Gottes Reich prinzipiell allen Menschen
gilt, aber praktisch bilden wir doch oft geschlossene Gesellschaften: In der so-
ziologischen Wissenschaft gibt es das Gebiet der »Milieuforschung«. Es untersucht, wie z. B. Bildungsstand, soziale Lage und Werteorientierung darüber entscheiden, welche Menschen »miteinander können« und welche nicht. Zehn
verschiedene Milieus werden da beschrieben; zwischen ihnen befinden sich
sogenannte »Ekelschranken«, die man normalerweise nicht überschreitet.

Es fällt auf, dass in Deutschland diejenigen Christen, die am Gemeindeleben teilnehmen, fast ausschließlich zwei Milieus angehören: den »Traditionellen« und der »Bürgerlichen Mitte«. – Es scheint so, als könnten wir mit den Menschen aus den übrigen acht Milieus nichts anfangen! Ich meine, das Milieumodell kann sehr nützlich sein, wenn man missionarisch in die Gesellschaft hineinwirken will. Es kann helfen, sich in andere Menschen hineinzuversetzen und sie möglichst da abzuholen, wo sie sind. Aber ich bin überzeugt, dass dieses Modell nicht dazu geeignet ist, um das Reich Gottes abzubilden. Jesus hat Liebhaber auch in den anderen Milieus, nur finden diese in unseren Kirchen kaum ein Zuhause – sind da »Ekelschranken« wie zwischen Zöllnern und Pharisäern damals?

Wir glauben, dass die Einladung in Gottes Reich prinzipiell allen Menschen gilt, aber praktisch bilden wir doch oft geschlossene Gesellschaften: Mitunter brauchen bedrängte oder verfolgte Christen so etwas wie Schutzräume, wo sie tatsächlich nur unter sich sind (z. B. Kirchenasyl für Flüchtlinge, denen trotz Lebensgefahr die Abschiebung droht). Das hat aber nichts mit Engherzigkeit zu tun, sondern mit Fürsorge und Behutsamkeit: Hier müssen Menschen behütet und beschützt werden.

Und auch wenn keine unmittelbare Lebensgefahr droht, könnte es für jemanden wichtig sein, mal eine Zeitlang in einem abgeschirmten Kreis zu bleiben, wo man Verständnis findet und die nötige Ruhe, um mit sich selbst wieder ins Reine zu kommen. Aber ein Dauerzustand darf das nicht werden. Es besteht nämlich die Gefahr, sich in seinem abgegrenzten Kreis zu verselbständigen. Das heißt dann so: »Nur wir hier sind richtig! Draußen sind die, die es nicht so genau nehmen, die kein Rückgrat haben, die faule Kompromisse schließen. Aber wir haben Gott bei uns drinnen – nur wir!«

Solche gefährlichen Ansichten gedeihen vorzugsweise in exklusiven Gruppen. Jesus hat sich jedenfalls nicht vereinnahmen lassen von einer bestimmten Gruppe. Die ihn gern vor ihren Karren gespannt hätten, mussten sich sagen lassen: »Ich bin auch für die anderen da. Auch für solche, über die ihr euch gerade erhebt. *Nicht die Gesunden brauchen den Arzt, sondern die Kranken.*«

Damit sagt Jesus: »Ich bin nicht gekommen, um euch in eurer Illusion zu bestätigen, ihr könntet den Himmel erklimmen mit der Leiter eurer guten Taten oder eures anständigen Charakters oder mit der Leiter eures ernsthaften Suchens. Ich bin gekommen, um diejenigen in den Himmel zu bringen, die genau wissen, dass ihre Leitern zu kurz sind, und denen das auch so von ihrer Umgebung gespiegelt wird.« Deswegen nimmt Jesus die *Mühseligen und Beladenen* (Mt 11,28) mit offenen Armen auf!

Um jetzt nicht falsch verstanden zu werden: Jesus war nicht dazu gekommen, das Verhalten der Zöllner zu rechtfertigen, sondern sie zur Umkehr zu rufen. Ein Beispiel dafür ist der Zöllner Levi: Seine Umkehr wurde daran erkennbar, dass er seinen Beruf aufgegeben hat und fortan Jesus begleitet. Das wird nicht von jedem erwartet, aber von allen wird verlangt, dass ihre Umkehr auch entsprechende Früchte trägt. Damals *kamen auch Zöllner, um sich taufen zu lassen, und sprachen zu Johannes: Meister, was sollen denn wir tun? Er sprach zu ihnen: Fordert nicht mehr, als euch vorgeschrieben ist!* (Lk 3,12 f.)

Damit stellt mir dieser Bibeltext die unausweichliche Frage: *Was hat sich eigentlich in meinem Leben geändert, seitdem ich Tischgast bei Jesus bin?*

Wenn Jesus uns einlädt, dann ist das so ähnlich wie bei einer »Verkostung«: Er möchte, dass wir »auf den Geschmack kommen« und uns davon überzeugen können, dass Er unseren Lebenshunger stillt.

Er spendiert uns also nicht bloß mal ein Abendessen, sondern er will eine dauerhafte Beziehung zu uns herstellen. Und die eröffnet uns wiederum ganz neue Möglichkeiten, miteinander umzugehen: Dass wir zu Jesus gehören, wird uns helfen, nicht aussperrend zu wirken, sondern einladend und integrierend, so wie Er es ist.

Dass wir zu Jesus gehören, wird uns helfen, andere Menschen hineinzunehmen in diese rettende Gemeinschaft mit Ihm – und das ist immer auch eine Gemeinschaft, in der wir etwas miteinander teilen: *Tischgemeinschaft* könnte ein Anfang sein; manchmal ist *Leidensgemeinschaft* nötig, wo wir gemeinsam nach Lösungen suchen müssen; das erstrebenswerte Ziel ist eine *Lebensgemeinschaft,* in der man sich so viel Offenheit wie nur möglich entgegenbringt – die Bibel nennt das: *»ein Herz und eine Seele«* sein! (Apg 4,32)

Ausleger:
Martin Weidner ist Prediger der Landeskirchlichen Gemeinschaft in Eisenach.

Fastenfrage / Ährenraufen und Heilung am Sabbat, Lukas 5,33–39

Christoph Ifland

³³Sie aber sprachen zu ihm: Die Jünger des Johannes fasten oft und beten viel, ebenso die Jünger der Pharisäer; aber deine Jünger essen und trinken. ³⁴Jesus sprach aber zu ihnen: Könnt ihr denn die Hochzeitsgäste fasten lassen, solange der Bräutigam bei ihnen ist? ³⁵Es wird aber die Zeit kommen, dass der Bräutigam von ihnen genommen ist; dann werden sie fasten, in jenen Tagen. ³⁶Und er sagte zu ihnen ein Gleichnis: Niemand reißt einen Lappen von einem neuen Kleid und flickt ihn auf ein altes Kleid; sonst zerreißt man das neue und der Lappen vom neuen passt nicht auf das alte. ³⁷Und niemand füllt neuen Wein in alte Schläuche; sonst zerreißt der neue Wein die Schläuche und wird verschüttet, und die Schläuche verderben. ³⁸Sondern neuen Wein soll man in neue Schläuche füllen. ³⁹Und niemand, der vom alten Wein trinkt, will neuen; denn er spricht: Der alte ist milder.

Worauf kommt es wirklich an? Was ist das eigentlich Wichtige im Leben? Entschuldigen Sie bitte, dass ich gleich am Beginn der Predigt mit solch schweren Fragen ankomme! Aber sie schwingen mit, wenn wir den heutigen Predigttext lesen. Worauf kommt es wirklich an? Diese Frage kann man nicht aus dem Stegreif beantworten. Da gibt es vieles. Liebe könnte man nennen. Darauf kommt es an. Aber auch auf Freiheit, Familie, Gesundheit, Glaube, Vertrauen, auf Sicherheit, auf Hoffnung, Gemeinschaft, Rücksichtnahme, auf Glück.

Das alles und noch mehr ist wirklich wichtig im Leben. Aber könnten wir sagen, was davon für uns der höchste Wert ist? Es gibt ein Mittel, das kann helfen, unsere Gedanken zu ordnen. Ich habe es einmal mitgebracht. Man nennt es eine Wertepyramide.

Für diejenigen, die am Radio zuhören, möchte ich es kurz beschreiben. Es ist ein Dreieck, gleichseitig, mit der Spitze nach oben. Die Fläche des Dreiecks ist in verschiedene Felder eingeteilt. Ganz oben in der Spitze ist ein Feld, darunter befinden sich zwei Felder, dann drei, und in der untersten Ebene vier Felder.

In diese leeren Felder kann ich eintragen, was mir im Leben besonders wichtig ist, in jedes Feld einen Begriff. Je weiter oben ein Begriff steht, desto wichtiger ist er. Und ganz oben steht der wichtigste.

Manchmal arbeite ich in der Schule mit dieser Wertepyramide. Die Schülerinnen und Schüler tragen ihre Begriffe ein, und nach einer Weile kommt garantiert die Frage: »Können wir in das oberste Feld auch mehreres eintragen? Das ist so schwer, sich auf nur eine Sache festzulegen, die ganz oben steht. Das geht doch gar nicht.«

Ich finde das auch schwer. Aber manchmal geraten wir in Situationen, da müssen wir uns entscheiden, welcher von diesen ganz wichtigen Werten für uns der höchste Wert ist.

Die Pandemie ist ein Beispiel dafür. Da standen und stehen Werte, die uns allen wichtig sind, plötzlich in Konkurrenz zueinander: Gemeinschaft, Freiheit, Gesundheit, Rücksichtnahme. Ich muss mich entscheiden: Was ist mir das Wichtigste? Es macht beispielsweise einen gewaltigen Unterschied, ob jemand sagt: »In meiner Wertepyramide steht Freiheit ganz oben. Die steht mir zu, die lasse ich mir nicht nehmen.« Oder ob jemand sagt: »Gesundheit ist mir am wichtigsten, meine eigene und die Gesundheit anderer Leute. Deshalb nehme ich Rücksicht. Deshalb nehme ich Einschränkungen in Kauf, auch wenn ich lieber frei wäre.«

Viele harte Auseinandersetzungen wurden da geführt. Freundschaften sind zerbrochen. Hoffentlich gelingt es, jetzt wieder miteinander ins Gespräch zu kommen, auch über die Werte, die uns jeweils wichtig sind.

Aber auch in anderen Alltagssituationen spielt unsere Wertepyramide eine Rolle. Im Unterricht diskutieren wir manchmal darüber. Beispielsweise wenn ich Kleidung kaufe, was ist da für mich der höhere Wert? Dass der Preis niedrig ist oder dass das T-Shirt unter fairen Bedingungen hergestellt wurde? Oder wenn ich Lebensmittel einkaufe, was sind da meine Maßstäbe? Oder in der Klimadiskussion oder wenn es um die Berufswahl geht, was ist da mein höchster Wert?

Immer wieder müssen wir Entscheidungen fällen, kleine und große. Was kann uns dabei helfen?

Schauen wir doch einmal, welche Werte in unserem Bibelabschnitt eine Rolle spielen. Möglicherweise finden wir ja dort Leitlinien und Orientierung.

Da sind zunächst die Pharisäer. Hätte man sie gefragt: »Was steht bei euch ganz oben in der Wertepyramide?«, hätten sie sofort eine klare Antwort parat gehabt: »Die Gebote Gottes. Die sind das Wichtigste.« Die Pharisäer waren fromm und gesetzestreu. In dem speziellen Fall, um den es in unserem Predigtabschnitt geht, hätten sie gesagt: »Das Sabbatgebot ist der höchste Wert. Es muss unbedingt eingehalten werden. Gott selbst hat Ruhe gehalten. Er hat uns diesen Tag geschenkt. Darum soll er ganz Gott gehören. Arbeit hat am Sabbat keinen Platz. Sie stört. Sie macht das Geschenk des Sabbats kaputt.«

Mit dieser Haltung treffen die Pharisäer nun auf Jesus und seine Jünger. Die laufen durch ein Getreidefeld, pflücken Ähren, zerreiben sie zwischen den Handflächen und essen die Körner. Nach dem damaligen Armenrecht durften Hungernde sich auf fremden Feldern etwas zu essen suchen. Eine großzügige Regelung. Niemand sollte hungern müssen. Grundsätzlich also war das erlaubt, was die Jünger taten, aber nicht am Sabbat. Denn auch das Ährenpflücken galt als Arbeit. Verständlicherweise sprechen die Pharisäer die Jünger darauf an: »Warum tut ihr etwas, was am Sabbat nicht erlaubt ist?«

In Wirklichkeit ist diese Frage aber an Jesus gerichtet: »Wieso lässt du zu, dass deine Anhänger den Sabbat entweihen? Ist dir der Sabbat etwa keine Herzensangelegenheit?«

Da erklärt Jesus, wie er über den Sabbat denkt. Er macht deutlich: In meiner Wertepyramide steht etwas anderes ganz oben. Die Sabbatruhe ist zwar wirklich wichtig. Aber meine Leute haben Hunger. Dass sie ihren Hunger stillen können, das ist noch wichtiger. Die Not von Menschen zu lindern, das steht für mich ganz oben.

Er kann sich da auf den berühmten König David berufen. Auch der hatte einmal gegen Regeln verstoßen, damit er Hungernden Brot geben konnte. Hunger zu stillen ist wichtiger, als Regeln zu befolgen, auch wenn es wertvolle Regeln sind.

Ein paar Wochen später trifft Jesus die Pharisäer in der Synagoge. Sie wollen Gottesdienst feiern, so wie an jedem Sabbat: singen, beten, Worte aus der Tora hören. Als Jesus kommt, ahnen sie es schon: Er wird ihre Werteordnung wieder in Frage stellen, das, was sie von Jugend an gelernt und gelebt hatten.

Und genau das tut Jesus. So wichtig die Sabbatregeln auch sind, für ihn sind sie nicht das Wichtigste. Wichtiger ist, die Not eines Menschen zu sehen und zu lindern. Jesus hat einen Blick dafür. Er sieht einen, der steht am Rand, einen Mann mit einer verdorrten Hand, wie Luther es übersetzt hat, missgebildet, kaum zu gebrauchen, wahrscheinlich schmerzhaft, unansehnlich. Diesen Mann vom Rand holt Jesus in die Mitte. Der steht jetzt im Mittelpunkt, nicht die traditionelle Sabbatfeier. Ihm zu helfen, ihn von seiner Last zu befreien, das steht für Jesus ganz oben in seiner Wertepyramide. Das ist das Gute. Das muss man tun, gerade am Sabbat. Der Sabbat wird durch das Gute nicht entwertet, sondern geheiligt. Der Sabbat soll doch ein Segen für die Menschen sein.

Zwei Fragen beschäftigen mich an diesen Geschichten besonders. Die erste hängt mit dem Sabbat zusammen.

Stellen wir uns doch einmal vor, die Pharisäer von damals säßen jetzt hier in der Kirche. Sie würden aufstehen und uns so fragen, wie sie einst die Jünger fragten: »Was tut ihr eigentlich am Ruhetag?«

Wobei ich mir wünschte, dass sie uns nicht vorwurfsvoll fragten, sondern eher fürsorglich: »Wie geht ihr eigentlich mit eurem Feiertag um? Was macht ihr daraus?«

Da müssten wir ihnen zuerst erklären, dass wir Christen den Ruhetag vom Sabbat auf den Sonntag verschoben haben, weil Jesus an einem Sonntag auferstanden ist. Jeder Sonntag soll ein kleines Osterfest sein, ein Tag der Hoffnung. Er erinnert daran: Am Ende siegt das Leben. Gott ist stärker als alles, was uns belastet. Mindestens einmal pro Woche soll diese Hoffnung aufleuchten.

Da würden die Pharisäer antworten: »Ja, das haben wir schon mitbekommen. Wir haben euch Deutsche sonntags beobachtet, weil uns das einfach interessiert. Deshalb wüssten wir gern: Was bedeutet euch der Sonntag? Ist das für euch ein Tag der Besinnung? Ein Tag ohne Arbeit? Ein Tag für Gott? Was steht bei eurer Sonntagsplanung ganz oben in der Wertepyramide?« Könnten wir da eine klare Auskunft geben?

Am 3. März dieses Jahres gab es ein Jubiläum: 1.700 Jahre Sonntag. Denn am 3. März 321 erklärte der römische Kaiser Konstantin den Sonntag offiziell zum freien Tag. Vor 1.700 Jahren!

Ich hatte gehofft, dass dieses Jubiläum den Sonntag einmal in den Fokus rückt, dass ein gesellschaftlicher Diskurs darüber entsteht, was uns der Sonntag sein kann in unserer säkularisierten Welt. Aber das Jubiläum fiel unter den Tisch.

Im Kulturteil unserer Tageszeitung beispielsweise stand am 3. März kein einziges Wort über den Sonntag. Stattdessen wurde ein anderes Jubiläum gewürdigt: 120 Jahre Wuppertaler Schwebebahn. Haben wir den Wert des Sonntags nicht mehr im Blick?

Ist der Sonntag inzwischen ein Reservetag, an dem man das erledigt, was man in der Woche nicht geschafft hat? Das wäre schade. Dann würde man dieses Geschenk vergeuden.

Dabei könnte der Sonntag doch so vieles sein: Innehalten. Die Arbeit darf ruhen und der Mensch auch. Das, was uns die Woche über in Beschlag nimmt, kann warten. Wir dürfen raus aus dem Hamsterrad. Die Gedanken dürfen den Alltag verlassen. Besinnung. Dank. Natur. Familie. Begegnung. Freiraum, von dem Segen ausgeht. Eine Wohltat. Ein Hoffnungstag. Ein Weg zu Gott. Es würde uns sicher guttun, den Ruhetag in unserer Wertepyramide weiter nach oben zu schieben.

Und die zweite Frage, die mich beschäftigt, hat mit der Wertepyramide von Jesus zu tun. Wir haben gesehen, was bei ihm ganz oben steht, nämlich andere im Blick zu haben, Hunger zu stillen, diejenigen wahrzunehmen, die am Rand stehen und zu fragen: Was brauchen sie?

Welchen Wert hat das bei uns? Steht das bei uns ganz oben? Oder in der Mitte? Oder weiter unten?

Es gibt Hunger. Hunger nach Brot, es gibt Hunger nach Zuwendung, Hunger nach Anerkennung. Welchen Wert hat es für uns, Hungernde satt zu machen?

Es gibt Menschen, die stehen am Rand, die werden übersehen und nicht geachtet. Wie wichtig sind uns ihre Last und ihre Bedürfnisse?

Ich spüre deutlich: Jesus hat nicht nur die Werteordnung der Pharisäer infrage gestellt. Er stellt auch meine Werteordnung infrage. Das ist nicht angenehm.

Gleichzeitig bin ich aber überzeugt: Die Werteordnung, die Jesus aufgestellt und gelebt hat, ist die bessere. Sie würde unserer Welt so guttun. Sie würde unsere Welt heilen.

Jesus bringt es auf den Punkt: Ist es erlaubt, am Sabbat Gutes zu tun oder Böses? Das, was Jesus getan hat, das ist das Gute, das, was unsere Welt braucht.

Die Pharisäer damals sahen das allerdings anders. Unser Predigttext hat kein Happy End. Wir lesen ja, wie sie reagierten, nachdem Jesus den Mann vom Rand in die Mitte geholt und von seiner Last befreit hatte: Sie wurden ganz von Sinnen und beredeten sich miteinander, was sie Jesus tun wollten. Wie schön wäre es gewesen, wenn die Pharisäer geklatscht hätten, wenn sie sich gefreut hätten und gerufen hätten: »Das ist der schönste Sabbat seit langem!«

Aber sie sind engstirnig und festgefahren. Sie können es nicht ertragen, wie Jesus denkt und handelt. Dass er eine andere Werteordnung hat als sie, bringt sie völlig aus der Fassung. Hass steigt in ihnen auf, und es dauert nicht mehr lange, bis sie den Entschluss fassen, ihn zu töten.

Auch heute können es manche Menschen nicht ertragen, dass jemand eine andere Meinung vertritt und ihre Werteordnung damit infrage stellt. Sie können es nicht ertragen, dass jemand anders denkt, anders glaubt, anders aussieht, anders liebt. Manche können es nicht ertragen, dass sich jemand für notleidende Menschen einsetzt. Dann reagieren sie mit Gewalt, mit ungehemmtem Hass und Beleidigungen. Sie sind wie von Sinnen. Häufig geschieht das im Internet, aber nicht nur dort.

Ich will mich aber nicht darauf beschränken, die hasserfüllten Pharisäer von heute zu kritisieren. Hilfreicher ist es zu fragen: Wo steckt der Pharisäer in mir? Was hält mich davon ab, die Werteordnung Jesu zu leben, den Nächsten und seine Not zu sehen? Es ist nicht das Sabbatgebot, das mich davon abhält, aber vielleicht sind es andere Vorbehalte, Ausreden, Einwände. Wo bin ich engstirnig und festgefahren und stehe dem Guten im Weg?

Am Anfang der Predigt stand die Frage: Worauf kommt es wirklich an? Was ist das eigentlich Wichtige im Leben? Für Jesus war klar: Für andere da zu sein, das steht ganz oben. Das ist das entscheidende Kriterium. Er ließ sich da auch nicht vom Hass seiner Gegner stoppen. Er ging seinen Weg konsequent weiter.

Was wäre, wenn auch wir diesen Weg konsequent gehen würden? Stellen wir uns vor: Wie würde unsere Welt aussehen, wenn es für alle Menschen der höchste Wert wäre, auf die Bedürfnisse anderer zu achten? Stellen wir uns vor, den Hunger in der Welt zu bekämpfen, wäre das oberste Ziel aller politisch Verantwortlichen – und aller Wahlberechtigten. Forschung und Wirtschaft würden das ganz oben in die Wertepyramide setzen. Wer etwas entscheidet, würde überlegen: Was heißt das für andere? In der Schule gäbe es ein neues Hauptfach: Nächstenliebe. Den Oscar gäbe es für diejenigen, die sich im Ehrenamt für andere engagieren oder für die freundlichste Altenpflegerin. Es gäbe nicht nur eine Fußball-EM, sondern auch eine Wohltätigkeitsmeisterschaft, mit Live-Übertragung natürlich. Und noch wichtiger: Im Alltag wäre der Blick für den anderen selbstverständlich, die Frage »Was brauchst du?«, das freundliche Wort, die hilfreiche Hand.

Wir alle sehnen uns doch nach einer Welt ohne Egoismus und Hartherzigkeit, ohne Gier und Neid. Jesus hat den Weg zu dieser Welt gewiesen mit seiner Werteordnung.

Möge Gott uns den Mut und die Kraft dazu schenken, Jesus konsequent zu folgen.

Ausleger:
Christoph Ifland ist seit vielen Jahren Schulpfarrer am Martin-Luther-Gymnasium in Eisenach.

Berufung/Seligpreisungen/ Weherufe, Lukas 6,12–26

Angela Fuhrmann

Die Berufung der Zwölf auf dem Berg

^{12}Es begab sich aber zu der Zeit, dass er auf einen Berg ging, um zu beten; und er blieb über Nacht im Gebet zu Gott. ^{13}Und als es Tag wurde, rief er seine Jünger und erwählte zwölf von ihnen, die er auch Apostel nannte: ^{14}Simon, den er auch Petrus nannte, und Andreas, seinen Bruder, Jakobus und Johannes; Philippus und Bartholomäus; ^{15}Matthäus und Thomas; Jakobus, den Sohn des Alphäus, und Simon, genannt der Zelot; ^{16}Judas, den Sohn des Jakobus, und Judas Iskariot, der zum Verräter wurde.

Die Feldrede

^{17}Und er ging mit ihnen hinab und trat auf ein ebenes Feld, er und eine große Schar seiner Jünger und eine große Menge des Volkes aus dem ganzen jüdischen Land und Jerusalem und aus dem Küstenland von Tyrus und Sidon, ^{18}die gekommen waren, ihn zu hören und von ihren Krankheiten geheilt zu werden; und die von unreinen Geistern umgetrieben wurden, die wurden gesund. ^{19}Und alles Volk suchte ihn anzurühren; denn es ging Kraft von ihm aus und heilte sie alle.

Die Seligpreisungen

^{20}Und er hob seine Augen auf über seine Jünger und sprach: Selig seid ihr Armen; denn das Reich Gottes ist euer. ^{21}Selig seid ihr, die ihr jetzt hungert; denn ihr sollt satt werden. Selig seid ihr, die ihr jetzt weint; denn ihr werdet lachen. ^{22}Selig seid ihr, wenn euch die Menschen hassen und euch ausstoßen und schmähen und verwerfen euren Namen als böse um des Menschensohnes willen.

^{23}Freut euch an jenem Tage und tanzt; denn siehe, euer Lohn ist groß im Himmel. Denn das Gleiche haben ihre Väter den Propheten getan.

Die Weherufe

[24]Aber dagegen: Weh euch Reichen; denn ihr habt euren Trost schon gehabt. [25]Weh euch, die ihr jetzt satt seid; denn ihr werdet hungern. Weh euch, die ihr jetzt lacht; denn ihr werdet weinen und klagen. [26]Wehe, wenn jedermann gut über euch redet; denn das Gleiche haben ihre Väter den falschen Propheten getan.

Bibelverkostung!

Ich weiß nicht: Wie schmecken Ihnen die Bibelworte aus dem Lukas-Evangelium, Kapitel 6? Krass wechselnde Geschmacksrichtungen für Zunge und Gaumen, oder?

Es beginnt mit einem kulinarischen Höhepunkt, mit sowas wie einer Götterspeise und einem Hauch von Weihnachtsgewürzen, in die sich nach und nach auch irdische Zutaten mischen. Dann sozusagen die Hauptspeise. Die schmeckt bisschen wie Schwarzbrot, aber später kommt ein paradiesischer Aufstrich dazu – hmmm! Und zuletzt gibt's – quasi als Dessert – einen schwer verdaulichen Mix von bitter, sauer und sehr scharf.

Lukas liefert uns mit seiner Darstellung von Jünger-Berufung, Seligpreisungen und Weherufen einen ordentlichen Cocktail!

Wenn es Ihnen jetzt nicht schon den Appetit verdorben hat – legen Sie gern mit mir zusammen die Serviette um. Und bevor wir schauen, was uns da serviert wird, noch ein kleiner Tipp: Lassen Sie uns etwas von der Hauptspeise zurückbehalten auf dem Teller bis zuletzt, ja?

Es begab sich aber zu der Zeit … Wie geht es weiter? Genau: Die Vorspeise schmeckt ein bisschen nach Weihnachten! *Es begab sich aber zu der Zeit …* so beginnt auch diese Heilige Nacht. Allerdings ohne Maria und Josef, ohne Hirten und – zumindest werden sie nicht erwähnt – vielleicht auch ohne Engel? Dafür mit einer Bergwanderung:

Es begab sich aber zu der Zeit, dass Jesus auf einen Berg ging, um zu beten; und er blieb über Nacht im Gebet zu Gott.

Ja, diese Nacht ist heilig: Eng umschlungen Vater und Sohn. Die Konturen von Himmel und Erde verschwimmen. Göttliche Einheit pur. Statt tief und fest zu schlafen, vertieft sich Jesus ins Gebet.

Und als es Tag wurde, rief er seine Jünger und erwählte zwölf von ihnen, die er auch Apostel nannte: Simon, den er auch Petrus nannte, und Andreas, seinen Bruder, Jakobus und Johannes; Philippus und Bartholomäus; Matthäus und Thomas; Jakobus, den Sohn des Alphäus, und Simon, genannt der Zelot; Judas, den Sohn des Jakobus, und Judas Iskariot, der zum Verräter wurde.

Bei Tagesanbruch kommen seine Jünger dazu. Zwölf von ihnen erwählt Jesus. Kein Wort dazu, nach welchen Kriterien. Aber die Namen werden genannt, sie sind persönlich gemeint. Auch Judas – und ich denke, Jesus weiß, was er tut. Er kennt ihn ja persönlich, so wie er ist. Wie Jesus auch die anderen gut kennt: Simon, nach außen stark wie ein Felsen, und innen drin manchmal ängstlich und butterweich. Thomas, der lieber seinen Augen traut als seinem Herzen. Jesus kennt sie alle und erwählt gerade sie. Vielleicht, weil sie uns, mir und dir, so ähnlich sind?

Es gibt keine feierliche Zeremonie und keine schöne Rede – die erwählten (und wohl auch die anderen) Jünger werden mitgenommen runter vom Berg und in die Ebene, dahin, wo die Realitäten aus der Nähe zu sehen sind, ungeschönt. Aufs Feld, wo es nach Erde riecht und nach Arbeit – und das ist nun das Hauptgericht.

Und er ging mit ihnen hinab und trat auf ein ebenes Feld, er und eine große Schar seiner Jünger und eine große Menge des Volkes [...], die gekommen waren, ihn zu hören und von ihren Krankheiten geheilt zu werden; und die von unreinen Geistern umgetrieben wurden, die wurden gesund. Und alles Volk suchte ihn anzurühren; denn es ging Kraft von ihm aus und heilte sie alle.

Jetzt wird nicht unterschieden zwischen Erwählten und allen anderen. Jesus ist mit seiner heilsamen Kraft für alle da, also auch für mich. Wir alle versuchen, ihn anzurühren. Und er rührt uns an – auch mit seinen Worten:

Und er hob seine Augen auf über seine Jünger und sprach: Selig seid ihr Armen; denn das Reich Gottes ist euer. Selig seid ihr, die ihr jetzt hungert; denn ihr sollt satt werden. Selig seid ihr, die ihr jetzt weint; denn ihr werdet lachen. Selig seid ihr, wenn euch die Menschen hassen und euch ausstoßen und schmähen und verwerfen euren Namen als böse um des Menschensohnes willen. Freut euch an jenem Tage und tanzt; denn siehe, euer Lohn ist groß im Himmel. Denn das Gleiche haben ihre Väter den Propheten getan.

Es ist egal, wo du dich einordnen möchtest: Bei den erwählten oder bei den anderen Jünger*innen, bei denen, die sich krank fühlen an Leib oder Seele oder einfach bei denen aus dem Volk, die ihn hören wollen. Jesus hat einen weiten Blick, über seine Erwählten hinaus. Jede und jeder, alle, sind mit seinem »Ihr« angesprochen.

Ich weiß nicht: Wann haben Sie das letzte Mal geweint und worüber? Jesus schenkt den Traurigen unter uns ein Wort für ihr Herz: *»Selig seid ihr, die ihr jetzt weint; denn ihr werdet lachen«, sagt Jesus.*

Schwieriger ist es mit den anderen Herz-Worten. Oder rechnen Sie sich zu den Armen? Ich nicht.

Sind Sie hungrig hierhergekommen? [Ich meine nicht diejenigen, die gerade mit einer Intervall-Fasten-Diät begonnen haben]. Ich jedenfalls habe gut gefrühstückt.

Und das mit der Ausgrenzung und Verfolgung wegen des christlichen Glaubens – andeutungsweise habe ich das vielleicht in DDR-Jahren erlebt, aber eben nur andeutungsweise und das ist lange her.

Dennoch glaube ich, dass diese Herz-Worte auch uns selig machen können. Sodass wir etwas von unserer Erdenschwere verlieren und ein bisschen, ein ganz kleines bisschen über dem Erdboden schweben können.

Mir jedenfalls geht es so, dass es mich schon selig macht, wenn ich höre, dass nicht alles so bleiben wird, dass Gott das Leid dieser Welt eben doch nicht zulässt.

Gott lässt es nicht zu, dass die Armen ewig arm bleiben! Mehr als 110 Millionen Menschen leben derzeit in extremer Armut.

Gott lässt es nicht zu, dass die Hungernden ewig weiter hungern! 2 Milliarden Menschen leiden aktuell an Mangelernährung.

Gott will, dass Weinen in Lachen verwandelt wird!

Und dass Christen nicht mehr wegen ihres Glaubens um ihr Leben fürchten müssen! 340 Millionen Christen sind derzeit weltweit in dieser Situation, dazu kommen viele Angehörige anderer Religionen!

Gott will das alles ändern. Mit unserer Hilfe. Auch darum spricht Jesus uns hier persönlich an, in der Ebene der Realitäten. Dabei ändert er auch mal den Tonfall (und damit wären wir nun beim Dessert):

Weh euch Reichen; denn ihr habt euren Trost schon gehabt. Weh euch, die ihr jetzt satt seid; denn ihr werdet hungern. Weh euch, die ihr jetzt lacht; denn ihr werdet weinen und klagen. Wehe, wenn jedermann gut über euch redet; denn das Gleiche haben ihre Väter den falschen Propheten getan.

Ich weiß nicht, wie es Ihnen geht. Aber mich zieht das runter, ganz tief runter, ins Wehe-Tal. Ach was, Tal – in tiefe Schluchten von Selbsterkenntnis und Verzweiflung – die Drachenschlucht ist nichts dagegen.

Auch weil ich mich reich fühle,
weil ich satt bin und
weil ich gern und oft lache.

Dieses Dessert schmeckt mir nicht und ist für mich schwer verdaulich. Und es hilft mir nicht wirklich, dass diese Worte wahrscheinlich gar nicht von Jesus selbst kommen, sondern von Lukas. Es hilft mir auch nicht, auf andere zu zeigen, die reicher sind und satter.

Diese Worte erinnern mich an meine Defizite. An das, was mir fehlt. Daran, dass mein Glauben allein nicht reicht. Dass Glauben allein niemanden satt macht. Sondern eher hungrig. Hungrig und durstig nach Gerechtigkeit.

Ich sehe, wie Jesus nickt und mir zulächelt, als wollte er sagen: »Ist dieser Hunger nicht der beste Koch?« Dann hält er mir sozusagen den Kochlöffel hin. Ich schlucke. Und überlege: Zutaten wie Glaube, Hoffnung, Liebe habe ich doch eigentlich. Rezepte auch. Was fehlt mir? Irgendwas fehlt mir.

Der Gedanke an das, was zu tun wäre, macht mir Bauchschmerzen. Ich weiß ja längst, wie viel die Not anderer mit unserem Wohlstand, mit unserer Ernährung, mit unseren Einkaufsgewohnheiten zu tun hat. Und auch mit dem, was wir dem Klima antun. Ich weiß es doch längst! Und diese Stimmen machen mich ganz krank, die mir ständig einflüstern wollen: Da kann man nichts machen! Du kannst das auch nicht ändern!

Nein, dieses Dessert schmeckt mir nicht und ist für mich schwer verdaulich.

Doch gerade jetzt fällt mir ein: Gott sei Dank, auf meinem Teller ist ja noch ein Rest vom Hauptgericht!

Also: Zurück zum Feldprediger! Wohin sonst mit allem, was mir fehlt?

Ich versuche, ihn anzurühren. Und bete, dass er mich heilt. Dass er energisch dem widerspricht, was unselige Geister mir dauernd einreden. Dass er mich heilt vom Virus Mutlosigkeit. Ich bete, dass er mir und allen seinen Jünger*innen hilft, für andere ein Segen zu sein, auch für Arme und Hungernde!

Und dann lasse ich mir diese Worte auf der Zunge und im Herzen zergehen: *Und alles Volk sucht ihn anzurühren; denn es geht Kraft von ihm aus und heilt uns. Alle!*

Auslegerin:
Angela Fuhrmann ist Pfarrerin an der Augustinerkirche in Gotha.

Von der Feindesliebe, Lukas 6,27–35

Michael Chalupka

²⁷*Aber ich sage euch, die ihr zuhört: Liebt eure Feinde; tut wohl denen, die euch hassen;* ²⁸*segnet, die euch verfluchen; bittet für die, die euch beleidigen.* ²⁹*Und wer dich auf die eine Backe schlägt, dem biete die andere auch dar; und wer dir den Mantel nimmt, dem verweigere auch den Rock nicht.* ³⁰*Wer dich bittet, dem gib; und wer dir das Deine nimmt, von dem fordere es nicht zurück.* ³¹*Und wie ihr wollt, dass euch die Leute tun sollen, so tut ihnen auch!* ³²*Und wenn ihr liebt, die euch lieben, welchen Dank habt ihr davon? Denn auch die Sünder lieben, die ihnen Liebe erweisen.* ³³*Und wenn ihr euren Wohltätern wohltut, welchen Dank habt ihr davon? Das tun die Sünder auch.* ³⁴*Und wenn ihr denen leiht, von denen ihr etwas zu bekommen hofft, welchen Dank habt ihr davon? Auch Sünder leihen Sündern, damit sie das Gleiche zurückbekommen.* ³⁵*Vielmehr liebt eure Feinde und tut Gutes und leiht, ohne etwas dafür zu erhoffen. So wird euer Lohn groß sein, und ihr werdet Kinder des Höchsten sein; denn er ist gütig gegen die Undankbaren und Bösen.*

Viel Feind, viel Ehr. Martin Luther hatte der Feinde genug *und war manchen durchaus nachdrücklich und öffentlich feind.* Deswegen hatte er anscheinend auch keine so rechte Freude an diesem Bibeltext. Der heutige Predigttext über die Feindesliebe ist wohl eine Köstlichkeit, an der man sich leicht verschlucken kann. Luther setzte der Feindesliebe in seinen Predigten enge Grenzen. Christen sollen anderen Christen freundlich und mit Liebe begegnen. Damit hat es sich dann aber auch – bei den Feinden sieht es anders aus: »wie kann ich den Papst liebhaben, den ich täglich schelte und fluche, und auch billig [d. h. zurecht]? Antwort aufs einfältigste [d. h. einfachste]: Ich habe oft gesagt, dass das Predigtamt nicht unseres, sondern Gottes [Amt] ist; was aber Gottes ist, das tun nicht wir, sondern er selbst durch das Wort und Amt als seine eigene Gabe und Geschenk.«¹

---

¹   MARTIN LUTHER, Wochenpredigten über Matthäus 5-7 (1530/32), in: WA 32, 299-555, hier: 398,24-28.

Das Schimpfen und Anfeinden gehören sich für Luther, wenn sie im Rahmen des Predigtamtes geschehen. Da ist es sogar schlecht, wenn man leisetritt: Hier will die Feindschaft gepflegt werden. Aber außerhalb des Predigtamtes gehören sich Schimpfen und Strafen für Christen nicht.[2]

Luther meinte also: Christen sollen ihre Nächsten, sofern es deren Person betrifft, lieben und ehren. Aber wo es um Gottes Wort geht, muss alles andere weniger gelten; das Wort Gottes aus Rücksicht auf eine Nächste zu übertreten, ist falsch. Wenn die andere Person gegen Gottes Willen handelt, sei ein gutes Gebet sogar: »Dass Dich Gott zuschmettere in die Erden!«[3] – Luthers Begründung: »Denn es heißet: Deinen Feind sollst Du lieben und Gutes tun, aber Gottes Feinden muss ich auch feind sein, dass ich nicht gemeinsam mit ihnen gegen Gott anlaufe.«[4]

Ganz anders aber predigte ein anderer Martin Luther: Für Martin Luther King Jr., den baptistischen Pfarrer und Anführer der schwarzen Bürgerrechtsbewegung der 1960er Jahre, war die Feindesliebe kein utopischer Traum, sondern »eine absolute Notwendigkeit für das Überleben unserer Zivilisation« und »der Schlüssel zum Lösen des Problems der Welt«.[5] Denn Hass mit Hass zu erwidern, zerstöre alle Beteiligten und deren Persönlichkeit. Liebe dagegen trägt eine erlösende Kraft in sich. »Hass mit Hass zu vergelten wird nur den Hass vergrößern und eine bereits sternenlose Nacht in noch tiefere Finsternis tauchen. Finsternis kann Finsternis nicht vertreiben: Das vermag nur das Licht. Hass kann Hass nicht beenden: Das kann nur die Liebe.«[6] Kein anderes Gebot Jesu ist wohl so schwer zu befolgen wie der Befehl: »Liebet eure Feinde!«, meinte Martin Luther King weiter. »Manche Menschen halten es für unausführbar. […] wie aber kann man den lieben, der einem offen oder insgeheim schadet?«[7] – »Trotz dieser immer wiederkehrenden Fragen und Einwände gilt

---

[2]   WA 32,399,11–15.

[3]   WA 32,400,16.

[4]   WA 32,400,21–23.

[5]   »Instead of being the pious injunction of a utopian dreamer, this command is an absolute necessity for the survival of our civilization. Love is the key to the solution of the world's problem, yes even love for enemies.« aus Martin Luther King, Jr.: Loving your enemies, August 1952 (handschriftliche Notiz zu einer dann öfter gehaltenen Predigt); online: https://kinginstitute.stanford.edu/king-papers/documents/loving-your-enemies (abgerufen 2.11.2021).

[6]   Returning hate for hate multiplies hate, adding deeper darkness to a night already devoid of stars. Darkness cannot drive out darkness; only light can do that. Hate cannot drive out hate, only love can do that.«, Martin Luther King, Jr., Strength to Love, Minneapolis 2010 (1. A. 1963), 47.

[7]   »And over the centuries, many persons have argued that this is an extremely difficult command. Many would go so far as to say that it just isn't possible to move out into the actual practice of this glorious command.«, Martin Luther King, Jr.: Loving your

dieser Befehl Christi heute mit besonderer Dringlichkeit. Immer neue Umwälzungen zeigen, dass der Mensch sich auf einer Straße des Hasses befindet. […] Die Liebe auch zu unseren Feinden ist der Schlüssel, mit dem sich die Probleme der Welt lösen lassen. Jesus ist kein weltfremder Idealist, sondern ein praktischer Realist.«[8]

Die beiden Martins haben jeweils in ihre Zeit hineingesprochen. Wenn wir, liebe Gemeinde, den Text verstehen wollen, dann dürfen wir Gewaltverzicht und Feindesliebe nicht als eine ethische Lehre verstehen, die allgemein und überzeitlich gilt. Wir müssen die Aufforderung zum Gewaltverzicht in ihrer historischen Situation verstehen. Wir müssen nach der konkreten sozialen Realität fragen, in der heute die Feindesliebe praktiziert werden soll. Schauen wir uns das Evangelium also genauer an.

Jesus sagt: »Wehrt euch nicht gegen Menschen, die euch etwas Böses antun!«

Diese Aufforderung wurde und wird gerne missverstanden – nämlich so, dass man alles hinnehmen soll. Das ist aber nicht gemeint. Gemeint ist nicht, dass man das Böse hinnehmen soll. Gemeint ist, dass man sich gegen das Böse nicht mit den Mitteln des Bösen wehren soll. – Ganz so, wie Paulus im Brief an die Römer sagt: *»Lass dich nicht vom Bösen besiegen, sondern überwinde das Böse durch das Gute.«* (Röm 12, 21)

Das Gute fordert uns auf: Durchbrecht den Kreislauf der Gewalt! Setzt das Gesetz der Gewalt außer Kraft! Ja. Gut. Aber: Wie? Das zeigt *der lukanische* Jesus mit drei Beispielen, die dem damaligen Alltag entnommen sind:

»[W]er dich auf die eine Backe schlägt, dem biete die andere auch dar« (Lk 6, 29a). Jemanden mit dem Rücken der rechten Hand auf die rechte Backe zu schlagen, das war die Geste für Demütigung z. B. eines Sklaven durch den Herrn. Die solchermaßen Gedemütigten fordert Jesus dazu auf, auch noch ihre linke Wange hinzuhalten.

»Wer dir den Mantel nimmt, dem verweigere auch den Rock nicht« (Lk 6, 29b). Im Hintergrund dieser Aufforderung steht das Thema Verschuldung. Nach der Thora konnte die Kleidung von Verschuldeten gepfändet werden, nicht aber der Mantel (Ex. 22, 24–26; Dtn. 24, 11–13). Den brauchten die verschuldeten Obdachlosen, um sich zudecken zu können, wenn sie im Freien übernachteten. Die *römische Obrigkeit* hielt sich nicht unbedingt an diese Vorschrift jüdischen Rechts. *Die Obdachlosen, die ihren Mantel verpfänden müssen und – wenn sie Glück haben und ihre Schuldner sich an die Thora halten – den Mantel nur über*

---

enemies. Sermon Delivered at Dexter Avenue Baptist Church, 17 November 1957; online: https://kinginstitute.stanford.edu/king-papers/documents/loving-your-enemiessermon-delivered-dexter-avenue-baptist-church (abgerufen 2.11.2021).

[8]   »But far from being an impractical idealist, Jesus has become the practical realist.« Martin Luther King, Jr., Loving your enemies (17. November 1957), s. o. Anm. 7.

Nacht quasi »geborgt« zurückerhalten, fordert Jesus dazu auf, auch noch ihr Gewand aufzugeben, sich also praktisch ganz zu entblößen.

»Wer dich bittet, dem gib; und wer dir das Deine nimmt, von dem fordere es nicht zurück.« (Lk 6, 30). Zum Gesetz der Gewalt gehörte damals ganz konkret Demütigung, soziale Verelendung durch Schulden und Zwangsarbeit durch den Staat. Diejenigen, die diese Gewalt erleiden, sollen sie nicht hinnehmen. *Diejenigen, die »am längeren Ast sitzen«, die etwas haben, um das sie gebeten werden, sollen ihre Macht nicht zur Verweigerung des Erbetenen ausnützen. Beide Seiten* sollen das Gesetz der Gewalt durchbrechen – durch paradoxe Interventionen.

Darum geht es auch, wenn Jesus im Folgenden das Gebot der Nächstenliebe radikalisiert und ausdehnt auch auf die Feinde. Die Hörer des Evangeliums sollen ihre Feinde lieben. Sie sollen vollkommen werden wie Gott, indem sie Gott nachahmen: Wie Gott mir, so ich dir!

Die Haltung, Gott nachzuahmen, war durchaus verbreitet in der Antike. Ebenso die Haltung, Feinden gegenüber barmherzig zu sein. Das war eine königliche Haltung: Der siegreiche König schont die besiegten Feinde. Das Neue bei Jesus: Er mutet die Nachahmung Gottes und die Barmherzigkeit gegen den Feind nun auch den Schwachen und Unterlegenen zu.

Auch hier geht es wieder nicht um passives Hinnehmen. Die Feindesliebe ist widerständig. Sie hat ein Ziel: das Böse durch das Gute zu überwinden. Der Feind *und die Feindin* sollen nicht akzeptiert werden, *wie sie sich zeigen, wie sie »sind«. Sie sollen* zur Veränderung bewegt werden, zum Guten, zur Überwindung der Feindschaft.

Kann das gehen? Ja, kann es. Wie kann das gehen?

Nun wäre es an der Zeit, die Predigt zu unterbrechen. Denn Sie könnten mir wohl mehr Geschichten aus der jüngeren Vergangenheit erzählen, bei denen der eine oder die andere auch noch die linke Backe hingehalten hat, als ihm *oder ihr* auf die rechte geschlagen wurde. Viele von Ihnen haben die Zeiten des gewaltfreien Widerstands gegen das SED-Regime noch erlebt, haben selbst erlebt, als sich hier in der Georgenkirche am 23. Oktober 1989 4000 Menschen (wie die Stasi gezählt haben will) *zum Friedensgebet* versammelt haben.[9] Sie kennen diese Geschichten, die Ihre Geschichte ausmachen, besser als ich.

Stellvertretend dafür möchte ich Ihnen die Geschichte von Brigitta Wallner erzählen, die zur erzählten Geschichte der Evangelischen Kirche in Österreich

---

[9]   Eine Schilderung der Ereignisse findet sich hier: https://www.eisenach.de/startseite/newsdetails/historisches-kalenderblatt-1989-2009-teil-5-23-oktober-das-erste-friedensgebet (abgerufen 2. 11. 2021).

gehört.[10] Brigitta Wallner war eine einfache Bauerntochter aus der Gosau, einem Hochtal im Salzkammergut. Sie wuchs nach der Gegenreformation in der Zeit des Geheimprotestantismus in Österreich auf. Die Evangelischen konnten nur geheime Gottesdienste und Andachten halten, meist auf einsamen Almhütten oder in Felshöhlen. Im Winter versammelte man sich in einem entlegenen Bauernhof zu Andacht und Gebet. Brigitta Wallner war verheiratet und hatte sechs Kinder. Obwohl es damals für ihren Stand nicht üblich war, lernte Brigitta Lesen und Schreiben, konnte also die Bibel lesen. Zusätzliches Geld verdiente sie sich durch Botengänge, die sie bis nach Nürnberg führten. Die dort gedruckten Lutherschriften und deutschsprachigen Bibeln schmuggelte sie dann in die Gosau. Mehrfach wurde sie dabei erwischt und auch bestraft. Nach Erlass des Toleranzpatents 1781 durch Josef II. hielten viele Geheimprotestanten die neue Linie für eine Falle, um sie zu überführen und blieben weiter im Untergrund. Gestandene Bauern und Holzknechte blieben stumm, als der Gesandte des Kaisers fragte: »Wer ist hier evangelisch?« Einzig Brigitta Wallner bekannte sich mit den Worten »Von mir weiß eh jeder, dass ich eine Lutherische bin. Dreimal bin ich schon wegen meinem Glauben eingesperrt worden, müsst's mich halt ein viertes Mal einsperren!« Auf dieses Bekenntnis hin unterschrieben weitere rund 1000 Menschen, dass sie protestantisch sind, und gründeten die evangelische Gemeinde in Gosau.[11] Brigitta Wallner hielt denen, die man bisher nur als Feinde kannte, mutig die andere Backe hin –und ermutigte so andere, es ihr nachzutun und dem Friedensangebot der bisher als feindlich eingestuften Obrigkeit Vertrauen zu schenken. Sie handelte unvernünftig und unrealistisch, aber einzig richtig.

Und heute?

Zum Gesetz der Gewalt heute und hier gehören: Neid und Stigmatisierung, Gleichgültigkeit und Überlegenheitsgefühle, Lügen in Form von Fake-News, Hass. *Diese Begriffe verweisen vielleicht auf den ersten Blick eher auf die »große Politik«, die oft abgehoben und weit weg scheint von unserem eigenen Leben. Aber diese Gefühle und Verhaltensweisen sind auch Teil von unser aller Alltag.* Dinge, die auf den ersten Blick »klein« anmuten, harmlos, weil nur symbolisch, »nur Worte«– aber Worte sind nicht harmlos, sie entfalten große und materiell-reale Wirkung, die tödlich sein kann. Die Grenze zwischen verbalen Hass-Tiraden und physischer Gewalt ist hauchdünn.

---

[10]   Leopold Temmel, Evangelisch in Oberösterreich. Werdegang und Bestand der Evangelischen Kirche, Linz 1982, 151f. Auch auf der Website der Evangelischen Pfarrgemeinde A.B. Gosau wird die Geschichte stolz erzählt: https://www.evangosau.at/informationen-kontakt/geschichte-der-pfarrgemeinde/ (abgerufen 2.11.2021).
[11]   Temmel gibt die Zahl mit 1086 Personen an (Tremmel, 152).

Was also können wir tun gegen das Gift des Hasses?

Den Feind zu lieben, heißt nicht, sich *ihm* widerstandslos auszuliefern und will-
fährig zu sein. Feindesliebe heißt nicht sich durch die, die einem Böses wollen,
die Regeln aufzwingen zu lassen. Es heißt vielmehr, ihnen gerade nicht die
Macht zu überlassen, sondern – *in paradoxer Intervention* – nach den Regeln
des Evangeliums zu leben: Nicht Böses mit Bösem zu vergelten, sondern Böses
durch Gutes zu überwinden.

Feindesliebe heißt, sich durch das feindselige Verhalten anderer nicht die
eigene Würde nehmen zu lassen oder, wie es der damalige Jugendpfarrer Christ-
hard Wagner am 23.Okotber 1989 beim Friedengebet in der Georgenkirche ausgedrückt hat: Nicht passiv zu warten, dass sich etwas ändert, sondern dort anzufangen, »wo Veränderung am schnellsten möglich ist«. –Also bei sich selbst:
»Die Menschen ändern sich selbst, sie gewinnen ihre Sprache und Würde zurück und staunen, wie daraus etwas Hoffnungsvolles wächst.«[12]

Ausleger:
Michael Chalupka ist seit 2019 der Bischof des Evangelischen Kirche Augsbur-
gischen Bekenntnisses in Österreich.

---

[12]   Zitiert nach: https://www.eisenach.de/startseite/newsdetails/historisches-kalender-
blatt-1989-2009-teil-5-23-oktober-das-erste-friedensgebet (abgerufen 2.11.2021).

Vom Umgang mit dem Nächsten, Lukas 6,36–49

Johann-Friedrich Krüger

³⁶*Seid barmherzig, wie auch euer Vater barmherzig ist.*

³⁷*Und richtet nicht, so werdet ihr auch nicht gerichtet. Verdammt nicht, so werdet ihr nicht verdammt. Vergebt, so wird euch vergeben.* ³⁸*Gebt, so wird euch gegeben. Ein volles, gedrücktes, gerütteltes und überfließendes Maß wird man in euren Schoß geben; denn eben mit dem Maß, mit dem ihr messt, wird man euch zumessen.* ³⁹*Er sagte ihnen aber auch ein Gleichnis: Kann denn ein Blinder einem Blinden den Weg weisen? Werden sie nicht alle beide in die Grube fallen?*

⁴⁰*Ein Jünger steht nicht über dem Meister; wer aber alles gelernt hat, der ist wie sein Meister.* ⁴¹*Was siehst du den Splitter in deines Bruders Auge, aber den Balken im eigenen Auge nimmst du nicht wahr?* ⁴²*Wie kannst du sagen zu deinem Bruder: Halt still, Bruder, ich will dir den Splitter aus deinem Auge ziehen, und du siehst selbst nicht den Balken in deinem Auge? Du Heuchler, zieh zuerst den Balken aus deinem Auge, danach kannst du sehen und den Splitter aus deines Bruders Auge ziehen.*

Vom Baum und seinen Früchten

⁴³*Denn es gibt keinen guten Baum, der faule Frucht trägt, noch einen faulen Baum, der gute Frucht trägt.* ⁴⁴*Ein jeder Baum wird an seiner eigenen Frucht erkannt. Denn man pflückt nicht Feigen von den Dornen, auch liest man nicht Trauben von den Hecken.* ⁴⁵*Ein guter Mensch bringt Gutes hervor aus dem guten Schatz seines Herzens; und ein böser bringt Böses hervor aus dem bösen. Denn wes das Herz voll ist, des geht der Mund über.* ⁴⁶*Was nennt ihr mich aber Herr, Herr, und tut nicht, was ich euch sage?*

Vom Hausbau

⁴⁷*Wer zu mir kommt und hört meine Rede und tut sie – ich will euch zeigen, wem er gleicht.* ⁴⁸*Er gleicht einem Menschen, der ein Haus baute und grub tief und legte den Grund auf Fels. Als aber eine Wasserflut kam, da riss der Fluss an dem*

Haus und konnte es nicht erschüttern; denn es war gut gebaut. ⁴⁹Wer aber hört und nicht tut, der gleicht einem Menschen, der ein Haus baute auf die Erde, ohne Grund zu legen; und der Fluss riss an ihm, und es fiel gleich zusammen, und der Einsturz dieses Hauses war gewaltig.

Ich fahre gern mit dem Zug. Und dann natürlich am Fenster und möglichst vorwärts. Ich möchte sehen, was kommt, was vor mir liegt. Seit kurzem hat sich da etwas geändert. Ich fahre möglichst rückwärts. Ich will sehen, was war. Ein Perspektivwechsel also. Vielleicht auch meinem Alter entsprechend.

Eigenartig: Da fährt der Zug mit einer Geschwindigkeit von 200 Stundenkilometern, er rast förmlich dahin – und vor mir breitet sich in aller Ruhe und Ausführlichkeit die Landschaft aus. Bäume, Berge, Dörfer, Felder … und ohne es ausdrücklich zu wollen, fallen mir Begebenheiten und Bilder aus meiner Vergangenheit ein.

Ich sitze als Kind zu Hause im Wohnzimmer, meine große Schwester kommt ganz aufgeregt und erzählt: »Eben habe ich eine Prozession gesehen. Vorn ging ein Pfarrer im Talar. Er hatte einen kleinen Galgen in der Hand: An dem hing eine Puppe mit einem Schild. Auf dem Schild stand: ›Jude‹«. Ich höre meinen Vater: »Hol' ihn der Teufel!« – und damit war offensichtlich nicht der Jude gemeint. Bei diesem Blick zurück sehe ich also nicht nur Bilder, ich höre auch Worte. Sie haben mich bis heute begleitet. Manchmal beunruhigen sie mich auch.

Ich war wohl 16 Jahre alt. Ich hörte den Vortrag eines Mannes, den ich hoch verehrte. Bis zum Schluss des 3. Reiches hatte er im Konzentrationslager gesessen. Es war Martin Niemöller. Und da sagte er einen Satz, den ich bis heute nicht vergessen habe. Ein Satz, der mich zum Widerspruch reizte, der alles auf den Kopf stellte, was ich bisher für richtig hielt. So habe ich diesen Satz in Erinnerung: »Wenn Gott mit meiner Sünde fertig wird, dann wird er auch mit Hitlers und Stalins Sünde fertig.« Hätte er gesagt: »Wenn Gott mit Hitlers und Stalins Sünde fertig wird, wird er auch mit meiner Sünde fertig«, dann hätte ich diesen Satz wahrscheinlich schon längst vergessen. Im Blick auf solch »große Sünder« kommt man dann ja vergleichsweise immer ganz gut weg.

Jesus sprach: »Werdet barmherzig, wie auch euer Vater barmherzig ist. Und richtet nicht, so werdet ihr auch nicht gerichtet. Verdammt nicht, so werdet ihr auch nicht verdammt. Vergebt, so wird euch vergeben.«

Und er erinnert uns daran, dass wir uns erst einmal um den Balken im eigenen Auge kümmern sollten und nicht um den Splitter im Auge unseres Mitmenschen. Und als eine Ehebrecherin gesteinigt werden sollte, sagt Jesus (so überliefert es uns das Johannes-Evangelium): *»Wer ohne Sünde ist, der werfe den ersten Stein.«*

Hier handelt es sich also um einen ganz zentralen Gedanken in der Verkündigung Jesu.

Und wenn mein Vater damals rief:»Hol ihn der Teufel!«, so war das als Ausdruck der Empörung verständlich – und wenn Martin Niemöller mir diesen Widerhaken in die Seele gelegt hat, dann heißt das: Am Ende stehe ich vor Gott und kann mich nicht durch Sündenvergleiche selbst rechtfertigen.

Zwischen diesen beiden Sätzen kann ich mir's nicht bequem machen, zwischen diesen beiden Sätzen lebe ich. Das ist alles andere als gemütlich. Das kann ich nicht auflösen, das stelle ich Gott anheim.

Ich blicke aus dem Fenster, die ruhige schöne Landschaft, die beunruhigenden Fragen … und ich sehe eine Frau vor mir, eine Verwandte. Sie sagt zu mir:»Das, was mir meine Schwester angetan hat, das kann ich nicht verzeihen. Meinetwegen vergibt ihr Gott, ich kann das nicht. Und ich will es auch nicht!« Sie erzählt zum wiederholten Male, wie sie enttäuscht wurde. Da gibt es keine Heilung der Wunde. Sie schafft sich selbst schlaflose Nächte. All das, was hier in unserem Bibeltext über Balken im eigenen Auge und Splitter im Auge des anderen gesagt wird, stimmt hier nicht. Ich habe gelernt, dass man solche Bibelworte nicht gesetzlich-moralisch anwenden kann und darf. Die Lebenssituation dieser Frau kommt in diesem Predigttext überhaupt nicht vor. Und ich kann ihr weder mit dem»Niemöller-Satz« noch mit dem»Wer ohne Sünde ist, werfe den ersten Stein« helfen. Sie ist verwundet. Würde sie jetzt»pflichtgemäß« verzeihen, wäre das nicht ehrlich. Da würde sie rein äußerlich»christlich« reagieren, aber sie würde mit ihrem Gefühl niemals hinterherkommen. Und sie würde die, die ihr das alles angetan hat, vielleicht nur noch bestärken. Wir müssen damit leben, dass manches offen und ohne Happy End bleibt.

Und noch einmal, nun für heute zum letzten Mal, blicke ich aus dem Fenster – genaugenommen: Ich blicke in ein Buch, dem ich folgende Begebenheit entnommen habe. Ich habe in den letzten Tagen vergeblich nach diesem Buch gesucht, meine Wiedergabe ist jetzt also in Einzelheiten ungenau.

Sie kam als Kind in ein Konzentrationslager. Sie erlebte all das Schreckliche, was dort geschah – auch durch den Kommandanten des Lagers. Wie durch ein Wunder kam sie mit dem Leben davon. Sie erlebte die Befreiung. In Wirklichkeit aber war sie nicht befreit. Sie war gefesselt durch Hass und den Wunsch nach Vergeltung. Ich verstehe sie. Sie hat ein Recht darauf. Im Prozess muss sie auch gegen den Kommandanten aussagen. Nach meiner Erinnerung ist sie im Verlaufe dieses Prozesses auch einmal mit ihm allein. Er stürzt, sie hilft ihm beim Wiederaufstehen – sie vergibt ihm. Das hört sich jetzt so einfach an. Ich kann auch nur die Außenseite zeigen. Für den Mann ein unverdientes Geschenk – für die Frau die wirkliche Befreiung. Die Befreiung aus der Knechtschaft im Lager und aus der Knechtschaft der Wut und der Rache. Jetzt ist sie erst wirklich dem Lager entkommen. Beide werden nun zusammen über die Verbrechen, die geschehen sind, erzählen.

Liebe Gemeinde, Vergebenkönnen ist keine fromme Leistung. Nichts, um sich selbst auf die Schulter zu klopfen: »Bist brav gewesen!« Vergebenkönnen ist Befreiung, ist das eigentliche Geschenk Gottes in unserem Leben.

Deswegen haben wir vor dieser Predigt miteinander gesungen: »Hilf mir und segne meinen Geist mit Segen, der vom Himmel fleußt, dass ich dir stetig blühe. Gib, dass der Sommer deiner Gnad in meiner Seele früh und spat viel Glaubensfrüchte ziehe.«

Ausleger:
Johann-Friedrich Krüger war Rektor der Diakonenausbildung im Johannes-Falk-Haus in Eisenach und bis 1998 Oberkirchenrat im Landeskirchenrat der Evangelisch-Lutherischen Kirche in Thüringen.

Der Hauptmann von Kapernaum, Lukas 7,1–10

Gabriele Phieler

¹*Nachdem Jesus seine Rede vor dem Volk vollendet hatte, ging er nach Kapernaum.* ²*Ein Hauptmann aber hatte einen Knecht, der ihm lieb und wert war; der lag todkrank.* ³*Da er aber von Jesus hörte, sandte er Älteste der Juden zu ihm und bat ihn, zu kommen und seinen Knecht gesund zu machen.* ⁴*Als sie aber zu Jesus kamen, baten sie ihn inständig und sprachen: Er ist es wert, dass du ihm dies erfüllst;* ⁵*denn er hat unser Volk lieb, und die Synagoge hat er uns erbaut.* ⁶*Da ging Jesus mit ihnen. Als er aber nicht mehr fern von dem Haus war, sandte der Hauptmann Freunde zu ihm und ließ ihm sagen: Ach, Herr, bemühe dich nicht; ich bin nicht wert, dass du unter mein Dach gehst;* ⁷*darum habe ich auch mich selbst nicht für würdig geachtet, zu dir zu kommen; sondern sprich ein Wort, so wird mein Knecht gesund.* ⁸*Denn auch ich bin ein Mensch, der einer Obrigkeit untersteht, und habe Soldaten unter mir; und wenn ich zu einem sage: Geh hin!, so geht er hin; und zu einem andern: Komm her!, so kommt er; und zu meinem Knecht: Tu das!, so tut er's.* ⁹*Da Jesus das hörte, wunderte er sich über ihn und wandte sich um und sprach zu dem Volk, das ihm nachfolgte: Ich sage euch: Solchen Glauben habe ich auch in Israel nicht gefunden.* ¹⁰*Und als die Boten wieder nach Hause kamen, fanden sie den Knecht gesund.*

»Sprich nur ein Wort!«

Ist Ihnen dieser Satz noch im Ohr?! Hören Sie da auch etwas von der Sehnsucht heraus nach so einem persönlichen, einem hilfreichen oder befreienden Wort. Und kennen wir diese Sehnsucht nicht auch selber – aus vergangen Zeiten oder jetzt gerade ganz aktuell? Ein Wort? Hätten Sie geahnt, dass z. B. das Wort »negativ« so ein befreiendes Signal sein kann, weil es sich positiv auswirkt? Oder kennen Sie diese bange Frage bei einer bedrohlichen Diagnose – und dann das entlastende Wort?! Oder auch so ein kleines Wort: »Ich bin bei dir!«, wodurch der ganze Tag anders aussieht!

Sprich nur ein Wort! So ein Wort betrifft den ganzen Menschen. Es richtet sich nicht nur an den Verstand, sondern an das Herz! So ein Wort ist persönlich und direkt. »Sprich nur ein Wort, dann wird mein Knecht gesund!«, sagt der römische Hauptmann zu Jesus. Lassen Sie uns diesem Wort nachspüren und es »verkosten«.

Da ist ein römischer Offizier in äußerster Sorge um seinen kranken Burschen, der sterben muss, wenn ihm nicht geholfen wird. Dieser Offizier hat von Jesus gehört und lässt zu ihm schicken. Und da haben wir schon ein paar geschmackliche Extras: Es sind nämlich die jüdischen Ältesten aus Kapernaum. Sie lassen sich vom Hauptmann »schicken«, um Jesus um Hilfe zu bitten. Ja, und diese berichten voll des Lobes, wie verbunden der Hauptmann mit der jüdischen Gemeinde ist, unbedingt ist er der Zuwendung Jesu wert. Er hat als Nichtjude sogar den Bau ihrer Synagoge unterstützt. Jesus muss kommen und dem Knecht helfen!

Und tatsächlich macht sich Jesus gleich mit ihnen auf den Weg. Und dann wird es nochmal etwas »würziger« ... Jesus ist schon auf dem Weg ins Haus des Hauptmanns, da schickt ihm dieser eine weitere Delegation entgegen, diesmal Freunde, die ihn aufhalten sollen: Jesus muss nicht extra in sein Haus kommen, das ist er, der Hauptmann, nämlich gar nicht wert. Die Mühe muss er sich gar nicht machen. Dahinter steht die Vorstellung, dass sich ein Jude im Haus eines Ausländers verunreinigen würde. Das will der Hauptmann Jesus ersparen. Doch die logische Folge davon wäre ja nun, dass der Hauptmann selber Jesus auf dem Weg persönlich treffen könnte. Aber das wehrt er auch gleich ab, indem er sagt, auch dieser Ehre einer solchen persönlichen Begegnung ist er nicht wert.

Ja, was ist das für ein seltsames Hin und Her von *wert* und *nicht wert*? Was hat das für einen merkwürdigen Geschmack? Was bedeutet es denn, dass der Hauptmann eine persönliche Begegnung mit Jesus ablehnt?

Ich schlage mal vor, wir nehmen hier zur besseren Verdauung (oder zum tieferen Verständnis ...) einen Schluck Wein aus Kapitel 10 und 11 der Apostelgeschichte. Sie ist auch von Lukas verfasst, dort gibt es eine ähnliche Geschichte mit einem römischen Hauptmann mit Namen Kornelius. Und diese ausführliche Erzählung hat ein ganz wichtiges Ergebnis. Sie erzählt nämlich von der entscheidenden Veränderung innerhalb der jungen Christenheit nach Ostern: zum einen ist die trennende Schranke von rein und unrein aufgehoben! Zum anderen ist nach Ostern auch die Zeit dieser realen, leiblichen Begegnung mit Jesus von Nazareth vorbei. Die Begegnung geschieht jetzt durch den Glauben an Jesu Gegenwart in seinem Wort. Jesus, der Auferstandene, ist da – aber in seinem Wort, nicht mehr in einem leiblichen Kontakt. Merken Sie die Brücke, die da zu unserem Text entsteht? Offenbar gibt Lukas dem Hauptmann irgendwie diese Erfahrung schon mit, das schmecke ich hier heraus!

Ob Sie dieser Schluck Wein etwas mehr in die Tiefe dieser Geschichte führen konnte? Ich denke, sie bringt damit auch eine Verbindung mit zu uns – hinein in unsere Zeit. Sie bezieht uns ein, auch uns in Eisenach, die wir auch erst nach Jesu Tod und Auferstehung zum Christentum gekommen sind. Für uns gibt es ebenfalls die persönliche Beziehung zu Jesus im Glauben – in seinem Wort. Das ist wichtig, festzuhalten. Manch einer sagt ja auch heute noch: »Ja, wenn ich Jesus damals echt begegnet wäre, könnte ich auch glauben.« Verständlich, aber das führt nicht weiter. Was führt denn dann weiter?

Unsere Glaubensgeschichte! Sie geht weiter bis zu ihrem Höhepunkt – dem Staunen Jesu über den Glauben dieses Fremden. Und wir merken: Es ist wirklich der Glaube, der hier im Zentrum der Geschichte steht, nicht das Heilungswunder. Das passiert fast nebenbei.

Jesus sagt: »Solchen Glauben habe ich in ganz Israel nicht gefunden.« Was meint er? Jesus ist erstaunt darüber, wie ihm der Hauptmann erklärt, dass er nicht persönlich kommen muss! Und ich muss gestehen – das hat mich auch sehr erstaunt. Wie begründet er denn das?

Der heidnische Hauptmann gebraucht dafür ein Bild aus seinem Militärbereich: mit der klaren Befehlsgewalt von oben nach unten, einer straffen Struktur von Unter- und Überordnung und einem bedingungslosen Befehlsgehorsam: Was ich sage, wird gemacht! – Und dieses Wissen bezieht er 1:1 auf Jesus!

Geht das? Schmeckt denn das? oder ist das doch eher ungenießbar? Mich hat es regelrecht aufgebracht! Das kann man von Jesus wirklich nicht sagen, dass er sich mit der römischen Gewalt- und Militärmacht vergleichen lässt?! Aber, was ist es dann? Und die Antwort? *Es ist ein Glaube, ein Glaube, der Gottes Gegenwart in die eigene Alltagswelt übersetzt.* Mit seinem Vergleich zeigt der Hauptmann, wie er seinen Alltag, sein Leben durchscheinend, transparent für Gottes Welt und Kraft erkennt. Und diese Alltagserfahrung öffnet ihm eine Tür zum Glauben: »Sprich nur ein Wort, dann wird mein Knecht gesund«. Und *Jesus sagt: Ja, wie du deine Alltagswelt mit Gott verbindest, so ist es! Du glaubst mehr als andere.*

Ich finde das großartig. Echt Jesus! Und mir schmeckt das wunderbar, darum möchte ich Sie überzeugen, das auch mal zu kosten. Jesus selber hat ja immer wieder solche Beispiele benutzt, wo die Alltagswelt zum Zugang für das Reich Gottes – oder zum Glauben – wird. Da sind z. B. die Bilder vom Sämann, vom Perlenkaufmann, vom Weingärtner, den Lilien auf dem Feld. Es sind nur Bilder, Vergleiche, die auf das verweisen, was als Geheimnis darin verborgen ist: Gottes schöpferische Kräfte, die in unserer Welt wirken, die heilen, versöhnen, stärken, lebendig machen und Schranken überwinden. Die Begegnung mit Jesus öffnet uns dazu die Augen. Aber sie öffnet nicht nur die Augen, sondern im Glauben will ER, der Herr, selber in dieser Welt wirken. Er selbst spricht hinein in deinen Alltag: Du bist gemeint, du bist mir wichtig, ich helfe dir weiter. Das ist Wunder und Freude.

Ja, unser Alltag!? Was glauben Sie von Gottes Wirken in Ihrem Alltag: als Mutter, Rentner, Kassiererin, Lehrer, KiTa-Leiterin, Ärztin, Arbeiter, … wir dürfen, ja müssen unseren Glauben an Jesus Christus dafür in Anspruch nehmen. Es ist doch nicht so, dass unsere Welt vom Glauben nichts hält, es wird an

vieles geglaubt: an ständiges Wachstum, an Geld, Einfluss, Verschwörungstheo-
rien und Weltuntergang, keltische Götter, Horoskope u. v. m. Wir glauben an
Christus, mit dem wir in unserem Leben seine Heilungs-Kräfte erleben, spüren,
erwarten können. Wahrscheinlich nicht immer in einer erfüllten Bitte um Gesundheit, aber in Mut, Liebe, Verantwortung, Achtsamkeit, in der Hilfe für einen
Schwächeren?! So, wie der Hauptmann die Hilfe für seinen Knecht erlebt.

Und darum komme ich nochmal auf die Haltung des Hauptmanns zurück,
der sich vor Jesus demütigt. Es ist keine Unterwürfigkeit, es ist anders: Er will
sich mit seinem Ego nicht in den Vordergrund spielen und damit Gottes Wirken
behindern.

Schaden verursachen wir schon viel zu viel in unserer Welt, das wissen
wir. Dann könnte Demut so klingen: Herr, wirke DU! Lass mich dir nicht im
Wege stehen, wenn ich mich deinen Kräften anvertraue!

Und noch einmal zum Schluss: »Sprich nur ein Wort!« Was hat denn Jesus
gesprochen? Können Sie sich erinnern? Nein, nicht? Ich auch nicht! Es gibt
kein Wort! Es gab diese persönliche Begegnung ohne direkten Kontakt, aber
es gibt hier kein Wort der Heilung oder so! Die Geschichte lässt das offen.
(Ganz anders als in allen anderen Heilungsgeschichten) Und ich finde das gut!
Genau so.

Wir sollen selber auf das Wort achten, das wir in unserem Alltag hören.
Stellen wir uns ein auf Gottes Anwesenheit in unserem Alltag, hören wir in der
Begegnung Jesu sein Wort im eigenen Herzen. Er will uns wirklich persönlich
begegnen, herausfordern, helfen, befreien.

Auslegerin:
Gabriele Phieler war Pfarrerin in der Thüringer Landeskirche und bis 2016
Oberin der Diakonissenhausstiftung in Eisenach.

Täuferanfrage und Zeugnis über den Täufer, Lukas 7,18–35

Kristóf Bálint

¹⁸Und die Jünger des Johannes verkündeten ihm das alles. Und Johannes rief zwei seiner Jünger zu sich ¹⁹und sandte sie zum Herrn und ließ ihm sagen: Bist du, der da kommen soll, oder sollen wir auf einen andern warten? ²⁰Als aber die Männer zu ihm kamen, sprachen sie: Johannes der Täufer hat uns zu dir gesandt und lässt dir sagen: Bist du, der da kommen soll, oder sollen wir auf einen andern warten? ²¹Zu der Stunde machte Jesus viele gesund von Krankheiten und Plagen und bösen Geistern, und vielen Blinden schenkte er das Augenlicht. ²²Und er antwortete und sprach zu ihnen: Geht und verkündet Johannes, was ihr gesehen und gehört habt: Blinde sehen, Lahme gehen, Aussätzige werden rein und Taube hören, Tote stehen auf, Armen wird das Evangelium gepredigt; ²³und selig ist, wer sich nicht ärgert an mir.

²⁴Als aber die Boten des Johannes fortgingen, fing Jesus an, zu dem Volk über Johannes zu reden: Was zu sehen seid ihr hinausgegangen in die Wüste? Ein Schilfrohr, das vom Wind bewegt wird? ²⁵Oder was zu sehen seid ihr hinausgegangen? Einen Menschen in weichen Kleidern? Seht, die herrliche Kleider tragen und üppig leben, die sind an den königlichen Höfen. ²⁶Oder was zu sehen seid ihr hinausgegangen? Einen Propheten? Ja, ich sage euch: Er ist mehr als ein Prophet. ²⁷Er ist's, von dem geschrieben steht (Maleachi 3,1): »Siehe, ich sende meinen Boten vor dir her, der deinen Weg vor dir bereiten soll.« ²⁸Ich sage euch, dass unter denen, die von einer Frau geboren sind, keiner größer ist als Johannes; der aber der Kleinste ist im Reich Gottes, ist größer als er. ²⁹Und alles Volk, das ihn hörte, und die Zöllner gaben Gott recht und ließen sich taufen mit der Taufe des Johannes. ³⁰Aber die Pharisäer und die Lehrer des Gesetzes verwarfen für sich Gottes Ratschluss und ließen sich nicht von ihm taufen. ³¹Mit wem soll ich die Menschen dieses Geschlechts vergleichen, und wem sind sie gleich? ³²Sie sind den Kindern gleich, die auf dem Markt sitzen und rufen einander zu: Wir haben euch aufgespielt, und ihr habt nicht getanzt; wir haben Klagelieder gesungen, und ihr habt nicht geweint. ³³Denn Johannes der Täufer ist gekommen und aß kein Brot und trank keinen Wein; und ihr sagt: Er ist von einem Dämon besessen. ³⁴Der Menschensohn ist gekommen, isst und trinkt; und ihr sagt: Siehe, dieser Mensch ist ein Fresser und

Weinsäufer, ein Freund der Zöllner und Sünder! ³⁵*Und doch ist die Weisheit gerechtfertigt worden von allen ihren Kindern.*

Die Deutschen sind offensichtlich anfällig für starke Führerpersönlichkeiten.
Nicht nur für den, der sich zuletzt so ansprechen ließ, sondern davor auch für
Könige und Kaiser, die nicht nur in Potsdam, sondern überall auch im Thürin-
gischen, dort allerdings meist »en miniature«, residierten. Ihre Akzeptanz stand
und fiel mit ihrer (fehlenden) Volksnähe, mit ihrem (fehlenden) diplomatischen
Handlungs- oder Verheiratungsgeschick oder ihrer (fehlenden) Kriegskunst
und damit einhergehenden (Miss-)Erfolgen.

Es wäre auch zu kurz gesprungen, wenn wir dieses Phänomen auf die Deutschen allein bezögen, kennen wir doch bis heute Könige in anderen Ländern
und mancher schaut neidisch dorthin und wünschte sich Georg Friedrich von
Preußen als deutschen Kaiser.

Endlich auch ein solch repräsentatives Haupt, wo doch schon die meisten
der europäischen Häupter in irgendeiner Verbindung zu Gotha stehen – dank
genialem Verheiratungsmanagement, wie wir heute wohl sagten.

Auch die Bibel ist nicht frei von solchen Tendenzen, wenn wir uns nur an
die Auseinandersetzung erinnern, die Samuel mit den Ältesten Israels führte[1],
weil diese einen König begehrten und ihnen Gott als König nicht mehr genügte[2].

Die Folge der Könige Israels war ein Auf und Ab von verklärten Königen
bis zu Königen, die nicht im Rat des Herrn wandelten, sondern sich selbst absolut setzten und von späterer Geschichtsschreibung dann durchgängig als
schlechte Könige gestempelt wurden.

In dieser Folge wurde nun der *eine* erwartet, der das Volk wieder sammelt und
aus der römischen Besatzung unter die Fittiche des Höchsten führt, der Messias.

Das war die Ausgangslage für unseren Text, der der heutigen Predigt zugrunde liegt und nicht zu den Texten gehört, die die Perikopenordnung für Johanni empfiehlt. Er steht in Lukas 7.

Da meine Predigtzeit begrenzt und der Tag schon lang über seinen Zenit
ist, obzwar wir gerade die längsten Tage des Jahres erleben, will ich mich auf
einzelne Aspekte dieses Textes beschränken.

Die Nachfolger des Johannes sehen etwas nicht Alltägliches:

Jesus heilt Blinde, sodass sie sehen.
Lahme, sodass sie gehen.
Aussätzige, sodass sein rein sind.
Taube, sodass sie hören.

---

[1]   I Sam 8.5 ff.
[2]   I Sam 8.7.

Verstorbene werden wieder lebendig und den Armen wird die gute Nachricht verkündet. Es ist nicht direkt eine Antwort, eher eine »über Bande« gespielte, bei der sich jeder seine Antwort selbst geben und sich bekennen muss: Halte ich das für wahr oder für unwahr?

Das ist unserer Situation gar nicht so verschieden, wenn wir in unserem Leben immer wieder vor die Wahl gestellt werden, ob wir etwas für wahr und glaubwürdig oder für falsch oder Vorspieglung falscher Tatsachen halten.

Ich ziele dabei gar nicht auf die letzten 15 Monate und die in ihnen geführten Diskussionen über Wahrheit und Lüge, auch nicht auf bestimmte Wahlperioden aktueller oder vergangener Politiker, sondern auf die vielen kleinen und großen Entscheidungen unseres Lebens, in denen wir aufgefordert sind, Farbe zu bekennen und zu sagen, was für uns wofür steht.

Ist es für uns eine unabänderliche Wahrheit, wenn wir eine Krebsdiagnose erhalten, dass dann das Leben vorbei ist und möglichst selbst beendet werden können muss? Ist bei einer solchen Diagnose ein Vertrauen auf das Gebet und ein Hineinwerfen in die Arme Gottes schon eine Lüge oder ist das Leben mit Krebs nicht sogar genauso gleichwertig wie ohne und ermisst sich der Wert eines Lebens nicht vielmehr an anderen Dingen?

Seit meinen Praktika mit Behinderten in den Neinstedter Anstalten bin ich gründlich von der Vorstellung geheilt, dass gesund der ist, der keine Gebrechen hat. Ich halte für wahr, was mein Lehrer Klaus-Peter Hertzsch in einem Seminar einmal in einem Satz zusammenfasste, den ich nie vergessen habe: »Die wahren Kranken sind die, die sich selbst für gesund halten.«[3]

Behinderte haben eine größere Dankbarkeit und Ehrfurcht für das Leben als vorgeblich Gesunde. Manch einer dieser Menschen hat die Kostbarkeit seines Lebens erst nach Einschränkung seines bisherigen Zustandes nach Unfall oder Krankheit begreifen gelernt.

Nicht selten wird vor einer solchen Einschränkung vieles für selbstverständlich gehalten, was es gewiss nicht ist.

Doch: Jesus hebt alles auf. Die Einschränkungen werden geöffnet und außer Kraft gesetzt. Er setzt damit den Tod mit Leben gleich, Hören mit Nichthören, Lahmsein mit Sportlichkeit.

Lukas knüpft damit an Elia[4] und Elisa[5] an, die auch Vergleichbares taten, und rückt Jesus damit in die Reihe der großen Propheten.

Mit seiner Ansage, dass Johannes größer als alle Propheten ist und mit seinem Zitat aus Mal 3.1 steigert er nun diesen Vergleich. Er setzt sich zugleich

---

[3]   Er sagte das lange vor Manfred Lütz in seinem Buch »Neue Irre – Wir behandeln die Falschen«.

[4]   I Reg 17.

[5]   II Reg 4.

mit ihm in ein Verhältnis, das Johannes als seinen Vorboten ausweist. Die Heilszeit bricht an, das Heil zerbirst das Unheilvolle, den ganzen oder als Teilwahrheit empfundenen Tod in Form von lebensbeschränkenden Krankheiten.

Jesus destruiert alle Selbstgewissheit von der Macht des Todes in dieser Welt und setzt sie gleich, ja mehr noch, er stellt die Macht des Lebens über die des Todes. Es ist dem Apostel Paulus vorbehalten, dies zuvor schon in dieser kleinen Frage zu kumulieren: »Tod, wo ist dein Sieg? Tod, wo ist dein Stachel?«[6]

Ich frage mich, wie das Geschehen auf die Jünger des Johannes gewirkt haben mag. Lukas schildert nur lapidar, dass sie »fortgingen«. Mich treibt immer um, was sie ihrem Meister erzählten. Im Gefängnis, dem Kerker für Seele und Körper. Haben sie die »Erfolge« Jesu verschwiegen, um ihm keine Versagensängste zu bereiten? Oder sich vielleicht gefragt, ob sie dem Falschen folgten, denn ihr Meister saß im Gefängnis, Jesus aber besiegte den Tod auf vielfältige Weise?

Ich finde es unglaublich tröstlich, wie Jesus von seinem Verwandten spricht. Voller Achtung und zugewandt. Die, die auf Sensationen anspringen, die fragt er nach ihrer Motivation. Neigt ihr euch bei jedem Wind, wie ein Schilfrohr? Was ist eure Erwartungshaltung: gesicherte und mainstream-taugliche Botschaft, gut auf Sofas zu konsumieren, gut gekleidet bei einem Snack nebenbei? Wollt ihr einen Propheten sehen, seine Botschaft hören und dann daraus machen, was euch gut in den Kram passt?

Johannes ist ein Prophet, ja mehr sogar. Und dennoch ist er der kleinste, verglichen mit denen, die im Reich Gottes sind.

Das entsprach so gar nicht den Hörgewohnheiten der Umstehenden. Es wäre schicklicher gewesen, wenn er die Reichen angegriffen und ihnen, den Armen, Mut zugesprochen hätte.

Folglich klappt auch die Zuteilung derer, die die Worte gern hörten und denen, denen sie nicht in den Ohren juckten.[7]

Fast so wie in unserem Leben, nur dass die Zuteilung in Zöllner und Pharisäer nicht recht gelingen will, sind wir doch »Sünder und Gerechte zugleich[8]«. Dieser Text verlangt uns eine Menge ab, wenn wir ihn ins Heute holen. Es wäre schöner, wir könnten ihn geschichtlich interessiert zur Kenntnis nehmen. »Ach so war das damals!« Doch das reicht nicht. Es hat schon damals bei den Umstehenden nicht gereicht, denn die Botschaft Jesu will sich mit unserem Leben verweben, will eins werden mit ihm und tief wurzeln.

---

[6]   I Kor 15.55.

[7]   II Tim 4.3.

[8]   Das »simul iustus et peccator« aus der Römerbriefvorlesung Martin Luthers von 1514/1515.

Womöglich hilft uns eine zeitliche Standortbestimmung weiter. Heute in sechs Monaten ist Heiligabend, der Punkt, an dem wir der Menschwerdung des Allmächtigen, gepriesen sei sein Name, gedenken und an das kleine Kind, dessen Großcousin Johannes ein paar Monate zuvor geboren worden war.

Vor achtzig Tagen gedachten wir des Sterbens und Auferstehens dieses inzwischen Mann gewordenen Kindes zum Osterfest.

Es ist gut innezuhalten und andächtig zu begreifen: Das geschah (auch) für mich, für jeden von uns. Wir müssen nicht wie Kinder sein, die auf dem Marktplatz der Eitelkeiten sitzen und eingeschnappt sind. Wie Erwachsene, die zum Tanz aufspielten und niemand nahm ihren Takt auf. Dieses Spannungsfeld von Weihnachten zu Ostern und Pfingsten ist das Spannungsfeld des Glaubens. Diese Spannung ist gut auszuhalten, sie zerreißt uns nicht. Die Frage der Jünger Johanni ist schon beantwortet: Wir brauchen auf keinen anderen zu warten.

Auch heute sagt es die Gewissheit des Glaubens: Er ist der, der von Johannes angekündigt wurde. Wir brauchen auf keinen anderen zu warten. Er ist schon da. Jetzt, hier und heute.

Da bleibt keine Frage offen. Die Antwort ist gegeben. Sie erhellt die Gefängnisse unserer Zeit, nicht nur die mit den Gittern, sondern auch die der Seele, die der Sucht, die der Leid- und Krankheitserfahrung. Lassen wir uns darauf ein. Es braucht nichts weiter, denn Er hat uns schon gefunden[9].

Ausleger:
Kristóf Bálint ist seit 2021 Generalsuperintendent der Ev. Kirche Berlin-Brandenburg-schlesische Oberlausitz für den Sprengel Potsdam.

---

[9]   Zum Thema der Suche: https://www.ekbo.de/fileadmin/ekbo/mandant/ekbo.de/1. WIR/08._Generalsuperintendenten/Bálint/Bálint_Predigten/2021-06-20_Predigt_zu_ Lk_151-10__HP.pdf[1]

Salbung der Sünderin / Frauen in der Nachfolge, Lukas 7,36–8,3

Simone Carstens-Kant

36Es bat ihn aber einer der Pharisäer, mit ihm zu essen. Und er ging hinein in das Haus des Pharisäers und setzte sich zu Tisch. 37Und siehe, eine Frau war in der Stadt, die war eine Sünderin. Als die vernahm, dass er zu Tisch saß im Haus des Pharisäers, brachte sie ein Alabastergefäß mit Salböl 38und trat von hinten zu seinen Füßen, weinte und fing an, seine Füße mit Tränen zu netzen und mit den Haaren ihres Hauptes zu trocknen, und küsste seine Füße und salbte sie mit dem Salböl. 39Da aber das der Pharisäer sah, der ihn eingeladen hatte, sprach er bei sich selbst und sagte: Wenn dieser ein Prophet wäre, so wüsste er, wer und was für eine Frau das ist, die ihn anrührt; denn sie ist eine Sünderin. 40Jesus antwortete und sprach zu ihm: Simon, ich habe dir etwas zu sagen. Er aber sprach: Meister, sag es! 41Ein Gläubiger hatte zwei Schuldner. Einer war fünfhundert Silbergroschen schuldig, der andere fünfzig.

42Da sie aber nicht bezahlen konnten, schenkte er's beiden. Wer von ihnen wird ihn mehr lieben? 43Simon antwortete und sprach: Ich denke, der, dem er mehr geschenkt hat. Er aber sprach zu ihm: Du hast recht geurteilt. 44Und er wandte sich zu der Frau und sprach zu Simon: Siehst du diese Frau? Ich bin in dein Haus gekommen; du hast mir kein Wasser für meine Füße gegeben; diese aber hat meine Füße mit Tränen genetzt und mit ihren Haaren getrocknet. 45Du hast mir keinen Kuss gegeben; diese aber hat, seit ich hereingekommen bin, nicht abgelassen, meine Füße zu küssen. 46Du hast mein Haupt nicht mit Öl gesalbt; sie aber hat meine Füße mit Salböl gesalbt. 47Deshalb sage ich dir: Ihre vielen Sünden sind vergeben, denn sie hat viel geliebt; wem aber wenig vergeben wird, der liebt wenig.

48Und er sprach zu ihr: Dir sind deine Sünden vergeben. 49Da fingen die an, die mit zu Tisch saßen, und sprachen bei sich selbst: Wer ist dieser, der auch Sünden vergibt? 50Er aber sprach zu der Frau: Dein Glaube hat dir geholfen; geh hin in Frieden!

Frauen in der Nachfolge Jesu

1Und es begab sich danach, dass er von Stadt zu Stadt und von Dorf zu Dorf zog und predigte und verkündigte das Evangelium vom Reich Gottes; und die Zwölf waren mit ihm, ²dazu etliche Frauen, die er gesund gemacht hatte von bösen Geistern und Krankheiten, nämlich Maria, genannt Magdalena, von der sieben Dämonen ausgefahren waren, ³und Johanna, die Frau des Chuza, eines Verwalters des Herodes, und Susanna und viele andere, die ihnen dienten mit ihrer Habe.

Vor drei Wochen saß ich mit zehn Frauen beim Bibelkreis. Die Tür zum Flur war offen, damit coronagemäß Frischluft in den Raum kommt. Thema war der Bibeltext meiner heutigen Predigt.

Wie ich erwartet hatte, bleiben die Frauen sofort an der Sünderin hängen. Schnell sind sie sich einig, was die Frau für Sünden begangen hat. Frau Bachmann jedoch hakt nach: »Wie kommt Ihr darauf, dass sie eine Prostituierte ist? Gibt es nicht auch andere Sünden?«

»Ja«, fragen sich die Frauen, »welche Sünden gibt es denn noch?« Ehebruch fällt ihnen ein und Diebstahl. Aber viel mehr wird es nicht. Denn gemordet wird sie ja wohl nicht haben! Auf jeden Fall, so meinen die Frauen: Man sieht es ihr an, dass sie eine Sünderin ist. Ihre Sachen sind ungepflegt. Wahrscheinlich läuft sie nur immer mit gesenktem Haupt durch die Stadt. Voller Schuld. Ihre ganze Schmach, ihr ganzes Lebenselend bricht sich in ihren Tränen Bahn. Alle gesellschaftlichen Konventionen wirft sie über den Haufen, denn sie hat nichts mehr zu verlieren.

Wäre sie *so,* dann würde sie mir nur leidtun.

Ich lenke den Blick der Frauen im Bibelkreis auf das anscheinend ungebührliche Verhalten der Sünderin. Uneingeladen geht sie mitten hinein in eine Männerrunde. Sie löst ihr Haar, ein Skandal, das durften Frauen damals auf gar keinen Fall! Und obwohl die Männer gerade miteinander reden, nähert sie sich Jesus. Lenkt mit ihrem Verhalten sämtliche Aufmerksamkeit auf sich. Sie stört.

Ich frage die Frauen am Tisch: »Wie hätten Sie in so einer Situation reagiert?« »Na, wie sollen wir reagieren?! Wir hätten ihr Platz gemacht, hätten sie zu Tisch gebeten.«

»Aha«, denke ich, »man weiß also, wie man im Bibelkreis zu denken hat.«, und kann meine Überraschung nicht zurückhalten: »Ach!«

Die offene Tür des Gemeinderaums spielt mir jetzt in die Hände: »Stellen Sie sich vor, hier kommt jetzt ein stadtbekannter Bettler rein. Er wirkt ungepflegt und unterbricht unser Gespräch. Er fragt, ob er sich an den Tisch setzen darf, um eine Tasse Kaffee zu trinken und ein Stück von der Geburtstagstorte abzubekommen.«

»Natürlich würden wir ihm Platz machen!«, entrüsten sich ein paar über meine provozierende Bemerkung. »Wir sind doch Christen!«

Doch dieses Mal hakt Frau Karlek nach: »Na, das glaub ich jetzt nicht. Vielleicht würden wir ihn nicht rauswerfen, aber wir würden ihn von Kopf bis Fuß mustern und ihm höchstens ein Stück Kuchen anbieten, das er bitteschön draußen essen kann.«

Ein Text, der Gespräche anstachelt. Der mich nicht in Ruhe lässt. Und das seit Wochen.

Er geht mir nach bis in meine Träume.

»Wer bist du wirklich?«, frage ich die Sünderin. Sie lächelt mich an. In der Hand hält sie ein Gefäß. Betörender Duft steigt mir in die Nase. Ich mustere sie. Sieht so eine Frau aus, die von allen verstoßen ist, isoliert von den anderen? Am tiefsten Punkt ihres Lebens? Die es nicht stört, sämtliche Konventionen zu missachten. Die nichts mehr zu verlieren hat?

Ich schaue in ein gepflegtes Gesicht. Sie ist jünger als ich, merke ich. Ihre Kleidung hat sie mit Bedacht gewählt.

Sie nimmt einen Stuhl, rückt ihn zum Fenster und setzt sich hin. Sie schaut mich an. Selbstsicher wirkt sie. Nicht demütig, nicht zerstört.

Wer bist Du? Eine Frau, die ihre Stärken kennt? Die genau deshalb aneckt? Oder bist du doch die, die aus Not zu dem geworden ist, was sie ist?

Ich schließe meine Augen. So vieles geht mir durch den Kopf. Da ist noch ein anderes Gesicht. Es ist mir irgendwie vertraut. Meine Gedanken gehen zum Lutherhaus, gleich hier um die Ecke. In der Ausstellung über das Entjudungsinstitut muss ich ihm begegnet sein. Ernst ist sein Blick. Wie die Sünderin kommt er aus dem Predigttext zu mir.

»Simon«, flüstere ich. Seine Lippen zittern. Verflogen ist die angebliche Selbstsicherheit, mit der Lukas ihn im Bibeltext schildert. »Man hat dir und den Deinen viel Unrecht getan: ›Simon, der Pharisäer. Einer, der meint, in der Gesetzestreue läge die ganze Liebe zu Gott.‹ Bist du wirklich so? Hast du dich eingerichtet in deinen starren Schemata? Spüre ich nicht eigentlich, wie du um Wahrhaftigkeit ringst?

Ich will nicht glauben, dass du Jesus das Mindeste an Gastfreundschaft vorenthalten hast: Wasser für die Füße, den Kuss als Zeichen deiner Friedfertigkeit. Lukas erzählt, du hättest deinem Gast nicht das Gefühl gegeben, willkommen zu sein. Und es entsteht der Eindruck: Alles was du tust, ist verlogen.«

Haben Christen nicht lange so gedacht? ›So sind sie, die Pharisäer: engstirnig, hinterhältig, unbelehrbar.‹

Oft genug hat das zu schweren Konflikten geführt. Und wird es wieder tun, wenn nicht Menschen in wahrer Nachfolge andere Wege einschlagen. Das Vorgebrabbelte nicht wiederholen, sondern einer gründlichen Prüfung und Neubewertung unterziehen. Wenn sie sichtbar werden im Protest gegen ungerechtfertigte Beurteilungen.

So will ich mit der Tradition umgehen: Aufmerksam für Menschen wie Simon. Achtsam mit der Frau mit dem Salböl. Wahrnehmen, wie gerade auch *Frauen* sichtbar werden. Über viele Jahrhunderte: Maria aus Magdala, Johanna und Susanna. Lydia, die Purpurhändlerin. Phoebe, die die Apostel juristisch beraten hat. Elisabeth von Thüringen. Dorothea Erxleben. Dorothee Sölle, der man in Deutschland zeitlebens eine Professur verweigert hat. Anna-Nicole Heinrich, gerade mal 25 Jahre, jüngste Präses einer EKD-Synode.

Frauen in der Nachfolge. Sensibel, wissbegierig, mutig, stark. Sichtbar.

Frauen, die Gott zutrauen, dass er sie genau *so* haben will. Sie machen sich auf den Weg. Sie bringen ihre Stärken ein. Sie halten sich nicht zurück. Und erwarten zu Recht, dass dieser Jesus sie ernst nimmt. Dass er sie als Mensch sieht wie die anderen auch.

Ich schaue Dir zu, Frau mit dem Salböl, wie du da in diese Männergesellschaft gehst. Ich stehe in der Ecke des Raumes. Ich bewundere, dass du weinen kannst, dass du dich nicht scheust, mit deinem Haar seine Füße zu trocken.

Den Duft deines Salböls will ich nicht mehr vergessen.

Ich sehe, wie Jesus Partei für dich ergreift. Und wie sie dafür hämisch über ihn lachen.

Will ich *das*? Oder wäre es nicht viel leichter, bei dem zu bleiben, wie es immer war? Nicht auffallen. In Demut meinen Glauben leben. Dienend. Mich selbst verleugnend.

Nein, ich kann es mir nicht aussuchen. Wenn ich wahrhaft nachfolgen will, werde ich nicht nur Beifall bekommen. Wenn ich wahrhaft nachfolgen will, muss ich bereit sein, unsere Geschichte zu durchleuchten. Dann muss ich bereit sein, Verantwortung zu übernehmen. Ich muss sichtbar werden.

Doch ich kann darauf vertrauen, dass Jesus diesen Schritt schon gemacht hat. Damals. Als er die Männer zum Grübeln gebracht hat: Wer ist dieser, dass er auch Sünden vergibt?

Ich denke an die Frauen in der Marktgemeinde. Sie ringen wie diese Männer darum, dich, Jesus, zu verstehen. Ihr Leben als Christinnen ehrlich und mit erhobenem Haupt zu meistern. Sie wissen: Das Leben geht nicht ohne Blessuren ab. Ich mache Fehler und ich werde schuldig. Doch sie wissen auch: Ein neuer Anfang ist möglich. Vergebung ist keine leere Versprechung. Die Geschichte von der Frau mit dem Salböl, wer auch immer sie war, erzählt davon.

Ja, der Himmel berührt die Erde. Gemeinsam sind wir unterwegs. Wir werden den Zeichen der Hoffnung folgen. Miteinander lachen wir. Und wir singen das Lied, in dem unser Leben klingt.

Auslegerin:
Simone Carstens-Kant ist seit 2018 Pfarrerin an der Marktkirche in Halle/Saale.

Das Gleichnis vom Sämann, Lukas 8,4–8

Ulrike Trautwein

Vom Sämann

[4]Als nun eine große Menge beieinander war und sie aus jeder Stadt zu ihm eilten, sprach er durch ein Gleichnis: [5]Es ging ein Sämann auszusäen seinen Samen. Und indem er säte, fiel einiges an den Weg und wurde zertreten, und die Vögel unter dem Himmel fraßen's auf. [6]Und anderes fiel auf den Fels; und als es aufging, verdorrte es, weil es keine Feuchtigkeit hatte. [7]Und anderes fiel mitten unter die Dornen; und die Dornen gingen mit auf und erstickten's. [8]Und anderes fiel auf das gute Land; und es ging auf und trug hundertfach Frucht. Da er das sagte, rief er: Wer Ohren hat zu hören, der höre!

»Wer Ohren hat zu hören, der höre!«, so ruft es Jesus der Menschenmenge zu, der er gerade sein Gleichnis von der vierfachen Saat erzählt hatte.

Dieses Gleichnis von der vierfachen Saat versteht sich bis heute von selbst. Der Samen als Bild für Gottes Wort war in der Antike ein weit verbreitetes Motiv und in der jüdischen Tradition heißt es, dass Gott sein Wort in die Herzen der Menschen gesät hat. Im Bild, das Lukas uns malt, sät einer großzügig aus und der Samen fällt auf unterschiedliches Gelände, mal wird er zertreten, aufgefressen, fortgetragen oder zugewuchert, mal trifft er auf guten Boden, der ihn aufnimmt, nährt, in dem er sich verwurzeln, wachsen, reifen kann und am Ende reichlich Frucht bringen wird. Es ist offenkundig, worum es geht, und trotzdem legt Jesus dieses Gleichnis sogar selbst aus, will sicher gehen, dass seine Worte wirklich gehört und verstanden werden. Ja, Gottes Wort kommt in die Welt, aber die menschlichen Bedingungen, auf die es trifft, sind sehr verschieden: Mal wird es den Menschen schnell wieder von bösen Kräften entrissen, mal zwar freudig aufgenommen, aber auf Dauer nicht ausreichend gepflegt, um stark genug dem Gegenwind zu trotzen, es wird zwar zunächst gehört, geht aber dann wieder unter, überlagert vom Auf und Ab der alltäglichen Betriebsamkeit, sodass es keine Chance zur Entfaltung bekommt und verkümmern muss. Aber und darauf hoffen wir ja: Nicht aller Samen geht verloren, es gibt auch fruchtbaren Boden, gute Bedingungen, viele Herzensfurchen, die bereit sind, Menschen, die offen sind für Gottes Wort, die es aufnehmen, in sich bergen, wachsen lassen, mit allerlei Zuwendung und geduldiger Aufmerksamkeit nähren, sodass es stark wird, reifen kann und schließlich viel Frucht bringen wird.

Eine zutiefst menschliche Erfahrung das Hören. Wir leben von den Worten, die uns von Anfang an zugesprochen werden, würden schnell verkümmern, wären da nicht gleich diese liebevollen, zärtlichen, elterlichen Laute, die uns ins Ohr gegurrt ins Leben rufen, Worte, die uns begleiten und prägen, ein Leben lang. Und am Ende gehört das Hören dann auch zu den letzten Sinneserfahrungen eines Menschen, wenn er stirbt.

Im Laufe unseres Lebens gibt es viel zu hören, unzählige Worte, die an unser Ohr dringen, – und es werden immer mehr, weil sich das Wissen der Menschheit rasant steigert. Hat es sich um 1900 etwa alle 100 Jahre verdoppelt, braucht es dafür heute nur noch ein Jahr! Unglaublich, wie sollen wir uns da durchfinden, auf was sollen wir hören? Wie steht es unter diesen Umständen um unsere Hörfähigkeit? Und erschwerend kommt hinzu, dass es das Hören nicht leicht hat in Zeiten, in denen Bilder die Welt viel mehr bestimmen als Worte. Hören ist regelrecht gefährdet, weil das Sehen den Vorrang bekommt und viel von unserer Aufnahmefähigkeit absorbiert. Schwere Zeiten gerade für den Protestantismus, für den christlichen Glauben insgesamt, weil in der Flut der Bilder und Stimmen die biblischen Geschichten kaum mehr zu hören sind. Und das trifft nicht nur auf diesen Teil des Landes zu, in dem sie schon einige Jahrzehnte länger einen schweren Stand hatten, sondern auf unser ganzes Land. Unsere Sinne leiden unter Überbelastung, keine günstigen Bedingungen für diesen Raum, den es braucht, für das Hören gerade lebenswendender Worte. Ich weiß von etlichen Menschen, die deshalb gerne in den Gottesdienst kommen oder einfach nur so gerne in einer Kirche sitzen, weil es hier eine bestimmte Art der Ruhe gibt, in der man hören kann.

Die Menschen kommen zu Jesus von überall her, aus jeder Stadt heißt es, um ihn zu hören, hungrig nach seinem Wort. Keine Bücher, keine Zeitungen, kein Radio, kein Fernsehen, kein Netz … es gab nicht so viel zu hören für die Menschen damals. Und so stelle ich mir sie vor, wie sie neugierig, gespannt und sehnsüchtig auf das besondere, erlösende Wort warten – mitten in einem schwierigen Leben voller Bedrückung und Not.

Wie hören wir heute lebensspendende Worte heraus aus den unzähligen Stimmen, die wie die Flattergeister, von denen die Kantate gleich singen wird, um uns herumtoben? Auch gerade jetzt mitten in einem Leben, das fest gezurrt zu sein scheint in den Bedrängnissen und der Not der Pandemie.

Hören, mit dem Herzen hören können, ist ein Urgeschenk für uns, eine Gabe Gottes. Jüdische Kinder hören früh die markanten Sätze des Schma' Israel, des jüdischen Glaubensbekenntnisses aus dem 5. Buch Mose: »Höre Israel, der

Herr ist unser Gott, der Herr ist einer und du sollst ihn lieben von ganzem Herzen, von ganzer Seele und mit all deiner Kraft!« und weiter heißt es da: *Diese*
Worte sollst du dir zu Herzen nehmen und sie deinen Kindern einschärfen und
davon reden.

Und so spinnen wir diesen Faden der Gottesliebe weiter in unserer christlichen Tradition, seit eh und je werden die Geschichten und Gebete, die von
den Erfahrungen mit Gott erzählen weitergereicht über das Hören. *So* wird unser Glauben überliefert, in die Herzen eingepflanzt, unterstützt von Bildern
und natürlich der Musik, die unseren Hörsinn aufs Schönste berührt und unsere
Herzen damit oft noch sehr viel direkter als das bloße Wort erreicht. Und das
Gehörte meldet sich dann hoffentlich zu Wort, wenn es gebraucht wird: in Notzeiten, in Freudenstunden, in der Erziehung, beim Trösten.

Das Hören, hören können, ist für unser Leben, für unseren Glauben entscheidend.

Welche lebensprägenden Worte haben Sie gehört, haben sich eingewurzelt
und sind bedeutsam geworden? Ich erinnere mich unter anderem an die Erfahrungen mit zwei biblischen Kern-Botschaften, die mich als Jugendliche nach-
haltig beeindruckt und die sicher auch daran mitgewirkt haben, mich später
Richtung Theologie zu schubsen. Einmal, ich war vielleicht 15, war es das Doppelgebot der Liebe: »Liebe Deinen Nächsten wie dich selbst« – bis dahin hatten
meine Ohren immer nur gehört: »Kümmere Dich, nimm Dich zurück, zeige Verständnis, hilf«, – da erst erreichte mich zum ersten Mal bewusst der zweite Teil
des Gebotes »wie dich selbst«. Das war befreiend damals in einer anderen Zeit,
in der die Pflege des Egos noch nicht so sehr im Vordergrund stand wie heute.
Dann, nicht viel später war es in einer Karfreitagspredigt Jesu Schrei am Kreuz:
»Mein Gott, mein Gott, warum hast Du mich verlassen?« In diesem Moment
habe ich auf einer tieferen Ebene verstanden, wie nah uns dort Jesus – wie nah
uns dort Gott kommt und bei uns bleibt – und das ist geblieben. Diese Worte
damals haben nicht mit einem Schlag mein Leben verändert, aber sie haben
sich im Grund meines Herzens verwurzelt, haben anderes in Bewegung gebracht, sind in mir gewachsen und haben das Zutrauen in meinen Glauben gestärkt.

So eindeutig wie im Gleichnis geht es im normalen Leben eher selten zu,
da gibt es die vier verschiedenen Böden in mir selbst, unterschiedliche Hör-
Phasen. Viele wichtige Glaubensimpulse gehen verloren. Aber »Gott sei Dank«
geschieht es immer wieder: Ein Wort berührt mich, bewegt mich und gibt meiner Lebenszuversicht neuen Schwung.

Glaube ist nichts Statisches und der Boden, in dem er wächst, braucht dauerhafte Pflege.

Luther hat sich viele Gedanken darüber gemacht und mit wichtigen Theologen seiner Zeit wie dem großen Humanisten Erasmus von Rotterdam heftig
darüber gestritten, ob der Mensch aus eigener Kraft seine Ohren für das Wort

Gottes öffnen kann. Er war felsenfest davon überzeugt, dass Glaube Gnade ist und der Mensch hier keinen freien Willen hat:

Fides gratia est. Muss ich mich damit zufriedengeben, kann ich gar nichts tun? Ohren spitzen müsste doch wenigstens drin sein. Und tatsächlich hilft mir das Gleichnis an dieser Stelle. Ob der Same am Ende aufgeht, das weiß man nicht, dafür gibt es keine Sicherheit. Aber ein guter Boden schafft immerhin günstige Voraussetzungen dafür. Und in diesem Sinne haben wir Möglichkeiten: Allein schon, indem wir miteinander einen wunderbaren Gottesdienst wie diesen feiern mit der herrlichen Musik, beten und auf das Evangelium hören, die gute Botschaft. Den Boden bereiten, bedeutet für mich auch, miteinander die Sehnsucht stark halten nach einem Leben, in dem es mehr gibt als einfach nur durchkommen, mehr Gerechtigkeit und Füreinander, mehr Achtung vor der Schöpfung, die Gott uns anvertraut hat. Lebendiger Glaube braucht Pflege, guten Boden, gespitzte Ohren für das Wort Gottes. In der jüdischen Tradition weiß man um die Gefährdung des Geschenks *hören zu können* und so füllt man die Worte des »Schma Israel«, »Höre Israel«, in ein kleines Behältnis, das man an jedem Türpfosten anbringt, die Mesusa als Erinnerung ans Hören. Und im Wissen darum hat uns Jesus den Satz zugerufen: *Wer Ohren hat zu hören, der höre*!

Für mich gehört es zu den schönsten Geschenken im Pfarrer*innen*leben, wenn mir erwachsen gewordene ehemalige Schüler*innen oder Konfirmand*innen, Jahre später davon erzählen, welche Worte bei ihnen auf fruchtbaren Boden gefallen sind. Und ich staune, weil ich damals davon nichts gemerkt habe – und freue mich über die Samenkörner, die aufgegangen sind.

Das ist Gnade: Die richtigen Worte zur richtigen Zeit hören!

Auslegerin:
Ulrike Trautwein ist seit Dezember 2011 Generalsuperintendentin für den Sprengel Berlin der Evangelischen Kirche Berlin-Brandenburg-schlesische Oberlausitz.

Sturmstillung, Lukas 8,22–25

Axel Noack

²²Und es begab sich an einem der Tage, dass er in ein Boot stieg mit seinen Jüngern; und er sprach zu ihnen: Lasst uns ans andere Ufer des Sees fahren. Und sie stießen vom Land ab. ²³Und als sie fuhren, schlief er ein. Und es kam ein Windwirbel über den See und die Wellen überfielen sie, und sie waren in großer Gefahr. ²⁴Da traten sie zu ihm und weckten ihn auf und sprachen: Meister, Meister, wir kommen um! Da stand er auf und bedrohte den Wind und die Wogen des Wassers, und sie legten sich und es ward eine Stille. ²⁵Er sprach aber zu ihnen: Wo ist euer Glaube? Sie fürchteten sich aber und verwunderten sich und sprachen untereinander: Wer ist dieser, dass er auch dem Wind und dem Wasser gebietet und sie sind ihm gehorsam?

Wir haben es hier mit einer sehr wichtigen Geschichte zu tun, da alle drei Evangelisten (Matthäus, Markus und Lukas) diese Geschichte in ihre Evangelien aufgenommen haben.

Martin Luther sagt von dieser Geschichte (in einer Andacht): *»Diese Geschichte sollen wir gut merken, auf dass wir wissen, wie es sich anlässt, wenn die Lehre vom Glauben auf den Plan kommt.«*

Es geht also um den Glauben. Das ist nun in der Kirche nichts Besonderes. Aber – wir werden es merken – hier wird in besonderer Weise vom Glauben geredet. Darin die Frage an mich: Wie steht es mit meinem Glauben? Und zwar in schweren Zeiten, in Notzeiten.

Luther setzt in seiner Auslegung gleich zu Beginn eine harte These:

»Da der Herr mit seinen Jüngern in das Schiff tritt, da ist's noch fein still, ist kein Ungewitter, sondern scheint die Sonne, und das Meer ist auch sanft und freundlich anzusehen. Sobald sich aber Christus mit seinen Jüngern in das Schiff setzt und sie vom Lande abgestoßen sind und auf das Meer kommen, da wird der Himmel finster und erhebt sich ein so großes Ungestüm, dass das Schifflein mit Wellen bedeckt wird, als ob es jetzt untergehen sollte. Die andern Schiffe greift der Wind nicht so schnell an, aber das Schiff, darin Christus und seine Jünger sitzen, muss herhalten.«

Weiter sagt Luther: Da sollen wir eine Regel daraus machen, geradezu ein Sprichwort:

»Da sollen wir gleich ein Sprichwort daraus machen und sagen: So geht's, kommt Christus in das Schiff, so wird's nicht lange still bleiben, es wird ein Wetter und Ungestüm kommen, die Sonne scheint nicht mehr, und das Meer wütet und tobt.«

Das »Sprichwort« sagt: Christsein ist nicht gemütlich!

Kommt Christus ins Boot wird es ungemütlich. Das gilt auch für das Schifflein der Gemeinde. Und wir hatten uns das so schön gedacht: Bootfahren im Abendsonnenschein, etwas Wellengeplätscher mit einem irischen Segen: »Herr, Deine Liebe ist wie Gras und Ufer«.

Aber nein, so geht es nicht. Luther fährt fort:

»Willst du ein Christ sein, so musst du erwarten, dass der Wind und das Meer ein Ungestüm anrichten werden.«

Die Nachfolge Jesu ist nicht einfach! Das sollen alle Christen sich immer wieder vor Augen halten.

In der Geschichte aber kommt es, wie es kommen muss: Die Jünger fangen an in ihrer Angst zu schreien und wecken den Herrn Jesus auf.

Und Jesus? Hier bei Lukas fragt er: *»Er sprach aber zu ihnen: Wo ist euer Glaube?«*

Bei Matthäus heißt das: *»Ihr Kleingläubigen, warum seid ihr so furchtsam?«*

Bei Markus fragt er: *»Was seid ihr so furchtsam? Habt ihr noch keinen Glauben?«*

Um diese Frage geht es. Wie steht es mit eurem Glauben und eurem Gottvertrauen gerade dann, wenn es stürmt?

Dabei fällt dem geübten Bibelleser sofort auf: Die kritische Frage nach dem Glauben richtet sich (fast) immer an die eigenen Leute, an die Jünger. Sehr oft sind im Neuen Testament die »Gläubigen« die anderen, die Fremden. Der barmherzige Samariter oder die kanaanäische Frau.

Auch dazu gibt es fast schon ein Sprichwort, wenn Jesus sagt: *»Solchen Glauben habe ich in Israel nicht gefunden.«*

Und dann? Es passiert eigentlich etwas Eigenartiges: Der Herr nennt sie »kleingläubig« und »furchtsam« und hilft ihnen dennoch! Er hätte ja auch anders reagieren können: Das habt ihr nun davon, euer Glaube ist zu schwach. Nein. Er nennt sie kleingläubig und hilft ihnen dennoch. Luther knüpft daran eine ganz interessante Überlegung.

»Die Jünger im Schiff haben einen schwachen Glauben. Dennoch suchen sie Hilfe da, wo sie zu suchen ist, nämlich bei dem Herrn Christus, wecken ihn auf, schreien ihn an: ›Herr, hilf uns, wir verderben!‹

Der Herr nennt sie kleingläubig. Er bekennt damit, dass sie einen Glauben haben, aber es sei ein kleiner, schwacher Glaube. Denn wo sie gar keinen Glauben gehabt hätten, würden sie Christus in der Not nicht aufgeweckt haben. Dass sie ihn aber aufwecken, das ist ein Stück des Glaubens. Denn niemand kann Gott anrufen, besonders in der Not, er habe denn den Glauben. Ob nun in den Jüngern schon nur ein Fünklein des Glaubens ist, leuchtet er dennoch hervor und ergreift die Person, welche auch dem Tode gebieten kann. Denn dass sie rufen: ›Herr, hilf!‹ das sind des Glaubens Worte.«

Also: Besser ein kleiner Glaube als gar keiner. Das sollen wir uns nun ganz bestimmt merken: Ein kleiner Glaube ist besser als gar keiner. Besser wir rufen »Herr, hilf uns heraus!« als zu rufen: »Hilfe, wir gehen unter!«

Es ist gut und wohl der Anfang des Glaubens, wenn wir die Adresse kennen, wo wir uns in der Not hinwenden können. Das ist auch der erste Unterricht im Glauben: Die Menschen auf Christus weisen und ihnen diese Adressen verdeutlichen.

Das ist auch ein Trost für diejenigen – auch hier unter uns – die bei sich selbst einschätzen: So doll ist mein Glauben nicht, aber ich kenne die Adresse!

Liebe Schwestern und Brüder, ich kann die Geschichte von der Sturmstillung eigentlich nicht lesen und hören, ohne an eine andere biblische Geschichte zu denken, wo es genau umgekehrt ist: Jesus wacht und betet und die Jünger schlafen. Also die Geschichte von Jesus im Garten Gethsemane.

So sind wir wahrscheinlich, wir frommen Leute, wir Halbfrommen oder Ein-bisschen-Frommen:

Könnte es sein, dass wir da schreien, wenn es gilt, zu vertrauen, und dann schlummern, wenn wir hellwach sein sollten?

Wenn Zeit zum Beten ist, dann schlummern wir, und wenn Zeit zum Handeln ist, dann jammern wir.

Das können wir sogar auf »Corona« übertragen: Wir sehen hier Beides: Einerseits eine geradezu schläfrige Sorglosigkeit und andererseits die nackte Angst. Naja, hier im frommen Eisenach ist das vielleicht nicht so, oder?

Nun wollen wir doch noch einmal nach dem Glauben fragen, nach *unserem* Glauben fragen:

Wir wissen natürlich, dass wir den Glauben nicht *machen* können. Der Satz aus dem Kleinen Katechismus ist uns allen deutlich:

»Ich glaube, dass ich nicht aus eigener Vernunft noch Kraft an Jesus Christus, meinen Herrn, glauben oder zu ihm kommen kann; sondern der Heilige Geist hat mich durch das Evangelium berufen, mit seinen Gaben erleuchtet, im rechten Glauben geheiligt und erhalten; gleichwie er die ganze Christenheit auf Erden beruft, sammelt, erleuchtet, heiligt und bei Jesus Christus erhält im rechten, einigen Glauben.«

Der Glaube ist ein Geschenk, eine Gabe des Heiligen Geistes.

Wer einen stabilen Glauben hat, kann sich sehr freuen und sollte dennoch nicht zu stolz darauf sein.

Wer nur einen kleinen Glauben oder gar keinen Glauben hat, soll dennoch nicht verzweifeln, sondern um den Glauben bitten.

Kann ich für meinen Glauben etwas tun? Zugegeben wenig! Können meine Eltern etwas für meinen Glauben tun: Schon etwas mehr. Aber in der Hand haben sie es auch nicht: Kann ich für den Glauben meiner Kinder und Enkel etwas tun?

Alle, die Eltern sind oder Großeltern, die wissen das ganz genau: Wie schwer es ist, anderen zum Glauben zu helfen. Da etwas »rüberzubringen« und zu vermitteln. Und: etliche der Alten sind heute ziemlich betrübt darüber, dass ihre Kinder und Enkel sich vom Glauben abgewandt haben. Ich habe es nicht in der Hand. Ich kann natürlich etwas aussäen, aber ob es Frucht bringt, ist nicht gewiss.

Die Bibel erzählt uns die Geschichte vom Mann, der aussät – Sie kennen sie alle – und wir sollen daraus hören: Wir müssen kräftig aussäen, weil ziemlich viel daneben geht.

Wie gesagt: Wer einen stabilen Glauben hat, kann sehr froh und sehr dankbar dafür sein. Aber wer keinen Glauben hat oder nur einen ganz kleinen, der soll darüber nicht verzweifeln. Er soll um den Glauben bitten und beten.

Und wir Eltern und Großeltern? Da denke ich immer an August Hermann Francke in Halle, der war immer der Meinung: »Liebe und Vorbild sind die ganze Erziehung«. Also Vorbild sein für Kinder und Enkel, das ist schon sehr viel. Wenn die ganz kleinen Kinder in der Kirche herumwuseln und nichts verstehen, dann reicht es, wenn sie merken: Es ist etwas komisch hier, aber meinen Eltern, die mich so lieben, denen scheint das wichtig zu sein. Liebe und Vorbild …

Dabei wissen wir auch, dass es mit dem Glaubenlernen nicht ein für alle Male gemacht ist. Es ist nicht so, dass ich sagen kann: Das mit dem Glauben habe ich nun kapiert, bei mir ist alles klar, ich bin bekehrt usw. Nein, es geht um einen ständigen Prozess. Ich muss immer »nachlegen«, ich muss meinen Glauben immer wieder neu trainieren. So tickt ja unsere Kirche: Immer wieder muss nachgelegt werden. Am Sontag kommen wir zur Kirche, werden ausgerichtet auf die neue Woche. Am Mittwoch haben wir es wieder vergessen, aber am nächsten Sonntag kommen wir wieder.

Dabei ist eins deutlich: Wenn es ein Training für den Glauben gibt, dann geschieht das in der »Zeit des Wohlergehens«, wie Luther in einer Tischrede andeutet, aber gerade das ist so schwer, weil da der Teufel die Finger im Spiel hat. Den ärgert es nämlich, wenn die Menschen Gott vertrauen:

*»Zwei Dinge sind dem Satan eigen: das erste, dass er uns sicher macht und dass
wir Gott zur Zeit des Wohlergehens nicht fürchten; das zweite, dass er uns zur Zeit
der Trübsal verzweifeln und vor Gott fliehen lehrt.«*

Also: Meinen Glauben muss ich in Zeiten des »Wohlergehens« stabilisieren und
mich vorbereiten und hoffen, dass er stabil ist und trägt, wenn schlimme Zeiten
kommen: Hoffnungslosigkeit, schlimme Krankheit, Unglücke und Katastrophen.

Niemand kann vorhersagen, ob sein Glaube dann wirklich trägt.

Ich weiß ja auch, dass mein Glaube nicht alle Tage gleich ist. Er schwankt,
er ist mal stärker und beglückender, aber ich kenne auch Zeiten, da ist er ziemlich schwach und ängstlich. Der Apostel Paulus spricht manchmal vom »Maß
des Glaubens«, welches bei den Menschen durchaus unterschiedlich ist.

Wie kann ich ihn stabilisieren?

Dazu hier drei Tipps und Hinweise:

- Das ist ein dauernder lebenslanger Prozess. Ich muss immerfort was für meinen Glauben tun, eben immer nachlegen. Luther, aber auch Paulus, sind immer der Meinung: Ich bin ein Anfänger im Glauben. Ich jage ihm nach, aber
  ergriffen habe ich es noch nicht.
- Ich muss sehr aufmerksam durchs Leben gehen und immerzu Inventur halten
  über die Zeichen der Güte Gottes in meinem Leben. Denn aus der erfahrenen
  Güte Gottes. Kann ich Kraft schöpfen auch für Zeiten, wo es mir nicht gut
  geht. Wem es schlecht geht, der muss umso gründlicher Inventur halten und
  nach den Spuren von Gottes Güte suchen.
- Ich soll einüben, dankbar zu sein für alles. Ich soll nichts als selbstverständlich ansehen. Dankbar sein für alles, was ich Gutes erfahre, und nichts davon
  als selbstverständlich nehmen.

Wenn ich aus solcher Nachschau und Inventur die Erkenntnis ziehe: Ich bin
ganz sicher, dass Gott ein Gott ist, der gerne hilft. Ich habe es so oft in meinem
Leben erfahren. Da will ich nun auch darauf vertrauen, dass es weitergeht,
auch in schwierigen Zeiten, in harten Krankheiten und in Unglücksfällen, ja
auch in meinem Sterben.

So muss ich meinen Glauben stabilisieren. Und natürlich darum beten, dass
er stabil bleiben und werden möge.

In seiner Predigt sagt Luther noch einen ganz anderen Satz:

*»Wo der Glaube stark gewesen wäre, würden sie sich vor dem Wind und Meer
nicht entsetzt, sondern gedacht haben: Wir wollen vor dem Wind und Meer
wohl bestehen bleiben, gleichwie Jonas mitten im Meer, ja, in des Walfisches
Bauch erhalten geblieben ist. Denn wir haben den Herrn des Meers bei uns,
und dieser unser Herr kann uns helfen und uns erretten, nicht allein über
dem Meer, sondern auch in und unter dem Meer.«*

So schön wäre es gewesen, wenn der Glaube stark gewesen wäre: Die Wirklichkeit sah anders aus. Der Glaube war klein und dennoch hat der Herr den Jüngern geholfen: Uns zum Trost und zur Erinnerung. Beten Sie also um Ihren Glauben und bleiben Sie getrost.

Ausleger:
Axel Noack war bis 2008 Bischof der Evangelischen Kirche der Kirchenprovinz Sachsen und ist seit 2009 Honorarprofessor für kirchliche Zeitgeschichte und territoriale Kirchengeschichte an der Martin-Luther-Universität Halle-Wittenberg.

Die Aussendung der zwölf Jünger, Lukas 9,1–6

Michael Greßler

(Der Predigttext wird später gelesen.)

I. Begrüßungssektmomente

Ich trinke gerne Sekt. Das wissen meine Freunde und Freundinnen genau. Und wenn welche nach Leislau kommen, und es gäbe nicht wenigstens einen kleinen Sekt zur Begrüßung – sie würden sich sehr verwundern. Dass der Greßler gerne Sekt trinkt, ist sprichwörtlich. Und wenn wir das zusammen machen, dann sind das manchmal so kleine, perfekte Momente.

II. Lukas-Evangeliums-Momente

Aus dem Lukasevangelium im neunten Kapitel:

[1]Er rief aber die Zwölf zusammen und gab ihnen Gewalt und Macht über alle Dämonen und dass sie Krankheiten heilen konnten [2]und sandte sie aus, zu predigen das Reich Gottes und zu heilen die Kranken. [3]Und er sprach zu ihnen: Ihr sollt nichts mit auf den Weg nehmen, weder Stab noch Tasche noch Brot noch Geld; es soll auch einer nicht zwei Hemden haben. [4]Und wo ihr in ein Haus geht, da bleibt und von dort zieht weiter. [5]Und wenn sie euch nicht aufnehmen, dann geht fort aus dieser Stadt und schüttelt den Staub von euren Füßen zum Zeugnis gegen sie. [6]Und sie gingen hinaus und zogen von Dorf zu Dorf, predigten das Evangelium und heilten an allen Orten.

III. Textmomente

Zusammengerufen. Mit Kraft ausgestattet und mit einer Mission. Und dann ausgesandt: »Geht! Geht mit nichts! Nur das Allernötigste. Keine Tasche. Kein Geld. Kein Brot. Kein Wanderstab. Nur *ein* Hemd. Auf keinen Fall Vorrat! Geht hin. Und dann bleibt. Wenn es gut geht, bleibt eine Zeit. Sagt ein Wort. Und wenn möglich, macht irgendwas wieder heil. Und geht dann weiter. Und wenn sie Euch nicht aufnehmen, dann schüttelt den Staub von Euren Füßen. Und geht gleich.« So funktioniert Kirche.

IV. Kirchenmomente

Kirche ist wie Sekt trinken … Und Sekt trinkst Du nicht immer. Vielleicht sogar selten. Jedenfalls in besonderen Momenten. Und besondere Momente *sind* eben nicht immer. Deshalb sind es ja besondere Momente. Sekt kannst Du auch nicht stehen lassen. Sekt bleibt nicht. Dann wird er schal und eklig. Und meistens wird er ja auch gleich ausgetrunken – dieses eine Glas im besonderen Moment. Oder dann eben weggeschüttet. Getrunken oder ausgegossen. Jedenfalls ist er dann weg. So funktioniert Kirche.

V. Perfekte Momente

Das merke ich immer mehr in all den Jahren, in denen ich Pfarrer bin. Und ich bin's gern, mindestens so gern, wie ich Sekt trinke. Es kommt auf diese besonderen Momente an. Davon lebt Kirche. Genau von diesem Besonderen. Von diesen Momenten wie Sekt: Wo man miteinander anstößt und glücklich ist, alles passt und alles ist schön. Oder wie auch immer so ein perfekter Moment aussieht. Das kann auch ganz ohne Sekt sein. Mit was ganz anderem – einfach nur der Moment, wo Du spürst – Du und alle anderen: Das war jetzt richtig so. So soll Kirche sein. Ich weiß solche Momente. Und Ihr ganz bestimmt auch. Das war bei Jesus und den Seinen ja auch so: »Ich sende Euch. Geht hin! Nehmt nichts mit! Ihr braucht nichts weiter. Und dann bleibt. Wenn es gut geht, eine Zeit. Lasst es gemeinsam zum perfekten Moment werden. Sagt Euer Wort. Heilt etwas. Und dann geht weiter.« So funktioniert Kirche.

VI. Momente sind Momente

Kirche ist Kirche auf Zeit. Nie auf Dauer. Kirche ist mal hier, mal da … und dann ist sie auch mal wieder weg. Kirche kommt und Kirche geht. Sie ist mal groß und mal klein. Kirche ist kein Festkörper – Kirche ist flüssig. Und das macht nichts. Denn manchmal – manchmal prickelt sie eben wie Sekt. Da passt alles. Und es wird groß. Das sind dann die Momente, von denen die Kirche lebt. Und wenn wir schon »Bibel verkosten« hier in St. Georgen zu Eisenach, dann mag ich auch an Martinus denken und an sein Exil da oben auf der Burg und an seine Bibelübersetzung – genau in diesen Wochen vor fünfhundert Jahren. Der hat das nämlich auch gewusst, das mit den perfekten Momenten, und schreibt: »*Liebe Leute, kauft, solange der Markt vor der Türe ist, sammelt ein, solange Sonnenschein und gut Wetter ist, braucht Gottes Gnade und Wort, solange es da ist! Denn das sollt ihr wissen: Gottes Wort und Gnade ist ein fahrender Platzregen, der nicht wieder dahin kommt, wo er einmal gewesen ist … Drum greift zu und haltet fest, wer greifen und halten kann!*«[1] So funktioniert Kirche.

VII. Veränderungsmomente

Ich weiß, wovon ich rede. Seit über fünfundzwanzig Jahren bin ich nun Pfarrer auf einem Stück Land zwischen Naumburg und Jena. Und da ist heute nichts mehr, wie es damals war. Gar nichts mehr. Wir waren mal zehn Kolleginnen und Kollegen – nun sind wir noch zwei. Ich hatte mal fünf Gemeinden, nun habe ich eine kleine Stadt und vierunddreißig Orte. Und ja, vieles hat aufgehört. Manches ist gestorben. Ich wohne immer noch im selben Haus – aber ich lebe in einer anderen Welt und in einer anderen Kirche. Oder diese Kirche, dieses Haus hier – Sankt Georgen in Eisenach. Ich bin ja ein »Thüringer Gewächs«, und das hier war mal unsere Bischofskirche … als ich fünf war, saß ich da oben mit meinen Eltern, als Landesbischof Braecklein eingeführt wurde – sehr feierlich und solenn, das weiß ich noch heute. Und inzwischen ist hier keine Bischofskirche mehr. Es ist eine gewöhnliche Stadtkirche, immerhin in der Lutherstadt am Fuße der Wartburg. Aber so mancher Glanz ist weg. Und der da so solenn als Bischof eingeführt wurde, war schon 1933 freiwillig in die NSDAP und in die SA eingetreten, später hat er als »IM Ingo« unliebsame Pfarrer an die Staatssicherheit verraten. Davon ist nichts geblieben, Gott sei Dank. Wo Kirche glänzt und etwas zu sein scheint, muss sie noch lange nicht richtig sein. Gilt übrigens auch heute. Und dann kam noch »Corona«. Und ich weiß, vielen fällt das alles schwer. Die Kraft reicht manchmal nicht. Und

---

[1]   WA 15, 32.

Kirche wird verzagt. Und ich höre: »Immer kleiner, immer weniger ... und ach und ach und ach«.

VIII. Kraftmomente

Wisst Ihr was: Ich mache da nicht mit. Denn ich weiß auch was anderes: Kirche ist nun mal flüssig. Da ändert sich immer alles. Manches stirbt. Um manches davon ist es bitterschade. Und bei manchem ist es gut, wenn's stirbt. Aber dazwischen – dazwischen gibt es diese Momente, wo sich meine Kirche anfühlt, wie Sekt trinken. Diese wunderbaren Momente, wo es stimmt. Da wo Kirche sich wirklich »er-eignet«. Wo Du mit eigentlich nichts hinkommst – das hat Jesus ja gesagt: »Geht ohne Vorrat, es wird reichen.« Du kommst mit nichts – und ja, es reicht. Und es ist mehr als genug. Meistens viel mehr als ich je gedacht habe. Und viel mehr, als wenn ich versuche, den Status Quo zu halten. Und klar, es braucht Konzepte, Strategien, kluges Denken. Muss alles sein. Aber das macht keine Kirche. Wo es Kirche um die Selbsterhaltung geht, da hat sie schon verloren. Manchmal und an manchen Orten verschwindet Kirche halt einfach. Stattdessen sehe ich diese Momente – landauf landab, gerade in Coronazeiten – wo plötzlich unglaublich kreative Dinge passieren, wo Kirche sich neu erfindet ... wo sie zu den Menschen geht – ohne was, ohne Vorrat – aber mit dem einen Wort: Dem Wort, von dem wir leben. Und wo sie dann womöglich was heil macht. Und ich sehe Sankt Georgen in Eisenach ... längst keine Bischofskirche mehr ... aber ein Haus, wo Ihr ein Jahr lang die »Bibel verkostet« – mit Predigerinnen und Predigern aller Couleur. Und ich merke: Da ist Kirche, wie sie richtig ist. Quicklebendig – lebendiger jedenfalls, als so mache Bischofskirche vergangener und gegenwärtiger Zeiten. Da geschieht Kirche. Da, wo es für den Moment stimmt. Sie bleibt eine Weile, wenn es gut geht. Für diesen gemeinsamen perfekten Moment. Der reicht dann lange – auch für die Mühen der Ebene. Nächsten Sonntag mache ich weiter damit und fahre wieder über meine Dörfer und in die kleine Stadt. So funktioniert Kirche.

IX. Hoffnungsmomente

Und Jesus ruft die Seinen zusammen. Er gibt ihnen eine Mission. Und er gibt ihnen Kraft. Und er sagt: »Geht. Geht ohne was. Bleibt eine Zeit, wenn möglich. Sagt Eure Sachen und macht heil, was Ihr heilen könnt. Und dann geht weiter. Das genügt. Und das wird gut.« Liebe Geschwister, bleibt gelassen. Und bleibt fröhlich und neugierig. Es wird perfekte Momente geben. Momente, wie Sekt. Trinkt gerne auch mal ein Glas zusammen. Und vertraut auf Jesus. Der weiß schon, wie Kirche funktioniert. Ich mach' das so. Kommt Ihr mit? Kommt Ihr mit – mit der flüssigen Kirche?

Ausleger:
Michael Greßler ist Pfarrer in den Kirchengemeinden des Pfarrbereiches Camburg-Leislau.

Speisung der Fünftausend, Lukas 9,10–17

Georg-Martin Hoffmann

¹⁰Und die Apostel kamen zurück und erzählten Jesus, wie große Dinge sie getan hatten. Und er nahm sie zu sich und zog sich mit ihnen allein in eine Stadt zurück, die heißt Betsaida. ¹¹Als die Menge das merkte, zog sie ihm nach. Und er ließ sie zu sich und sprach zu ihnen vom Reich Gottes und machte gesund, die der Heilung bedurften. ¹²Aber der Tag fing an, sich zu neigen. Da traten die Zwölf zu ihm und sprachen: Lass das Volk gehen, dass sie hingehen in die Dörfer und Höfe ringsum und Herberge und Essen finden; denn wir sind hier an einer einsamen Stätte. ¹³Da sprach er zu ihnen: Gebt ihr ihnen zu essen. Sie aber sprachen: Wir haben nicht mehr als fünf Brote und zwei Fische, es sei denn, dass wir hingehen sollen und für dieses ganze Volk Essen kaufen. ¹⁴Denn es waren etwa fünftausend Männer. Er sprach aber zu seinen Jüngern: Lasst sie sich lagern in Gruppen zu je fünfzig. ¹⁵Und sie taten das und ließen alle sich lagern. ¹⁶Da nahm er die fünf Brote und zwei Fische und sah auf zum Himmel und segnete sie, brach die Brote und gab sie den Jüngern, dass sie dem Volk austeilten. ¹⁷Und sie aßen und wurden alle satt; und es wurde aufgesammelt, was ihnen an Brocken übrig blieb, zwölf Körbe voll.

Du bist nicht Du, wenn Du hungrig bist!

Jürgen Klopp, evangelisch, Trainer, schreit außer sich die kleinen Plastik-Fußballfiguren eines Kickerspieles an: »3-5-2, das spielt kein Mensch mehr, beweg' dich, Junge.« Eine junge Frau nimmt den brüllenden Kloppo in den Arm und beruhigt ihn: »Du bist nicht du, wenn du hungrig bist. Iss ein Snickers! Besser? Besser!« Dann geschieht noch eine wundersame Verwandlung und aus dem Off erklingt die Stimme: »Snickers – und der Hunger ist gegessen.«

So oder so ähnlich funktioniert der populäre Werbespot für einen Schokoriegel. Ich denke mir: Sogar die Jugend der westlichen Welt ist in allem Überfluss immer noch hungrig. Außer sich. Was stillt ihren Hunger?

Liebe Gemeinde, ich freue mich, mit Ihnen heute erneut die Bibel verkosten zu dürfen! Die Überschrift der Eisenacher Predigtreihe hier in St. Georgen, 500 Jahre nach Luthers Zeit auf der Wartburg, macht von vornherein klar: Bücher kann man kosten! Bücher kann man essen: der Prophet Hesekiel weiß dann sogar, wie sie schmecken. – Natürlich nach Honig! Die Bibel, das Buch der Bücher, macht auf wunderbare Weise satt. Sei klug und halte dich an Wunder! (M. Kaleko)

Du bist nicht du, wenn du hungrig bist. Die für mich persönlichste und eindrücklichste Geschichte vom Hunger erzählte mein Großvater: Im Kriegsgefangenenlager 1945, 46, 47, 48 herrschte barbarischer Hunger. In seiner Bibel, die ihn damals begleitete wie ein guter Engel, streicht er Psalm 79 Vers 8 an und setzt dahinter 8! Ausrufezeichen. Was ist da zu lesen:»Erbarme dich unser bald, denn wir sind sehr dünn geworden!« – Immer wieder finden sich in der gesangbuchgroßen Bibel Unterstreichungen, die vom Hunger damals zeugen: »Lass […] das Brot des Menschen Herz stärke.« (Ps 104). Durchgestrichen! ein Vers im Johannesevangelium: »Wo kaufen wir Brot, dass diese essen?« (Joh 6,5).

Der Hunger im Lager schwächte die Gesundheit. Die Gemeinschaft untereinander, die lebenswichtig war, wird immer wieder auf die Probe gestellt. Und es bestand die Gefahr, die Nerven zu verlieren. Du bist nicht du, wenn du hungrig bist. Mein Großvater begann in täglicher Übung, Bibelverse auswendig zu lernen und zu wiederholen. Er war rückblickend davon überzeugt, dass er auf diese Weise große Hilfe in auswegloser Situation erfahren hat. Die Bibel mit ihren Worten des Lebens macht auf wunderbare Weise satt.

Was sind das für Worte, die solche Kraft haben?

Unser Bibelwort gehört zu den am häufigsten überlieferten Erzählungen in den Evangelien. Die Bibelverkostung heute kann wieder nur ein neuer Anlauf sein, die Kraft dieser Worte für uns spürbar werden zu lassen. Was schmecke ich also, wenn ich koste?

Wenn ich diese Worte höre, bekomme ich eine Ahnung davon, wer Jesus eigentlich ist. (Lk 9,9) Jesus Christus – gestern und heute! (Hebr 13,8). Was »blüht« denen, die »In« sind – »In Christus«. In seiner Nähe. Denen, die auf seine Liebe setzen?

Zunächst: Wer gehört dazu? Wer ist gemeint? Wer darf kosten? Wer wird satt werden? 5000 Menschen jüdischer Herkunft – wegen der 5 Bücher der Tora? 4000 Heidenchristen wegen der 4 Himmelsrichtungen? Das sind Überlegungen zur Symbolik der großen Zahlen. Was bekannt ist: Über 90% der Bevölkerung gehörten damals zur Zeit des Römischen Reiches zur Unterschicht und das bedeutete Hunger als Dauerzustand. Auch heute hungern über 811 Millionen Menschen, Corona hat die Lage weiter verschärft. (Welthungerhilfe 2020).

Wer ist geladen? Unser Text antwortet: Alle. Alle, die Jesus hinterherziehen, nachfolgen. Eine Menge! (Lk 9,11) Fünftausend Männer (Lk 9,14), Frauen und Kinder werden gar nicht gezählt. Von Luca App und Anmeldeformular ist nichts zu lesen. Die Jünger haben auch keine »Reserviert«- und »Sie werden platziert«-Schilder aufgestellt. »Kommt her, ihr seid geladen!« So heißt es im Gesangbuchlied.

Ihr seid geladen: Verzagte Sünder (werft die Ängste weg). Versöhnte Kinder! Betrübte Seelen, die Not und Jammer drückt! Kranke. Alle. Alle sind geladen.

(Ernst Moritz Arndt hat das Lied »Kommt her, ihr seid geladen« geschrieben. 2018 hat die Universität Greifswald seinen Namen abgelegt. In der Begründung verweist die Universität auf Arndts Auffassung von einer unvermischten Nation, seine Ablehnung der Juden als Staatsbürger und die Abwertung außereuropäischer Völker.)

Also, wer ist geladen? Man muss es wohl heute immer noch betonen: Alle. Und sie aßen und wurden alle satt. So erzählt es Lukas. (Lk 9,17)

In Christus gilt nicht Ost noch West, nicht Nord noch Süd, nicht Ärztin oder Handwerker, nicht Bach oder Beatles, Frau oder Mann. Unsere Kirchen sind offen oder sollten offen sein. An den Kaffeetafeln auf den Märkten oder Brücken wird die Einladung schon angenommen.

Was blüht uns dann »In Christus«: Jesus lehrt, er gibt uns guten Rat, seine Seligpreisungen können alle hören, er malt uns das Reich Gottes vor die Augen, damit wir klarsehen, wohin die Reise geht. Jesus heilt und rettet Menschen aus Not, so wie es mein Großvater erlebt hat, so wie es Menschen heute erfahren, deren Leben eine hoffnungsvolle Wende nimmt, die gesund werden, die Vergebung üben.

Und Jesus sättigt die Hungrigen. Er gibt Brot. Er gibt sich selbst. Er gibt uns nicht nur eine Idee, ein Rezept an die Hand, er gibt sich selbst. Weil wir es alleine nicht schaffen gegen den Hunger. 5000! 811 Millionen! *»Jesus aber sprach: Ich bin das Brot des Lebens!«* (Joh 6,35) Dick von meinem Großvater markiert in seiner Bibel. Genauso wie folgender Vers:

»Jesus sprach zu ihnen: Wahrlich, wahrlich, ich sage euch: Wenn ihr nicht esst das Fleisch des Menschensohns und trinkt sein Blut, so habt ihr kein Leben in euch«. (Joh 6,53)

Jesus Christus. Brot für die Welt. Nach Lukas (Lk 2) aus Bethlehem stammend, im »Haus des Brotes« geboren. Wir begegnen ihm persönlich:

»Da nahm er die fünf Brote und zwei Fische und sah auf zum Himmel und segnete sie, brach die Brote und gab sie den Jüngern, dass sie dem Volk austeilten.«

Wir begegnen ihm persönlich. Denn natürlich schmeckt das nach Abendmahl. Da müssen wir nicht lange kosten. Jesus Christus. Brot für die Welt. Welchen Hunger stillt er? Sogar die Jugend der westlichen Welt ist noch hungrig. Außer sich. Du bist nicht Du, wenn du hungrig bist …
In Psalm 107 heißt es:

»Die sollen dem Herrn danken für seine Güte / und für seine Wunder, die er an den Menschenkindern tut, dass er sättigt die durstige Seele und die Hungrigen füllt mit Gutem.«

Jesus hält Leib und Seele zusammen. Er lehrt und heilt und sättigt. Dass er lehrt *und* heilt erzählt übrigens nur Lukas.

Welchen Hunger stillt er? Er legt mit dem Abendmahl, mit seinem Sterben und seiner Auferstehung einen Grund, den sich menschliche Gemeinschaft niemals selber legen kann. Er liefert uns eine Begründung unseres gemeinsamen Lebens, die nicht angewiesen ist auf verbindende Eigenschaften wie gleiche Sprache, gleiches Land, gleiche Hautfarbe, gleicher Musikgeschmack, gleiche Wertsetzungen. Wenn wir das Brot Jesu essen, werden wir satt, weil wir einander gelten lassen, uns liebevoll ansehen, weil wir keine Kraft verlieren über der Frage der Zugehörigkeit; darüber, ob wir zueinander passen, wer wichtiger und weniger wichtig ist, wer länger dabei oder noch allzu neu ist. Sie müssen nicht die ganze Zeit überlegen, wen wir ablehnen und nicht dabeihaben wollen. Letztlich sind das ja immer Fragen von Gewalt und Gegengewalt.

Unsere Gemeinschaft begründet sich allein in der Erinnerung an Jesus Christus, der für uns Menschen gestorben und auferstanden ist. Diese Gemeinschaft gründet sich in Gottes Liebe. Der Hunger, der Menschen wütend macht, sie aus der Haut fahren lässt, sie in den Kampf um ihre Identität schickt, der Hunger, der Wut und Hass auf die Straßen bringt, der Hunger, der Ungerechtigkeit und Krieg den Weg bahnt: Dieser Hunger wird gestillt durch und in Jesus Christus. *Und sie aßen und wurden alle satt.* Und sie essen das Brot des Lebens und sie werden alle satt.

Ausleger:
Georg-Martin Hoffmann ist Pfarrer in den Kirchengemeinden des Pfarrbereiches Mihla.

Die Leidensankündigungen, Lukas 9,22 / 9,44 f. / 18,31 ff.

Hans-Hermann Pompe

Die erste Leidensankündigung

²²[…] Der Menschensohn muss viel leiden und verworfen werden von den Ältesten und Hohenpriestern und Schriftgelehrten und getötet werden und am dritten Tage auferstehen.

Die zweite Leidensankündigung

Als sie sich aber alle verwunderten über alles, was er tat, sprach er zu seinen Jüngern: ⁴⁴Lasst diese Worte in eure Ohren dringen; denn der Menschensohn wird überantwortet werden in die Hände der Menschen. ⁴⁵Sie aber verstanden dieses Wort nicht, und es war vor ihnen verborgen, sodass sie es nicht begriffen. Und sie fürchteten sich, ihn nach diesem Wort zu fragen.

Die dritte Leidensankündigung

³¹Er nahm aber zu sich die Zwölf und sprach zu ihnen: Seht, wir gehen hinauf nach Jerusalem, und es wird alles vollendet werden, was geschrieben ist durch die Propheten von dem Menschensohn. ³²Denn er wird überantwortet werden den Heiden, und er wird verspottet und misshandelt und angespien werden, ³³und sie werden ihn geißeln und töten; und am dritten Tage wird er auferstehen. ³⁴Sie aber verstanden nichts davon, und der Sinn der Rede war ihnen verborgen, und sie begriffen nicht, was damit gesagt war.

In den vergangenen Jahren erlebte ich zwei Krebserkrankungen in meinem Umfeld, Menschen mitten im Leben, Väter heranwachsender Kinder. Da war der hoch engagierte Kollege, ein exzellenter Sportler. Zwei Jahre Kampf gegen einen bösartigen Krebs, getragen von viel Gebet. Sein Leben ging trotz mehrerer Knochenmark-Transplantationen zu Ende. Bis zuletzt lebte er beides, Vertrauen für jeden Tag Leben und Erwartung auf den Himmel. Und dann ein in der Gemeinde Engagierter, als Leiter eines Rettungsdienstes hoch geschätzt. Wir haben ihn und seine Familie in Gebet, Besuchen, Seelsorge und Präsenz begleitet, bis sein Leben zu Ende ging. In beiden Fällen schrie ich: »Herr, du kannst doch diesen Menschen nicht fortnehmen! Seine Frau, seine Kinder brauchen ihn. Siehst du nicht, wie er sich für dein Reich einsetzt?«

Eine der häufigen Reaktionen auf absehbares Leiden ist: Ich kann es nicht glauben, dahinter steckt oft: Ich *will* es nicht glauben. Wir wollen fremdes Leiden vermeiden, denn es ist mühsam. Oder wir ahnen, dass auch wir an Leid beteiligt sind, möchten aber mit reiner Weste dastehen. Oder wir wollen nicht wahrhaben, dass alles Leben endlich ist. Alles hoch aktuell vor dem Leiden, das die Menschen in der Ukraine durch Putins Überfall trifft: Fassungslosigkeit, Ratlosigkeit, Verleugnung.[1]

Eine, vielleicht *die* zentrale Aussage des christlichen Glaubens ist: Gott wird Mensch, um unser Leiden, unsere Schuld, unseren Tod anzunehmen und damit zu überwinden. Passion bedeutet auch Leidenschaft: Gott geht ins Leiden als passionierter Liebhaber. Die Leidensankündigungen spiegeln göttliche Leidenschaft. Jesus spricht zu seinen Jüngern von Leiden, Verurteilung, Tod und Auferstehung. Und ihre Reaktionen? Bleiben stecken zwischen Ignoranz, Verweigerung, Blindheit und Unverständnis.

1. Dreimal verdrängt

Manches müssen wir wiederholt hören, um es wahrzunehmen. Selbst dann können wir es noch leugnen. Da hält ein abgewählter amerikanischer Präsident eisern daran fest, ihm sei der Wahlsieg gestohlen worden. Obwohl sämtliche Untersuchungen, sämtliche Prozesse, sämtliche Wahlunterlagen nicht den Funken einer Wahrheit für diese Behauptung ergaben. Aber die Wirklichkeit hat vor Wunschdenken keine Chance. Und erschreckend viele glauben es. Man kann die Wahrheit hören und doch ignorieren.

Manches nehmen wir nicht wahr, wenn wir in einer eigenen Welt leben. 2009 wollte ein belgischer Rentner mit dem Auto Brötchen holen, kam aber nie beim Bäcker an. Nach 400 km blieb sein Auto auf der A 3 kurz vor Würzburg mit leerem Tank liegen. Die Polizei musste ihn abschleppen. Nach Angaben seiner Tochter fährt ihr Vater öfter Auto und findet sich dann nicht mehr zurecht. Aber so weit wie diesmal sei er noch nie umhergeirrt.[2] Man kann die Wahrheit verpassen, gefangen in der eigenen Sicht.

---

[1] Der Gottesdienst fand drei Tage nach dem russischen Überfall auf die Ukraine statt.
[2] Quelle: http://www.stern.de/panorama/706556.html (17.7.2009).

Jesu Jünger waren weder altersverwirrt noch im Blindflug unterwegs. Aber was Jesus ihnen sagte, passte nicht. Nicht zu ihren Erfahrungen, nicht zu ihren Erwartungen, nicht zu ihren Träumen. Und was uns nicht passt, können wir verdrängen, überhören, ignorieren, umdeuten. Bei Jesu erster Ankündigung schweigen die Jünger. Keine Reaktion ist auch eine. Beim zweiten Mal kommentiert Lukas: Sie verstanden es nicht – wie eine komplizierte Gleichung oder eine fremde Sprache. Aber so beängstigend, dass sie lieber nicht nachfragen. Und beim dritten Mal, als Jesus ihnen detailliert das Kommende erzählt, können sie es nicht begreifen, weil es für sie keinen Sinn ergibt. Eine sinnlose Zukunft wird schnell verdrängt.

2. Leiden lernen

Die Kölner Witze über Tünnes und Schäl spiegeln menschliche Schwächen. Da kommt Tünnes an die Himmelstür und klopft an. Petrus öffnet, sieht ihn und schüttelt den Kopf: Du kommst nicht in den Himmel, weil du solch ein alter Spötter warst. Da holt Tünnes hinter seinem Rücken einen Hahn hervor, hält ihn dem Petrus unter die Nase und fragt: Kennst du den? Petrus verzieht das Gesicht und sagt: Lass doch die alte Geschichte – komm rein! Jesus hat seinen Jüngern sein Leiden angekündigt. Nur dies dreimal. Wie ein Vorlauf zu dem starken Versprechen des Petrus, dessen Dreimal-Scheitern der Hahnenschrei markiert. Jesus kündigt an, was der Jünger nicht glauben kann. Bis der Hahn ihm Tränen der Enttäuschung über sich in die Augen treibt. Menschliches Versagen ist Teil der Passion Jesu.

Ich beobachte eine wachsende Leidensscheu in unserer Gesellschaft. Schmerzen müssen verdrängt werden, es gibt Pillen gegen fast alles. Sterben findet weitgehend unsichtbar statt, in Altersheimen oder Krankenhäusern. Wer hat heute noch Menschen beim Sterben erlebt, begleitet und verabschiedet? Leiden und Sterben stören den Kult um Jugend und Lebensfrische, werden lautlos entsorgt.[3] Manche haben in der Pandemiepanik solche Erfahrungen gemacht. Meine Schwiegermutter musste am Jahresende 2020 weitgehend alleine sterben, weil unter Corona-Auflagen nur eines der Kinder einmal am Tag für kurze Zeit in das Seniorenheim durfte. Das schmerzt meine Frau bis heute, ihre Mutter nicht wirklich verabschiedet zu haben.

Sterbebegleitung ist ein uralter christlicher Dienst: Dem Leiden nicht ausweichen, bei Leidenden bleiben, sie in der Hoffnung auf Jesus segnen. Menschen, deren Leben absehbar zu Ende gehen wird, besuchen, begleiten, an ihrer

---

[3]   Nach Paul M. Zulehner, Warum nur will uns der Herr in dieses Land bringen? Anstiftungen zum Kirchenumbau (2004).

Seite sein, zuhörend, betend oder einfach schweigend da sein. Ein Freund hat
das nun im Ruhestand als sein Ehrenamt angefangen. Es gab eine gute Ausbildung, dazu kam seine verbindliche Bereitschaft. Oft erzählt er nun in unserer
gemeindlichen Kleingruppe von Menschen, die er begleitet. Wir beten dann zusammen für diese Menschen am Ende des Lebens. Und ich habe den Eindruck,
dass er dadurch mindestens so beschenkt wird wie die, die er besucht.

Leiden lernen? Wer Jesus Christus folgt, ist auf einer geistlichen Reise mit
einem Lebendigen. Sie formt unsere Persönlichkeiten, unsere Lebensstile, un-
sere Entscheidungen. Sie kann uns sogar dahin führen, wohin wir nicht wollen
(Joh 21,18). Die Lebensschule Jesu wiederholt wichtige Lektionen, wenn es not-
wendig ist.   Drei der Evangelien überliefern uns die Leidensankündigungen.
Aber kein Evangelist packt wie Lukas so viel zwischen die zweite und die dritte
Leidensankündigung, auf Jesu langen Weg von Galiläa nach Jerusalem (Lk 9,51).
Lukas ist der Erzähler: [4] Neun Kapitel, wie eine Extrarunde für zurückgebliebene
Schüler vor der nächsten Klasse. Um den Jüngerinnen und Jüngern auf Jesu
Weg zum Kreuz Gottes Liebe und Zuwendung zu zeigen. Hier finden wir viele
der Texte, die allein Lukas überliefert. Etwa »Der barmherzige Samariter« oder
»Der verlorene Sohn«. Als wollte Jesus klarmachen: Es geht um die leidenschaft-
liche Liebe meines Vaters, es geht um eure Barmherzigkeit. Nur so könnt ihr
meinen Weg ins Leiden verstehen.

3. Blick zurück nach vorn

Lukas verzahnt das Leben Jesu ab Beginn mit Leiden. Schon in Bethlehem ist
kein Raum für ihn da (Lk 2). Jesu erste Predigt in Nazareth endet fast mit einer
Steinigung (Lk 4). Exakt zwischen den ersten beiden Leidensankündigungen
überliefert Lukas den erschöpften Seufzer Jesu: Wie lange soll ich bei euch sein
und euch erdulden? (Lk 9,41) Jesu ganzes Leben war begleitet von Ablehnung
und sich abzeichnendem Leiden. Bach hat das im Weihnachtsoratorium markiert, als er das Adventslied »Wie soll ich dich empfangen« mit einer Passions-
melodie unterlegt. Insofern sind diese Leidensankündigungen nicht nachträg-
lich, wie sie manche Ausleger empfinden. Es wäre höchst seltsam, wenn der
wachsende Widerstand von Jesus weder wahrgenommen noch gedeutet worden
wäre. Sein Weg war zunehmendes Leiden.

---

[4]   Zu Lukas als Erzähler sagt der Neutestamentler Eduard Schweizer: »Gottes Liebe ist ja
nicht abstrakt; sie wird konkret in vielen unvorhergesehenen und sehr verschiedenen
Handlungen. Darum kann Lukas ihrer nicht habhaft werden; er muß erzählen, um sie
immer wieder von einer anderen Seite her aufleuchten zu lassen.« Eduard Schweizer,
Das Evangelium nach Lukas, NTD 3, Göttingen 1982, 60 f.

Gerade das Unverständnis der Jünger spiegelt allerdings, wie fremd ein Messias ist, der Leiden und Sterben annimmt. Jesu lebt und lehrt eine radikale Veränderung der Messias-Erwartung – auch und zuerst gegen die Erwartungen seiner Jünger! Es gab damals unterschiedliche Messias-Erwartungen, es gibt sie bis heute. Ein leidender, wehrloser Erlöser widerspricht menschlichen Gottesbildern. Nach Ostern begannen die ersten Christinnen und Christen diesen Weg mit Hilfe der Schrift zu deuten. Sie entdeckten, der kommende Weltenrichter vereinigt beides in sich: Als gehorsamer Sohn vertrat er den Menschen vor Gott, als opferbereiter Knecht Gottes vertrat er Gott vor den Menschen.[5]

Jesu Weg zum Kreuz bleibt eine radikale Sicht von Befreiung: Erlösung unter und durch Leiden. Kein Wunder, dass die Evangelien dies als ein Geheimnis schildern: Selbst der innerste Kreis verstand es erst nach der Auferweckung. So haben die Jüngerinnen und Jünger diese Rätselworte erinnert, sie unbeschönigt weitergegeben, obwohl sie darin als ahnungslos und deutungsresistent erscheinen.

Ohne Auferstehung bleibt Jesu Leiden und Sterben rätselhaft, höchstens heldenhaft oder beispielhaft. Aber ohne diesen Weg von Leiden und Sterben wäre Gott nicht an unserer Seite. Dann hätte Gott nicht »Sünde, Tod und Teufel« (Luther) überwunden. Dann wäre Jesu Tod keine Befreiung. Gottes Erlösungsweg geht mitten hinein ins Leid, um es anzunehmen und dadurch zu verwandeln. Ohne diesen Blick zurück gibt es keine Zukunft. »Erinnerung ist das Geheimnis der Erlösung«[6] weiß die jüdische Weisheit.

Menschen sind große Künstler im Ausblenden. Was uns nicht passt, wird uminterpretiert, weggedrückt, damit wir unverändert weiterleben können. 2018 gab es einen Film über den Baggerfahrer und Liedermacher Gerhard Gundermann. Er will das Gute und verstrickt sich zugleich in Böses, ist Opfer wie Täter, wird IM und seinerseits von Freunden bespitzelt. Irgendwann bekennt er seiner Musikgruppe seine Stasimitarbeit: »Ich war übrigens auch bei der Firma« – und verlässt den Raum. Er überlässt den Freunden, ob sie nun mit ihm weitergehen wollen. Als der Auferstandene auf seine Freunde trifft, die ihn verleugnet und verlassen haben, ist sein erstes Wort: »Friede sei mit euch!« (Lk 24,36). Erinnerung ist das Geheimnis der Erlösung, Vergebung das Geheimnis des Neubeginns.

---

[5]   In Anlehnung an Peter Stuhlmacher, Biblische Theologie des NT I, 124f.

[6]   Dem Talmud, auch Rabbi Israel ben Elieser (Baal Schem Tow) zugeschrieben, bisher unbelegt. Der Satz steht über der Holocaust-Gedenkstätte Jad Vaschem in Jerusalem.

Ausleger:
Hans-Herrmann Pompe war bis 2021 Generalsekretär der Arbeitsgemeinschaft Missionarische Dienste (AMD) und Referent für Mission und Kirchenentwicklung der Arbeitsstelle für missionarische Kirchenentwicklung und diakonische Profilbildung in Berlin.

Von der Nachfolge, Lukas 9,23–26/ 9,57–62

Thomas Hirsch-Hüffell

[23]Da sprach er zu allen: Wer mir folgen will, der verleugne sich selbst und nehme sein Kreuz auf sich täglich und folge mir nach. [24]Denn wer sein Leben erhalten will, der wird es verlieren; wer aber sein Leben verliert um meinetwillen, der wird's erhalten. [25]Denn welchen Nutzen hätte der Mensch, wenn er die ganze Welt gewönne und verlöre sich selbst oder nähme Schaden an sich selbst? [26]Wer sich aber meiner und meiner Worte schämt, dessen wird sich der Menschensohn auch schämen, wenn er kommen wird in seiner Herrlichkeit und der des Vaters und der heiligen Engel.

[57]Und als sie auf dem Wege waren, sprach einer zu ihm: Ich will dir folgen, wohin du gehst. [58]Und Jesus sprach zu ihm: Die Füchse haben Gruben und die Vögel unter dem Himmel haben Nester; aber der Menschensohn hat nichts, wo er sein Haupt hinlege. [59]Und er sprach zu einem andern: Folge mir nach! Der sprach aber: Herr, erlaube mir, dass ich zuvor hingehe und meinen Vater begrabe. [60]Er aber sprach zu ihm: Lass die Toten ihre Toten begraben; du aber geh hin und verkündige das Reich Gottes! [61]Und ein andrer sprach: Herr, ich will dir nachfolgen; aber erlaube mir zuvor, dass ich Abschied nehme von denen, die in meinem Hause sind. [62]Jesus aber sprach zu ihm: Wer die Hand an den Pflug legt und sieht zurück, der ist nicht geschickt für das Reich Gottes.

Ein junger Mann von Ende zwanzig, Anfang dreißig sehr entschieden, sehr wuchtig im Auftreten. Ein Radikaler könnte man sagen. Ein junger Mann von ungefähr dreißig Jahren obdachlos, sammelt um sich herum eine Schar von verkrachten Leuten, die sagen: »Du beeindruckst mich, in deiner Nähe könnte ich vielleicht was werden.« Der junge Mann hat entlegene Thesen über die Liebe. Er hat schroffe Umgangsformen. Er konfrontiert Bürger. Er erntet Interesse, Kopfschütteln selbst bei seiner eigenen Truppe und wird hingerichtet. Und daraus entwickelt sich eine staatstragende Organisation. Sie fertigt aus dem Obdachlosen eine Goldstatue. Hier oben! Und Bürger, Bäckermeisterinnen, Priester, Beamte, Sekretärinnen nehmen sie als Vorbild. Das ist so ungefähr der Kontrast, in dem wir hier über Jesus reden. Dass das nicht 1:1 klappen kann, was da gewollt war und was jetzt ist, das liegt auf der Hand. Und an diesem Kontrast kaut die Kirche seit es sie gibt!

Solche Worte, wie wir sie eben gehört haben, sind ja in der Rede Jesu überhaupt keine Seltenheit. Er redet ganz oft so. Und er redet viel öfter so, als man das so überliefert und denkt. Er ist nicht soft, überhaupt nicht. Meine Mutter hat gesagt: »'s is' 'ne fiese Möpp. Mit dem möchte ich nicht zusammenwohnen. Bloß nicht! Auch nicht als Nachbar.« Also Leute, die den nicht kennen und die nicht eingewohnt sind kirchlich, können so schon mal reagieren.

Gleichzeitig muss man sagen, wenn wir diese Worte hören, dann ist ja die Frage: »Wer soll sich das eigentlich anziehen? Wer soll das eigentlich glauben?« Gestern in diesem kleinen Gespräch in der anderen kleinen Kirche hat eine Frau gesagt: »Darf ich denn jetzt nicht mehr bei meiner Familie bleiben? Ich würde so gerne bei meiner Familie bleiben.«

Und ich glaube, dass wir nicht gut daran tun, diese Worte direkt auf uns niederprasseln zu lassen. Die Kirche hat über die Jahrhunderte versucht, das abzumildern und Wege zu finden, wie das, was dort in schroffer Weise, in der Sprache des Anfangs, des Aufbruchs, der Radikalität vielleicht so gesagt sein musste, herunterzukochen auf ein brauchbares Maß, ein lebbares Maß. Denn wenn jemand noch ein, zwei Jahre lebt und radikale Absichten hat, dann kann er so reden. Aber jemand, der vierzig Jahre ins Büro geht und 30 Jahre Kinder aufzieht und die Milch überkochen sieht und das Kind auf die Straße rennen sieht und zwanzig Jahre die alternden Eltern pflegen muss, was soll so jemand mit so einem Satz? Das geht nicht! Das funktioniert einfach nicht. Also diese Art Reden sind nicht verdaulich für Menschen, die lange leben. Ich würde gerne mal den Jesus gefragt haben, wenn er so ein Mann in meinem Alter ist – ich bin ja jetzt Rentner – wie er so mit 66 reden würde. Das würde mich wirklich mal interessieren. Also, das ist so eine Sache, die werde ich dann fragen, wenn ich ankomme da oben. Was er dann eigentlich sagen würde. Vielleicht wäre er dann auch milder. Vielleicht hätte er auch abgeschabte Hände, eine abgeschabte Seele, die dieses Aushalten des Verschleißes, das Dinge auf Dauer doch nicht gehen, die Enttäuschungen, was alles so kommt. Ich glaube, das wäre ein spannender Lehrgang gewesen.

Insofern möchte ich der anwesenden Gemeinde hier und allen Christen nahelegen, sich vor zu großen Aufgaben zu schützen. Man kann sich mit großen Worten und großen Gesten: »Ja, wir wollen Jesus nachfolgen« und so etwas, auch vor den kleinen Anforderungen wegducken und immer das Gefühl haben, man sei an sich eigentlich defizitär, weil man nicht das tut, was ein Jesus tut. Schon seine Jünger sind ja nicht so die Leuchten gewesen.

Und trotzdem: Es gibt einen Kern, den ich mir sagen lasse: »Wenn du dein Leben versuchst zu behalten, kann es sein, dass du es verlierst.« Das finde ich ein interessantes Wort. Gestern sagte jemand: »Jemand wählt einen

Beruf, weil der einträglich ist und weil er dann einen Oberklassewagen fah–
ren kann und merkt mit 55: »Das war nicht mein Beruf! Ich habe einen Oberklassewagen, aber ich habe auf eine spezifische Weise mich selber verloren.«
Und wenn er Glück hat, geht er der Neigung nach, die schon lange in ihm
wohnt, und er fängt an, eine Jugendherberge zu leiten oder irgendetwas, was
er wirklich will. Will sagen: Ich glaube, dass es Berufungen gibt im Leben,
die sind zwingend, und wenn es die Berufung ist, dem Enkel, der Zuhause
nicht zurechtkommt, einmal in der Woche lange vorzulesen, und wenn es nur
das ist. Das kann eine Berufung sein. Die muss nicht immer großartig daher-
kommen.

Und insofern ist es möglich, an seiner Berufung vorbeizuleben. Und da
höre ich den Satz als Warnung: »Pass auf! Achte auf das, was dein Innerstes
meldet! Man sagt in der Mystik, also in einer christlichen Tradition, die es seit
Paulus gibt: »Höre auf den Christus in dir! Der will wachsen!« So wie in Maria
der Christus gewachsen ist, so will der Christus in dir ausgetragen werden,
nämlich deine Lebensgestalt, deine Berufung, dein Können, der Glanz deiner
Augen, die Weichheit deiner Hände, deine Tatkraft, deine Fähigkeit, einem alten
Menschen zuzuhören, deine Fähigkeit, Spritzen aufzuziehen, deine Fähigkeit,
Zustände auszuhalten. Was du alles kannst! Also lass deinen Christus wachsen!
Lass ihn aufwachsen! Maria mit dem Baby im Bauch ist eigentlich das Bild für
ein Christenleben, in dem Christus Gestalt gewinnt.

Und so kann es passieren, dass du denkst, man müsste jetzt ganz große Ro-
sinen machen und es ist aber dein täglicher Dienst, den du hingegeben und
treu tust. Und darüber wächst etwas ganz Wichtiges in dir, ohne dass du's
merkst, folgst du also nach, und zwar nährst du den inneren Christus, der
größer wird und größer, der dich bescheidener macht oder auch mal begründet
unverschämter, der dich dann auch anecken lässt, weil du aufgrund deiner Berufung Sachen sagst, die man nicht von dir erwartet. Das kann unbequem sein,
so ein Christenleben. Das wächst in dir auf und will groß werden. Also: Lass es
wachsen!

Insofern würde ich sagen, »Ja, unbedingt zwingend folge diesem inneren
Christus.« Wie sieht das aus? Ich will ein, zwei Streiflichter sagen, was mich
das Leben gelehrt hat:

Ein Kriterium dafür, ob ich Christus wachsen lasse in mir ist, ob ich andere
wachsen lassen kann oder ob ich sie runterhalten muss. Man kennt Politiker,
die in ihrer Nähe eher so gefügige Menschen ansiedeln, und man kennt Politiker,
Obama war z.B. so einer, der sich gefreut hat, wenn Gegner und starke Leute in
seinem Team waren, die vielleicht sogar stärker waren als er in bestimmter
Hinsicht. Also, kannst du in deiner Nähe andere wachsen lassen? Das finde ich
zum Beispiel ein Kriterium, das mir wichtig geworden ist.

Dann ist nicht die Frage: »Bist du glücklich?« Glückszustände sind Momente.
Die wichtigere Frage ist: »Bist du an etwas hingegeben, verschwendest du dich

etwas? Hast du ein Feld, wo dir die Kosten egal sind?« Und wenn es das Sammeln von Kaffeetassen ist mitsamt den Geschichten, die dahinterstecken. Du liebst sie und lebst mit ihnen. Das kann sehr skurril aussehen, außen, aber du verschwendest dich an etwas, das du liebst!

Und etwas Drittes, was mir wichtig geworden ist: Kann ich Ambivalenz aushalten? Also kann ich aushalten, dass ich zugleich zum Beispiel manchmal unnahbar wirke und gleichzeitig ganz innig mitfühlen kann und das oft im selben Moment? Ich habe schon oft gedacht: »Bist du eigentlich verrückt? Du bist so und dann bist du wieder so.« Und bei anderen sehe ich das auch. Die sind einerseits so, sind ganz geizig, aber wenn es um bestimmte Leute und um große Sachen geht, dann sind sie ganz freigiebig. Derselbe Mensch! Also: Kann ich mit der Ambivalenz, in die jeder Mensch eingespannt ist, kann ich mit dieser Ambivalenz hantieren? Kann ich sie ertragen, leben, dulden, begleiten? Und wenn man schaut auf ihn da, dann sieht man, wie er zwischen den Ambivalenzen der Welt ausgestreckt überdehnt hängt. Das ist die Figur, die erträgt, nicht zu landen auf Erden, und doch total richtig ist. Das ist so paradox! Und das hat ihn zerrissen. Soweit muss es bei uns nicht kommen. Aber ohne es zu merken, Ambivalenzen, Gegensätze aushaltend werden wir dem da gleichgestaltet wie von selber, muss man sich gar nicht drum kümmern. Nachfolge oder so, das passiert eh.

Und schließlich: Bin ich in der Lage, mich als kleiner Teil des Ganzen zu sehen, politisch, kirchenpolitisch? Kann ich das ertragen, dass ich ein Teil bin mit einer begrenzten Kraft in einem Ganzen? Das Ganze der Erde. Auch das ist eine große Kunst.

Und deshalb – und damit höre ich auch auf – empfehle ich doch mal zu gucken, wenn Sie die Bibel lesen – hin und wieder, wenn Sie mal Lust haben – empfehle ich, mal nicht zu gucken auf Jesus und die großen tollen Leute um Paulus und so, sondern gucken Sie doch mal auf den Besitzer des Esels, der seinen Esel zur Verfügung gestellt hat für den Einzug in Jerusalem. Vielleicht sind Sie so jemand, der einen Esel bereitstellt, damit das Heil auf Erden ankommen kann. Das wäre doch was! Wäre doch nicht schlecht. Würde reichen. Hat was ermöglicht. Oder der Mann, der eine kurze Zeit das Kreuz getragen hat, weil Jesus einfach kaputt war und zusammenbrach. Oder der Ersatzjünger, der Judas ersetzen sollte und irgendwie wie blöd mitrannte und nichts verstand und wieder verschwand. Ich wäre der Hauptmann unterm Kreuz – überhaupt nicht christlich – der für eine Sekunde die Umlaufbahn dieses Propheten kreuzt und sagt »Das ist er!« und wieder verschwindet. Und das reicht, das reicht für ein ganzes Leben, das einmal tief verstanden zu haben. Das könnte genügen. Also diesen Figuren ein bisschen Aufmerksamkeit schenken, nicht so gucken auf die großen Geister. Da könnte etwas Entspannung drin liegen. Das betrifft übrigens auch Politiker und große Leute, die viele Reden führen und die man bewundert. Und da würde ich immer denken: »Muss man nicht! Man kann auch in der Nachbarschaft die Helden finden. Da sind sie alle und zu Hause auch.«

Ausleger:
Thomas Hirsch-Hüffell ist Pastor der Nordkirche und war bis 2018 Leiter des Gottesdienstinstitutes in Hamburg.

Verklärung Jesu, Lukas 9,28–36

Cornelia Biesecke

²⁸Und es begab sich etwa acht Tage nach diesen Reden, dass er mit sich nahm Petrus, Johannes und Jakobus und ging auf einen Berg, um zu beten. ²⁹Und als er betete, wurde das Aussehen seines Angesichts ein anderes, und sein Gewand wurde weiß und glänzte. ³⁰Und siehe, zwei Männer redeten mit ihm; das waren Mose und Elia. ³¹Die erschienen in himmlischer Klarheit und redeten von seinem Ende, das er in Jerusalem erfüllen sollte. ³²Petrus aber und die mit ihm waren, waren voller Schlaf. Als sie aber aufwachten, sahen sie seine Klarheit und die zwei Männer, die bei ihm standen. ³³Und es begab sich, als sie von ihm schieden, sprach Petrus zu Jesus: Meister, hier ist für uns gut sein! Lasst uns drei Hütten bauen, dir eine, Mose eine und Elia eine. Er wusste aber nicht, was er redete. ³⁴Als er aber dies redete, kam eine Wolke und überschattete sie; und sie erschraken, als sie in die Wolke hineinkamen. ³⁵Und es geschah eine Stimme aus der Wolke, die sprach: Dies ist mein auserwählter Sohn; den sollt ihr hören! ³⁶Und als die Stimme geschah, fanden sie Jesus allein. Und sie schwiegen und verkündeten in jenen Tagen niemandem, was sie gesehen hatten.

Stellen Sie sich vor: Sie sind nach einer anstrengenden Wanderung endlich auf dem Berggipfel angekommen! Genießen diesen unglaublichen Blick von oben auf die kleine Welt unten. Der entschädigt für alle Strapazen. Ich finde, es ist ein einmaliges Gefühl, auf einem Berg zu stehen. Ich war im letzten Jahr mit meiner Familie in Österreich zum Bergwandern. Was für eine Kraxelei! Stundenlang. Aber oben ist das egal. Dem Himmel ein Stück näher, und die reale Welt wird ganz klein. So kann ich Petrus gut verstehen, der mit Jesus und den beiden Jüngern Johannes und Jakobus oben auf dem Berg steht und ausruft: *Meister! Hier ist für uns gut sein.*

Viele von Ihnen haben das bestimmt auch schon erlebt und können es gut nachfühlen. Eine echte Gipfelerfahrung.

Neben dieser realen gibt es aber auch noch die Gipfelerfahrungen des Lebens. Die sich abheben vom Alltag. Die Hochzeit. Die Geburt eines Kindes. Der Schul- oder Berufsabschluss. In diesen Tagen erleben das gerade unsere Abiturienten. Wenn endlich alle Prüfungen geschafft sind. Was für ein Erlebnis, wunderbar, einmalig. Denn Gipfelerfahrungen, ob real oder symbolisch, gibt es nur als Ausnahme. Wir wissen, dass das so nicht ewig bleibt. Vom realen Berg muss man relativ fix wieder runter. Um den Abstieg rechtzeitig zu schaffen. Und nach einem Höhepunkt im Leben folgt auch wieder der Alltag. Der tägliche Trott. Die Mühen der Ebene. Doch wenn man auf dem Gipfel steht, wenn man den Liebsten oder die Liebste vor dem Traualtar an der Hand hält, das Kind zum ersten Mal in die Arme gelegt bekommt, das Zeugnis in den Händen hält, ist der Alltag doch völlig egal und weit weg.

Und genau so mag es denen da oben auf dem Berg gegangen sein. Was uns der Evangelist Lukas von Jesus und den drei Jüngern erzählt, ist also nahe dran an unserem Leben. Doch da oben auf dem Gipfel geschieht noch viel mehr. Die Jünger sehen Unglaubliches. Mit Jesus geschieht eine Verwandlung. Sein Gesicht verändert sich, seine Kleidung wird strahlend weiß. Und plötzlich sind Mose und Elia da, zwei große Persönlichkeiten aus der Geschichte des Volkes Israel. Jesus wird verwandelt. Vielleicht trifft es das Wort »verklären« noch mehr, das Martin Luther bei seiner Übersetzung verwendet. Verklären, das meint: Plötzlich eröffnet sich denen da oben ein neuer Horizont. Denn Gott selbst ist auf einmal da und lässt keinen Zweifel mehr offen: Jesus ist nicht einfach ein begnadeter Mensch. Einer, der andere Menschen in seinen Bann zieht. Nein. Er ist der Messias. Er wird die Geschichte Gottes mit den Menschen zu einem guten Ende bringen. Was mit Mose und Elia und vielen anderen begann, wird nun erfüllt. In Jesus will Gott bei seinen Menschen sein. Das beschreibt dieser himmlische Moment, als die vier auf dem Berg eine Wolke sehen und eine Stimme hören: *Dies ist mein auserwählter Sohn, ihn sollt ihr hören.*

Da gibt es auf einmal keine Zweifel mehr, nur noch Gewissheit. Was für ein Moment! Der Zweifel? Der wohnt unten im Tal. Die Jünger, die mit Jesus unterwegs sind, haben ja nicht nur Gipfelmomente mit ihm gehabt. Sie mussten erleben, wie er angefeindet und verspottet wurde. Vielleicht hat manches Mal auch der Zweifel an ihnen genagt: Ob es wirklich gut und richtig war, sich Jesus anzuschließen und alles zurückzulassen? Haus, Hof, Familie, Freunde. Und wenn wir in Gedanken die Geschichte weitergehen, wird sich der Zweifel auch wieder einstellen. Unten im Tal. Später, nach Jesu Gefangennahme wird ausgerechnet Petrus im Hof des Hohepriesters sagen: *Ich kenne diesen Jesus nicht. Nein, ich war nie mit ihm zusammen.*

Zweifel an uns, an Gott und der Welt, auch darin ist uns die Geschichte nahe. Auch wenn wir an unseren Glauben denken. Unser Weg mit Gott kennt – wie das Leben – beides: Gipfelerlebnisse und Talerfahrungen. Wenn Sie, liebe Schwestern und Brüder, auf diesen Weg zurückblicken: Was hat überwogen? Was hat Ihren Glauben gestärkt? Waren es die wunderbaren Momente, die Sie gerne festgehalten hätten? Oder waren es die Krisen, in denen Ihnen der Glaube Halt gegeben hat und sich bewährte? Oder haben Zweifel heftig am Glauben genagt, ihn durchgerüttelt, ihn ins Wanken gebracht? Vielleicht durch persönliche Enttäuschungen, Schicksalsschläge oder tiefes Leid. Mit dem Zweifel kommen die Fragen: Warum? Warum gerade ich? Oder allgemeiner: Warum gibt es so viel Leid und Kampf und Krieg in der Welt? Gerade in den Pandemie-Monaten hat sich bei vielen Menschen brennend die Warum-Frage gestellt.

Ich selbst kenne solche Zeiten voller Zweifel und Fragen gut. Aus persönlichem Erleben. Oder aus meiner Arbeit im Krankenhaus als Seelsorgerin: Wenn ich Menschen begegne, die viel Schlimmes durchmachen. Deren Leid berührt mich und macht mich manchmal so sprachlos, sodass ich nur noch bitten kann: *Herrgott, sei nicht fern.* Was mich in solchen Zeiten dennoch hält, ist meine Hoffnung, dass Gott da ist und dass es trotz aller Täler eben auch den Gipfel gibt. Den Gipfel, von dem diese biblische Geschichte so wunderbar erzählt. Oben auf dem Berg, da gibt es keine Fragen. Da ist ganz gewiss: Gott will bei uns sein. Jesus ist sein Sohn. Und alle, die zu ihm gehören, sind damit Gottes Kinder. Petrus möchte diesen Moment festhalten. Hütten will er bauen. Ich denke daran, wie viele Fotos ich gemacht habe auf den Berggipfeln! Um das einmalige Erlebnis zu bewahren. Aber das geht nicht. Die Fotos können das nicht wiedergeben. Wenn ich sie heute anschaue, dann spüre ich kaum noch etwas von diesem Gipfelgefühl.

Bei den Jüngern aber ist dieser Gipfelmoment noch viel mehr als das. Es ist eine echte Gotteserfahrung. In der Wolke, die sie umgibt, hören sie auf einmal Gottes Stimme. Erst Mose und Elia, nun Gott selbst.

Ich selbst kann solche Gotteserfahrungen nicht vorweisen. Aber ich kenne Momente, in denen mich tiefes Glück oder tiefe Ehrfurcht ergreift. Die Geburt unserer Kinder war ein solcher Moment. Oder als mir eine Freundin in schlimmer Zeit sagte: *Niemals fällst Du tiefer als in Gottes Hand!* Da hatte ich das Gefühl: Gott ist da, hier und jetzt. Alle Sorgen, alle Fragen sind für einen Moment wie weggeblasen. Erklären kann ich das nicht. Nur fühlen.

Ja, Gipfelmomente sind zeitlich begrenzt. Keine Hütte, kein Bild kann den Moment festhalten. Das haben auch die Jünger erfahren, als sie später mit Jesus ins Tal stiegen. Es wurde ein dunkles Tal. Denn dann kam Jesu Leiden und Sterben.

Aber noch stehen die Jünger mit Jesus oben auf dem Gipfel. Und diese Begegnung mit Gott, diese große Gewissheit, dass er ihnen so nahe ist, die wird Spuren hinterlassen in ihrem Leben. Genauso geht es uns. Mit den Höhepunkten unseres Lebens und mit dem Gipfel unserer Gotteserfahrung. Die Gewissheit vom Gipfel bleibt in unseren Herzen. Sie gibt uns Kraft für die Talerfahrungen, die sicher kommen werden. Der Alltag. Mit Zweifel, Streit, Not und Leid. Aber der Gipfel, die Gewissheit der Gottesnähe bleibt. Und weitet unseren Blick über alle Zweifel und Fragen hinaus. Dieser Blick sagt: Gott zeigt sich. Im größten Glück. Aber er geht auch mit ins Tal. Hinein in das tiefste Leid, sogar bis in den Tod. Und darüber hinaus.

Liebe Schwestern und Brüder, was für ein Geschenk sind solche Gipfelerfahrungen, solche Gottesbegegnungen. Sie können unseren Glauben bestärken, auch und besonders in dunkler Zeit. Sie können uns die Kraft geben, auch mit den dunklen Tälern zu leben.

Das galt Jesus und den Jüngern auf dem Berg. Das gilt *uns*.

Auslegerin:
Cornelia Biesecke ist Pfarrerin an der St. Annenkirche in Eisenach.

Jesu Lobpreis des Vaters, Lukas 10,21–23

Andreas Schwarze

²¹Zu der Stunde freute sich Jesus im Heiligen Geist und rief: Ich preise dich, Vater, Herr des Himmels und der Erde, weil du dies Weisen und Klugen verborgen hast und hast es Unmündigen offenbart. Ja, Vater, so hat es dir wohlgefallen. ²²Alles ist mir übergeben von meinem Vater. Und niemand weiß, wer der Sohn ist, als nur der Vater, noch, wer der Vater ist, als nur der Sohn und wem es der Sohn offenbaren will. ²³Und er wandte sich zu seinen Jüngern und sprach zu ihnen allein: Selig sind die Augen, die sehen, was ihr seht.

Ein Filetstück Bibelverkostung liegt uns heute mit *Jesu Lobpreis des Vaters* vor. Ein köstliches Geheimnis ist dieses Predigtwort, das uns im soeben gehörten Evangelium geschenkt ist. So bitten wir Gott: Öffne unsere Ohren zum Hören und unsere Herzen, damit wir dein Wort aufnehmen und uns darin stärken lassen an Leib und Seele. Amen.

Ich nehme Sie für einen Augenblick mit in unsere Küche. Hier entsteht gerade ein köstliches Menü. Bei dem Gedanken daran läuft mir das Wasser im Munde zusammen. Wann immer Zeit ist, stehe ich gerne zusammen mit meiner Frau in unserer Küche. Es fasziniert mich, wie sie Zutat um Zutat kombiniert und mit Gewürzen fein abschmeckt. Da entsteht eine kulinarische Komposition. Das zeitweise Hineinkosten in das Entstehende steigert die Vorfreude und verschönert den Ausblick auf den gemeinsamen Genuss. Es duftet schon so herrlich. Meine Frau hat – wie ich finde – eine besondere Gabe: schon beim Lesen einer Zutatenliste weiß sie genau, wie das Ergebnis schmecken wird. Für mich unvorstellbar und jedes Mal wieder eine Überraschung. Das ist wie ein Geheimnis. Während ich noch sehe, was vor Augen ist, schmeckt sie schon die Köstlichkeiten.

So eine Vorahnung schenkt uns zur heutigen Bibelverkostung der Predigttext. Daher verlassen wir schnell unsere Küche. Genug in die Töpfe geschaut. Kehren wir zurück zum jubelnden Lobpreis Jesu.

Da steht er, begrüßt seine Jüngerinnen und Jünger. Sie sind gerade zurückgekommen von ihrer kleinen Missionsreise durch die umliegenden Ortschaften. Sie sollten bei den Menschen einkehren. Wieder ist vom Essen und Trinken die Rede. Gute Gemeinschaft an einem gedeckten Tisch ist mehr als Gold wert. So essen sie und trinken sie. Sie schütteln sich – wo immer nötig – den Staub von den Füßen und kehren am Ende fröhlich zurück. So empfängt sie Jesus und preist in voller Dankbarkeit seinen Vater. Ein österlicher Jubel, unaufhaltsam und mitreißend: *Ich preise dich, Abba – du, mein lieber Vater, du Schöpfer des Himmels und der Erde.* Allein das reicht schon für eine ganze Predigt.

Ich gebe zu: So ein Lob auf den Lippen und im Herzen habe ich in den letzten Tagen und Wochen eher selten vernommen. Statt ausgelassener Osterfreude und köstlicher Tischgemeinschaft ist allenthalben ein Lamentieren zu vernehmen und das Brot eher dürftig. Die derzeitige Situation lässt uns keine Ruhe. Da geht dies nicht und das nicht. Das schmeckt uns alles nicht so richtig. Wenn doch endlich wieder Normalität herrschte. Ich ertappe mich dabei, wie ich geneigt bin, mitzuklagen. Mein Innerstes spürt das schließlich auch. Ich möchte so gerne meine Eltern besuchen, liebe Freunde in die Arme schließen, unbekümmert ein Fest feiern, mit allen an einem herrlich gedeckten Tisch sitzen.

Mittenhinein plötzlich dieser Lichtblick, dieses Lob, dieser unaufhaltsame Jubel: *Ich preise dich, Abba – du, mein lieber Vater, du Schöpfer des Himmels und der Erde.* Allein dieser Beginn des Lobpreises ändert alles. Es ändert meinen Blick und weitet den Horizont. Ein solches Lob holt mich aus der Klage heraus und schenkt mir voll ein. Das Herz hüpft höher. Nicht die Widrigkeit, nicht die Sorge, nicht die Last drücken in diesem Moment. Hier ist Freiheit, ist väterliche Nähe und mütterliche Liebe. Es ist wie ein Blick in den Kochtopf, Vorfreude auf das köstliche Mahl.

Wer allerdings schon satt ist bis oben hin, wer schon alles hat und alles kennt, wird eine solche Vorfreude nicht sehen und einen solchen Genuss nicht schmecken. Nicht die Klugen, nicht die Weisen, nicht die Alleswisser erkennen Gottes Wohltat, die Jesus preist. Vielmehr öffnet sie sich für diejenigen, die hungern und dürsten nach Gerechtigkeit, die sich nach Geborgenheit sehnen, sanftmütig Frieden stiften und Leid tragen.

Die einen sind schon fertig mit der Welt. Sie haben Gott vermeintlich in der Tasche. Sie haben ein fertiges Bild von allem und meinen fest, nur so und nicht anders dürfte es sein. Eine solche Klugheit erkennt nichts. Bis zu einem gewissen Punkt mag sie überlegen sein. Doch wenn die Welt ins Wanken gerät, wankt sie mit. Sie versinkt in den eigenen Ängsten, die sie eigentlich immer ganz gut im Griff hat. Es ist wie ein Haus auf Sand.

Die anderen suchen. Sie hungern nach Gott. Für sie jubelt Jesus im Heiligen Geist und sie erfahren in diesem Jubel Gottes Halt, seinen Trost, seine Nähe im Unerwarteten, im Schmerzvollen, in der Fülle des Lebens.

Für die einen wie für die anderen stiftet Jesus etwas Neues. Mit den Worten des Erkennens des Vaters durch den Sohn und des Sohnes durch den Vater eröffnet Jesus letztlich eine veränderte Beziehung zu Gott. Dieses Neue ist im Rahmen unseres Predigttextes zu finden. Es leuchtet auf im Gleichnis vom Barmherzigen Samariter im Anschluss und vergewissert sich vorab in der Zusage Jesu, dass die Namen der Seinen im Himmel geschrieben stehen. Ihr seid Kinder Gottes, Kinder des Lichtes.

Das haben die Jüngerinnen und Jünger in Christus gesehen. Diese österliche Gotteserfahrung begleitet uns bis heute: Gottes Barmherzigkeit trägt die Welt. Sie gilt uns und durch uns anderen: Mitmenschen, Nachbarn, Weggefährten. Seid barmherzig, wie auch euer Vater im Himmel barmherzig ist. Genau das eröffnet Jesus in diesem Augenblick. Und als ginge es um nichts anderes, schließt Lukas das Gleichnis vom barmherzigen Samariter an. Aber das, liebe Schwestern und Brüder, liebe Hörerinnen und Hörer, ist ein anderes Gericht, eine andere Köstlichkeit im Bibelverkosten.

Solche Erkenntnis, solcher Jubel ist nur im Glauben möglich. Luthers Sache mit dem Stehen und nicht anders können, ist auch weniger eine Wissensfrage gewesen, sondern vielmehr ein Glaubenszeugnis geworden. So handeln kann, wer durch Christus, durch Kreuz und Auferstehung auf Gott vertraut.

Dabei sehen wir noch nicht alles. Wissen können wir es erst recht nicht, bleibt es doch den Klugen und Weisen unverständlich. Für Paulus ist es wie ein dunkles Bild in einem Spiegel. Dann aber werden wir erkennen, gleichwie wir erkannt sind. Für Jesus ist es hier ein zweifacher Bezug: Zum Vater, Abba – in inniger Verbindung – und zum Schöpfer des Himmels und der Erde. Durch die Schöpfung können wir erahnen, wie liebevoll, großzügig, weise und mächtig dieser liebende Vater ist.

Auf der Suche nach ihm hilft uns die Heilige Schrift. Luthers Übersetzung des Neuen Testamentes und später der ganzen Heiligen Schrift hat dafür einen wichtigen Grundstein gelegt. Alles, was wir so lesen und erfahren können, ist dieses eine: Gott sehen ist keine Erkenntnis – die Weisen und Klugen wissen nichts – sondern ist eine Beziehung zu ihm. Er hat diese Beziehung zu uns längst geknüpft und mit der Taufe hat er uns seine Verheißung ins Herz hineingelegt. Seht hin und glaubt!

Essen ist fertig. Der Ruf aus der Küche lässt mich schnell alles beiseitelegen. Der Tisch ist festlich gedeckt, eine Festtafel. Jubeln wir mit Jesus. Danken wir Gott für alles, was er uns gegeben hat. Vertrauen wir darauf, dass er seine Verheißung an uns vollenden will, damit wir ihm in seiner ganzen Liebe und Barmherzigkeit begegnen mögen. Amen.

Ausleger:
Andreas Schwarze ist seit 2014 Superintendent des Kirchenkreises Südharz mit Sitz in Nordhausen.

Barmherziger Samariter, Lukas 10,25–37

Dr. Gerhard Begrich

²⁵Und siehe, da stand ein Gesetzeslehrer auf, versuchte ihn und sprach: Meister, was muss ich tun, dass ich das ewige Leben ererbe? ²⁶Er aber sprach zu ihm: Was steht im Gesetz geschrieben? Was liest du? ²⁷Er antwortete und sprach: »Du sollst den Herrn, deinen Gott, lieben von ganzem Herzen, von ganzer Seele und mit all deiner Kraft und deinem ganzen Gemüt, und deinen Nächsten wie dich selbst« ²⁸Er aber sprach zu ihm: Du hast recht geantwortet; tu das, so wirst du leben. ²⁹Er aber wollte sich selbst rechtfertigen und sprach zu Jesus: Wer ist denn mein Nächster? ³⁰Da antwortete Jesus und sprach: Es war ein Mensch, der ging von Jerusalem hinab nach Jericho und fiel unter die Räuber; die zogen ihn aus und schlugen ihn und machten sich davon und ließen ihn halb tot liegen. ³¹Es traf sich aber, dass ein Priester dieselbe Straße hinabzog; und als er ihn sah, ging er vorüber. ³²Desgleichen auch ein Levit: Als er zu der Stelle kam und ihn sah, ging er vorüber. ³³Ein Samariter aber, der auf der Reise war, kam dahin; und als er ihn sah, jammerte es ihn; ³⁴und er ging zu ihm, goss Öl und Wein auf seine Wunden und verband sie ihm, hob ihn auf sein Tier und brachte ihn in eine Herberge und pflegte ihn. ³⁵Am nächsten Tag zog er zwei Silbergroschen heraus, gab sie dem Wirt und sprach: Pflege ihn; und wenn du mehr ausgibst, will ich dir's bezahlen, wenn ich wiederkomme. ³⁶Wer von diesen dreien, meinst du, ist der Nächste geworden dem, der unter die Räuber gefallen war? ³⁷Er sprach: Der die Barmherzigkeit an ihm tat. Da sprach Jesus zu ihm: So geh hin und tu desgleichen!

Was für ein wunderbarer Tag. In Eisenach ist es schön. Aber wo wir hinfahren, ist es auch schön. Wir treten eine kleine Reise an. Und Sie müssen bloß die Augen auftun, damit Sie sehen, und Ihr Herz auftun, damit Sie fühlen, wie schön die Welt Gottes ist. Wir fahren auch nicht mit dem Auto. Ich kann sowieso nicht Autofahren. Zweitens ist es ungesund und drittens gibt es gute Züge. Aber die gibt es ja nicht immer. Wir gehen mal davon aus, es gibt sie heute, und steigen also ein und fahren von hier aus zum Rhein und dann den Rhein entlang von Mainz nach Koblenz. Das müssen Sie einfach gesehen haben! Da hat der große Liebhaber dieser Welt *con amore* geschaffen. Das ist eine Gegend wie ein Lichtertraum und wir fahren mit dem Zug bis nach Kehl. In Kehl steigen wir aus, gehen über die Rheinbrücke und kommen in eine der schönsten deutsch-französischen Städte nach Strasbourg … Sie können auch »Straßburg« sagen. Und wir gehen durch die kleinen gotischen Straßen, verwinkelt, aber alle haben sie ein Ziel und da wollen wir auch hin. Sie gehen zu dem wunderbaren Münster mit einem Turm, von dem man denkt: »Der reicht bestimmt bis in den Himmel!« Und dann gehen wir an der Südseite an das Südportal. Das ist das, wo die Sonne am meisten scheint, denn dieses Portal ist immer ausgezeichnet, ganz besonders gestaltet bei einer Kathedrale. – So auch in Erfurt. Dazu sage ich dann noch einen Satz. – Wir stehen aber jetzt in Straßburg und das Südportal ist zweitürig, in der Mitte eine schöne Säule und dann sitzt da ein König. Kennen wir den? Wie sollten wir? Und am Fußschemel dieses Königs, der ein Schwert in der Hand hat, sieht man zwei Frauen und ein kleines Kind. Was mag das bedeuten? Aber rechts und links stehen zwei wunderschöne, in Stein geschaffene Frauen. Die eine ist ein bisschen stolz, die andere dafür ein bisschen viel schöner. Und die mit Stolz, die hat einen Speer in der Hand und der ist fest und stark und einen Kelch, und eine kleine Krone hat sie auf. Auf der anderen Seite die Frau, die – wie ich glaube – ein bisschen schöner ist, vielleicht mit mehr Liebe gestaltet vom Meister, hat verbundene Augen, sieht also nichts, und sie hat einen zerbrochenen Stab in der Hand und zwei Tafeln, die ihrer Hand entgleiten. Und nun können wir – wenn wir es wissen – wissen, wer die beiden Frauen sind: Die stolze, die aufrechte – ich sage das nicht ironisch – die richtige, das ist die Ecclesia, das ist die Kirche, und die schöne, die gedemütigte, die blinde, die nicht sieht, was vor Augen ist, das ist die Synagoge. Und das ist die Botschaft am Eingang der Kirche! Jetzt können wir auch wissen, wer der König ist: Es ist der weise König Salomo, zu dem – das wird erzählt vom Anfang seiner Regierung – kamen eines Tages zwei Frauen, junge Frauen, zwei Mütter, und beide weinten. Die eine schrie der anderen zu: »Gib mir mein Kind« und die andere sagte leise: »Das ist doch gar nicht deins«. In 1. Könige 3 können Sie das einmal nachlesen. Und Salomo soll ein Urteil sprechen, und er spricht es und sagt: »Dann teilt das Kind doch durch mit dem Schwert«. Da sagt die Frau, die wirklich die Mutter des Kindes ist: »Lasst es sein, gebt ihr das Kind.« Und dann bekommt es doch die rechte Mutter. Und das als Eingang in eine wunderbare Kirche, in der Paradiespforte zu Straßburg, eine Botschaft für die Christen. Und natürlich steht die Kirche da, wo die Frau steht, die das Kind bekommt. Und die Synagoge ist die verworfene Betrügerin. So leicht hat man sich das gemacht. Die Botschaften in Stein haben damals alle verstanden bis zum heutigen Tag. Und wenn Sie noch Zeit haben, können wir von einem Dom zum anderen fahren in Deutschland und an jedem Dom werden Sie diese Gestalten finden. Meist groß und manchmal ganz klein. In Erfurt, wenn Sie die Domstufen hochgehen und zum Triangel-Portal, also sozusagen auf die Rückseite, da sehen Sie das auch. Und immer ist die Verwerfung der Synagoge verbunden mit einem Bibeltext. In Straßburg mit dem Urteil des

Königs Salomo und sonst ganz häufig mit den törichten und klugen Jungfrauen. Ich muss nicht sagen, wer die klugen sein sollen und wer die törichten. Das ist kein Evangelium und das ist keine Botschaft zum Leben. Das ist Aufruf zu Mord! Und so ist es gewesen jahrhundertelang. Liebe Schwestern und Brüder, vergesst es nie! Wir sind alle Gottes Kinder! Die einen wie die anderen. Und es kommt darauf an, sich im Menschlichen als Mensch zu bewähren. Das ist christlich! Das ist jüdisch! Das ist von Gott so gewollt. Am Anfang schuf Gott auch nicht die Juden und auch nicht die Christen und nicht die Amerikaner und nicht die Russen und die Chinesen auch nicht. Gott schuf den Menschen ihm zum Bilde. Das kennen Sie doch! Das ist ein wahrer Schatz und das ist ein wahres frohes Evangelium. Das sollen Sie fest bewahren in Ihren Herzen und Händen. Und nun haben wir ja noch ein Gespräch. Da kommt ein – und das ist nicht freundlich übersetzt, obwohl es schlimmer geht, als wir es heute gehört haben, meistens heißt es: – »Es kommt einer, ihn zu versuchen.« Und damit ist der Frager schon abgestempelt: Der meint es ja gar nicht ernst. Der will unseren Herrn nur versuchen. Denn die beiden unterhalten sich, vielleicht sogar am Straßburger Münster stehend, und wir sind ja immer noch dort – haben Sie gar nicht gemerkt?! Wir sind ja noch gar nicht zurückgekommen. – Wir stehen ja noch da. Wir wollen ja die Botschaft verstehen von dieser Tür. Und da stehen die zwei, zwei Lehrer des Gesetzes. Und ein bisschen müssen Sie, glaube ich, heute Hebräisch lernen: Das Wort, das dort steht, heißt nicht »Gesetz«, hieß nie »Gesetz«. Das heißt auf Hebräisch »Tora« und auf Deutsch ist es ganz einfach, da heißt es: »die Freude zum Leben, die Weisung«. Mit Gesetz hat es nur bedingt etwas zu tun. Schon wenn man sagt: »Das ist ja nur ein Gesetz«, setzt man die wunderbaren Geschichten herab. Also, da stehen zwei, die sich auskennen. Den einen kennen wir. Das ist unser Herr und Meister Jesus Christus als irdischer, wandelnder Rabbiner. Der andere ist ein Rabbi, den wir nicht kennen. Wir lernen ihn aber gleich kennen. Der stellt eine Frage. Und ich glaube, es ist die einzige Frage, die überhaupt gestellt werden muss im Leben. Und Sie müssen jetzt nicht sagen, ob Sie das schon einmal gemacht haben. »Was muss ich tun, um das ewige Leben zu ererben?« Unsere Kirche sagt dazu schon seit Jahren vorsichtshalber nichts und wir vielleicht ja auch nicht. Das macht das Herz aber krank. Und er stellt die einzige Frage, auf die es im Leben wirklich ankommt: »Was muss ich tun, um das ewige Leben zu ererben?« Ich kann immer nur hoffen, wir müssen vielleicht gar nichts tun und es geschieht uns aus Gnade. Aber wer weiß das schon? Also, ein Rabbi fragt den anderen Rabbi. Und was macht unser Rabbi Jesus jetzt? In der Bibel wird das übersetzt mit »Lehrer«, meistens, aber es ist der Rabbiner. Und was macht er? Er antwortet nicht und er antwortet nie, wenn er gefragt wird. Das ist das Geheimnis, allen rabbinischen Dialogs: Niemals selber antworten, sondern mit der Schrift antworten. Die Frage heißt doch nicht: Wie klug bist du (?), dann sag mir's, sondern: Weißt du, was in der Schrift steht? Und jetzt hören Sie gut zu, was Jesus sagt: Er sagt nichts! Er sagt dem ihn Fragenden: »Na, was liest du denn? Du kennst doch die Schrift.« Und der weiß das, der weiß das, und zitiert diesen schönen Text aus dem 5. Buch Mose: »Meister, was muss ich tun, dass ich das ewige Leben ererbe?« Er aber sprach zu ihm: »Was steht in der Schrift? Was liest du?« Und er antwortete und sprach: »Du sollst den Herrn deinen Gott lieben von ganzem Herzen, von ganzer Seele, von aller deiner Kraft und vom ganzen Gemüt, und deinen Nächsten wie dich selbst.« Das haben Sie jetzt ja alle gehört, und es steht schon seit zwei Tausend Jahren da. Und trotzdem hat – und das sage ich nicht gerne, weil ich meine Kirche liebe genauso wie Sie – meine Kirche zwei Tausend Jahre lang behauptet: Das Gebot der Nächstenliebe haben nur wir. Und so haben Sie es auch kennengelernt und so ist es falsch! Jeder, der die Schrift kennt, weiß es, was da steht. Natürlich weiß es der Fragestellende selber. Und den letzten kleinen Satz zum Doppelgebot der Liebe: »Liebe deinen Nächsten wie dich selbst«, den kann man aus dem Griechischen übersetzen. Keine Angst ich quäle Sie nicht – und das steht hier, weil es Griechisch geschrieben ist: »deinen Nächsten wie dich selbst«. Das ist ein Zitat aus dem 3. Buch Mose und da steht es dann Hebräisch und da heißt das: »Du sollst deinen Nächsten lieben, denn er ist wie du.« Und wenn Sie sich das beides merken können, gucken Sie Ihren Nachbarn demnächst freundlicher an. Ich möchte nicht so sein wie mein bekloppter Nachbar und Sie vielleicht auch nicht. Aber genau das verlangt die Schrift. »... denn er ist wie du«. Ich sag' Ihnen das nicht gerne, aber ich fahre ja wieder nach Hause. Ich denke natürlich, ich bin besser als die anderen. Wie der schon rumläuft! Ha! Aber unser Herr und Meister sieht das anders und die Schrift auch und jetzt haben Sie's gehört. Und dann bleibt da noch eine Frage übrig. Jesus antwortet ihm nämlich und sagt: »Du hast recht geantwortet. Tu das, so wirst du leben!« und das ist auch ein Schriftzitat aus dem 3. Buch Mose. Also Jesus hat kein einziges eigenes Wort gesagt, sondern ihn dazu verführt, seine Fragen alle selbst zu beantworten. Das ist doch mal ein Gesprächsanfang. Und das alles vor dem Straßburger Münster, wo die Türen den Sieg der einen und den Tod der anderen verkünden. Das Evangelium ist ein Buch gegen das Sterben in der Welt. Und nun können wir in Frieden in den Zug steigen und zurückfahren. Was zu sehen war, haben wir gesehen.

Aber die Geschichte verlangt ja noch etwas anderes. Jesus erzählt ein Gleichnis. Das macht er sehr oft, wie wir alle wissen. Und dann heißt es ja auch: »Nun sieh du zu, ob du das überhaupt verstehst.« Die Geschichte, die kennen Sie alle. Die brauche ich nicht nochmal zu erzählen. Die fängt damit an, dass Leute von Jerusalem nach Jericho laufen. Wer da schon einmal war, der weiß, dass das etwa 850 m auf 20 km verteilt hinab sind. Jerusalem liegt ganz oben und Jericho liegt ganz unten. In der Auslegung vieler christlicher Bücher hat man den Eindruck, der ging von Jericho nach Jerusalem. Und dann sagt man: »Die beiden, die da vorbeigehen, der Levit und der Priester, die wollen zum Gottesdienst und lassen den Menschen liegen. Warum tun sie das?« Nein, es ist viel schlimmer: Sie kommen vom Gottesdienst und gehen herab und lassen ihn liegen. Und jetzt wollte ich eine Frage stellen, die müssen Sie aber nicht beantworten. Die Frage heißt: Wieso hat Gott auch die Atheisten geschaffen? Die braucht doch überhaupt keiner, oder? Warum hat Gott die auch noch gemacht? Und die Antwort der Rabbinen heißt: »Damit du dich wie ein Atheist benimmst, wenn ein Mensch in Not ist, und nicht sagst: »Gott helfe ihm und weiter geht's, sondern du musst es machen.« Das ist doch eine schöne Lehre: »Du musst es machen!« Und die beiden machen es nicht. Und dann kommt einer und der spricht sozusagen in die Bach-Kantate, die wir nachher hören werden. Der ist nämlich einer, der Barmherzigkeit übt.

Es gibt ein rabbinisches Wort und das heißt: Auf drei Dingen ruht die Welt: auf der Bibel, auf dem Gottesdienst und auf der Barmherzigkeit. Und wenn eins von den dreien fehlt, ist alles falsch. Die Schrift, der Gottesdienst und die Barmherzigkeit. Dazu müssen wir jetzt das 2. Buch Mose lesen, das Kapitel von der Geburt des kleinen Mose. Das erzähle ich jetzt nicht. Aber Mose wird ja gerettet durch die Tochter des Pharao, der ihn gerade umbringen will. Die passt gut zu unserer Geschichte, die Evangelium heute ist, denn die Tochter des Pharao ist keine Jüdin, sie ist bloß ein Mensch. Und als sie das kleine Kind sieht, heißt es: »Und es dauerte sie, denn der Kleine jammerte.« Da hat sie sich erbarmt, wie wir alle wissen, und Gott ist zu ihr gekommen in der Nacht und hat gesagt: »Du hast keinen Namen, aber ich gebe dir einen. Sprach zur Tochter des Pharao unser Gott: »Mose war nicht dein Sohn und du hast ihn deinen Sohn genannt. So bist du nicht meine Tochter, aber ich – spricht Gott – nenne dich so.« Und sie heißt »Bitja«. »Ja« ist der Gottesname und »Bit« heißt »Tochter«. Die einzige Frau, von der Gott selbst sagt: »Das ist meine Tochter.« Ihren Namen kennen wir nicht und sie ist auch keine Jüdin und keine Christin. Sie ist ein Mensch. Und darauf, liebe Schwestern und Brüder, kommt es an: Sich im Menschlichen zu bewähren als Mensch. Und dann wird es unseren Gott erfreuen und unserem Herrn Jesus Christus guttun und wenn es den Heiligen Geist auch noch zum Tanzen bringt, haben wir es geschafft. Also seien Sie gottgetroste, tanzende Menschen. Und kommen Sie so im Himmel an. Das wird Gott guttun. In Jesu Namen.

Ausleger:
Dr. Gerhard Begrich war bis 2008 Rektor des Pastoralkollegs der Evangelischen Kirche der Kirchenprovinz Sachsen.

Maria und Marta, Lukas 10,38–42

Dr. Johannes Block

[38]Als sie aber weiterzogen, kam er in ein Dorf. Da war eine Frau mit Namen Marta, die nahm ihn auf. [39]Und sie hatte eine Schwester, die hieß Maria; die setzte sich dem Herrn zu Füßen und hörte seiner Rede zu. [40]Marta aber machte sich viel zu schaffen, ihnen zu dienen. Und sie trat hinzu und sprach: Herr, fragst du nicht danach, dass mich meine Schwester lässt allein dienen? Sage ihr doch, dass sie mir helfen soll! [41]Der Herr aber antwortete und sprach zu ihr: Marta, Marta, du hast viel Sorge und Mühe. [42]Eins aber ist not. Maria hat das gute Teil erwählt; das soll nicht von ihr genommen werden.

Am Beginn der Kirche stehen zwei Frauen: Marta und Maria. Marta und Maria sind Schwestern und leben unter *einem* Dach. Die Schwestern haben gemeinsame Wurzeln, aber entwickeln sich in ganz unterschiedliche Richtungen: Marta liebt die Rolle der perfekten Gastgeberin, und Maria liebt die Rolle der perfekten Zuhörerin. Beides wird für den Weg und das Leben der Kirche wichtig werden: die tätige Nächstenliebe und das bewusste Hören auf das Wort. Am Beginn der Kirche stehen zwei Frauen.

Am Beginn der Kirche steht Martin Luther. Diesen Eindruck kann man bekommen, wenn man so wie ich aus Wittenberg kommt und tagtäglich von der reformatorischen Geschichte umgeben ist. Von 2017 bis 2046 lassen sich viele 500jährige Lutherjubiläen feiern: Thesenanschlag, Reichstag zu Worms, Bibelübersetzung, Wittenberger Liederfrühling, Hochzeit mit Katharina von Bora, Bauernkriege, Kleiner und Großer Katechismus und so weiter und so fort bis hin zum 500jährigen Gedächtnis des Todesjahres im Jahr 2046. Den Lutherfreunden in aller Welt wird es nicht langweilig werden!

Inmitten der Reformationsbegeisterung, die ich im Übrigen teile, kann man den Eindruck bekommen, dass die Geschichte der Kirche mit keinem anderen als mit Martin Luther begonnen habe. Auf dem Marktplatz zu Wittenberg steht ein epochales Denkmal – als Bronzeguss vom bedeutenden Bildhauer Johann Gottfried Schadow erschaffen. Auf dem Sockel des Denkmals wird Martin Luther als Kirchenvater präsentiert – mit der Bibel in der Hand. Martin Luther beginnt die Bibel auf der Wartburg zu übersetzen. »Da war ein Weib mit Namen Martha« – so beginnt in Luthers Bibeldeutsch die Haus- und Tischszene unseres Bibelabschnitts.

Die Bibel in der Hand – diese Geste auf dem Denkmal rettet den theologischen Ruf des Reformators. Denn mit der Bibel in der Hand macht der Reformator deutlich, dass nicht bei ihm, sondern in der Bibel die Anfänge der Kirche zu entdecken sind. Der Beginn der Kirche liegt weder in Wittenberg noch in Rom, weder in Konstantinopel noch in Moskau, weder in Genf noch in Canterbury. Denn der Weg der Kirche hat in einem kleinen Dorf in Galiläa begonnen, als Jesus von Nazareth zu Gast bei zwei Schwestern gewesen ist. Am Beginn der Kirche stehen zwei Frauen.

Das Lukasevangelium nennt Namen von vielen Frauen, die sich dem Wanderprediger und Menschensohn anschließen: Marta und Maria (Lukas 10,38–42); Maria, die Mutter Jesu, und Elisabeth, die Mutter Johannes des Täufers (Lukas 1–2); Maria aus Magdala, Susanna und Johanna, die Frau eines Verwalters des Herodes (Lukas 8,1–3). Jesus von Nazareth pflegt einen unbekümmerten Umgang mit Frauen. Davon könnten sich die religiösen Herren in Afghanistan oder in Saudi-Arabien eine dicke Scheibe abschneiden! Jesus spricht mit Frauen auf öffentlichen Plätzen, was nicht zu den Gepflogenheiten seiner Zeit zählt. Frauen gehören zu seinem Schülerkreis, was in der schriftgelehrten Welt jener Zeit nicht üblich ist. Frauen hören die Worte Jesu und tragen sie weiter.

Die Unbekümmertheit von Jesus im Umgang mit Frauen ist für seine Zeit erstaunlich. Diese Unbekümmertheit könnte in der gegenwärtig aufgeregten Gender-Debatte entkrampfend wirken. Denn in den entscheidenden menschlichen Fragen, wenn es um die Rettung der verlorenen Seele geht (Lukas 15; 19,1–10), spielt die Geschlechterfrage keine fundamental letzte Rolle. An mancher Stelle in der erhitzten Gender-Debatte wünschte ich mir mehr jesuanische Unbekümmertheit und Gelassenheit! Jesu Botschaft von der Befreiung der gefangenen Seele und der Gnade des Herrn (Lukas 4,16–21) hängt nicht vom jeweiligen Geschlecht ab. Deshalb kann der Menschensohn aus Nazareth unverkrampft und unbekümmert auch auf Frauen zugehen. Und so begann der Weg der Kirche mit Frauen wie Marta und Maria.

Und der Weg der Kirche lebt bis heute von Frauen. Immer wieder höre ich in Gesprächen, wie es Mütter oder Großmütter gewesen sind, die offen oder heimlich aus der Bibel vorgelesen, zum Beten angehalten oder zur Taufe gedrängt haben.

Und gegenwärtig wird der Weg der Kirche von immer mehr Frauen geleitet und gemanagt. Der Frauenanteil in der Synode der Evangelischen Kirche in Deutschland ist derzeit leicht höher als der Männeranteil. Zur Präses der Synode wurde wieder eine Frau gewählt: eine junge Studentin aus Regensburg.

Am Beginn der Kirche stehen zwei Frauen: Marta und Maria. Die beiden Schwestern sind zu Symbolfiguren geworden für den Weg der Kirche. Neben den Gründungsvätern – Petrus und Paulus – stehen die Gründungsmütter der Kirche: Marta steht für die tätige Nächstenliebe und symbolisiert die handelnde Kirche mit Herz und Händen; Maria steht für das bewusste Hören auf das Wort und symbolisiert die kontemplative Kirche mit Herz und Ohren. Die beiden Schwestern sind zum Urbild geworden für die beiden Herzkammern der Kirche: *actio* und *contemplatio*. Beides – *actio* und *contemplatio* – ist nicht dasselbe und lässt sich doch nicht trennen – wie zwei Schwestern, die unter *einem* Dach leben. Unter dem *einen* Dach wohnt die handelnde Kirche – *actio* – und die kontemplative Kirche – *contemplatio*.

Unter dem *einen* Dach der Kirche kommt es darauf an, dass ihre beiden Herzkammern in einer guten Balance schlagen. Dann wären *actio* und *contemplatio* gleichgewichtig im Leben der Kirche verteilt. Im Berufsleben spricht man gern von der work-life-balance. Damit ist ein ausgewogenes Verhältnis gemeint: zwischen Arbeit und Freizeit, Anspannung und Entspannung, Werktag und Sonntag. Ohne Sonn- und Feiertage gäbe es nur noch Werktage, und die work-life-balance wäre aus den Fugen geraten.

Auch die Balance der Kirche kann aus den Fugen geraten. Manche Beobachter sprechen davon, dass die Kirche zu viel auf die Karte der *actio* setze: auf Aktivitäten, Masterpläne, Events, Reformen, Strukturdebatten und medienwirksame Hilfsaktionen. Ein Ungleichgewicht, eine Unwucht tut sich auf: Die fleißig betriebsame Marta verdrängt die hörende, in sich ruhende Maria. Wo eine Seite auf mehr Gewicht pocht, kommt es schnell zum Konflikt. Marta überstrapaziert ihren aktiven Dienst am Nächsten. Im Urtext heißt es, dass sich Marta »allzusehr mit etwas beschäftigt«: mit einem unablässigen Kochen, Backen und Servieren; mit einer überreichen Tischdekoration; mit penibler Sauberkeit in Küche und Wohnstube; mit pausenloser Geschäftigkeit im Dienst am Gast und am Nächsten. Und all das soll auch für die Schwester recht und billig sein. Marta, eine Frau, instrumentalisiert zu diesem Zweck einen Mann. Im Lukasevangelium heißt es:

Marta aber machte sich viel zu schaffen, ihnen zu dienen. Und sie trat hinzu und sprach: Herr, fragst du nicht danach, dass mich meine Schwester lässt allein dienen? Sage ihr doch, dass sie mir helfen soll!

Die Kirche gerät in eine Unwucht, wenn ihr Aktivismus groß und größer wird. Manchmal will mir scheinen, dass die Evangelische Kirche – die Kirche des Wortes – weniger dem Wort und mehr der Tat vertraut.

»Am Anfang war die Tat«, heißt es in Goethes Faust. Es gibt einen Aktivismus, der sich am eigenen Schopf aus der Misere ziehen will – als gäbe es keinen Gott. Es gibt einen Aktivismus, der die Erlösung von den Übeln dieser Welt selbst in Hand nehmen möchte – als gäbe es keinen Gott. Der um sich greifende Aktivismus unserer Zeit besitzt eine quasireligiöse Dimension: Man will sich mit einer vorbildlichen Moral, einer tadellosen Haltung und einer nachhaltigen Lebensweise selbst erlösen – als gäbe es keinen Gott. Am Ende kommt es zum Konflikt mit denen, die anders denken und sich anders verhalten. Der Riss geht quer durch Familien und Geschwister:

Sage ihr doch, dass sie mir helfen soll!

»Marta, Marta!« So beginnt die Antwort des Gastes. Wenn in der Bibel ein Name in der Anrede doppelt genannt wird, dann geht es um eine Herzensbotschaft. Die angesprochene Marta soll sich etwas zu Herzen nehmen, sich bewegen und ändern lassen. »Marta, Marta!« Der Vorname Marta heißt übersetzt »Herrin«. Jesus, der Herr der Kirche, spricht der Herrin des Hauses ins Gewissen. Marta, die ihren Dienst am Nächsten überstrapaziert, wird vom Herrn der Kirche korrigiert – wie ich finde einfühlsam und konstruktiv. Jesus, der Herr der Kirche, lehnt nicht den aktiven Dienst am Nächsten ab, sondern das aktivistische Übergewicht, in das sich Marta verstrickt hat.

Weit verbreitet ist die Überzeugung, dass man sich durch gute Taten reinwaschen und erlösen könne; dann hofft man, mit vorzeigbaren Taten auf der guten Seite der Menschheit zu stehen. Aus solcherlei Leistungsgefängnis wird Marta befreit. Martas Herz wird befreit durch das Wort, das der Gast spricht und hören lässt:

Marta, Marta, du hast viel Sorge und Mühe. Eins aber ist not. Maria hat das gute Teil erwählt; das soll nicht von ihr genommen werden.

Jesus, der Herr der Kirche, rückt die Balance zurecht – die Balance zwischen der tätigen Nächstenliebe und dem bewussten Hören auf das Wort. Der Aktivismus der Marta bekommt ein Gegengewicht: das Hören des Wortes, das die Seele von sich selbst befreit und mit einem Geist beflügelt, der über die Aufgaben der Welt hinausträgt. »Eins aber ist not«, sagt Jesus. Es tut not, dass wir in all unserem Tun das Tun Gottes nicht vergessen. Und das gelingt, indem wir unsere Hände ruhen lassen, unsere Ohren öffnen und auf das hören, was Gott spricht, tut und waltet.

Jeder Gottesdienst ist eine Hörzeit – sei es in der Kirche, sei es im Radio. Die Hände ruhen von der Arbeit und die Ohren öffnen sich fürs Hören so wie es Maria tat. Jetzt wird der Gottesdienst wahrlich ein »Gottes Dienst«: ein Dienst Gottes an uns und unserer Seele. Der »Gottes Dienst« geht allen unseren Diensten voraus. Ohne Hören und ohne hörende Hingabe werden unsere Taten und Aktivitäten schnell selbstverliebt und selbstbezogen.

»Marta, Marta!« Diese doppelte Anrede ruft der Herr der Kirche auch der gegenwärtigen Kirche zu. In einer Zeit, in der öffentlichkeitswirksame Taten alles zu sein scheinen, droht die Evangelische Kirche in eine Unwucht zu geraten: mehr der eigenen Tat und weniger dem Wort zu vertrauen. Es tut not, in der Kirche mehr Maria zu wagen! Es tut not, in der Kirche die Hände ruhen zu lassen! Es tut not, in der Kirche mehr Hörzeiten zu gewähren!

Das Kirchenjahr bietet viele Möglichkeiten an, dem Hören und der hörenden Hingabe mehr Gewicht zu verleihen. Es tut not, das Kirchenjahr neu zu entdecken: nicht als ein pausenloses Arbeits- und Kalenderjahr, sondern als einen Jahreslauf mit Ruhe- und Fastenzeiten. Viele Menschen haben unter der Pandemie gelitten. Viele Menschen haben aber auch während der Pandemie entdeckt, dass weniger mehr sein kann. Wir brauchen Zeiten des Abstands, des Verzichts, der Konzentration aufs Wesentliche.

Das Kirchenjahr mit seinen Ruhe- und Fastenzeiten, mit seinen Sonn- und Feiertagen verschafft uns Menschen Hörzeiten. Dann ruhen die Hände und die Ohren entdecken Worte, die uns aus unserem Leistungsgefängnis befreien. Dann findet die Kirche eine ausgewogene Balance zwischen *actio* und *contemplatio*.

Am Beginn der Kirche stehen zwei Frauen: Marta und Maria. Beide Gründungsmütter helfen der Kirche, die Balance zu halten zwischen der tätigen Nächstenliebe und dem bewussten Hören auf das Wort. Die Bibel, die Martin Luther auf der Wartburg zu übersetzen begann, ist ein Wort- und Hörspeicher. Im Hörraum der Bibel öffnet die Kirche die Ohren und lässt die Hände ruhen – so wie Maria es tat zu Füßen des Herrn der Kirche.

Ausleger:
Dr. theol. habil. Johannes Block ist seit November 2021 Pfarrer am Fraumünster in Zürich.

Das Vaterunser, Lukas 11,1–4

Nicholas Baines

¹Und es begab sich, dass er an einem Ort war und betete. Als er aufgehört hatte, sprach einer seiner Jünger zu ihm: Herr, lehre uns beten, wie auch Johannes seine Jünger lehrte. ²Er aber sprach zu ihnen: Wenn ihr betet, so sprecht:
Vater! Dein Name werde geheiligt. Dein Reich komme. ³Gib uns unser täglich Brot Tag für Tag ⁴und vergib uns unsre Sünden; denn auch wir vergeben jedem, der an uns schuldig wird. Und führe uns nicht in Versuchung.

Ganz zu Beginn dieser Predigt lasst mich euch mit einer kurzen Geschichte ermutigen!

Drei Männer wanderten in den Bergen. Sie kämpften sich ihren Weg durch die Bäume und versuchten, ihre Hütte vor dem Einbruch der Nacht zu erreichen. Plötzlich stießen sie auf einen reißenden Fluss. Das Wasser lief den Berg hinunter und die Männer hatten keine Ahnung, wie sie den Fluss überqueren sollten. Aber es gab keine Alternative – Sie mussten diesen Fluss unbedingt überqueren, doch sie wussten nicht wie.

Der erste Mann betete: »Gott, gib mir bitte die Kraft, um diesen Fluss zu überqueren.« Puff! Plötzlich wurden seine Arme größer; seine Brust weitete sich und seine Beine wurden stärker. Dann warf er sich in den Fluss hinein und schwamm auf das gegenüberliegende Ufer. Ein paar Mal ist er untergegangen und wäre fast ertrunken. Aber endlich ist es ihm gelungen, das Ufer zu erreichen, und er schleppte sich völlig erschöpft an Land.

Der zweite Mann beobachtete den ersten Mann und er betete: »Gott, gib mir bitte die Kraft und die Mittel, um diesen Fluss zu überqueren.« Puff! Plötzlich wurden seine Arme größer; seine Brust weitete sich und seine Beine wurden stärker; und ein Kanu tauchte vor ihm auf. Er paddelte eine lange Stunde durch das Wasser und schließlich, völlig erschöpft und nachdem er zweimal gekentert war, schleppte er sich aus dem Wasser und auf das gegenüberliegende Ufer.

Der dritte Mann hatte die zwei Freunde beobachtet und er betete: »Gott, gib mir bitte die Kraft, die Mittel … und die Intelligenz, um diesen Fluss zu überqueren.« Puff! Plötzlich verwandelte ihn Gott in eine Frau! Er schaute in seine Handtasche, holte eine Karte heraus, ging hundert Meter das Ufer entlang und überquerte die Brücke.

Gebet kann uns überraschen. Im Gebet beschäftigen wir uns nicht nur mit Gott, der unser Vater im Himmel ist, sondern wir setzen uns – unsere Weltanschauung, unsere Art zu sehen, zu denken und zu handeln – dem prüfenden Licht von Gottes Wesen und Willen aus. Wenn *wir* durch das Beten nicht verändert werden, dann beten wir wahrscheinlich nicht.

Vor dieser Herausforderung stehe ich, wenn wir jeden Tag im House of Lords mit Gebet anfangen. Den Geschäften der Regierung und der nationalen Gesetzgeber gehen mehrere Gebete voraus, beginnend mit dem Vaterunser – keine leere Wiederholung vertrauter Worte, sondern eine bewusste Öffnung für Gottes Art, die Welt und die Agenda vor uns zu sehen. Es ist mir immer sehr unangenehm. Es sollte uns allen unangenehm sein, wenn wir unsere Debatten an Gottes Gedanken messen. Wessen Reich sollte kommen? Wessen Wille soll auf Erden geschehen … und nach wessen Kriterien? In Bezug auf die Lieferung von Waffen in die Ukraine zum Beispiel? Oder Maßnahmen, die die demokratischen Freiheiten der britischen Bevölkerung einschränken?

Beten ist zu keiner Zeit einfach – tatsächlich genauso komplex wie eine menschliche Beziehung. Wenn ich wissen möchte, was meine Frau denkt, kann ich das nicht einfach tun, indem ich ihr gelegentlich sage, was ich von ihr will. Gemeinsam müssen wir ein Gespräch pflegen, das sich im Laufe der Zeit ändert, wenn wir in Liebe und Hingabe wachsen. Im Laufe der Jahre verändert sich unser Gespräch. Wenn ich jetzt mit meiner Frau dasselbe Gespräch führe wie vor 45 Jahren, ist etwas schiefgelaufen. Und so ist es mit dem Gebet. Die Beziehung wächst und die Sprache ändert sich.

Das Gebet schafft hinter den Augen eine Linse, durch die wir den Geist – den Sinn – Gottes allmählich klarer wahrnehmen können. Und dazu lädt Jesus seine Freunde ein, als sie ihn um Anleitung zum Beten bitten. Was Jesus in Lukas 11 und seiner längeren Form in Matthäus 6 anbietet, ist ein Manifest für sein Reich – das heißt, wie wir Gott, die Welt und einander im Licht von Gottes Blick sehen sollten. Deshalb muss uns das Gebet herausfordern, um uns zu transformieren. Und es gibt keine Abkürzungen zur Transformation.

Der Schlüssel liegt in den einleitenden Worten: »Vater! Dein Name werde geheiligt».

»Vater« Die erste Erwähnung Gottes als Vater in den Heiligen Schriften erfolgt im Exodus, als der Pharao gebeten wird, die Israeliten zu befreien. Jesus verbindet Gott also bewusst mit Befreiung. Aber Befreiung erfordert die aktive Zustimmung derjenigen, die befreit werden sollen. Schließlich hätten sich die Israeliten dafür entscheiden können, in der Vertrautheit Ägyptens zu bleiben, anstatt es zu verlassen und das Risiko einzugehen, das Rote Meer zu überqueren.

Das Wort *Vater* ist aus dem aramäischen Abba übersetzt, was dieser Beziehung, die im Gebet wächst, ein Gefühl der Intimität verleiht. Aber darauf folgt sofort: »Dein Name werde geheiligt.« Heilig. Getrennt. Intimität gefolgt von Ehrfurcht. Die Heiligkeit wird so angerufen, dass sie implizit meinen Mangel an Heiligkeit anerkennt … und daher die Notwendigkeit für den Rest des Gebets.

Ich habe mich oft gefragt, ob die Sprache der Anbetung und der Lieder der Kirche uns entweder Intimität *oder* Distanz bietet, aber nicht ein Gleichgewicht zwischen beidem. In England betont der Aufstieg charismatischer Anbetungslieder die Intimität und verliert manchmal das Element der Ehrfurcht, das unseren Mund verschließt und uns, wie Jesaja, in Schweigen lässt. (Bestimmt hat Johann Sebastian Bach das verstanden – genauso wie bei der Kantate heute, wenn die Musik und die Worte uns zum Schweigen bringen.) Dennoch sprechen viele traditionelle Hymnen von Wahrheiten über Gott und bieten wenig Raum für Emotionen. Jesus bringt beides in seinem Gebet zusammen: Gott ist unser Vater, aber er ist auch der Schöpfer des Universums und nicht nur mein bester Freund.

Das ist für mich in einem wunderbaren Lied des kanadischen Musikers Bruce Cockburn zusammengefasst. Die Worte sind in meinen bischöflichen Ring eingraviert – ein Zeichen meiner pastoralen Verantwortungen als Bischof. »Liebe, die die Sonne entzündet, hält mich am Brennen.« Da haben wir es wieder: das Kosmische und das Intime in Liebe zusammengehalten.

Und hier kommen wir wieder auf die Herausforderung des Willens Gottes zurück. In meiner Diözese versuche ich immer wieder, Pfarrer*innen dazu zu bewegen, ihren Gemeinden beizubringen, die Worte des Vaterunsers richtig auszusprechen. Das heißt: Wenn ich durch Gottes Augen auf Gott, die Welt und mich/uns blicken soll, was könnte ich erwarten zu sehen, in Bezug auf die Realität unserer gegenwärtigen Erfahrung? Oder anders gefragt: Wenn Gottes Königreich kommen soll, wessen Königreich muss vertrieben werden? Denn die Betonung sollte auf dem Pronomen liegen: nicht »Dein *Reich* komme«, sondern »*Dein* Reich komme!« – nicht die Herrschaft von Cäsar oder Putin oder der globalen Finanzsysteme oder Märkte.

Und wenn Gottes Königreich hier und jetzt zu sehen wäre, wie würde es aussehen? Menschen würden satt, Sünden würden vergeben und Menschen würden nicht in Versuchung geführt. Hier würden wir die menschliche Gesellschaft sehen, die von gegenseitiger Liebe und Verantwortlichkeit geprägt ist. Tatsächlich bin ich der Hüter meines Bruders. Und ich kann von Gott das nicht erwarten, was ich denen, unter denen ich lebe, nicht anzubieten bereit bin.

Nun, dies befasst sich eindeutig nicht mit der Komplexität der menschlichen Ethik in einer komplexen Welt. Dieses Gebet beantwortet nicht jede Frage nach Werten und Gemeinschaftsverhalten. Es sagt uns nicht direkt, wie wir den

Krieg in der Ukraine, den Krieg im Jemen oder die Herausforderung der Einwanderung in Europa angehen sollen – noch nicht einmal die Folgen des Brexit. Aber es eröffnet uns die Möglichkeit, dass meine Vorurteile in Frage gestellt werden müssen. Metanoia – Buße – Veränderung.

Der Schlüssel steht wiederum am Anfang des Gebets: »Dein Name werde geheiligt.« Für uns im Westen ist unser Name wie ein Etikett, ein Identifikator. Meine afrikanischen Freunde finden das lustig. Als wir in London lebten, hatte mein jüngster Sohn einen Freund, der Nigerianer war. Ich habe einmal den Fehler gemacht, ihn nach seinem vollen Namen zu fragen – wir kannten ihn nur als Temi. Er hatte ungefähr fünfzehn Namen, die ihm alle von Mitgliedern seiner Familie und der örtlichen Gemeinde gegeben worden waren, als er noch ein Baby war. Und jeder Name sprach von dem, was sie in ihm sahen oder auf ihn hofften. Namen hatten eine Bedeutung, und die Person sollte dem Namen, der ihr gegeben wurde, gerecht werden oder sie sollte darin leben.

So ist es für das Volk Gottes in der Bibel. Wenn wir von Gottes Namen sprechen, erschließen wir seine Natur, seinen Charakter, wer Gott ist. Und das wirft natürlich die Frage auf: Was *ist* eigentlich Gottes Charakter? Die Antwort lautet: Lies die Heilige Schrift und schaue schließlich auf Jesus. Wir lesen also die Evangelien und sehen, wie Gott ist, wie sein Reich aussehen wird (Heilungen, auf den Kopf gestellte Werte usw.). Und die Logik ist ganz einfach: Wenn Christen »in Christus« sind, wird etwas von Jesus erkennbar werden, was uns etwas von den Eigenschaften – den Namen – Gottes zeigt.

Wenn wir dieses Gebet beten, streben wir daher danach, verändert zu werden und zu Akteuren bei der Veränderung der Welt zu werden. In diesem Sinne sollten wir das Gebet Jesu wie folgt lesen:

Vater! Geheiligt werde *dein* Name.

Dein Reich komme … Gib uns *unser* täglich Brot Tag für Tag

Und vergib *uns unsere* Sünden; denn auch *wir* vergeben *jedem*, der an uns schuldig wird.

Und so weiter.

Dieses Gebet vereint Christen auf der ganzen Welt und zu allen Zeiten – auch wenn uns so viele andere Dinge trennen. Dieses Gebet ist nicht unser Besitz – es gehört Jesu – auf Englisch heißt es: »The Lord's Prayer«. Aber wir sind eingeladen, mitzumachen – mit Zuversicht und Demut, in Anbetung und Hingabe.

Aber wie die Männer, die zu Beginn dieser Predigt in den Bergen wandern, müssen wir offen sein für die Kraft, die Werkzeuge und die überraschende

Weisheit Gottes, wenn wir gemeinsam durch eine komplizierte Welt navigieren wollen.

Ausleger:
Nicholas Baines ist seit 2014 Bischof von Leeds in England.

Das Gleichnis vom bittenden Freund, Lukas 11,5–10

Ralf-Peter Fuchs

⁵Und er sprach zu ihnen: Wer unter euch hat einen Freund und ginge zu ihm um Mitternacht und spräche zu ihm: Lieber Freund, leih mir drei Brote; ⁶denn mein Freund ist zu mir gekommen auf der Reise, und ich habe nichts, was ich ihm vorsetzen kann, ⁷und der drinnen würde antworten und sprechen: Mach mir keine Unruhe! Die Tür ist schon zugeschlossen und meine Kinder und ich liegen schon zu Bett; ich kann nicht aufstehen und dir etwas geben.

⁸Ich sage euch: Und wenn er schon nicht aufsteht und ihm etwas gibt, weil er sein Freund ist, so wird er doch wegen seines unverschämten Drängens aufstehen und ihm geben, so viel er bedarf.

⁹Und ich sage euch auch: Bittet, so wird euch gegeben; suchet, so werdet ihr finden; klopfet an, so wird euch aufgetan. ¹⁰Denn wer da bittet, der empfängt; und wer da sucht, der findet; und wer da anklopft, dem wird aufgetan.

Über das Gebet kann man viel reden und viel nachdenken: Ob es Sinn hat oder nicht? Ob Gebete erhört werden oder warum sie so oft nicht erhört werden? Und wenn sie erhört werden, welche Konsequenzen hätte das eigentlich? Ob ich nicht ein zu kleines Licht bin, dass sich der Ewige ausgerechnet mir zuwenden sollte? Ob es besser ist als Lob- oder Dank- oder Bittgebet, formelhaft oder frei von der Leber weg? Und überhaupt: Wie antwortet Gott und auf welcher Frequenz? Man kann viel über das Gebet nachdenken. Ich erzähle Ihnen deshalb ein Gleichnis:

Ich erinnere mich noch an meine erste große Liebe aus jener Zeit, als es noch keine Handys gab. Sie war das schönste Mädchen an der ganzen Schule – jedenfalls für mich. Ich war unsterblich verliebt, wie man eben mit 13 Jahren verliebt sein kann. Es verging keine Hofpause, ohne dass ich sie aus den Augenwinkeln beobachtete. Ich studierte Stunden- und Raumpläne, um zu wissen, wann ich sie auf einem der Flure sehen konnte. Ich kannte alle ihre Haarspangen und hatte meine Vermutungen, wann sie welche trug. Ich führte in meiner Fantasie die wundervollsten Gespräche mit ihr, auch wenn ich noch nie ein einziges Wort mit ihr gewechselt hatte. Ich betete sie an, wenn auch immer nur in Gedanken. Einmal stellte ich mir vor, wie ich ihr auf meinem Sterbebett meine Liebe gestehen würde. Und dann würde sie sagen, dass sie mich auch seit unserer Kindheit geliebt hatte. Da hätten wir also die ganze Sache vermasselt.

Es musste etwas geschehen! Ich musste irgendwie in Kontakt mit ihr kommen. Einfach ansprechen auf dem Schulhof oder auf dem Schulweg? Ich probierte tagelang mögliche Eröffnungssätze. Und wenn sie mich dann in aller Öffentlichkeit abblitzen ließ? Am besten dann gleich sterben, aber wie? Vielleicht dann doch lieber ins Kino einladen und in der Mitte des Films ihre Hand nehmen? Und wenn sie mir dann eine knallt? Und wenn sie es geschehen ließ, was dann? Was sage ich ihr dann?

Was könnte ich ihr Außergewöhnliches erzählen? Und wenn ich mich dann blamiere oder ihr zu langweilig bin? Sie hätte doch alle Jungs haben können. Hätte ich überhaupt eine Chance? Also doch lieber erst einmal einen Brief schreiben. Also schrieb ich wunderschöne Briefe an sie, bis der Papierkorb voll war, und ich hatte immer noch kein Wort mit ihr gewechselt. Ich hatte ihr noch nicht einmal im Abstand von einem Meter in die Augen geschaut. Irgendwann hat dann ein älterer Freund gesagt: Hör auf mit diesen Trockenübungen, spring einfach ins Wasser. Bei dem Gedanken hatte ich eine Panikattacke. Es ging schließlich um Leben oder Tod. Aber er hatte Recht. Eine Beziehung, die nur in Gedanken besteht, ist auf Dauer ziemlich leblos. Ich musste sie ansprechen! Ich musste aus der Deckung heraus! Ich musste – wortwörtlich – in ihr Leben treten.

Es wurde schließlich der Brief. Und wie es dann weiterging? Das ist eine schöne und lebendige Geschichte.

Man kann viel über das Gebet nachdenken und noch viel mehr darüber diskutieren. Man kann das im Grunde bis zum Sterbebett so machen, aber dann hätten wir die Sache vermasselt. Irgendwann muss man sich entscheiden: Gott ansprechen oder nicht. Irgendwann muss man aus der Deckung heraus.

In unserem Predigtabschnitt ist Christus wie der ältere Freund damals, der gesagt hat: Hör endlich auf mit den Trockenübungen. Also: Bittet, suchet, klopft an oder eben: Kommt aus der Deckung heraus. Betet! Tut es einfach! Das mit dem Herzen gesprochene »Du« ist das Ende der Gebetsfantasien und der Einstieg in eine lebendige Beziehung: Vom Ich zum Du und dann wieder vom Du zum Ich. Und erst mit der Beziehung beginnt die Sache wirklich lebendig und spannend zu werden. Die Beziehung ist das Entscheidende und nicht immer nur das, was dabei herauskommt.

Um es einmal neutral zu sagen: Nehmen wir an, es gäbe Gott. Nehmen wir an, es würde nur die Hälfte stimmen, von dem, was man über Gott sagt. Nehmen wir es nur einmal an. Dann wäre doch nichts so entscheidend, wie mit ihm in Kontakt zu treten. Es ginge darum, ob ich zu jenem Teil meines Lebens eine Beziehung habe, der kein Teil ist, sondern alles gründet, durchwebt und belebt. Es ginge darum, ob mein Leben eine Beziehung hat zum Großen, Guten und Ganzen.

Nun ist es einfach, mit jemandem in Kontakt zu treten, der uns schon vertraut ist. Schwerer ist der Kontakt mit jemandem, den wir nur vom Hörensagen kennen, den wir gleichsam nur aus den Augenwinkeln beobachtet haben wie die noch fremde Schöne auf dem Schulhof. Es ist schwierig, mit jemandem Kontakt aufzunehmen, von dem wir nicht einschätzen können, was da auf uns zukommt. Und genau deshalb schenkt Christus uns heute Morgen das Gleichnis vom bittenden Freund.

Ich weiß nicht, welche Freunde Sie so haben. Aber als Jesus das Gleichnis das erste Mal erzählte, da hörten es Menschen, für die wechselseitiges Helfen und Unterstützen das Normalste auf der Welt war. Anders ging es gar nicht. Es gab damals keinen Laden um die Ecke, keine Tankstelle am Ortsausgang und keinen Bestellservice am Telefon. Man musste sich auf Nachbarn verlassen. Man musste sich auf Freunde verlassen. Und so einen Freund, der dir nicht hilft, wenn du ihn bittest, den gibt es nicht. Das dürfte die einhellige Antwort der Hörer damals gewesen sein.

Und genau das sollen wir auch heute wissen: Ihr könnt gewiss sein: Wenn ihr bittet, werdet ihr nicht leer ausgehen. Wenn ihr klopft, ist es nicht vergebens. Wenn ihr Gott sucht, wird er sich finden lassen. Wenn mir damals die beste Freundin meiner Angebeteten gesagt hätte, dass diese schon seit Wochen darauf wartet, dass ich endlich auf sie zukomme, dass ich sie endlich anspreche, dann wäre das wohl das Ende meiner Grübeleien gewesen und ich hätte mich gesputet. Genauso sollen wir es uns vorstellen: Gott wartet sehnsuchtsvoll, dass wir aus der Deckung kommen und in sein Leben treten. Und das jeden Tag neu.

Also: Bittet, betet, klopft an, ruft ihn, schreit zu ihm, flüstert ihm zu, singt ihm ins Ohr. Tretet in sein Leben! Und wenn sich beim ersten Klopfen die Tür nicht öffnet, dann tut es wie der Specht: Immer und immer wieder klopfen. Der Specht war nicht umsonst das Symbol der frühen Christenheit für das Gebet. Denn wenn Gott *schon* nicht aufsteht und Euch etwas gibt, weil er euer Freund ist, so wird er doch wegen Eures unverschämten Drängens aufstehen und euch geben, so viel Ihr bedürft.

Und da müssen wir am Ende noch einmal genau hinhören. Denn es heißt: So viel ihr bedürft. Und nicht: Alles was ihr wollt.

Ausleger:
Ralf-Peter Fuchs ist seit 2016 Superintendent im Kirchenkreis Eisenach-Gerstungen.

Gleichnis vom Kornbauern / rechtes Sorgen, Lukas 12,16–34

Anne Gidion

16Und er sagte ihnen ein Gleichnis und sprach: Es war ein reicher Mensch, dessen Land hatte gut getragen. 17Und er dachte bei sich selbst und sprach: Was soll ich tun? Ich habe nichts, wohin ich meine Früchte sammle. 18Und sprach: Das will ich tun: Ich will meine Scheunen abbrechen und größere bauen und will darin sammeln all mein Korn und meine Güter 19und will sagen zu meiner Seele: Liebe Seele, du hast einen großen Vorrat für viele Jahre; habe nun Ruhe, biss, trink und habe guten Mut! 20Aber Gott sprach zu ihm: Du Narr! Diese Nacht wird man deine Seele von dir fordern. Und wem wird dann gehören, was du bereitet hast? 21So geht es dem, der sich Schätze sammelt und ist nicht reich bei Gott. 22Er sprach aber zu seinen Jüngern: Darum sage ich euch: Sorgt euch nicht um das Leben, was ihr essen sollt, auch nicht um den Leib, was ihr anziehen sollt. 23Denn das Leben ist mehr als die Nahrung und der Leib mehr als die Kleidung. 24Seht die Raben: Sie säen nicht, sie ernten nicht, sie haben keinen Keller und keine Scheune, und Gott ernährt sie doch. Wie viel mehr seid ihr als die Vögel! 25Wer ist unter euch, der, wie sehr er sich auch darum sorgt, seiner Länge eine Elle zusetzen könnte? 26Wenn ihr nun auch das Geringste nicht vermögt, warum sorgt ihr euch um das Übrige? 27Seht die Lilien, wie sie wachsen: Sie arbeiten nicht, auch spinnen sie nicht. Ich sage euch aber, dass auch Salomo in aller seiner Herrlichkeit nicht gekleidet gewesen ist wie eine von ihnen. 28Wenn nun Gott das Gras, das heute auf dem Feld steht und morgen in den Ofen geworfen wird, so kleidet, wie viel mehr wird er euch kleiden, ihr Kleingläubigen! 29Darum auch ihr, fragt nicht danach, was ihr essen oder was ihr trinken sollt, und macht euch keine Unruhe. 30Nach dem allen trachten die Heiden in der Welt; aber euer Vater weiß, dass ihr dessen bedürft. 31Trachtet vielmehr nach seinem Reich, so wird euch dies zufallen. 32Fürchte dich nicht, du kleine Herde! Denn es hat eurem Vater wohlgefallen, euch das Reich zu geben. 33Verkauft, was ihr habt, und gebt Almosen. Macht euch Geldbeutel, die nicht altern, einen Schatz, der niemals abnimmt, im Himmel, wo sich kein Dieb naht, und den keine Motten fressen. 34Denn wo euer Schatz ist, da wird auch euer Herz sein.

Eine reiche Kirche – wie herrlich. Geld in Fülle – restaurierte Altäre, Tafeln im Kirchenvorraum, rund um die Uhr, Jugendfreizeiten ans Meer. Entspannte Synoden und gelassene Besetzungsverfahren. Wie herrlich wäre eine reiche Kirche. Ein Segen den Armen, den Reichen ein Stolz.

Eine arme Kirche – wie herrlich. Kein Besitz. Keine Bauausschüsse, keine Rentenprognosen, kein Fundraising. Pfarrerinnen und Kirchenälteste sparen so viel Verwaltungszeit. Volle Konzentration auf das Evangelium. Eine Kirche der Armen auf der Seite der Armen.

Die Frage nach Geld und Besitz zieht sich durch die Kirchengeschichte. Seit Kirche und Staat sich die Hand gegeben und nicht mehr losgelassen haben. Und selbst die Bettelorden im 14. Jahrhundert hatten große Schätze. Wohin mit dem Geld? Darf die Kirche Besitz haben?

Vorletzte Woche haben wir in Ratzeburg 850 plus 1 Jahre Grundsteinlegung des Domes gefeiert. Das Domkloster war von Prämonstratensern gegründet (Gruß nach Magdeburg!) und zum Jubiläum ist ein Prämonstratenser da, Pater Ulrich aus einem Kloster südlich von Augsburg. Sein weißes Habit leuchtet neben unseren Talaren. Seine Amtsbrüder haben die Grundsteine gelegt – heute weiß die Domgemeinde nicht, mit welchem Geld sie den Turm sanieren soll.

Der Mönch wirkt reich in seiner Weise.

Seine Augen leuchten, er erzählt vom Schatz der Kirche. Den die Kirche zu selten zeige. Schatz, fragen wir? Ob man den vielleicht für die Turmsanierung …

Reichtümer, sagt er. Gnade, Segen, Vergebung, Zeit, Zuhören, Gemeinschaft. Ach das, sagt der Vorsitzende des Finanzausschusses. Mit Sorgenfalten.

Sorge. Das ist, was Menschen machen. Sich sorgen. Lukas lässt Jesus sagen: Guckt die Raben an! Sie säen nicht und sie ernten nicht, sie haben keine Vorratskammer. Oder die Lilien auf dem Feld. Sie wachsen einfach. Ohne zu arbeiten und ohne sich Kleider zu nähen. Und sind einfach nur wunderschön. Sorgen sie sich? Nein.

Ich glaube, er nennt Raben und Lilien, weil er weiß, was die Sorge uns kostet. Wer kann durch Sorgen seinem Leben eine einzige Stunde hinzufügen? Wer kann durch Sorgen erreichen, dass ihre Kinder die richtigen Lebensentscheidungen treffen. Wer kann durch Sorge einen Cent der Rente hinzufügen? Während mein Hirn und Herz diese ganzen Sorgenschleifen drehen, wird keine einzige Sache dadurch besser und kein Problem gelöst. Stattdessen verpasse ich, was gerade jetzt ist.

Sorgen kostet uns den Moment. Das Jetzt. Wenn ich mich sorge, merke ich nicht, dass die Kohlmeise singt und die Lilie blüht.

Sorget nicht – eine Erlaubnis, etwas Schönes zu sehen und im Jetzt zu sein. Gottes Anti-burn-out-Plan: Das Geschenk des Jetzt ist das Einzige, was wahr ist, sagt die positive Stimme. Vielleicht lebst Du auch in Angst und Sorgen. Ich lade Dich ein ins Jetzt. Das ist Gottes Geschenk an Dich. Es ist ewiger und wahrer als alles, was Du bedauerst und worum Du Dich sorgst. Es ist Gottes Ewigkeit.

(Pause)

Einerseits.

Ohne Sorge wären wir alle nicht am Leben. Wenn nicht jemand um uns gesorgt hätte. Wenn niemand nachts aufgestanden wäre und uns gefüttert hätte. Sie nachts vom Bahnhof abgeholt hätte im Dunkeln auf dem Land. Dich an den Zahnarzttermin erinnert hätte und an den Schultest.

Es geht nicht ohne Sorge.

Ja was denn nun, ist Sorge nun gut oder schlecht? Soll ich sorgen oder nicht, sorgen und vorsorgen, sorgen und versorgen?

Kommt drauf an, sagt der Jurist.

Kommt drauf an, sagt auch der Evangelist.

Worauf richtet sich deine Sorge? Auf die Zukunft? Sorgst du dich, was verloren gehen könnte? Scheitern könnte? Sorgst du dich heute um dieses und morgen um jenes? Füllt Sorge deinen Tag aus?

Dann brauchst du dir keine Sorgen mehr zu machen, denn du hast wahrlich schon genug. Du hast so viele Sorgen, dass sie dich vom Leben abhalten.

Von dem Leben, das jetzt gelebt wird. Von der Taglilie, die am Spätsommertag blüht, und morgen verblüht ist. Von dem Lächeln im Gesicht deines Gegenübers, von dem Sonnenstrahl oder Regentropfen, vom Möwengeschrei, von dem Gefühl der Sandkörner zwischen den Fingern. Dafür ist die Sorge blind.

Lukas ist kein Idealist und kein Träumer.

Es gibt ein Sorgen, das mein Leben bestimmen *darf*. Von morgens bis abends. Vom Aufstehen bis zum Einschlafen an den Werktagen und am Sonntag, wenn ich sitze oder stehe, arbeite oder ausruhe. Ein gesegnetes Sorgen. Fruchtbar in Lukas' Sinn. Reicher macht dies Sorgen, nicht ärmer. Im Jetzt und dann einmal im nächsten Leben.

Dieses Sorgen heißt Beten. Gott das Herz ausschütten. Kinder, die nicht mehr kommen wollen zum Familienfest, Freundeskrach, Nachbargezerre, Schulstress, Krankheit, Wälzen statt Schlafen – all das gehört ins Gebet.

So bildet sich Kapital in der Seele. Sie wird reich. Sammelt Schätze im Himmel. »Bei Gott etwas besitzen« – so nennt Lukas das.

Betende verändern die Welt.

Lukas ist Arzt und Optimist. Lukas ermutigt seine Gemeinde von morgens bis abends. Die lukanische positive Psychologie sieht immer ein gutes Ende. Von »Selig sind« bis »sorget nicht!«.

Angst macht eng – gute Sorge macht wach und aufmerksam.

Macht euch keine Sorge um Euer Leben, sagt Jesus bei Lukas. Aber um das Reich Gottes – darum könnt ihr euch ruhig Sorgen. Was wirklich zählt. Was ihr nicht machen könnt. Was euch nur geschenkt werden kann. Darum sorgt Euch. Und betet darum. Habt keine Angst, Du kleine Herde. Euer Vater schenkt Euch sein Herz.

Lukas ist der Arzt und Optimist, ja.

Aber er erzählt auch die revolutionären Geschichten. Stellt alles auf den Kopf. Er lässt die schwangere Mädchenmutter singen (Meine Seele erhebt den Herrn!) und die Hirten zuerst vom Kind in der Krippe erzählen.

Durch sein »Sorget nicht« klingt das »Fürchtet Euch nicht« der Weihnachtsnacht hindurch – und die Geburt im Stall. Der die Mächtigen vom Thron stürzt klingt mit. Der die Niedrigen erhöht und die Reichen leer ausgehen lässt.

Aber wie beten? Wie Schätze bei Gott sammeln? Dieses Sorgen und Beten braucht nicht viele Worte. Drei reichen.

Es gibt im Kern nur drei Weisen zu beten, hat Anne Lamott gesagt, eine US-amerikanische Autorin.

Help! Thanks! Wow! Hilfe, danke, und – ja, wow, kaum zu übersetzen.

Alle diese Gebetsworte sind in ihrer Weise eine Form der Sorge.

Hilfe – ja, ich sorge mich. Um die Familie von dem Kollegen, der nicht mehr leben konnte. Um die Zukunft der Demokratie. Um die Nachbarskinder. Tagsüber jedenfalls. Und nachts drehe ich mich manchmal um mich selbst und sorge mich um den nächsten Tag und um lauter Sachen, die ich hier nicht sagen will, weil wir uns dafür nicht gut genug kennen.

Beten heißt einfach, das Gott zu sagen, »hinzuhalten« unzensiert, und Gott zuzutrauen, dass das etwas ändert. Es geht nicht alles weg, aber es fühlt sich nicht mehr so allein an. Ich zünde eine Kerze an und lasse los. Ein wenig jedenfalls. Hilfe, Gott, zu rufen, ist, mit Gott in eine Antwortbeziehung zu gehen. Mein Herz daran zu gewöhnen, dass jemand mich hört.

Danke – ja, für so viel. Gerade heute. Was aufgeht. Was wächst. Gerste und Tomaten. Kinder und Kaninchen. Auch eine Form der Sorge. Danke, dass Du für mich sorgst, Gott. Für meinen Mann. Für den Sekt in der Farbe meiner Lieblingsrose. Für den See am Morgen. Ich bin dankbar für diesen 3. Oktober, für das geeinte Land – in allen Schwierigkeiten. Obwohl so viel noch uneins ist und noch wachsen muss.

Drei Dinge zum Lob schreiben manche jeden Tag auf Instagram. Andere danken abends Gott: gesegnet bist Du Gott, der meinen Tag segnet. Weil ein gelbes Blatt auf meinem Fenster landet und es trotzdem noch nicht richtig Herbst ist. Weil das Kind heute in der Schule nicht geheult hat.

Danken heißt auch, Gott alles gucken zu lassen. Mein Gegenüber der Sorge. Un-verschämt.

Und *wow*, ja, wow ist das Extra, der Moment länger, das Fest, der Gottesdienst. Die Tonkaskade. Die Lilie auf dem Feld und der Rabe, der keine Vorräte anlegt. Die sind wow. Wow ist das Mehr und das Meer. Ich sing Dir mein Lied. In ihm klingt mein Leben.

Also: ja. Sorgen ist gut. Ja. Sorgen *für*. Und nein: Und Sorge kann auch vom Leben abhalten. Das ist Sorge *um*.

Deshalb: Beten ist Sorgen *für*. Dankbares Sorgen. Wo Dein Schatz ist, ist Dein Herz.

So kann es sein. So soll es sein. Gott sorgt dafür.

Auslegerin:
Anne Gidion ist seit 2017 die Rektorin des Pastoralkollegs der Nordkirche in Ratzeburg.

Vom falschen und rechten Sorgen, Lukas 12,22–34

Manfred Hilsemer

²²Er sprach aber zu seinen Jüngern: Darum sage ich euch: Sorgt euch nicht um das Leben, was ihr essen sollt, auch nicht um den Leib, was ihr anziehen sollt. ²³Denn das Leben ist mehr als die Nahrung und der Leib mehr als die Kleidung. ²⁴Seht die Raben: Sie säen nicht, sie ernten nicht, sie haben keinen Keller und keine Scheune, und Gott ernährt sie doch. Wie viel mehr seid ihr als die Vögel! ²⁵Wer ist unter euch, der, wie sehr er sich auch darum sorgt, seiner Länge eine Elle zusetzen könnte? ²⁶Wenn ihr nun auch das Geringste nicht vermögt, warum sorgt ihr euch um das Übrige? ²⁷Seht die Lilien, wie sie wachsen: Sie arbeiten nicht, auch spinnen sie nicht. Ich sage euch aber, dass auch Salomo in aller seiner Herrlichkeit nicht gekleidet gewesen ist wie eine von ihnen. ²⁸Wenn nun Gott das Gras, das heute auf dem Feld steht und morgen in den Ofen geworfen wird, so kleidet, wie viel mehr wird er euch kleiden, ihr Kleingläubigen! ²⁹Darum auch ihr, fragt nicht danach, was ihr essen oder was ihr trinken sollt, und macht euch keine Unruhe. ³⁰Nach dem allen trachten die Heiden in der Welt; aber euer Vater weiß, dass ihr dessen bedürft. ³¹Trachtet vielmehr nach seinem Reich, so wird euch dies zufallen. ³²Fürchte dich nicht, du kleine Herde! Denn es hat eurem Vater wohlgefallen, euch das Reich zu geben. ³³Verkauft, was ihr habt, und gebt Almosen. Macht euch Geldbeutel, die nicht altern, einen Schatz, der niemals abnimmt, im Himmel, wo sich kein Dieb naht, und den keine Motten fressen. ³⁴Denn wo euer Schatz ist, da wird auch euer Herz sein.

1.

Wir haben gerade einen Auszug aus einer Predigt von Jesus gehört. Das, was Jesus da sagt, begeistert mich sofort: »*Sorgt euch nicht um das Leben, was ihr essen sollt, auch nicht um den Leib, was ihr anziehen sollt.*«

Ich sehe den Wanderprediger Jesus mit seiner bunten Truppe übers Land ziehen; sie wissen morgens nicht, wo sie abends ihr müdes Haupt zum Schlafen hinlegen werden, und sie sorgen sich auch nicht ums Essen.

Aber wunderbarerweise finden sie immer eine Schlafstatt und wunderbarerweise müssen sie nie hungern. Entweder sie bedienen sich an den Früchten, die so am Wegesrand wachsen oder sie werden irgendwo zum Essen eingeladen. Es muss eine beglückende Zeit für Jesus und seine Jünger gewesen sein: die Ungebundenheit in der freien Natur, keine Sorgen um die materiellen Dinge des Lebens und vor allem: überall, wo sie hinkommen, sind sie willkommen, denn Jesus war ein gefragter Mann: Die Menschen wollten ihn sehen und hören, wollten ihn berühren.

Ein bisschen neidisch bin ich schon auf diese »Aussteigertruppe«, die sich um Jesus gesammelt hatte. Da wäre ich irgendwie gerne dabei gewesen. So etwas hätte ich gerne auch mal selbst erlebt. Aber irgendwie hat sich für mich dazu nie die Gelegenheit ergeben: Als ich noch jünger war, kam ein zielloses Umherziehen durchs Land überhaupt nicht in Frage – allein schon, weil ich ein ordentlich erzogener Junge war und meine Eltern entsetzt gewesen wären, wenn ihr Sohn als Tippelbruder unterwegs gewesen wäre. Und als ich dann meine eigene Familie gegründet hatte, kamen für mich solche »Aussteiger-Gedanken« sowieso nicht mehr in Frage. Denn jetzt gab es ja die Kinder, für die ich zusammen mit meiner Frau verantwortlich war, die ich zu versorgen hatte.

2.

Im ersten Moment bin ich also von den Worten Jesu fasziniert, doch dann wird in meinem Kopf immer mehr der Realitätsfilter eingeschaltet und ich denke: Die schöne Welt, die da beschrieben wird, ist für den normalen Alltag untauglich. Ja, wie stellt sich Jesus denn das vor?! »*Sorgt euch nicht um das Leben, was ihr essen sollt, auch nicht um den Leib, was ihr anziehen sollt.*« Wenn ich als Familienvater so leben würde, dann wäre das gegenüber meiner Frau und meinen Kindern verantwortungslos! Ich *muss* doch Vorsorge treffen! – Ich *muss* doch für eine gewisse materielle Grundausstattung sorgen, damit die Kinder eine gute Ausbildung machen können, ich *muss* doch ein gewisses finanzielles Polster anlegen, damit meine Frau und ich im Alter einigermaßen sicher leben können! Das sind Zwänge, die ich nicht einfach ignorieren kann. – Meine anfängliche Begeisterung schlägt so nach und nach in Verärgerung um, und ich frage mich: Warum sagt Jesus solche realitätsfernen Sätze?!

3.

Weil er seine Zuhörer, weil er Dich und mich davor warnen will, das ganze Sinnen und Trachten darauf zu richten, materiell abgesichert zu sein. Er möchte nicht, dass sich seine Leute völlig von materiellen Sorgen in Beschlag nehmen lassen, sodass für nichts anderes mehr Platz in ihrem Leben ist. Nochmal aus der Predigt von Jesus: »*Denn das Leben ist mehr als die Nahrung und der Leib mehr als die Kleidung.*«

Eigentlich wissen wir das! Wir wissen, dass der Mensch eben nicht vom Brot allein lebt. Trotzdem nehmen wir es im Grunde widerstandslos hin, dass die Welt in erster Linie nach wirtschaftlich-materiellen Maßstäben funktioniert, dass eben v.a. die Spielregeln des Marktes gelten. »Geld regiert die Welt« hat meine Mutter manchmal fast resignierend gesagt.

Und genau deshalb darf die mahnende Stimme Jesu nie verstummen: »Das Leben ist mehr als Essen und Trinken.« Das bedeutet für Christen doch: Wer sich völlig den Spielregeln des Marktes unterordnet, wer sich nur noch mit der materiellen Absicherung beschäftigt, der geht am Sinn des Lebens vorbei, der verpasst das Leben!

Gott sei es gedankt, dass uns Jesus immer wieder auf die anderen Spielregeln hinweist, die Spielregeln Gottes, die ein zufriedenes und erfülltes Leben erst möglich, erst lebenswert machen.

Das Leben besteht eben nicht in erster Linie im Gerenne, Gelaufe, Platzbehaupten, im »Schaffe, schaffe Häusle baue«, sondern im Empfangen, im Sich-Öffnen für Gottes Botschaft und für die Mitmenschen.

4.

Wunderbar ist das in der folgenden jüdischen Geschichte ausgedrückt:

»Rebbe, ich verstehe das nicht: Kommt man zu einem Armen, der ist freundlich und hilft, wo er kann. Kommt man aber zu einem Reichen, der sieht einen nicht mal. Was ist das bloß mit dem Geld?«

Da sagt der Rabbi: »Tritt ans Fenster! Was siehst du?«

»Ich sehe eine Frau mit einem Kind. Und einen Wagen, der zum Markt fährt.«

»Gut. Und jetzt tritt vor den Spiegel. Was siehst du?«

»Nu, Rebbe, was werd' ich sehen? Mich selber.«

»Nun siehst du: Das Fenster ist aus Glas gemacht, und der Spiegel ist aus Glas gemacht. Man braucht bloß ein bisschen Silber dahinter zu legen, schon sieht man nur noch sich selbst.«

Genau das ist für mich die Grundbotschaft Jesu im heutigen Predigttext.

5.

Ich fand es sehr berührend, wie beim Predigtvorgespräch einer aus der Runde von seinem Vater erzählt hat, einem Mann, der sich völlig den Spielregeln des Marktes untergeordnet hat. Er hat erzählt: »Mein Vater hat als Junge noch den 2. Weltkrieg erlebt. Aber v. a. hat er die armselige Nachkriegszeit in schrecklicher Erinnerung. Nach 1945 war eben das Gebot der Stunde, einfach zu überleben. Es war ja oft gar nicht einfach, jeden Tag genug zum Essen zu organisieren, ganz abgesehen vom fehlenden Wohnraum. Die Häuser waren ja zum großen Teil zerstört. Ich habe große Achtung vor der Aufbauleistung, die die Generation meines Vaters nach dem Krieg vollbracht hat! – Leider ist mein Vater in dieser materiellen Aufbauphase sein ganzes Leben lang stecken geblieben. ›Schaffe, schaffe, Häusle baue …‹ ist bis heute sein Lebensmotto, sein Lebensinhalt. Manchmal hat er seinen unermüdlichen Einsatz mit dem Argument begründet: ›Ich will, dass es meine Kinder mal besser haben!‹ Ja, mein Vater hat eine grandiose Aufbauleistung vollbracht. – Materiell hat er aufgebaut, aber seelisch hat er immer mehr abgebaut!

Ich erinnere mich noch gut an eine Szene, bei der meine Mutter zu ihm frustriert gesagt hat: ›Ich will nicht nur für das Haus leben!‹ Letztendlich war er vor lauter Vorsorge nicht mehr in der Lage, soziale Kontakte zu knüpfen und zu halten. Den inneren Kontakt zu seinen Kindern hat er irgendwann verloren und mit seinen Enkelkindern konnte er überhaupt nichts mehr anfangen. Er war eigentlich gefühlsmäßig wie abgeschnitten!«

Wie war das doch mit dem Mann, der seine Scheibe immer mehr mit Silber hinterlegt hat? Er konnte zuletzt seine Mitmenschen nicht mehr sehen, weil er nur noch damit beschäftigt war, sich materiell abzusichern.

»Denn das Leben ist mehr als die Nahrung und der Leib mehr als die Kleidung.«

6.

Schlimm, wenn Menschen ihr ganzes Leben nur nach den Spielregeln des Marktes ausrichten; schlimm, wenn sie nur noch nach dem Motto leben: Das Leben *ist* Essen und Trinken. Mehr ist da nicht!

Die Frage stellt sich: Wie kann man diesem durchaus üblichen, trostlosen Leben entkommen? Viele sagen ja leider resignierend: Die Väter haben es uns doch so vorgelebt und überall wird uns plausibel dargelegt, dass die Spielregeln des Marktes unantastbar, ja heilig sind! Ja, welche Chance hat man denn, sich diesem allgemein üblichen Trend zu entziehen und dem eigenen Leben einen anderen Klang zu geben?!

Manch einer sagt jetzt: Das ist doch ganz klar: Du musst dein ganzes bisheriges Leben radikal hinter dir lassen und sozusagen mit Jesus durchs Land ziehen, ungebunden und frei. Nur so kannst du dem hohen Anspruch Gottes gerecht werden. Also: Am besten du gehst nach Indien oder Afrika und sorgst dich um die Armen so wie Mutter Theresa oder Albert Schweitzer. Oder du gehst eben ins Kloster.

Ist das die einzige Chance, um Gottes Spielregeln einzuhalten, die einzige Chance, um aus den trostlosen Mustern der Väter herauszukommen?

7.

Nein, ist es nicht!

Ich kann nicht erkennen, dass Jesus von mir verlangt, dass ich alles aufgebe, um mit ihm ungebunden übers Land zu ziehen. Für manch einen mag das zutreffen, für mich nicht.

Es kommt für mich nicht darauf an, allen Besitz aufzugeben, sondern darauf, dass ich nicht von meinem Besitz abhängig werde, dass mich die Sorge um meinen Besitz nicht rundum beherrscht, mich nicht völlig okkupiert!

Ich darf noch einmal auf den Mann aus dem Predigtvorgesprächskreis zurückkommen: Ihm ist es gelungen, einen neuen Klang in sein Leben zu bringen, ohne dass er radikal mit seiner Vergangenheit gebrochen hat. Natürlich freut er sich über sein Häuschen, das er auch als Altersvorsorge erworben hat, natürlich genießt er schönes Essen und freut sich an den schönen Dingen, die uns unsere Welt bietet. Aber ich habe noch nie den Eindruck gehabt, dass sein Herz daran hängt. Immer wieder lässt er sich vom Wort Gottes ansprechen, immer wieder geht er in das Gespräch mit seinen Mitmenschen – auch wenn sie ganz anderer Auffassung sind als er. Er kennt nicht nur die Spielregeln des Marktes, sondern auch die Spielregeln Gottes, und er versucht, diese in seinem Leben umzusetzen, weil er eben auf Jesus hört.

Und: Er hat – anders als sein Vater – immer mit seinen Kindern inneren Kontakt gehalten.

8.

Das wäre schön, wenn es viele Menschen gäbe, die ihr Leben nach den Spielregeln Gottes ausrichten. Die müssen nicht mit abgerissenen Klamotten und mit Jesuslatschen durchs Land ziehen. Man muss es ihnen äußerlich nicht ansehen, dass sie Kinder Gottes sind. Aber man spürt, dass ihr Leben einen anderen, einen besonderen Klang hat, spürt, dass der Klang Gottes sie ausfüllt und durch sie in der Welt hörbar wird. Man merkt, dass sie besondere Persönlichkeiten sind.

Übrigens: Das Wort »Person« kommt aus dem Lateinischen und heißt übersetzt »hindurchklingen« (per-sonare). Wenn also Gottes Klang durch einen Menschen hindurchströmt und durch ihn hindurch nach außen klingt, dann ist er wirklich Person, dann ist er wirklich eine Persönlichkeit. – Solche Persönlichkeiten brauchen wir!

Ausleger:
Manfred Hilsemer war bis 2022 Pfarrer an der St. Annenkirche in Eisenach.

Vom Warten auf das Kommen des Herrn, Lukas 12,35–40

Angelika Göbel

³⁵Lasst eure Lenden umgürtet sein und eure Lichter brennen ³⁶und seid gleich den Menschen, die auf ihren Herrn warten, wann er aufbrechen wird von der Hochzeit, auf dass, wenn er kommt und anklopft, sie ihm sogleich auftun. ³⁷Selig sind die Knechte, die der Herr, wenn er kommt, wachend findet. Wahrlich, ich sage euch: Er wird sich schürzen und wird sie zu Tisch bitten und kommen und ihnen dienen. ³⁸Und wenn er kommt in der zweiten oder in der dritten Nachtwache und findet's so: Selig sind sie. ³⁹Das sollt ihr aber wissen: Wenn der Hausherr wüsste, zu welcher Stunde der Dieb kommt, so ließe er nicht in sein Haus einbrechen. ⁴⁰Seid auch ihr bereit! Denn der Menschensohn kommt zu einer Stunde, da ihr's nicht meint.

Es war in Bethlehem, am Ende einer langen Nacht. Der Morgen dämmerte und die Sterne waren am Verblassen. Maria hatte noch einmal das Stroh aufgeschüttelt und das Kind war eingeschlafen.

Langsam und leise öffnet sich die Stalltür. Eine Frau steht auf der Schwelle in Lumpen gehüllt, krumm, runzlig, uralt …Würde und Weisheit gehen von ihr aus.

Esel und Rind kauen friedlich ihr Stroh und schauen, als ob sie sie schon lange kennen würden.

Die alte Frau bückt sich über die Krippe, ihre Hand sucht etwas in ihren Tüchern und Lumpen. Leise flüstert sie dem Kind in der Krippe zu: ich bin Eva, ich grüße dich von Adam. Endlich, nach langer Zeit, zieht sie etwas hervor und legt einen runzeligen roten Apfel zum Kind in der Krippe.

Das Jesuskind öffnet die Augen. Sie sind erfüllt von einem wunderbaren Glanz voller Hoffnung.

Es dauert Ewigkeiten, dann erhebt sich die alte Frau, wie erleichtert von einem schweren Gewicht, das sie zu Boden gedrückt hatte. Sie richtet sich auf, ihre Schultern sind nicht mehr gekrümmt. In ihren Augen derselbe wunderbare Glanz voller Hoffnung wie in den Augen des Jesus Kindes.

Leise verschwindet sie durch die Stalltür in den Morgen.

Eva war gekommen aus uralter Zeit. Sie hatte die Weisheit des Anfangs mitgebracht und alles, was seither den Menschen geschehen war.

Sie hatte die Sehnsucht der Menschen mitgebracht und das Leid der Menschen.

Sie hatte die Lebensfreude mitgebracht und alles Versagen, alle geraden und krummen Wege der Menschen.

Das alles hatte sie im Apfel dem Kind in die Krippe gelegt.

Nun glänzte der Apfel in der Hand des Kindes, das geboren wurde, Uraltes mit der Gegenwart und dem Zukünftigen zu versöhnen.

Den Himmel mit der Erde, Gott mit den Menschen, uns *alle*.

Uns *alle*, Gott zieht uns Menschen in seine Geschichte mit hinein.

Lukas wird später aufschreiben und uns zurufen: seid wachsam, macht euch bereit, lasst die Lampen brennen, wenn *er* klopft, öffnet die Tür, wenn *er* kommt, wird *er* euch dienen, euch einladen an den Tisch des Lebens.

Versteckt nicht eure schrumpeligen Äpfel, alles was euch belastet, alles was nicht gelungen ist, eure Ängste und Sorgen, wenn ihr an das zu Ende gehende Jahr denkt und an das Neue, was vor uns liegt. Legt es wie Eva dem Kind in die Krippe. Erlebt den Glanz der wunderbaren Verwandlung und Versöhnung.

Die Lichter gehen nicht aus. Immer wieder kommt Unerwartetes auf uns zu. Lasst eure Lampen brennen, umgürtet eure Lenden, also seid bereit zum Aufbruch. Lukas zeigt uns, wie wir mit unserem Leben umgehen können: mit dem, was vergangen, mit dem, was heute ist, und mit dem, was auf uns zukommt. Gott lädt uns ein in einem weiten Horizont der Möglichkeiten zu leben.

Lukas sagt das mit den Worten:

Selig sind die Knechte, die der Herr, wenn er kommt, wachend findet. Wahrlich ich sage euch: Er wird sich schürzen und wird sie zu Tisch bitten und kommen und ihnen dienen.

Wir sind nicht Getriebene, weder in der Erwartung anderer noch unserer eigenen Vorsätze und Ziele. Lukas zeichnet ein einfaches, klares und schönes Bild:

Wir sind eingeladen an den Tisch des Lebens. Mitten im Lauf der Zeit schenkt Gott uns seine Nähe. An jedem Tag gibt er uns das, was wir nötig haben und brauchen: Brot und Wein, Kräfte der Liebe, Zeichen der Hoffnung, Licht in der Dunkelheit, Mut, wenn wir verzagen, Vergebung und Versöhnung, wenn die Wege schwierig sind und über den Tag, die Nacht und die Zeit hinaus: Ewigkeit.

Gott lädt uns ein in einem weiten Horizont der Möglichkeiten zu leben.

An der Schwelle des neuen Jahres hören wir Gottes Einladung, dass wir mit *ihm* jeden Tag leben und sein dürfen.

Nüchtern und wachsam statt launisch und träge.

Drei nachdrückliche Bitten gibt Lukas uns mit auf den Weg:

1. Geht gut vorbereitet in das neue Jahr – umgürtet eure Lenden: die Weihnachtsgeschichte erzählt uns von Menschen, die sich auf den Weg gemacht haben, um dem Kind in der Krippe zu begegnen – ja Gott selbst hat sich auf den Weg gemacht zu uns – ist Mensch geworden in Jesus – geht gut vorbereitet – verfallt nicht in Panik, lasst euch nicht irre machen. Gut vorbereitet heißt, damit zu rechnen, dass nichts so bleiben muss, wie es ist – und vergesst nicht, eure schrumpeligen Äpfel dem Kind in die Krippe zu legen, damit der Glanz uns verändert und versöhnt und unseren Weg erleuchtet: lasst eure Lichter brennen.

2. Geht wachsam in das neue Jahr. Seid aufmerksam und aufgeschlossen für den Augenblick. Habt ein Ohr und ein Herz für das Klopfen an den Türen eures Lebens – es sind eben nicht die Pauken und Trompeten. Lukas beschreibt es in dem Bild: wie ein Dieb in der Nacht. Wach ist eigentlich nur der, der etwas erwartet. Lasst uns mit und füreinander diese Erwartung immer wieder und immer neu teilen und erfahren.

3. Der Menschensohn kommt – so sagt es Lukas – zu einer Stunde, da ihr es nicht meint. Die Lenden umgürtet, das Licht brennend – Jesus kommt, in die Zeit und in Ewigkeit – Himmel und Erde sind versöhnt.

Wir lassen uns die Wurzeln auf unserer Erde nicht zerstören und die Flügel des Himmels nicht stutzen. Dafür steht das Kind in der Krippe, Jesus am Kreuz und der Auferstandene Christus. Das ist unser Glaube gegen die Realität, das Mögliche gegen das, was schon immer war: Das ist Evangelium – die frohe Botschaft, die Jesus uns anvertraut und immer neu schenkt.

Dietrich Bonhoeffer schreibt aus seiner Gefängniszelle:

»Wenn sich die Stille nun tief um uns breitet, so laß uns hören jenen vollen Klang der Welt, die unsichtbar sich um uns breitet, all deiner Kinder hohen Lobgesang.«

So wünsche ich uns den Glauben, der wachsam macht, und einen hellen Geist. Ich wünsche uns offene Herzen und Hände für Gottes Gaben, wenn er uns an den Tisch des Lebens einlädt und uns dient.

Auslegerin:
Angelika Göbel war Pfarrerin an der Nikolaikirche und im Werner-Sylten-Haus in Eisenach.

Gleichnis vom Senfkorn und Sauerteig, Lukas 13,18–21

Andreas Piontek

[18]Da sprach er: Wem gleicht das Reich Gottes, und womit soll ich's vergleichen? [19]Es gleicht einem Senfkorn, das ein Mensch nahm und warf's in seinen Garten; und es wuchs und wurde ein Baum, und die Vögel des Himmels wohnten in seinen Zweigen. [20]Und wiederum sprach er: Womit soll ich das Reich Gottes vergleichen? [21]Es gleicht einem Sauerteig, den eine Frau nahm und unter drei Scheffel Mehl mengte, bis es ganz durchsäuert war.

So kurz und knapp kann Jesus reden. Er macht nicht viele Worte und bringt mit diesen beiden Gleichnissen die Sache auf den Punkt. Zunächst einmal sind die beiden Gleichnisse mit den eindrücklichen Bildern vom Senfkorn und vom Sauerteig schlicht zum Staunen:

Das winzige Senfkorn, kaum 1 mm groß, wächst innerhalb eines Jahres zu einer Staude von über 2 m Höhe, aus der dann der schwarze Senf gewonnen wird.

Genauso beim Sauerteig. Ein winziges Stück Sauerteig reicht, um eine große Menge zu durchsäuern. Das ist zum Staunen. Deshalb hat Jesus, denke ich, diese Bilder in seinen Gleichnissen auch erzählt. Er will uns Menschen ins Staunen versetzen, indem er verkündigt: Gott lässt aus kleinsten Anfängen Großes wachsen! Er lässt aus wenig viel werden! Gottes Reich nimmt klein und unscheinbar seinen Anfang; damals im Wirken des Mannes aus Nazareth; dort im Niemandsland rund um den See Genezareth. Ganz klein und unscheinbar beginnt, was einmal die ganze Welt verändern wird. Das ist einfach zum Staunen. Übrigens, damit beginnt oft alles, auch die Theologie, das wissen wir doch, beginnt mit dem Staunen.

Wo ich staunend etwas wahrnehme, dass ich mir zunächst gar nicht erklären kann, geschieht Überraschendes. Der große antike Denker Platon würde sagen, dort geschieht Verwandlung.

Aber noch mehr, liebe Schwestern und Brüder: Mit den Bildern vom Senfkorn und Sauerteig will Jesus uns nicht nur ins Staunen versetzen, sondern auch den Blick schärfen für die Zukunft; für den Horizont, den *er* eröffnet.

Er will Hoffnung wecken. Angesichts der kümmerlichen Anfänge seines Wirkens Hoffnung machen auf das kommende Reich Gottes. Er will Hoffnung stiften, dass Gott aus dem kleinen Anfang mit Jesus Großes und Heilvolles für unsere Welt hervorbringt. Jesus geht es um das Reich Gottes.

»Er verkündete das Reich Gottes – gekommen ist die Kirche«, so hat es schon 1902 der französische Theologe Alfred Loisy auf den Punkt gebracht.

Wir leben eben in dem »schon jetzt« und »noch nicht«.

Allerdings, liebe Schwestern und Brüder, ist nicht ausgeschlossen, dass das Reich Gottes in unserer Kirche wächst, denn mit Jesus hat das Reich Gottes schon begonnen. Dabei dürfen wir bei Reich Gottes weniger an ein Land denken als vielmehr an Beziehungen. Wie merken wir nun, dass es schon das Reich Gottes ist und nicht nur das, was ich mir ausdenke und vorstelle?

Es hilft mir, auf Jesus zu schauen, darauf wie er gelebt hat, wie er mit den Menschen umgegangen ist. Jesus behandelt Frauen z. B. als Menschen auf Augenhöhe. An seinem Tisch dürfen alle Platz nehmen, auch die, die sonst ausgegrenzt sind. Das ist gelebtes Reich Gottes. Jesus lebt eine ganz neue Art von Gerechtigkeit. Nicht der, der stärker ist, zählt. Jesus sieht auch das Kleine und Unscheinbare. Stellt oft die Kinder in den Mittelpunkt. Er ist immer an der Seite der Schwachen und Benachteiligten. In der engen Gemeinschaft mit Jesus beginnt das Reich Gottes.

Und da kann es schon sein, dass Gottes Reich im Gemüsegarten hinterm Haus oder in der Backstube beginnt. Der »Garten« und die »Backstube« sind die Schule für eine Ahnung von Gottes Reich.

Da kann ich viel für das Leben im Reich Gottes lernen. Durch die Gleichnisse Jesus ist mir da manches klar geworden.

Zum einen: Ich kann das Reich Gottes nicht machen. Das ist kein Automatismus in dem Sinne: Ich muss mich nur ganz doll anstrengen und dann wird das schon; dann halten wir den Trend der Zeit auf und das Reich Gottes beginnt zu wachsen und zu blühen.

Und zum anderen: Der, der wachsen lässt und alles durchdringt wie der Sauerteig den Teig, ist der Heilige Geist, der Geist, von dem schon Jesus damals ergriffen war. Vielleicht, liebe Schwestern und Brüder, beten wir zu wenig und bitten darum, dass uns *sein* Geist erfüllt. Vielleicht warten wir manchmal zu wenig darauf, dass *er* wachsen kann und unser ganzes Leben durchdringt. Vielleicht sind wir zu sehr auf Sendung und zu wenig auf Empfang. Luther hat das mal so ausgedrückt: Er vergleicht die Christenmenschen mit einem Bettler, der dasitzt und ständig mit seinem Hut hin und her wackelt. Ihm ruft Luther zu: Mensch, halt den Hut still! Denn wenn wir uns ständig umhertreiben lassen, ist es schwer etwas zu empfangen.

Zahlen oder Anzahl oder Größe stehen dann gar nicht an erster Stelle, sondern es geht darum, dass wir miteinander jesusgemäß leben, dass *er* alles durchdringt, dass *er* Leben reinbringt. Und wenn jede und jeder dann seinen

Glauben gucken lässt, dann können wir staunen, was Gott daraus macht, denn das ist seine Sache.

Liebe Schwestern und Brüder, noch ein Letztes: Mag sein, dass manch eine und manch einer zweifelt, ob denn in dieser unserer Zeit das Reich Gottes überhaupt eine Chance hat, überhaupt wachsen kann. Die wenigen damals, Jesus und seine Jünger, zweifelten vielleicht auch daran. Genau deshalb stellt Jesus alles unter den Horizont des Reiches Gottes. Er will unseren Blick weglenken von manchen kümmerlichen Mühen kirchlichen Tuns hin auf die verheißene Zukunft Gottes. Was immer in den Gemeinden, in dieser Kirche getan wird, was immer hinter den Erwartungen zurückbleiben mag oder als enttäuschend erlebt wird, das darf nicht den Blick verstellen für die Zukunft, die Gott uns verheißen hat. Nicht die Unvollkommenheit und Kümmerlichkeit der Gegenwart darf uns gefangen nehmen, sondern die Hoffnung auf Gottes Zukunft soll uns anstecken. Wenn wir uns von dieser Hoffnung anstecken lassen, dann entdecken wir unsere Möglichkeiten; durch unser Tun, den Samen in die Erde zu tun und den Teig zu durchmengen. Und das Erstaunliche dabei ist, dass manchmal etwas wächst, wo wir gar nichts gesät haben und Leben reinkommt, wo wir es nicht vermutet haben.

Also, liebe Schwestern und Brüder, lasst uns mitbauen an *seinem* Reich.

Es ist von uns nicht machbar: Wir können nur – um im Bild des Senfkorns zu bleiben – nehmen und in die Erde werfen und – im Bild des Sauerteiges – nehmen und vermengen; sozusagen uns von *seiner* Liebe durchdringen lassen. Und schließlich bei unserem manchmal kümmerlichen Tun darauf vertrauen, dass *er*, unser Gott, wachsen lässt.

Ausleger:
Andreas Piontek ist 1999 Superintendent des Evangelischen Kirchenkreises Mühlhausen.

Gleichnis vom großen Abendmahl, Lukas 14,15–24

Friedrich Kramer

¹⁵Da aber einer das hörte, der mit zu Tisch saß, sprach er zu Jesus: Selig ist, der das Brot isst im Reich Gottes! ¹⁶Er aber sprach zu ihm: Es war ein Mensch, der machte ein großes Abendmahl und lud viele dazu ein. ¹⁷Und er sandte seinen Knecht aus zur Stunde des Abendmahls, den Geladenen zu sagen: Kommt, denn es ist schon bereit! ¹⁸Da fingen sie alle an, sich zu entschuldigen. Der erste sprach zu ihm: Ich habe einen Acker gekauft und muss hinausgehen und ihn besehen; ich bitte dich, entschuldige mich. ¹⁹Und ein andrer sprach: Ich habe fünf Joch Ochsen gekauft und ich gehe jetzt hin, sie zu besehen; ich bitte dich, entschuldige mich. ²⁰Wieder ein andrer sprach: Ich habe eine Frau geheiratet; darum kann ich nicht kommen. ²¹Und der Knecht kam zurück und sagte das seinem Herrn. Da wurde der Hausherr zornig und sprach zu seinem Knecht: Geh schnell hinaus auf die Straßen und Gassen der Stadt und führe die Armen und Verkrüppelten und Blinden und Lahmen herein. ²²Und der Knecht sprach: Herr, es ist geschehen, was du befohlen hast; es ist aber noch Raum da. ²³Und der Herr sprach zu dem Knecht: Geh hinaus auf die Landstraßen und an die Zäune und nötige sie hereinzukommen, dass mein Haus voll werde. ²⁴Denn ich sage euch: Keiner der Männer, die eingeladen waren, wird mein Abendmahl schmecken.

Unser Text, den wir kauen und verkosten, bedenken und schmecken wollen, beginnt mit der schönen Seligpreisung: Selig ist, der das Brot isst im Reich Gottes.

Das sagt nicht Jesus, sondern einer, der ganz nah an Jesus dran ist und dem plötzlich einleuchtet, was selig ist. *Schon - jetzt - schon jetzt alles.*

Da ist einer, der lädt viele Menschen zum Abendessen ein. Das ist in diesen Zeiten nicht so einfach.

Wann haben Sie das letzte Mal viele Menschen eingeladen zum Abendessen?

Ich erinnere mich an unsere Berliner Studentenzeit: Wir trafen auf dem Hof eine Nachbarin, die erzählte, dass sie 50. Geburtstag feiert und viele Leute eingeladen hat. Am Abend klingelt es plötzlich und die Nachbarin steht vor der Tür und sagt: »Meine Gäste sind nicht gekommen. Wollt ihr nicht wenigstens kommen?« Und dann haben wir den ganzen Abend gefeiert, nur zu dritt - ich, meine Frau und die Nachbarin. Das war, wie sie fand, ein wunderschöner 50. Geburtstag. Eine Freundschaft ist entstanden.

Wann haben Sie das letzte Mal zum Abendessen oder zu einer Feier jemanden eingeladen, den Sie nicht kennen? Machen wir das? Kurz vor unserem Text
fordert Jesus genau dazu auf: Arme, Krüppel und Lahme einzuladen und eben
nicht Menschen, die wir kennen, sondern Menschen einzuladen, die nicht damit
rechnen, eingeladen zu werden.

Jesus war ein grandioser Selbsteinlader. Er ging durch die Stadt, traf jemanden und sagte zu ihm: »Heute ist deinem Haus Heil widerfahren«, und ging
mit seinen Jüngern und Jüngerinnen zu diesen Menschen, aß und trank, und
plötzlich entstand eine ganz große neue Kraft. Von den Zöllnern, die gute Wein-
keller hatten und auch viel zu essen, hat sich der ein und andere danach der Jesusbewegung angeschlossen. Ich habe das den Studenten immer empfohlen:
Macht das doch mal! Klingelt bei einem Professor, sagt: »Heut ist diesem Haus
Heil widerfahren«, und kaum einer wird sagen, ich lass euch nicht rein, es
passt gerade nicht. Jesus war also ein großer Sich-Selbst-Einlader und Uns-Ein-
lader und Ermutiger, einander einzuladen.

»Kommt, denn es ist schon bereit«, sagt der Gastgeber. Im Abendmahl sagen
wir sonst immer: Kommt, es ist *alles* bereit. Deshalb müssen wir das Wort
»schon« verkosten.

In der neuen Lutherübersetzung 2017 und selbst im Septembertestament
von 1521 heißt es: »Kommpt, denn es ist *alles* bereit.« Die lateinischen und die
griechischen Texte, die Luther vorlagen, legten diese Übersetzung nahe. Aber
die älteste Übersetzung spricht nicht von ›alles‹, sondern von ›schon‹.

Nun können Sie sich fragen: was hat er nun mit ›schon‹ und ›alles‹? Was
soll das Ganze? Aber es ist schon ein Unterschied, ob ›alles‹ bereit ist oder ob es
›schon‹ bereit ist. ›Alles‹ hat das Wunderbare: Man weiß, es ist vollständig. Es
fehlt nichts. Aber das ›Schon‹ sagt noch mehr. Es sagt, dass ›schon jetzt‹ das
Reich Gottes da ist. Selig ist, wer das Brot isst im Reich Gottes.

Wo ist das Reich Gottes? Kommt es erst am Ende der Tage? Jesus lehrt uns,
dass das Reich Gottes schon nahe herbeigekommen ist. Dann aber kommen wir
Theologen und sagen, das mit der Naherwartung hat sich nicht erfüllt, wir warten schon 2000 Jahre. Aber das meint Jesus nicht, sondern die Frage ist immer:
Ist das Reich Gottes dir jetzt nahe? Es bewegt sich immer in der Spannung zwischen ›schon‹ und ›noch nicht‹. Du sollst dich nicht nur auf das ›noch nicht‹
konzentrieren. ›Schon‹ sagt der Text. Kommt, es ist ›schon‹ bereit. Dort, wo Gottes Wille getan wird, dort, wo sein Wort erfüllt wird, dort, wo Menschen von
seinem Wort her leben, ist das Reich Gottes jetzt schon da. Ohne jeden Zweifel
ist es im Abendmahl so. Wenn wir dort seinen Willen erfüllen, schmecken und
sehen wir, dass das Reich Gottes mitten unter uns wirklich ist. In der Vielfalt
unseres Glaubens und den großen unterschiedlichen Meinungen, die wir alle
miteinander haben, sind wir vereint in dem einen Leib. *Jetzt – schon – alles.*

Der Einlader zum großen Abendmahl erlebt eine große Enttäuschung. Es
gibt Entschuldigungen, und einige sind auf den ersten Blick nachvollziehbar:

Ich habe eine Frau geheiratet, darum kann ich nicht kommen, ich muss erstmal die Gemeinschaft mit meiner Frau pflegen. Ich habe fünf Joch Ochsen gekauft, ich muss hingehen und sie anschauen. Ich frage mich: Ist es klug, am Abend Ochsen anzuschauen? Im Dunkeln? Ich habe einen Acker gekauft und muss hinausgehen, ihn zu besehen. Ich bitte dich, entschuldige mich. Wenn man genauer hinschaut, sind die Entschuldigungen alle vorgeschoben. So ist es auch, wenn wir uns fragen: Warum nehmen wir die Einladung Gottes nicht an? Warum gehen wir nicht hin? Warum feiern wir nicht miteinander das Mahl? Es gibt viele Entschuldigungen, manche leuchten ein, manche eher nicht.

Dann kommt die emotionalste Stelle: Der Hausherr wird zornig. So richtig sauer. Das können wir nachvollziehen: wir haben viele Leute eingeladen, das Essen dampft und keiner kommt: das ist unerträglich. Man fühlt sich gedemütigt und nicht ernst genommen und meint: Ich bin es nicht wert, dass die anderen kommen. Der Hausherr schickt seinen Knecht, um die Leute auf der Straße einzusammeln: »*Geh schnell auf die Straßen und führe die Armen, Verkrüppelten, Blinden und Lahmen herein!*«

Drei Entschuldigungen haben wir gehört, vielleicht also waren doch einige Eingeladene gekommen. Wenn ich mir jetzt vorstelle, dass da einige der Freunde sitzen und plötzlich kommen Krüppel, Arme, Lahme und Blinde herein: Wie wird die Stimmung gewesen sein? Leichte Beklemmung. Verunsicherung. Irritation. Und: Es ist immer noch Raum da. Der Herr sagt zum Knecht: »*Geh hinaus auf die Landstraße, an die Zäune und nötige sie hereinzukommen, auf dass mein Haus voll werde!*«

Das »Nötigen« ist ein schwieriges Wort. Es klingt nach gewaltsamem Hineinzwingen, etwas, das nicht zum Glauben passt, obgleich es in Verirrungen unserer Kirchengeschichte geschehen ist. Denn der Glaube braucht die Freiheit, wie Martin Luther sie bekannt und uns vor Augen gestellt hat, die Freiheit, die niemandes Knecht und dennoch voll gebunden in der Liebe ist.

Zum Schluss die Drohung: Keiner der Männer, die eingeladen waren, wird mein Abendmahl schmecken. Martin Luther hat über diesen Text mehrfach gepredigt und hat gesagt: »Das ist der Beschluss und die Summe dieses Evangeliums, dass die, die am gewissesten sind und das Mahl schmecken wollen, es nicht schmecken. [...] Die Gäste, die hier eingeladen sind und nicht kommen, sind die, die das Mahl vermeinen mit Werken zu erlangen. Sie mühen sich auch sonst sehr und sind gewiss, dass sie das Mahl schmecken werden. Der Herr aber sagt: ›Nicht einer von diesen Männern wird mein Nachtmahl schmecken.‹ ›Warum denn, lieber Herr, sie haben doch nichts Böses getan und sind auch nicht mit falschen Sachen umgegangen.‹ »Ey, das ist die Ursache, dass sie sich dem Glauben versagt und ihn nicht frei vor jedermann bekannt haben.«[1]

---

[1]   Predigt von Martin Luther am 2. Sonntag nach Trinitatis (29.06.) 1522 zu Lukas 14: »Ein Mensch macht ein großes Abendessen« (WA 12, 597–601; hier 601).

Oder an anderer Stelle, in anderer Predigt sagt er: »So wird uns auch gehen, wenn wir uns, unsere Äcker, Ochsen und Weiber, das ist: geistliche oder weltliche Ehre, samt den zeitlichen Gütern, lieber sein lassen, denn das Evangelium. Er sagt mit einfältigen, geringen Worten: ›Schmecken sollen sie nicht mein Abendmahl‹, als sollt' er sagen ›Wohlan, mein Abendmahl ist auch etwas …‹«[2]

Luther predigt hier über den Ausschluss vom Abendmahl. Er selbst gehört zu denen, die vom Abendmahl ausgeschlossen worden sind: als Ketzer gebrandmarkt und aus der Kirche ausgestoßen. Doch für Luther bleibt klar: Christus lädt ein und ist der, der entscheidet, wer dabei ist. Nicht die, die sicher sind, dass sie dabei sind, werden das Mahl schmecken.

Wir als protestantische Kirche schließen niemanden aus der Kirche und vom Abendmahl aus.

Es ist eher so, dass die Leute sich heute nicht mal mehr entschuldigen und einfach so nicht kommen. Sind wir zu satt und zu fett? Zu viele Ochsen, zu viele Äcker, dass wir nicht mehr das Mahl schmecken wollen? Ist die Seligkeit nicht mehr schmeck- und spürbar? Wir laden alle ein. So wie der Gastgeber es tut. Unsere Bemühung muss sein, noch stärker auf den Straßen und an den Zäunen nach den geistlich Blinden, geistlich Lahmen und geistlich Armen zu schauen, dass wir sie einladen. Und ihnen und uns im Abendmahl zusagen lassen: Du kannst sehen, du kannst gehen, du kannst tanzen. Du bist eine von Gott Geliebte. Du bekommst die Seligkeit geschenkt, weil Gott dich liebt. Diese Einladung ist ausgesprochen und sie gilt. Vom Anbeginn der Zeiten bis zum Ende der Zeiten hat Gott eingeladen und in Christus diese Einladung erneuert, hat sie ausgeweitet auf alle Völker. Unsere Aufgabe ist es, diese Einladung fröhlich weiterzugeben, den großen Einlader, Jesus Christus, zu unterstützen, dass Menschen Lust bekommen am Geschmack des Wortes, Lust am Geschmack der Sakramente, Lust bekommen, ein Leben mit Gott, mit Christus zu wagen.

Schon, schon jetzt – damit wir *alles* haben. Gott schenke uns, dass wir heute schon spüren, dass das Reich Gottes unter uns angebrochen ist. Wenn wir Brot und Wein teilen, wenn wir Gottes Wort hören, wenn wir uns ganz auf ihn einlassen. – *Schon, jetzt, alles.*

Ausleger:
Friedrich Kramer ist seit 2019 Landesbischof der Evangelischen Kirche in Mitteldeutschland.

---

[2]   Predigt von Martin Luther am 1. Sonntag nach Trinitatis (30.05.) 1535 zu Lukas 14 (WA 41, 280–292).

Das Gleichnis vom verlorenen Schaf/ Groschen, Lukas 15,1–10

Theresa Rinecker

Gleichnisse vom Verlorenen

¹Es nahten sich ihm aber alle Zöllner und Sünder, um ihn zu hören. ²Und die Pharisäer und die Schriftgelehrten murrten und sprachen: Dieser nimmt die Sünder an und isst mit ihnen.

Vom verlorenen Schaf

³Er sagte aber zu ihnen dies Gleichnis und sprach: ⁴Welcher Mensch ist unter euch, der hundert Schafe hat und, wenn er eines von ihnen verliert, nicht die neunundneunzig in der Wüste lässt und geht dem verlorenen nach, bis er's findet? ⁵Und wenn er's gefunden hat, so legt er sich's auf die Schultern voller Freude. ⁶Und wenn er heimkommt, ruft er seine Freunde und Nachbarn und spricht zu ihnen: Freut euch mit mir; denn ich habe mein Schaf gefunden, das verloren war. ⁷Ich sage euch: So wird auch Freude im Himmel sein über einen Sünder, der Buße tut, mehr als über neunundneunzig Gerechte, die der Buße nicht bedürfen.

Vom verlorenen Groschen

⁸Oder welche Frau, die zehn Silbergroschen hat und einen davon verliert, zündet nicht ein Licht an und kehrt das Haus und sucht mit Fleiß, bis sie ihn findet? ⁹Und wenn sie ihn gefunden hat, ruft sie ihre Freundinnen und Nachbarinnen und spricht: Freut euch mit mir; denn ich habe meinen Silbergroschen gefunden, den ich verloren hatte. ¹⁰So, sage ich euch, ist Freude vor den Engeln Gottes über einen Sünder, der Buße tut.

Manchmal klingt es so durch die Wohnung. Manchmal, wenn die beiden längst erwachsenen Kinder zu Gast sind, klingt es so: »Wann ist denn das Essen endlich fertig? Wir haben solchen Hunger.« Das klingt wie Musik in ihren Ohren. Hatten sie als kleine Kinder auch so gefragt? Sie kann sich daran nicht erinnern. Aber jetzt, als längst Ausgezogene, zieht es sie immer mal wieder zurück an den Tisch, auf dem die Lieblingsgerichte stehen. Schon Wochen bevor sie kommen wird gefragt, was dann gekocht wird. »Ja, so wie du … kann das sonst keiner. Es schmeckt wunderbar.« Hier am Tisch in der Mitte des Hauses.

Es beginnt auch heute bei unserem Predigtwort mit Fragen rund ums Essen, beginnt bei Lukas 15 damit, dass unruhig verhandelt wird, wieso er mit ihnen Tischgemeinschaft hat. Wieso isst er mit Sünderinnen und Sündern? Und es endet in diesem 15. Kapitel auch damit. Es mündet schließlich in die Erzählung von einem Festmahl, das der Vater dann bereiten lässt für den heimgekehrten Sohn, für den, der weggegangen war und zurückgekommen ist. Sie feiern ein Freudenmahl und auch dort wird dann noch gefragt, wieso eigentlich und wer denn zur Familie gehört. Bevor es mundet, wird am Rande gefragt und geknurrt. Dann aber wird Heimkehr gefeiert. Nun wird endlich so gegessen, dass es satt macht. Nicht mehr das karge Brot der Wanderschaft. Hier darf gekostet werden und es schmeckt köstlich. Das Mahl der Heimkehr.

Da läuft einem das Wasser im Mund zusammen. Endlich miteinander unbeschwert essen können. Endlich und überhaupt miteinander. Die, die nicht dazugehören, also nicht zum Haushalt, heißen seinerzeit Zöllner. Sie haben einen Ruf und ihr Etikett weg und jeder meint Bescheid zu wissen. Mit denen lieber nicht. Nicht. Wir passen nicht zusammen. Wir gehören nicht zueinander.

Von ihm, von Jesus, hören wir, dass er wieder und wieder solche Zuordnungen durchbricht. Ganz anders höre ich ihn rufen.»Sobald du mit mir zu Tische sitzt… hat Platz wer und was auch immer du bist. Sobald ich mit dir zu Tische sitze … ist alle Verlorenheit dahin. Wird die Gemeinschaft ganz und neu. Du gehörst dazu.«

Dabei tut er, was überliefert ist und doch offenbar aus dem Blick geraten ist. Tut, was von Gott schon in den alten Schriften bei Ezechiel überliefert ist:

»Ich selber werde meine Schafe weiden und ich selber werde sie lagern lassen …«
(Ez. 34).

Ja, sich lagern können. Stärkung suchen und finden. Längst hat ihm die Kirche die Tischgemeinschaft aufgekündigt, das war schon im Januar geschehen. Nun hat er noch einmal öffentlich zu streiten und sich und die Thesen zu verteidigen. Der 18. April 1521 ist einschneidend und entscheidend. Er, Luther, vor dem Reichstag zu Worms. Kaiser und Kurie als Gegenüber. Hier führt er noch einmal aus, er sehe sich durch die Bibel bestätigt. Er könne nicht anders denken und reden als so.

»Und da mein Gewissen in den Worten Gottes gefangen ist, kann und will ich nicht widerrufen, weil es gefährlich und unmöglich ist, etwas gegen das Gewissen zu tun. Gott helfe mir.«

Er hält Stand und braucht dann doch den sicheren Ort. Die Wartburg bietet ihm dies für zehn Monate. Schutz und Zeit zu sich zu finden. Neu schöpft er hier aus den Quellen, liest in der Schrift, hört auf die überlieferten Worte und überträgt sie.

Wie wir hören auf die Ursprungsworte, die Jesus neu macht. Heute, die vom Hirten, der sucht. Und von der Frau. Die eine sucht den Groschen, der fehlt. Der Hirte das Schaf. Sie sucht das Eine von Zehn. Er sucht das Eine von Hundert. Beide suchen das Eine. Das was fehlt am Ganzen. Was fehlt, davon können wir viel erzählen, manche von uns zu viel. Das buchstabieren wir. Kennen uns aus mit dem, was verloren ist. Wissen, wie es sich anfühlt, etwas und jemanden und manchmal beides zugleich zu verlieren. So viel Verlust, der heute an diesem Sonntag an vielen Orten unseres Landes auch besonderen Raum bekommt, Trauerraum findet.

Manchmal suchen wir nach dem Verlorenen. Werfen das Band aus, sogar über die Grenze des Lebens hinaus. Werfen es aus und spüren, wir können in Liebe verbunden bleiben auch mit den vor uns Gegangenen. Ja, manchmal sind wir Hirten und Sucherinnen des Verloren-Gegangen. Bloß gut.

Und oft bin ich, sind wir, doch eher das Menschenkind, das immer wieder selbst verloren geht. Weggerutscht ist, zu lange am selben Fleck gegrast, den Anschluss verpasst. Sind die anderen längst anderswo, und – überrascht hebe ich den Kopf – ich bin abgehängt? Die Momente, in denen es dunkel ist im eigenen Lebenshaus, kennen viele. Momente, in denen die Seele die Freude nicht mehr findet und einen braucht, der wie mit einem Licht in der Hand die Frau, sucht und sucht. Uns sucht und nachschaut auch zwischen den Ritzen. Ob ich nun in der Videokonferenz sitze oder nicht? Keiner scheint zu sehen, was ich mache. Für wen all die Vorbereitungen zu Ostern, wenn dann kurz davor … Sie wissen schon. Die neue Mode und Kollektion ist eingekauft, erzählt er, aber sie schaffte es gerade bis ins Schaufenster.

Und so wächst der Wunsch, es möge der kommen, die kommen, die für uns alles stehen und liegen gelassen hätte, um zu sehen und zu hören, um zu tragen und heimzubringen, unsere Verlorenheit, viel mehr als die Groschen in den Dielenritzen, viel mehr als Hoffnung, die die Jahre weggespült hat, viel mehr als das Grasen an abgegrasten Hängen. Einmal wenigstens gesehen werden, ganz und gar. Dass uns das heimbrächte an den Ort, an dem es aufhört, das Rennen und sich Sorgen und immer wieder dieselbe Erfahrung machen zu müssen. Wieder übersehen. Wieder ist keiner hinterhergegangen.

Oder doch? Muss ich mich vielleicht umdrehen, um zu sehen, wer und was mir nachgeht? Ein bisschen ist es schon ein Hinterhergehen, wenn ich gleich diese Hirten-Bachkantate hören werde. Ein bisschen ist es schon wie ein Hinterhergehen, wenn zu hören ist, Gott ist wie eine, die nicht lockerlässt, den gefallenen Groschen zu finden. Ein bisschen ist schon wie hinterhergehen, wie wir heute Gottesdienst feiern in der Georgenkirche.

Ja, der Hirte sieht das Einzelne jenseits der Zahl. Er kennt den Namen jeder Einzelnen. Dieses Hirtenbild nimmt Jesus auf und zeichnet es wieder und wieder für Gott, den in seiner Barmherzigkeit Allmächtigen, der sucht und findet, heimführt und trägt. Wenn jeder Schäfer schon seinem verlorenen Tier nachgeht, um wie viel mehr dann Gott. Und Jesus ist ja selber auch ein Hirte und geht nach. Setzt uns den Floh ins Ohr, Gott ahnen zu können. »Ohne dich ist alles nichts. Für dich lasse ich alles stehen und liegen, die 99 und die Himmelshöhen und die Zustimmung gelehrter Weisheit. Für dich gehe ich sogar mit ans Kreuz. Hänge zwischen den beiden anderen und rede dennoch vom Wiedersehen und vom Tisch im Paradies, rede auch hier noch von Mahlgemeinschaft der Vollendeten im Lande der Lebendigen.«

Und ich drehe mich um, manchmal, sehe ihn, höre ihn. Wende mit seiner und anderer Gottgesandter Hilfe den Moment, betrachte ihn anders. Halte das Dunkle ins Licht, sehe die Not des Augenblicks und halte sie ihm hin und vor. Hier am Kreuz. Und indem ich sie sehe und ahne, ich bin im Hinschauen nicht allein, wendet sich etwas. Manchmal schwindet so ein Stück Verlorenheit. Manchmal ist es, als würde der Schleier der göttlichen Barmherzigkeit, der alles umhüllt, sichtbar und beinahe berührbar. Hoffentlich hören und feiern wir bald wieder öfter: »Komm, koste und schmecke!« Nicht vergessen! Wo immer wir dies spüren, hören, ersehnen, ist es, als würden wir gefunden. Als wendete sich Not und Hoffnungsschimmer erleuchteten den Augenblick. Dann sind wir wirklich Umkehrende und beginnen neu, Gott in Christus zu vertrauen. Und dann tun wir, was sonst, das Unsere, damit viele Leidende besser aufgenommen, besser genährt und besser behandelt werden!

Wo das geschieht, soll überschwängliche Freude auch alle anderen erfassen. Freut euch doch mit! Auch wenn gleiche Liebe schwer auszuhalten ist. Gleiche Liebe setzt doch die anderen nicht zurück. Freilich bleiben die 99 für eine Weile sich selbst in ihrer Gemeinschaft überlassen. Aber dann, dann jubeln die Himmel, wenn es wieder zusammenkommt. Wenn das Ganze sich zeigt. Wenn einer an den Tisch geladen wird, der zuvor allein unterwegs war. Wenn wir Verlorenes in Liebe wieder finden. Was sonst als ein Fest kann es dann geben, was sonst als jubeln und sich freuen. Beim Finden geht es heiter zu. Himmlischer Finderlohn über alles, was in die Fülle kommt. Freude, wenn wir finden und Freude, wenn wir gefunden werden. Und siehe – der Tisch ist gedeckt. In Zeit und Ewigkeit.

Auslegerin:
Theresa Rinecker ist seit 2018 Generalsuperintendentin der Evangelischen Kirche Berlin-Brandenburg-schlesische Oberlausitz im Sprengel Görlitz.

Gleichnis vom verlorenen Sohn, Lukas 15,11–32

Wolfgang Robscheit

[11]Und er sprach: Ein Mensch hatte zwei Söhne. [12]Und der jüngere von ihnen sprach zu dem Vater: Gib mir, Vater, das Erbteil, das mir zusteht. Und er teilte Hab und Gut unter sie. [13]Und nicht lange danach sammelte der jüngere Sohn alles zusammen und zog in ein fernes Land; und dort brachte er sein Erbteil durch mit Prassen. [14]Als er aber alles verbraucht hatte, kam eine große Hungersnot über jenes Land und er fing an zu darben [15]und ging hin und hängte sich an einen Bürger jenes Landes; der schickte ihn auf seinen Acker, die Säue zu hüten. [16]Und er begehrte, seinen Bauch zu füllen mit den Schoten, die die Säue fraßen; und niemand gab sie ihm. [17]Da ging er in sich und sprach: Wie viele Tagelöhner hat mein Vater, die Brot in Fülle haben, und ich verderbe hier im Hunger! [18]Ich will mich aufmachen und zu meinem Vater gehen und zu ihm sagen: Vater, ich habe gesündigt gegen den Himmel und vor dir. [19]Ich bin hinfort nicht mehr wert, dass ich dein Sohn heiße; mache mich einem deiner Tagelöhner gleich! [20]Und er machte sich auf und kam zu seinem Vater. Als er aber noch weit entfernt war, sah ihn sein Vater und es jammerte ihn, und er lief und fiel ihm um den Hals und küsste ihn. [21]Der Sohn aber sprach zu ihm: Vater, ich habe gesündigt gegen den Himmel und vor dir; ich bin hinfort nicht mehr wert, dass ich dein Sohn heiße. [22]Aber der Vater sprach zu seinen Knechten: Bringt schnell das beste Gewand her und zieht es ihm an und gebt ihm einen Ring an seine Hand und Schuhe an seine Füße [23]und bringt das gemästete Kalb und schlachtet's; lasst uns essen und fröhlich sein! [24]Denn dieser mein Sohn war tot und ist wieder lebendig geworden; er war verloren und ist gefunden worden. Und sie fingen an, fröhlich zu sein. [25]Aber der ältere Sohn war auf dem Feld. Und als er nahe zum Hause kam, hörte er Singen und Tanzen [26]und rief zu sich einen der Knechte und fragte, was das wäre. [27]Der aber sagte ihm: Dein Bruder ist gekommen, und dein Vater hat das gemästete Kalb geschlachtet, weil er ihn gesund wiederhat. [28]Da wurde er zornig und wollte nicht hineingehen. Da ging sein Vater heraus und bat ihn. [29]Er antwortete aber und sprach zu seinem Vater: Siehe, so viele Jahre diene ich dir und habe dein Gebot nie übertreten, und du hast mir nie einen Bock gegeben, dass ich mit meinen Freunden fröhlich wäre. [30]Nun aber, da dieser dein Sohn gekommen ist, der dein Hab und

Gut mit Huren verprasst hat, hast du ihm das gemästete Kalb geschlachtet. [31]*Er aber sprach zu ihm: Mein Sohn, du bist allezeit bei mir und alles, was mein ist, das ist dein.* [32]*Du solltest aber fröhlich und guten Mutes sein; denn dieser dein Bruder war tot und ist wieder lebendig geworden, er war verloren und ist wiedergefunden.*

Heute am Gedenktag der Reformation bedenken wir ein Gleichnis Jesu, das nur der Evangelist Lukas überliefert hat. Mit ihm möchte ich ins Gespräch kommen.

Du, Lukas, schon bevor du dein Evangelium aufgeschrieben hast, gab es die Briefe des Paulus. Vielleicht hast du ihn auch persönlich gekannt und warst sogar zeitweise mit ihm unterwegs. Sicher aber hast du einiges aus seinen Gemeindebriefen gekannt. Wir haben hier heute aus seinem Brief nach Rom gehört: Wir werden ohne Verdienst gerecht aus seiner Gnade durch die Erlösung, die durch Christus Jesus geschehen ist. So halten wir nun dafür, dass der Mensch gerecht wird ohne des Gesetzes Werke, allein durch den Glauben.

Das hat Menschen in der Nachfolge Jesu immer wieder bewegt: Wie ist das zu verstehen? – Was bedeutet dieses: Alles ist Gnade, Geschenk; allein der Glaube; allein Christus – sola gratia, sola fide, solus Christus? In der Tradition des Paulus möchten wir diese Glaubenssätze verstehbar machen und mit Leben erfüllen. Ich hoffe *du*, Lukas, kannst uns dabei helfen.

Ja, wahrscheinlich, ich habe da eine Geschichte aufgeschrieben, die Jesus erzählt hatte. Eine Familie, ein funktionierender landwirtschaftlicher Betrieb. Es läuft alles gut und zur Zufriedenheit. Bis eines Tages einer der Söhne etwas Neues machen will. Er will vom Vater seinen Erbanteil ausgezahlt bekommen. Das bedeutet nach der Sitte des Landes: Du bist eigentlich für mich gestorben, ich habe jetzt mein Erbe als mein Eigentum. Als freier, autonomer Mensch will ich haben, was mir zusteht und will darüber verfügen – auch auf die Gefahr hin, dass damit die Betriebsgrundlage im Elternhaus in Schieflage geraten kann. Sein Wunsch wird erfüllt und der junge Mann geht von zuhause weg, will die Welt erleben und genießen. Aber manchmal gehen die schönen Vorstellungen nicht in Erfüllung, manchmal geht alles verloren, geht kaputt. Eines Tages hat er kein Geld, keine Freunde, kein Unterkommen. Nicht einmal den Schweinefraß gönnt man ihm. Da hilft ihm, dass er sich erinnern kann, dass er früher zu Hause etwas erfahren hatte an Geborgenheit, Fürsorge, Wärme. Ja, so sagt es mir Lukas: Das ist wichtig, dass wir Erinnerungen haben. Und hier ist es eine große Aufgabe für Eltern und Paten, Mitarbeiter und Vorbilder im Glauben. Wir können auch sagen, gut, dass unser Glaube, dass die Glaubenserfahrungen niedergeschrieben wurden, auf Papier gebracht worden sind. Anders gesagt: allein die Schrift, sola scriptura: hier können wir wieder auftanken. Und der junge Mann hatte in seinen Erinnerungen entdeckt: Auch wenn ich nichts mehr habe, kann ich zurück zu meinem Vater. Auch wenn ich nichts mehr vorweisen kann: Ich weiß, dass er gnädig und barmherzig ist, alles ist Gnade, alles ist Geschenk und allein der Glaube: sola gratia, sola fide! Und der junge Mann macht sich auf den Weg nach Hause und er erfährt, dass er tatsächlich wieder zurückkehren darf. Er wird mit Freuden aufgenommen – nur sein anderer Bruder, der Zuhausegebliebene versteht das nicht. Und dann liest mir Lukas vor, was er damals aufgeschrieben hat:

Es nahten sich ihm aber alle Zöllner und Sünder, um ihn zu hören. Und die Pharisäer und die Schriftgelehrten murrten und sprachen: Dieser nimmt die Sünder an und isst mit ihnen. Er sagte aber zu ihnen dies Gleichnis und sprach: Ein Mensch hatte zwei Söhne. Und der jüngere von ihnen sprach zu dem Vater: Gib mir, Vater, das Erbteil, das mir zusteht. Und er teilte Hab und Gut unter sie. Und nicht lange danach sammelte der jüngere Sohn alles zusammen und zog in ein fernes Land; und dort brachte er sein Erbteil durch mit Prassen. Als er aber alles verbraucht hatte, kam eine große Hungersnot über jenes Land und er fing an zu darben und ging hin und hängte sich an einen Bürger jenes Landes; der schickte ihn auf seinen Acker, die Säue zu hüten. Und er begehrte, seinen Bauch zu füllen mit den Schoten, die die Säue fraßen; und niemand gab sie ihm. Da ging er in sich und sprach: Wie viele Tagelöhner hat mein Vater, die Brot in Fülle haben, und ich verderbe hier im Hunger! Ich will mich aufmachen und zu meinem Vater gehen und zu ihm sagen: Vater, ich habe gesündigt gegen den Himmel und vor dir. Ich bin hinfort nicht mehr wert, dass ich dein Sohn heiße; mache mich einem deiner Tagelöhner gleich! Und er machte sich auf und kam zu seinem Vater. Als er aber noch weit entfernt war, sah ihn sein Vater und es jammerte ihn, und er lief und fiel ihm um den Hals und küsste ihn.

Der Sohn aber sprach zu ihm: Vater, ich habe gesündigt gegen den Himmel und vor dir; ich bin hinfort nicht mehr wert, dass ich dein Sohn heiße. Aber der Vater sprach zu seinen Knechten: Bringt schnell das beste Gewand her und zieht es ihm an und gebt ihm einen Ring an seine Hand und Schuhe an seine Füße und bringt das gemästete Kalb und schlachtet's; lasst uns essen und fröhlich sein! Denn dieser mein Sohn war tot und ist wieder lebendig geworden; er war verloren und ist gefunden worden. Und sie fingen an, fröhlich zu sein.

Aber der ältere Sohn war auf dem Feld. Und als er nahe zum Hause kam, hörte er Singen und Tanzen und rief zu sich einen der Knechte und fragte, was das wäre. Der aber sagte ihm: Dein Bruder ist gekommen, und dein Vater hat das gemästete Kalb geschlachtet, weil er ihn gesund wiederhat. Da wurde er zornig und wollte nicht hineingehen. Da ging sein Vater heraus und bat ihn.

Er antwortete aber und sprach zu seinem Vater: Siehe, so viele Jahre diene ich dir und habe dein Gebot nie übertreten, und du hast mir nie einen Bock gegeben, dass ich mit meinen Freunden fröhlich wäre. Nun aber, da dieser dein Sohn gekommen ist, der dein Hab und Gut mit Huren verprasst hat, hast du ihm das gemästete Kalb geschlachtet. Er aber sprach zu ihm: Mein Sohn, du bist allezeit bei mir und alles, was mein ist, das ist dein. Du solltest aber fröhlich und guten Mutes sein, denn dieser dein Bruder war tot und ist wieder lebendig geworden, er war verloren und ist wiedergefunden (Lk 15,1–3.11–32).

Das ist also meine Reformationsgeschichte; so wollte ich den Schwestern und Brüdern zeigen, was es bedeutet: Alles ist Gnade, Geschenk; allein der Glaube; allein Christus – sola gratia, sola fide, solus Christus. Und noch eines kann wichtig sein: Wir dürfen den Zuhausegebliebenen nicht vergessen! Was machen wir für die, die nicht weglaufen, die treu zuhause bleiben. Ihnen möchte ich auch helfen, dass sie sich freuen können und dankbar sein dürfen, dass sie immer ein Zuhause und Geborgenheit hatten und haben. Und zu diesem Gleichnis Jesu hat Martin Luther einmal gesagt: *»Wenn die ganze Bibel verloren ginge, und es bliebe nur dies Gleichnis übrig, so wäre alles gerettet.«* Und getrost und voller Zuversicht und Dankbarkeit dürfen wir innerlich mit Bach und seinem unbekannten Textdichter einstimmen: *Gottlob, wir wissen / Den rechten Weg zur Seligkeit; / Denn, Jesu, du hast ihn uns durch dein Wort gewiesen, / Drum bleibt dein Name jederzeit gepriesen.* Und am Ende der Kantate stimme ich – wohl mit Lukas und vielen Zeugen – leise mit ein: *Erhalt uns in der Wahrheit, / Gib ewigliche Freiheit, / Zu preisen deinen Namen / Durch Jesum Christum.*

Ausleger:
Wolfgang Robscheit war bis 2008 Superintendent des Kirchenkreises Eisenach-Gerstungen.

Gleichnis vom ungerechten Verwalter, Lukas 16,1–13

Armin Pöhlmann

[1]Er sprach aber auch zu den Jüngern: Es war ein reicher Mann, der hatte einen Verwalter; der wurde bei ihm beschuldigt, er verschleudere ihm seinen Besitz. [2]Und er ließ ihn rufen und sprach zu ihm: Was höre ich da von dir? Gib Rechenschaft über deine Verwaltung; denn du kannst hinfort nicht Verwalter sein. [3]Da sprach der Verwalter bei sich selbst: Was soll ich tun? Mein Herr nimmt mir das Amt; graben kann ich nicht, auch schäme ich mich zu betteln. [4]Ich weiß, was ich tun will, damit sie mich in ihre Häuser aufnehmen, wenn ich von dem Amt abgesetzt werde. [5]Und er rief zu sich die Schuldner seines Herrn, einen jeden für sich, und sprach zu dem ersten: Wie viel bist du meinem Herrn schuldig? [6]Der sprach: Hundert Fass Öl. Und er sprach zu ihm: Nimm deinen Schuldschein, setz dich hin und schreib flugs fünfzig. [7]Danach sprach er zu dem zweiten: Du aber, wie viel bist du schuldig? Der sprach: Hundert Sack Weizen. Er sprach zu ihm: Nimm deinen Schuldschein und schreib achtzig. [8]Und der Herr lobte den ungerechten Verwalter, weil er klug gehandelt hatte. Denn die Kinder dieser Welt sind unter ihresgleichen klüger als die Kinder des Lichts. [9]Und ich sage euch: Macht euch Freunde mit dem ungerechten Mammon, damit, wenn er zu Ende geht, sie euch aufnehmen in die ewigen Hütten. [10]Wer im Geringsten treu ist, der ist auch im Großen treu; und wer im Geringsten ungerecht ist, der ist auch im Großen ungerecht. [11]Wenn ihr nun mit dem ungerechten Mammon nicht treu seid, wer wird euch das wahre Gut anvertrauen? [12]Und wenn ihr mit dem fremden Gut nicht treu seid, wer wird euch geben, was euer ist? [13]Kein Knecht kann zwei Herren dienen: Entweder er wird den einen hassen und den andern lieben, oder er wird an dem einen hängen und den andern verachten. Ihr könnt nicht Gott dienen und dem Mammon.

Ich freue mich, dass ich auch hier in der Georgenkirche Gastgeber sein darf, und dass ich Ihnen eine Geschichte auftischen darf, die denen, die sie auslegen wollen, regelmäßig Kopfzerbrechen bereitet. Aber wenn es um Geld geht in der Bibel, dann ist das oft problembehaftet, eben weil unsere Beziehung zum Geld problembehaftet ist. Zum Geld sagt Jesus ja oft solche schwierigen Sätze wie den, dass es wahrscheinlicher sei, dass ein Kamel durch ein Nadelöhr gehe als

dass ein Reicher in den Himmel komme. Oder er fordert, dass Jüngerinnen und
Jünger Jesu ihren ganzen Besitz zurücklassen müssten. Solch harte Worte für
uns, die wir doch fast alle mit Gut und Geld zu tun haben und fürs Alter vorsor-
gen wollen oder sollten oder im Alter von den angesparten Geldern zehren.
Heute also wieder so ein Spitzensatz: »Ihr könnt nicht Gott dienen und dem
Mammon.«

Wenn man die Finanznachrichten verfolgt, dann ist da heutzutage viel die
Rede von ethischem Investment. Wir sollen unser Geld, so wir welches haben,
ethisch anlegen. Nicht in Waffen und Kohlekraft, sondern in erneuerbare Ener-
gien und Wirtschaft, die ohne Kinder- und Sklavenarbeit auskommt. Verschie-
denste Anbieter und Banken haben das mittlerweile in ihrem Portfolio. Ich war
sehr verblüfft, als ich herausfand, dass das ethische Investment etwas ist, was
im 18. Jahrhundert von Christen erfunden wurde. 1768 beschlossen die Quäker
in Amerika, keinerlei Geld mehr in Unternehmen zu stecken, die Geld mit Skla-
venhandel verdienten. In dieser Zeit begannen auch die Methodisten, Aus-
schlusskriterien für Geldanlagen zu formulieren.[1]

Diese alten christlichen Prinzipien werden heute umso wichtiger. Die Zeit
der Zinsen auf dem Sparbuch ist vorbei, jeder und jede, der nur etwas zurück-
legen will, sollte sich überlegen, wohin er sein Geld gibt und wo der ungerechte
Mammon keinen Schaden anrichtet – denn die Gefährlichkeit von entfesseltem
Geld ist enorm!

Aber nun zu unserem Bibeltext. Heute führt uns der Evangelist Lukas in
die Welt der Finanzhaie. In die Welt derer, denen Ethik bei der Geldanlage
völlig schnuppe ist. Im Zentrum der Geschichte steht ein Vermögensverwalter.
Ein »Ökonom«, so heißt es im griechischen Text, ein Manager, so würde man
heute sagen. Er hat anscheinend Jahre lang für einen reichen Mann gewirtschaftet, ist ein Spezialist in seinem Fach. Auf jeden Fall hat er nichts anderes
gelernt als eben die Geldwirtschaft. Ein reicher Mann ist sein Chef – und das
verheißt im Lukasevangelium nichts Gutes. Wie hat er seinen Reichtum erworben? Anscheinend durch Spekulationen mit Nahrungsmitteln. Seine Schuldner
schulden ihm kein Geld, sondern Öl und Getreide. Das alles hat der Manager
organisiert und so über die Jahre gewirtschaftet und den Reichtum vermehrt.

Nun kommen aber Leute, die den Manager bei seinem Chef anklagen. Er
verschwende dessen Vermögen, so sagen sie. Er scheint nichts unterschlagen
zu haben – vielleicht hat er sich verspekuliert, zu risikoreich gearbeitet, vielleicht auch zu wenig Zinsen erwirtschaftet. Der Chef zitiert ihn zu sich und
schmeißt ihn raus. Zuerst soll er aber die laufenden Geschäfte abschließen und
die Abrechnung bringen, dann muss er ausziehen aus der Verwaltervilla.

---

[1] https://www.ecoreporter.de/artikel/ethisch-nachhaltige-geldanlage-die-kirchen-als-
avantgarde-ethischmotivierter-investments/, abgerufen am 8. September 2021.

Der Manager antwortet dem Chef nichts, denn er scheint vollkommen aus der Bahn geworfen. Was soll er jetzt anfangen? Er hat kein Handwerk gelernt, körperliche Arbeit kennt er gar nicht. Zu betteln schämt er sich. Durch die Entlassung ist ihm alles genommen – er hat über die Jahre keine Reserven angesammelt. Alles geht drauf, um seinem Chef die Endrechnung auszugleichen. Kein Bonus dieses Jahr, und Hartz IV gab es damals noch nicht. Was soll er anfangen? Freunde müsste man haben!

Ja, so geht tatsächlich seine Überlegung! Er hat keine Freunde! Wenn ein Finanzhai fällt und ihn kein Geld auffängt, dann fällt er tief und hart. Als Außenstehende haben wir oft die Meinung, dass die Banker schon immer irgendwo ein neues gemachtes Nest finden. Aber das stimmt nicht. Auch in der Finanzkrise sind viele gefallen und nicht wieder aufgekommen. Unser Manager ist so einer. Mit seiner Arbeit hat er sich keine Freunde gemacht. Über sich hat er einen Chef, der ihn ohne mit der Wimper zu zucken rausschmeißt, unter sich hat er Diener seines Herrn und Schuldner, die ihn hassen, weil er sie über die Jahre ausgepresst hat. Wo soll er hingehen?

Freunde müsste man haben, so sinniert er vor sich hin – und da kommt er auf einen gerissenen Plan. Noch hat er die Siegel und die Unterschriftsberechtigung seines Herrn. Er kann frei wirtschaften und spekulieren. Das nutzt er jetzt aus. Er ruft die Landwirte und Geschäftsleute zu sich, die bei seinem Herrn Schulden haben. Sie kommen einer nach dem andern in das Büro. Sie ahnen nicht, was los ist. Möglicherweise haben sie Angst, dass jetzt die Schuld eingetrieben wird. Große Schulden sind es. Der Erste schuldet an die 4000 Liter Öl – wenn es Olivenöl ist, dann ist das ein großer Reichtum. Hundert Bat sagt er, hundert Fässer Öl, steht auf seiner Schuldenliste. Der Manager gibt ihm den Schuldschein heraus, erlässt ihm die Hälfte, drückt das Siegel des Herrn drunter. Dann kommt der Nächste, auch ihm werden Schulden erlassen, jedem von ihnen dieselbe Summe in Geld. Ein Schuldenschnitt im großen Stil.

Der Manager hat keine Freunde. Seine Gier nach Geld und sein Wirtschaften haben ihm bisher nur Feinde geschaffen. Nun, in dieser Notlage, beschließt er, den Spieß umzudrehen. Das Geld soll ihm jetzt Freunde schaffen. Es ist wohl das erste Mal in seinem Leben, dass er sich Gedanken machen muss, wie er etwas Gutes tun kann, wie er Menschen helfen kann. Und da nutzt er die Zeit, die ihm noch bleibt, und erlässt den Schuldnern seines Herrn Teile ihrer Schulden. Die Leute gehen froh fort und sind ihm dankbar. Vielleicht wird einer von ihnen ihm später helfen, wenn er auf der Straße sitzt. Das ist seine Kalkulation.

In der Notlage entdeckt der Manager plötzlich eine ganz andere Wahrheit als die, auf die er bisher gebaut hat. Bisher war Geld seine Sicherheit. Das war sein Beruf: Geld beschaffen, Reichtum mehren, wuchern und Zinsen eintreiben. So könnte er im Prinzip fortfahren: Er könnte eine große Summe Geldes aus der Schatulle seines Herrn abzweigen und sie irgendwo verstecken – der Herr scheint ja nicht der große Durchblicker zu sein, was sein Vermögen angeht.

Mit dem veruntreuten Geld könnte er sich bestimmt auch eine Weile über Wasser halten. Aber er macht es anders. Er setzt auf Menschen. Er setzt darauf, dass er Freunde gewinnen kann, und Freunde können ihm eine Sicherheit bieten, die das Geld nicht kann. Jesus sagt am Ende, quasi als Kommentar und Auslegung der Geschichte: »Macht euch Freunde mit dem ungerechten Mammon, damit man euch, wenn er ausgeht, aufnimmt in die ewigen Wohnungen.«

Den Manager stört es dabei überhaupt nicht, dass er ja das Geld seines Herrn schmälert. Er ist ja nicht der, der die Schulden erlässt, sondern er tut es im Namen seines Herrn. Am Ende übergibt er die Abrechnung an ihn. Der Herr sieht die Veränderungen, die in letzter Minute vorgenommen worden sind, und staunt. Dann nickt er und sagt: Verdammt schlau hast du das gemacht! So endet die Geschichte. Haben die Schuldner dann den Manager aufgenommen und ihm geholfen, die Arbeitslosigkeit zu überstehen? Jesus erzählt es nicht.

Ich stelle mir vor, dass diese Geschichte wirklich passiert ist zur Zeit Jesu, und Jesus nimmt sie als Beispiel für die Jüngerinnen und Jünger. Der Geldmensch, der sich plötzlich besinnt, seinen Herrn ganz legal übers Ohr haut, aber dabei vielen Menschen Gutes tut – das ist eine unglaubliche Geschichte. So wie wenn etwa ein Lehman-Banker im September 2008 noch einmal kurz vor der Insolvenz in der Hauptfiliale in New York einen Sack Geld aus dem Tresor zur Hintertür rausgeschafft hätte, um es unter die Bettler zu verteilen – mit dem Argument: Das Geld ist ja eh verloren und ich meinen Job los, da kann noch was Sinnvolles damit gemacht werden.

Jesus stellt uns diese Geschichte vor Augen und sagt damit: Wenn selbst ein solcher Mann mit Geld etwas Gutes tun kann, dann müsst doch ihr erst recht dazu fähig sein, euer Geld richtig zu gebrauchen![2] Er lobt damit nicht den Manager, sondern will uns zum Nachdenken über Geld und seinen rechten Gebrauch auffordern.

Wer andere Geschichten und Gleichnisse liest, die Jesus erzählt, der könnte auf den Gedanken kommen, dass Christen sich ganz vom Geld fernhalten sollen. Mehrmals fordert er Leute auf, ihren ganzen Besitz zurückzulassen oder zu verschenken. Hier wird das doch noch einmal revidiert und ergänzt: Er stellt den Jüngerinnen und Jüngern diesen skrupellosen, gerissenen Manager vor Augen, der plötzlich entdeckt, dass er Freunde braucht – und dafür benutzt er

---

[2]   Diese Art der rabbinischen Logik nach dem Schema »wenn sogar ein solcher … dann muss doch dieser umso mehr « kommt auch in den Gleichnissen vom ungerechten Richter Lk 18,1–8 und vom Brot und Fisch Mt 7,9–11 vor. Ob Lukas diese Logik verstanden hat? Zumindest hat er das Wort von der Treue mit dem Mammon 16,10–11 hinter die Geschichte vom Verwalter gesetzt, um den Eindruck auszulöschen, Jesus befürworte Veruntreuung von Geld. Diese Zusammenstellung irritiert heutige LeserInnen.

das, was er hat, nämlich Geld. Er zweckentfremdet es bewusst, um Menschen zu helfen, um sie dankbar zu machen und ihm gewogen.

»Macht euch Freunde mit dem ungerechten Mammon, damit ihr in die ewigen Wohnungen aufgenommen werdet, wenn es zu Ende geht!«

So ein kryptischer Satz, aber vielleicht eine ganz einfache Wahrheit. Das Geld, das die Welt angeblich regiert, das unerbittlich und ungerecht scheint – macht es euch gefügig. Dient nicht ihr dem Geld, sondern zwingt das Geld, euch zu dienen. Zum Guten. Das kann die Spende sein, das kann die ethische Geldanlage sein, da kann es sein, dass ich jemandem aushelfe, der in Not ist. Wenn sogar so einer wie der gerissene Manager plötzlich den menschlichen Nutzen des Geldes entdeckt – warum sollten wir Christinnen und Christen das nicht auch tun?

Wenn ich das Geld richtig handhabe, kann ich viel Gutes tun, kann ich Menschen helfen, kann ich mir Freunde schaffen, die ich später brauche. Denn das Geld, das ich habe, es kann mich so schnell verlassen – darauf kann ich nicht bauen. Auf Menschen kann ich bauen. Das ist der Unterschied, und das ist die Einsicht des Managers in der Geschichte. Und, so schließt Jesus seine Erklärung ab: Nach dem Tod wird nichts bleiben von all dem Geld und Besitz, den ich angesammelt habe. Aber in Gottes Reich werde ich die Freunde wieder sehen. Und das zählt.

Ausleger:
Armin Pöhlmann ist Pfarrer an der Nikolaikirche und am Werner-Sylten-Haus in Eisenach.

Gleichnis vom reichen Mann und armen Lazarus, Lukas 16,19–31

Dr. Christian Stawenow

[19]Es war aber ein reicher Mann, der kleidete sich in Purpur und kostbares Leinen und lebte alle Tage herrlich und in Freuden. [20]Ein Armer aber mit Namen Lazarus lag vor seiner Tür, der war voll von Geschwüren [21]und begehrte sich zu sättigen von dem, was von des Reichen Tisch fiel, doch kamen die Hunde und leckten an seinen Geschwüren. [22]Es begab sich aber, dass der Arme starb, und er wurde von den Engeln getragen in Abrahams Schoß. Der Reiche aber starb auch und wurde begraben. [23]Als er nun in der Hölle war, hob er seine Augen auf in seiner Qual und sah Abraham von ferne und Lazarus in seinem Schoß.

[24]Und er rief und sprach: Vater Abraham, erbarme dich meiner und sende Lazarus, damit er die Spitze seines Fingers ins Wasser tauche und kühle meine Zunge; denn ich leide Pein in dieser Flamme. [25]Abraham aber sprach: Gedenke, Kind, dass du dein Gutes empfangen hast in deinem Leben, Lazarus dagegen hat Böses empfangen; nun wird er hier getröstet, du aber leidest Pein. [26]Und in all dem besteht zwischen uns und euch eine große Kluft, dass niemand, der von hier zu euch hinüberwill, dorthin kommen kann und auch niemand von dort zu uns herüber. [27]Da sprach er: So bitte ich dich, Vater, dass du ihn sendest in meines Vaters Haus; [28]denn ich habe noch fünf Brüder, die soll er warnen, damit sie nicht auch kommen an diesen Ort der Qual. [29]Abraham aber sprach: Sie haben Mose und die Propheten; die sollen sie hören. [30]Er aber sprach: Nein, Vater Abraham, sondern wenn einer von den Toten zu ihnen ginge, so würden sie Buße tun. [31]Er sprach zu ihm: Hören sie Mose und die Propheten nicht, so werden sie sich auch nicht überzeugen lassen, wenn jemand von den Toten auferstünde.

»Bei rechtem Bedenken ist die Sache also durchaus ernst« las ich in einer Predigtmeditation. Und in der Tat: Jesus meint es wirklich ernst. Es geht ums Leben, ums ewige Leben. Es geht ums Tun. Es geht um die Frage: »Wie lebst du?« und »Wo willst du einmal sein?«. Mit der Geschichte vom reichen Mann und armen Lazarus stellt Jesus auch klar, dass Gott am Lebensende in jedem Fall Gerechtigkeit schaffen wird. Lazarus wird getröstet werden und der reiche Mann muss Qualen erleiden und niemand kann ihm mehr helfen. Wir müssen nicht über ein Fegefeuer sinnieren, wir müssen auch nicht mittelalterliche Bilder, wie etwa von Hieronymus Bosch, beschwören und mit einer Hölle drohen – aber wir sollen bedenken »die Sache ist durchaus ernst«. Im Evangelium des Lukas hören wir das besonders klar – schon im Magnifikat betet Maria:

»Er stößt die Gewaltigen vom Thron und erhebt die Niedrigen«. In der Feldrede ruft Jesus: *»Selig seid ihr Armen, denn das Gottesreich ist euer«* und *»Weh euch Reichen! Denn ihr habt euren Trost schon gehabt«.*

Die Sache ist also durchaus ernst! Und deshalb müssen wir sie bedenken. Erstens: Lazarus. Dieser arme Mensch vor den Türen des Reichen hat einen Namen. Er ist bekannt. Gott kennt ihn. Und wie wir erfahren, ist sein Name im Himmel geschrieben. Dort wird er seinen Platz haben und getröstet werden. Das ist kein billiger Trost. Das ist ein ewiger Trost. Niemand darf ihn ver-trösten. Vielmehr ist er vor der Tür, damit ihm geholfen wird, damit sich seiner erbarmt wird. Er wird zum Zeichen Gottes für den Reichen, an dem er sich entscheiden muss, ob er achtsam oder achtlos leben will. Lazarus heißt »Gott hilft«. Die Geschichte erzählt, wie Gott schließlich hilft. »Der Arme wird von den Engeln Gottes in Abrahams Schoß getragen«. Aber Gott will durch ihn auch dem reichen Mann helfen. Sieht er denn nicht, dass dieser Arme ihm zum Zeichen gegeben ist, Barmherzigkeit zu üben, um Barmherzigkeit zu empfangen? Die Armen und Elenden halten den Wohlhabenden und Reichen den Spiegel vor. Merkst du es nicht? Merken wir es nicht?

Zweitens also, der reiche Mann. Wem erzählt Jesus denn diese Geschichte? Seine Zuhörer sind seine Jüngerinnen und Jünger und hier im 16. Kapitel besonders auch Etablierte der jüdischen Gemeinde, die Pharisäer. Und es wird eine besondere menschliche Eigenschaft erwähnt, die Geldgier und auch, dass nicht von Gottes Gebot wegfällt. Jesus scheut sich nicht, diese Geschichte in ihrer ganzen Dramatik zu erzählen und den Dialog zwischen dem Reichen und Vater Abraham einzuführen. Auch der Reiche ist doch Gottes geliebtes Kind, gehört zu seinem Volk. »Vater Abraham«, so redet er, und er wird von ihm wiederum angesprochen »Gedenke, Sohn«. Dennoch: Die Kluft ist groß, unüberwindlich groß, und es gibt offenbar kein Entkommen aus der ewigen Pein. Massiver kann eine Mahnung nicht ausfallen. Es ist immerhin noch ein freundlicher Zug an diesem Reichen, dass er an seine Brüder denkt, er denkt an die Lebenden, er denkt an die, die jetzt diese Geschichte hören. Er möchte für sie ein unüberhörbares, ein unübersehbares Zeichen. Lazarus möge von den Toten auferstehen und zu ihnen gehen und sie warnen. Aber er bekommt nur zur Antwort: »Sie haben Mose und die Propheten. Hören sie diese nicht, werden sie auch nicht hören, wenn einer von den Toten auferstünde«.

Und damit sind wir drittens ganz bei uns. Wir sind jetzt die Hörerinnen und Hörer dieser Geschichte, wir in unserer christlichen Frömmigkeit, wir in unserem durchaus gefälligen Wohlstand, wir mit unserm Streben, unseren Sicherheiten und Freuden, wir in der beständigen Gefahr, die Armen und Elenden dieser Welt zu übersehen, wir, die wir uns daran gewöhnt haben, dass es bei uns genug zu essen gibt und Hunger in Afrika, dass Flüchtlinge übers Meer kommen und die Grenzen Europas schwer zu überwinden sind.

Mit unserer Geschichte ist das Urteil längst gefällt und es bleibt nur noch diese eine an uns gerichtete Frage: Hören wir Mose und die Propheten? Die Sache ist durchaus ernst.

Was sagen Mose und die Propheten: Kurz zusammengefasst: Liebe deinen Nächsten wie dich selbst und demzufolge: Brich dem Hungrigen dein Brot und die ohne Obdach sind, führe ins Haus. Jesus sagt eben genau das in seinem Gleichnis vom Endgericht: Was ihr einer oder einem von diesen meinen geringsten Schwestern und Brüdern getan habt, das habt ihr mir getan – als ihr Hungrige gespeist, Durstige getränkt, Nackte gekleidet, Kranke und Gefangene besucht habt. Die Kirche hat als siebentes Werk der Barmherzigkeit noch die Bestattung der Toten angeführt. Auf unserer Wartburg sind diese sieben Werke der Barmherzigkeit auf dem Weg zur Kapelle aufgemalt.

Es wird an die Heilige Elisabeth erinnert. Als junge Frau konnte sie sich mit dem Elend unten vor den Toren der Burg nicht abfinden, hat den Elenden Brot gebracht, hat eine Kranken- und Siechenstation eingerichtet und sehr bald ihr gesamtes Vermögen für ein Spital in Marburg eingesetzt. Sie hatte die Botschaft gehört, sie hatte ein Herz für die Armen. Es ist die Botschaft, die unsere Welt braucht, ein Herz für die Armen und eben nicht das Herz für Reichtum und Macht, Okkupation und Beherrschung des Weltmarktes.

Papst Franziskus hat in einer Predigt 2013 gefragt: »Wie gibst du dein Almosen? Gibst du das Almosen verschämt, distanziert, dich schnell abwendend, peinlich berührt? Oder gestehst du dem Armen das Brudersein zu? Siehst du ihn an, sprichst du ihn an, berührst du seine Hand – lässt du dich menschlich berühren – oder reicht es dir, richtig zu handeln?« (s. Göttinger Predigtmeditationen 2015/5 S. 321). Rechtes Hören berührt eben nicht nur unseren Verstand und löst eben nicht jene Rechnung aus: »Ich gebe ja den Armen, Gott, und so gibst du auch mir«. Das wäre die Rechnung des Ablasshandels. Es wäre die Rechnung eines versuchten Freikaufs und deshalb eine ganz armselige Rechnung. Wirkliches Hören lässt Arme und Elende unser Herz finden. Die Aufnahme der Flüchtlinge 2015 war eine Sternstunde deutscher Geschichte. Davon bin ich fest überzeugt.

Barmherzigkeit ist das Wort dafür, Zuwendung aus Liebe.

Dafür wirbt Jesus. *»Seid barmherzig, wie euer Vater barmherzig ist«* (Lk 6, 36). Er erzählt Geschichten von Gottes Barmherzigkeit, um zur Antwort der Barmherzigkeit zu locken. Rechtfertigung ist doch dies: Auf Gottes Barmherzigkeit zu vertrauen und so auch barmherzig werden, Martin Luther verdeutlicht das mit einem Bild in seiner Schrift »Von der Freiheit eines Christenmenschen«. Der Glaube ist der Brautring, der uns mit Christus verbindet. Christus schenkt uns seine Gerechtigkeit, alle Vergebung und Liebe und wir geben ihm unser Unvermögen, unsere Sünde. So sind wir entlastet und beschenkt. Das Leben nun in Freiheit ist ein Leben in der Liebe zu Gott und unsrem Mitmenschen. Im Vertrauen auf Christus verändert sich also unser Wesen. Diesem Vertrauen gilt die Verheißung der Rechtfertigung und des ewigen Lebens.

Selbstverständlich erzählt Jesus die Geschichte vom reichen Mann und armen Lazarus im Wissen um Gottes Barmherzigkeit. Umso empörender ist, dass der Reiche den Armen übersieht, dass er Gottes Wort und Gebot übersieht, dass er den Ernst seiner Lage im Glück seines Reichtums nicht erkannt hat.

Hören wir also richtig hin. Es geht ums Leben, um Vertrauen und Barmherzigkeit, um ein Herz für die Armen und ein daraus entspringendes Tun, es geht ums ewige Leben. Die Sache ist also durchaus ernst.

Ausleger:
Dr. Christian Stawenow war bis 2021 Propst im Propstsprengel Eisenach-Erfurt.

Das Kommen des Gottesreiches, Lukas 17,20–21

Birgit Mattausch

[20]*Als er aber von den Pharisäern gefragt wurde: Wann kommt das Reich Gottes?, antwortete er ihnen und sprach: Das Reich Gottes kommt nicht mit äußeren Zeichen;* [21]*man wird auch nicht sagen: Siehe, hier!, oder: Da! Denn sehet, das Reich Gottes ist mitten unter euch.*

Etwas

Ich biege das Schilf auseinander und da ist etwas.
Ich sehe den Himmel sich spiegeln im See und da ist etwas.
Ich schließe die Augen und da ist immer noch etwas.
Ich stell mich in den Wind und da fliegt etwas – vielleicht bin ich es.

Wann

Sag mir quando, sag mir wann
Sag mir quando quando quando
Ich dich wiedersehen kann
Ich hab immer für dich Zeit

Sag mir *quando*, sag mir wann
Wann ich dich endlich sehen kann, Reich Gottes?
Ich hab immer für dich Zeit.

Ja. Ich meine: das stimmt wirklich.
Ich hätte wirklich immer Zeit für das Reich Gottes.
Ich wünsch es mir so sehr herbei.
Dort sind alle gerettet und niemand ist illegal.
Justice and Peace.
Die Lügen haben aufgehört und alle sind, die sie sind.
Es gibt sehr oft Pasta in meinem Reich Gottes.
Der Parmesan reibt sich von selbst.
Der Espresso wird nicht kalt.

Die Häuser sind klimaneutral.
Die Care-Arbeit wird gerecht geteilt.
Alle haben nur guten Sex – also, alle, die welchen haben wollen.
Keine muss sich schämen – nicht für ihren Körper, nicht für ihre Liebe. Nicht mal für ungeputzte Fenster oder eine zerkratzte Seele.

Sag mir *quando*, sag mir wann, Jesus.
Ich hätt immer dafür Zeit.

Und ehrlich gesagt warten wir jetzt auch schon ganz schön lang darauf, wir Christ*innen.

Ich sag nicht, dass alles schlecht ist – ich meine: ich bin eine Frau. Und das hier ist der beste Ort und die beste Zeit der Welt bisher für welche wie mich.

Wer hätte vor 150 Jahren gedacht, dass ich hier stehen würde und zu Ihnen sprechen? Im Talar. Ordiniert. Wahlberechtigt. Eigenes Konto. Eigenes Geld. Ein freier Mensch, wie es früher vielleicht nur Könige waren oder Herzöge. Und dann noch mit Zentralheizung.

Nein, es ist nicht alles schlecht und die Menschheit ist hier und da doch auf einem ziemlich guten Weg, finde ich.

Und trotzdem – oder grade deshalb – halt ich es manchmal kaum aus, wie die Welt dann wieder so ist. Und wir miteinander. Und ich in mir drin.

Wie verdreht. Wie kaputt. Wie himmelschreiend ungerecht.

Ich halte die Traurigkeit nicht aus. Die Grobheiten. Dieses Ich-Ich-Ich von denen, die doch eh schon so viel haben und anderen nicht einmal das nackte Überleben gönnen. Die ewigen Wettbewerbe, das Lügen, die Fassaden aller Art.

Ich halte die Angestrengtheit nicht gut aus – auch nicht die in mir: Könnte ich nicht eine bessere Variante von mir selbst sein? Wenn ich mich nur ein bisschen mehr bemühe? Mehr bete? Mehr glaube und liebe? Yoga mache? Mal mich entspanne? Mich anstrenge, mich zu entspannen. Wenn ich mich mal zusammenreiße. Nicht immer gleich so müde wäre. Könnte ich nicht die Welt zu einem besseren Ort machen? Mich selbst zu einem besseren Ort.

Sag mir *quando*, sag mir wann, Jesus.
Und sag mir bitte mal *wie*.

Text
Und Jesus antwortete und sprach: Das Reich Gottes kommt nicht mit äußeren Zeichen. Man wird auch nicht sagen: Siehe hier! Oder: Da!

Es ist – Nein: es ist –
Das Reich Gottes ist nicht hier-ist-es oder: dort-ist-es.

Es lässt sich nicht vorausberechnen oder planen. Nicht erarbeiten oder herbeirufen.

Es ist ein fallendes Blatt. Nein: es ist die Linie, die das Blatt im Fall in die Luft gezeichnet hat.

Ein auffliegender Schwan. Nein: es ist eine zerzauste Ente, womöglich eine dreckige Taube mit verkrüppeltem Fuß. Es ist die Farbe Smaragd an ihrem Hals in diesem einen Moment, bevor der ICE einfährt.

Das Reich Gottes bist du und bin ich damals. Du weißt, was ich meine.

Es ist alles Schöne, was sich nicht festhalten lässt.

Wir können es nur flüchtig notieren in unseren linierten Heften, in unseren Notizenapps.

Manchmal fotografieren und posten wir es, damit wir uns erinnern: es war da.

Ein Versprechen
Ich biege das Schilf auseinander und da ist etwas – vielleicht ein Weg.
Ich sehe den Himmel sich spiegeln im See und da ist etwas – vielleicht ein Versprechen: *Denn sehet: Das Reich Gottes ist mitten unter euch.*
Ein Versprechen:
Es ist alles da.
Parmesan und Liebe und Gerechtigkeit.
Es ist da und du musst es nicht machen.
Und manchmal ist es fort, aber es kommt wieder.

Verbunden-Sein (inspiriert von Kae Tempest)
Es ist mitten unter euch.
Unter den Pharisäern. Sagt Jesus. Die nicht grade immer seine Verbündeten waren.
Es ist unter uns jetzt. Die wir auch nicht immer die besten seiner Nachfolger*innen sind.
Unter uns. Zwischen uns.
Noch ein Versprechen:
Es ist wahr: Zwischen uns ist etwas. Wir sind miteinander verbunden.
Das Verbundensein ist die Linie, die das fallende Blatt in die Luft gezeichnet hat. Es ist das Schöne, das sich nicht festhalten lässt – und das wir auch nicht festhalten müssen.
Wir können einander für Momente gute Orte sein. Auch noch im Schmerz sind wir verbunden.
Deshalb:
Achte auf das Dazwischen.

Auf die kleinsten Kleinigkeiten.

Wie still die Blumen in den Vorgärten sind.

Wie weich der neue Pullover.

Wie freundlich die Briefträgerin.

Achte darauf, wie die Nachbarin aussieht, wenn sie »muss ja« sagt.

Wie die Hand der Frau an der Supermarktkasse das Wechselgeld in deine Hand legt.

Achte auf den Schlag deines Herzens, wenn du eine Nachricht auf deinem Handy bekommst.

Vergiss nicht zu atmen.

Vergiss nicht, Zeit zu verbringen, mit denen, die du wirklich magst.

Rechne immer damit, dass das Reich Gottes eher jetzt ist als dann. Es ist viel mehr da als fort.

Sei nicht zu hart mit dir selbst.[1]

Etwas

Ich schließe die Augen und da ist immer noch etwas.

Ich stell mich in den Wind und da fliegt etwas – vielleicht bin ich es.

Ich gehe nach Hause.

Ich mache die Haustüre auf und da riecht es nach etwas im Treppenhaus. Vielleicht nach dem Meer. Nach sicheren Häfen. Vielleicht nach Limoncello und nach Wein und nach Brot.

Sag mir quando, sag mir wann.

Sag mir quando quando quando

Denn so schön wie ein Traum kommt mir dann das Leben vor.

Sag mir *quando*

Sag mir: Jetzt.

Auslegerin:
Birgit Mattausch ist Pastorin und Autorin. Sie arbeitet als Referentin für experimentelle Homiletik in der Landeskirche Hannover und ist Teil des Teams Literaturhaus St. Jakobi Hildesheim.

---

[1]   Kae Tempest: Verbundensein, 129.

Das Gleichnis vom Richter und der Witwe, Lukas 18,1–8

Dr. Heinrich Bedford-Strohm

¹Er sagte ihnen aber ein Gleichnis davon, dass man allezeit beten und nicht nachlassen sollte, ²und sprach: Es war ein Richter in einer Stadt, der fürchtete sich nicht vor Gott und scheute sich vor keinem Menschen. ³Es war aber eine Witwe in derselben Stadt, die kam immer wieder zu ihm und sprach: Schaffe mir Recht gegen meinen Widersacher! ⁴Und er wollte lange nicht. Danach aber dachte er bei sich selbst: Wenn ich mich schon vor Gott nicht fürchte noch vor keinem Menschen scheue, ⁵will ich doch dieser Witwe, weil sie mir so viel Mühe macht, Recht schaffen, damit sie nicht zuletzt komme und mir ins Gesicht schlage. ⁶Da sprach der Herr: Hört, was der ungerechte Richter sagt! ⁷Sollte Gott nicht auch Recht schaffen seinen Auserwählten, die zu ihm Tag und Nacht rufen, und sollte er bei ihnen lange warten? ⁸Ich sage euch: Er wird ihnen Recht schaffen in Kürze. Doch wenn der Menschensohn kommen wird, wird er dann Glauben finden auf Erden?

Das Gleichnis von der bittenden Witwe gerade hier in Eisenach zu hören, ist etwas Besonderes. Ich jedenfalls kann gar nicht anders, als bei dieser bittenden Witwe an Martin Luther zu denken. Ich kann mir diese Witwe in ihrer Beharrlichkeit, in ihrem unbeugsamen Willen, in ihrem Mut und ihrem felsenfesten Gerechtigkeitssinn sehr gut vorstellen. Wir kennen solche Menschen heute ja auch – und mich jedenfalls beeindrucken sie. Martin Luther war ganz bestimmt einer von ihnen. Und es war genau dieser unbeugsame Wille, der Martin Luther hierher auf die Wartburg gebracht hat. Wir haben sie in diesem Jahr gerade gefeiert, die Szene vor dem Kaiser und den Reichsständen in Worms, die bei ihm eine Frage von Leben oder Tod war. Und weil er so fest auf Gott vertraut und nicht klein beigegeben hat, war sein Leben in akuter Gefahr, sodass sein Schutzherr Friedrich der Weise ihn auf der Rückfahrt entführen und hier auf die sichere Wartburg bringen ließ.

Aus einer Situation der Gefahr, der Krise, der Bedrohung, ist etwas erwachsen, was zu den größten Schätzen der Menschheit gehört. Martin Luther hat hier auf der Wartburg in Eisenach die Bibel übersetzt und damit nicht nur eine Quelle des Glaubens geschaffen, die unzählige Menschen seither inspiriert, sondern auch wie kaum ein anderer unsere deutsche Sprache mitgeprägt. Seine neue Bibelübersetzung sollte an den Urtexten orientiert sein und jeder akademischen Prüfung standhalten. Und sie sollte im besten Sinne eine Über-Setzung sein, verständlich, sodass jeder, der des Lesens mächtig war, selbst im Wort Gottes lesen konnte.

So ist es mir eine ganz besondere Freude, heute hier in Eisenach mit Ihnen Gottesdienst feiern zu dürfen. Eine Predigtreihe zum Jubiläum 500 Jahre Bibelübersetzung Martin Luthers ist eine hervorragende Idee, die dem Reformator sicher auch sehr gut gefallen hätte. Noch dazu im Schatten der Wartburg. Dieser besondere Ort, zu dem ich gestern Nachmittag als Erstes nach meiner Ankunft gegangen bin, fasziniert mich immer wieder von Neuem. Ich bin gestern in Luthers Stube gewesen. Und habe mir vorgestellt, wie oft er wohl mit seinem Gott dort gerungen hat und ihn zur Rede gestellt hat, ihm seine fürchterlichen Darmbeschwerden vorgehalten hat und ihn angeraunzt hat, dass er doch endlich Linderung verschaffen möge! So wie die Witwe immer wieder dem Richter in den Ohren liegt, dass er ihr endlich zum Recht verhelfe.

Die Witwe geht dem Richter auf den Geist, bedrängt ihn, lässt ihn nicht zur Ruhe kommen. Und am Ende gibt er nach, weil er seine Ruhe haben will. Es ist die Geschichte einer Frau in Not, die vom Richter gehört, die gesehen werden will, die sich nicht abwimmeln lassen will. Und sie wird zur Geschichte für uns, die wir mit Gott darum ringen, gehört und gesehen zu werden. Sie inspiriert uns zur Beharrlichkeit im Gebet. Zum Durchhalten, Dranbleiben und Nichtverzagen.

Aber worum dürfen wir bitten? Wofür dürfen wir beten?

Wir dürfen *alles* vor Gott bringen, was uns im Herzen bewegt! Nur dürfen wir Gott nicht mit einem himmlischen Wunschautomat verwechseln. Wenn der FC-Bayern-Fan betet: Bitte mach, dass Bayern heute 3:1 gegen Dortmund gewinnt, und der Dortmund-Fan betet: Bitte mach, dass die Borussia heute 3:1 gegen die Bayern gewinnt, dann müssen beide damit rechnen, dass Gott diesen Wunsch nicht erfüllt. Gott ist kein Zauberer, kein Magier, der mit der richtigen Beschwörungsformel das gewünschte Ergebnis herbeiführt. Wir wünschen uns manchmal einen solchen Gott. Und er soll das tun, was *wir* wollen.

Aber Gott *ist* kein deus ex machina, wie Dietrich Bonhoeffer das genannt hat, kein Gott, der von oben direkt eingreift und alles gut macht. Sondern Gott ist ein Gott, der sich der Welt aussetzt, der ihr Leiden mitleidet, der weiß, wie es uns geht, der seine unbändige Lebensenergie schickt, um uns aufzurichten, der auch in den größten Abgründen für uns die Tür in die Zukunft öffnen und uns die Gewissheit im Herzen geben kann: Es geht weiter. Ich bin nicht allein. Gott geht mit mir jeden Tag. Und am Ende werden alle Tränen abgewischt werden und es wird kein Leid, kein Schmerz, kein Geschrei mehr sein, und alles wird neu werden.

Und wenn du beim Beten nichts spürst, dann bist du in guter Gesellschaft. Die letzten Worte Jesu am Kreuz waren ein Gebet. Ein ganz besonderes Gebet.

Ein Schrei. Ein Schrei der Gottverlassenheit. »Mein Gott, mein Gott, warum hast du mich verlassen!« So hat Jesus am Kreuz gerufen. Und weil er selbst keine Worte mehr hatte, hat er sie sich aus seiner Hebräischen Bibel geholt. Sie stehen dort in Psalm 22.

Es gibt kein berührenderes Gebetbuch als die Psalmen. Alle Gefühle, die wir als Menschen haben und die Menschen in Worte gefasst haben, finden wir dort. Überschwängliches Lob und tiefes Vertrauen genauso wie Angst, Klage und Verzweiflung. Wenn wir nicht wissen, was wir zu Gott sagen sollen, wenn wir nicht wissen, wie wir unsere Gefühle ausdrücken können, dann können wir uns einfach in den Psalmen Worte leihen. Mit Psalm 23 sagen: »Der Herr ist mein Hirte, mir wird nichts mangeln.« Oder mit Psalm 13,2 klagend fragen: »Herr, wie lange willst du mich so ganz vergessen? Wie lange verbirgst du dein Antlitz vor mir?«

Für Luther wäre es nicht vorstellbar gewesen, dass Menschen nicht zu Gott beten, weil sie ihn nicht kennen. Erst recht mitten in Deutschland, in seinem Eisenach, in Thüringen und Sachsen. »Man muss sich gewöhnen, sich täglich mit Seele und Leib, Weib, Kind, Gesinde und was wir haben, für alle vorkommende Not Gott zu befehlen« (30 I,142, 26–27) – so hat er gesagt. Ja, es sind heute andere Zeiten. Aber das Beten ist auch Menschen damals schon schwergefallen. Man muss sich *gewöhnen*, sich täglich mit Seele und Leib, Weib, Kind, Gesinde und was wir haben, für alle vorkommende Not Gott zu befehlen«. Das ist nicht leicht. Die Psalmen können uns dabei helfen.

Und vielleicht auch das Beispiel anderer Menschen. Immer wieder beeindruckt mich, wie selbstverständlich das Gebet für Menschen in unseren Partnerkirchen in aller Welt unverzichtbarer Teil des Alltags ist. Wenn ich unsere Partnerkirche in Tansania besuche und wir am letzten Tag meines Besuches zum Flughafen aufbrechen, dann spricht der Fahrer dort vor der Abfahrt erstmal ein Gebet. Und das liegt nicht daran, dass sein Auto vermutlich nie durch einen deutschen TÜV kommen würde. Sondern es liegt daran, dass dieser Fahrer wie alle in der tansanischen Partnerkirche schlicht mit Gott rechnet.

Und Gott wirkt tatsächlich. Menschen spüren im Beten plötzlich, wie ihnen Kraft zuwächst, bestimmte Schritte zu gehen. Wie auf einmal Hoffnung da ist, die Schwierigkeit zu meistern. Wie sie in eine Situation hineingehen mit einem mulmigen Gefühl, mit mehr Fragen als Zuversicht, aber dann auf einmal spüren, wie ihnen im Beten Hoffnung und Kraft zuwächst, wie der Trost sich einstellt und Licht am Horizont aufscheint.

Vielleicht ist es so, wie wenn wir aus dem Tageslicht in einen dunklen Raum treten. Zunächst sehen wir nichts, dann aber gewöhnen sich unsere Augen an die Dunkelheit und nach und nach erkennen wir mehr. Konturen zeichnen sich ab, wir können den Raum besser »sehen«. So ist es, wenn ich in den Raum des Betens eintrete und noch gar nicht weiß, was mich dort erwartet. Wenn ich gar nicht weiß, ob Gott da ist und mich hört. Aber wenn ich es wage, wenn ich aus meinem Herzen heraus all das in diese mir noch ungewisse Gegenwart Gottes hineinspreche, dann merke ich nach und nach, wie meine Worte auf ein Gegenüber treffen. Ich bekomme das Gefühl, dass ich gehört werde, dass mein Leben aufgehoben ist, dass ich geborgen bin. Dieses innere Gefühl setzt den Grundstein für das Vertrauen auf den, der mir zuhört.

Sodass ich es mache wie die beharrliche Witwe, die sich von dem Richter nicht abwimmeln lässt. Sie lässt sich von der Ferne dieses Mannes, von seiner Unnahbarkeit und Macht nicht beeindrucken. Sie weiß nur eins: Er kann mir helfen. Und deshalb bleibt sie dran, unerschrocken und – voller Vertrauen, dass ihr Bitten und Flehen am Ende erhört werden.

Das Gebet ist ein Weg zu Gott, der uns immer offensteht. Er ist eine offene Tür, durch die wir alle immer treten dürfen. Es gibt keinen *Beweis* für Gott. Aber es gibt eine *Gewissheit*, die aus der Erfahrung gespeist wird. Und zu dieser Erfahrung ermutigt uns die Geschichte von der Witwe.

Als ich gestern auf der Wartburg in dem Raum stand, in dem Luther so viel Anfechtung erlebt hat, als ich mir vorstellte, wie er dort immer wieder durch die Hölle gegangen ist und sich doch zugleich immer wieder der Himmel für ihn geöffnet hat, da habe ich den tiefen Sinn von Jesu Gleichnis vom Richter und der Witwe verstanden. Und mir die von so tiefer Lebenserfahrung getränkten Wort Luthers über das Gebet gerne mit auf den Weg geben lassen: »Das sollen wir wissen, dass all unser Schirm und Schutz allein in dem Gebet steht« (30 I,197,16–17).

Ausleger:
Dr. Bedford-Strohm ist seit 2011 Landesbischof der Evangelisch-Lutherischen Kirche in Bayern und war bis 2021 Ratsvorsitzender der Evangelischen Kirche in Deutschland.

Der Pharisäer und der Zöllner, Lukas 18,9–14

Schüler des Martin-Luther-Gymnasiums Eisenach

⁹Er sagte aber zu einigen, die überzeugt waren, fromm und gerecht zu sein, und verachteten die andern, dies Gleichnis: ¹⁰Es gingen zwei Menschen hinauf in den Tempel, um zu beten, der eine ein Pharisäer, der andere ein Zöllner. ¹¹Der Pharisäer stand und betete bei sich selbst so: Ich danke dir, Gott, dass ich nicht bin wie die andern Leute, Räuber, Ungerechte, Ehebrecher, oder auch wie dieser Zöllner. ¹²Ich faste zweimal in der Woche und gebe den Zehnten von allem, was ich einnehme. ¹³Der Zöllner aber stand ferne, wollte auch die Augen nicht aufheben zum Himmel, sondern schlug an seine Brust und sprach: Gott, sei mir Sünder gnädig! ¹⁴Ich sage euch: Dieser ging gerechtfertigt hinab in sein Haus, nicht jener. Denn wer sich selbst erhöht, der wird erniedrigt werden; und wer sich selbst erniedrigt, der wird erhöht werden.

Gespräch über den Pharisäer und den Zolleinnehmer:

– Also ich finde ja den Pharisäer sehr beeindruckend. Er ist ein frommer Mann und fastet zweimal in der Woche. Und er gibt den zehnten Teil von allem, was er kauft. Ich könnte so etwas nicht, jedenfalls nicht für lange Zeit.
– Du hast recht. Er ist stolz auf seine Taten. Er ist im Reinen mit sich selbst. Jedoch macht er andere Menschen runter. Besonders den Zolleinnehmer. Ich vermute, er tut das, um sein eigenes Selbstbewusstsein zu steigern und sich selbst besser dastehen zu lassen. Außerdem nimmt er sich viel zu wichtig. Er gibt an. Ich bin sicher, er hat auch schon mal eine schlechte Tat begangen.
– Ja, da gebe ich dir recht. Man sollte andere nicht schlechter dastehen lassen, nur um sich selbst besser zu fühlen. Gott verzeiht uns unsere schlechten Taten. Was mir allerdings am Zolleinnehmer gefällt: Obwohl er häufig betrogen hat, gibt er seine Schuld zu und bittet um Vergebung. Mir fällt es immer schwer, meine Fehler zuzugeben. Es braucht viel Mut und Kraft dazu.
– Ich finde aber, dass der Zolleinnehmer mit seiner Schuld übertreibt. Vertraut er etwa nicht auf Gottes Gnade? Er traut sich ja nicht einmal aufzuschauen. Gott liebt uns doch alle gleich. Wir müssen uns doch nicht vor ihm fürchten.

– Beide haben ihre Stärken und ihre Schwächen, wie auch wir. Wir müssen kein perfektes Leben führen, um Liebe und Vergebung zu erfahren.

Das Gleichnis vom Pharisäer und vom Zolleinnehmer ist schon sehr alt. Trotzdem haben wir festgestellt: Vieles von dem, was in diesem Gleichnis vorkommt, gibt es auch heute noch. Auf drei Dinge wollen wir im Folgenden näher eingehen.

1. Schubladendenken

Das erste: Menschen werden in Schubladen gesteckt. Der Pharisäer sieht den Zolleinnehmer und im selben Augenblick hat er sein Urteil über ihn gefällt: Das ist ein Mensch, der nichts taugt. Dabei kennt er ihn doch gar nicht. Er sieht ihn und schon verachtet er ihn. Auch die anderen hat er sofort in eine Schublade gesteckt. Sie sind für ihn Räuber, Betrüger und Ehebrecher: Menschen, die aus seiner Sicht nichts taugen. Sie haben etwas Schlechtes getan. Deshalb sind sie weniger wert als er.

Menschen in Schubladen zu stecken, das gibt es auch heute noch, auch bei uns. Wir sehen einen Menschen und schon haben wir unser Urteil über ihn gefällt, beispielsweise aufgrund des Aussehens, der Kleidung, der Sprache, der Hautfarbe.

Das Schubladendenken ist weit verbreitet. Manchmal werden zum Beispiel Jungen und Mädchen, Männer und Frauen auf bestimmte Rollen festgelegt. Manche Menschen werden pauschal beurteilt und verurteilt, weil sie eine bestimmte Meinung vertreten oder eigene Wünsche äußern. In der Schule besteht die Gefahr, dass jemand aufgrund seiner Noten abgestempelt wird.

Wir glauben, Jesus wollte mit diesem Gleichnis ausdrücken: »Es ist falsch, andere in Schubladen zu stecken. Lernt die Menschen doch erst einmal richtig kennen, bevor ihr sie beurteilt. Grenzt andere nicht aus! Achtet auch die Menschen, die anders sind oder anders denken als ihr.«

2. Selbstwertgefühl

Selbstwertgefühl, das ist das zweite Thema, das uns an diesem Gleichnis interessiert. Der Pharisäer hat aus unserer Sicht ein überzogenes Selbstwertgefühl. Der Zolleinnehmer dagegen fühlt sich klein und minderwertig. Beides finden wir nicht gut.

Das eigene Selbstwertgefühl spielt für uns Jugendliche eine wichtige Rolle. Manche haben Schwierigkeiten, sich selbst zu akzeptieren. Sie vergleichen sich ständig mit anderen. Sie sind traurig, weil sie meinen, sie wären nicht so gut, begabt, geschickt oder schön. Andere dagegen wirken überheblich und sehr selbstsicher.

Ziel ist ein gesundes Selbstwertgefühl. Das bedeutet für uns einerseits, dass man nicht übermäßig selbstverliebt ist und sich nicht über andere stellt. Andererseits soll man nicht ständig auf seine Schwächen schauen und sich trotz eigener Fehler und Macken mögen. Das heißt, man akzeptiert sich, auch wenn man nicht perfekt ist.

Wir haben überlegt: Welche Ratschläge würden wir Menschen geben, die wie der Pharisäer überheblich und selbstverliebt sind? Wir würden ihnen Folgendes sagen:

- Überlege, warum du dich über andere Menschen stellst!
- Behandele andere Menschen genauso, wie du selbst behandelt werden möchtest.
- Mache anderen Menschen auch mal ein Kompliment!
- Wertschätze ein Kompliment, das du selbst bekommst!
- Akzeptiere, dass auch du deine Schwächen hast und Fehler machst. Damit kannst du vermeiden, dass du arrogant und überheblich wirkst.

Und welche Ratschläge würden wir Menschen geben, die wie der Zolleinnehmer nur ein schwaches Selbstwertgefühl haben? Wir würden ihnen Folgendes sagen:

- Nimm dir beleidigende Worte und negative Kommentare nicht zu Herzen!
- Achte stärker auf das Positive, das dir andere sagen!
- Vergleiche dich nicht ständig mit anderen! Gerade im Internet wird eine Scheinwelt aufgebaut. Menschen präsentieren sich dort so, als wären sie perfekt. Aber das ist niemand.
- Schau nicht nur auf deine Schwächen! Es gibt doch auch so viel an dir, was schön und gut und richtig ist.
- Setze dir realistische Ziele! Und wenn du sie erreicht hast, sei stolz, dass du es geschafft hast!
- Suche dir Menschen, die dich unterstützen und dir Mut zusprechen!
- Nimm Komplimente an, die andere dir machen!
- Erinnere dich daran, dass Gott dich so annimmt und mag, wie du bist.

3. Mit der eigenen Schuld umgehen

Es gibt noch ein drittes wichtiges Thema, das für uns mit diesem Gleichnis verbunden ist. Es geht um die Frage, wie man mit der eigenen Schuld umgeht. Gibt man sie zu oder streitet man sie ab. Der Zolleinnehmer sagt ja ganz offen, dass er ein Sünder ist. Der Pharisäer dagegen scheint völlig zu verdrängen, dass auch er Dinge tut, die nicht in Ordnung sind.

Wenn wir etwas falsch gemacht haben, stehen auch wir vor der Frage: Sollen wir unsere Schuld zugeben oder versuchen wir zu leugnen, was wir getan haben?

Zu dieser Thematik haben wir in der neunten Klassenstufe eine anonyme Umfrage durchgeführt, an der 45 Schülerinnen und Schüler teilgenommen haben. Etwa ein Drittel der Befragten hat angegeben, dass es ihnen schwerfällt, die eigene Schuld zuzugeben. Sie spielen dann lieber das Unschuldslamm. Die Mehrheit aber kann zur eigenen Schuld stehen und sie zugeben. Etwa 14 Prozent würden die Schuld jemand anderem in die Schuhe schieben. Die große Mehrheit würde dies aber nicht tun, weil sie das unfair findet. Fast alle, nämlich 94 Prozent, haben folgendem Satz zugestimmt: Wenn ich keine Strafe zu erwarten habe, fällt es mir leichter zuzugeben, dass ich etwas falsch gemacht habe, als wenn ich eine Strafe befürchten müsste. Interessant ist: 81 Prozent der Befragten haben schon erlebt, dass sie erleichtert waren, nachdem sie es geschafft hatten, ihre Schuld zuzugeben.

Die eigene Schuld zuzugeben, ist für uns alle sehr wichtig. Wir finden, man sollte immer ehrlich sein, seine Schuld nie auf andere schieben.

Wenn man seine Schuld nicht zugibt, kann dies Vertrauen zerstören und sich beispielsweise negativ auf Freundschaften auswirken. Es fällt uns leichter, unsere Schuld zuzugeben, wenn Freunde hinter uns stehen oder auch wenn wir andere Menschen damit unterstützen oder entlasten.

Aber manchmal ist es auch schwierig, dann nämlich, wenn andere Menschen damit belastet werden würden und Freunde unsere Fehler nicht akzeptieren.

Wenn man seine Schuld zugibt, bewirkt es, dass man erleichtert ist. Freunde wissen dann, dass man ehrlich ist und dass man sich aufeinander verlassen kann. Wenn man ehrlich ist, bewirkt dies wahrscheinlich auch, dass andere zu dir ehrlich sind und auch zu ihren Fehlern stehen können.

Und noch etwas ist wichtig: Erst wenn wir unsere Schuld eingestehen, können wir Fehler korrigieren. Das ist der erste Schritt, um Dinge besser zu machen. Deshalb ist es so wichtig, dass wir heute über unsere Schuld nachdenken und uns dazu bekennen.

Ausleger:
Schülerinnen und Schüler des Martin-Luther-Gymnasiums Eisenach.

Jesus und die Kinder, Lukas 18,15–17

Dr. Christoph Kähler

[15]Sie brachten auch kleine Kinder zu ihm, dass er sie anrühren sollte. Als das aber die Jünger sahen, fuhren sie sie an. [16]Aber Jesus rief sie zu sich und sprach: Lasset die Kinder zu mir kommen und wehret ihnen nicht, denn solchen gehört das Reich Gottes. [17]Wahrlich, ich sage euch: Wer nicht das Reich Gottes annimmt wie ein Kind, der wird nicht hineinkommen.

Es ist schön für mich, wieder einmal auf der Kanzel in der Georgenkirche zu stehen! Nur frage ich mich jetzt – wie sollte ich Sie heute ansprechen? Darf ich sagen: »Liebe Kinder«? Oder stutzen Sie da und überlegen im Stillen: Wie hat er denn das gemeint?

Besser verständlich wäre es sicher so: Liebe Kinder – Gottes! So wird klarer, dass die Anrede als Bild gemeint ist. Denn richtige Kinder, Kleinkinder oder Säuglinge, feiern diesen Gottesdienst kaum mit uns – zumal in diesen Zeiten. Aber, wenn wir genau auf unseren Evangelisten, auf Lukas, gehört haben, dann geht es in unserem Predigttext ja auch nicht um die Menschen vom ersten bis zum vierzehnten Lebensjahr. Sondern es geht um uns alle vom ersten bis zum letzten Jahrzehnt des Lebens. Vielleicht erinnern Sie sich: ein anderer Evangelist, Markus, erzählt Ähnliches, aber eben von einer Segnung wirklicher Kinder. Wir hören das nahezu bei jeder Kindertaufe. Da – so Markus – herzt Jesus die Kinder, legt ihnen die Hände auf und segnet sie. Genau das aber kommt bei Lukas nicht vor. Es geht dem Evangelisten in seiner Geschichte, und auch in den Geschichten davor und danach, um die andere Frage: Wer von uns Menschen ist eigentlich ein Kind Gottes? Wer von uns hat ein Recht, sich dem Schöpfer, dem Vater aller Menschen unbefangen zu nähern? Etwa – in der Geschichte davor – ein selbstverliebter Frommer, der keineswegs für alle Pharisäer steht, und der meint: »Lieber Gott, ich habe doch alles richtig gemacht. Jetzt fordere ich meinen gerechten Lohn! Wenn ich bitten darf, reichlich! Die anderen Menschen taugen ja alle nichts.« Sein Gegenüber im Tempel ist ein selbstbewusster Zolleinnehmer, in der Regel sehr selbstbewusst, ja berufsmäßig hart. Der überrascht aber mit seinem Bekenntnis, dass er nur auf die Barmherzigkeit Gottes vertrauen will, nicht auf sich selber. Dann ist von den beiden doch wohl er das Gotteskind!

Oder in der Geschichte, die unserem Predigttext folgt: Da kommt ein Reicher und möchte darauf vertrauen, dass er zu Gott kommen darf. Er, der doch treu alle Gebote einhält! Ja, nur seinen Reichtum möchte er doch noch behalten! Geht das etwa nicht zusammen? Die Antwort Jesu ist grob: »Eher geht ein Kamel durch ein Nadelöhr als ein Reicher in das Reich Gottes.« Darauf stellen dann die Jünger die irritierte Frage für Lukas, für seine Gemeinden und für uns: Wer kann dann überhaupt gerettet werden? Wie immer Gottes Herrschaft aussehen mag und wo immer sie ist – auf Erden und im Himmelreich. Wer kann von Gott sein gutes Recht verlangen? Das ist die Frage, auf die Jesus mit einem Bild antwortet: Kindern gehört das Reich Gottes! Aber, so fragen manche: Sollen, können wir etwa wieder zurück in die Kindheit und damit so unschuldig wie Neugeborene werden? Kaum, denn »Wer kein Kind mehr ist, kann unmöglich eins werden!« (Ulrich Luz). Wer wieder Kind werden will, wird nur kindisch. Ja, und auch das gilt: Kinder sind selten so unschuldige Engelchen, zu denen sie der gemalte und geschriebene Kitsch stilisiert. Als Eltern und Großeltern haben wir auch schwierige Erfahrungen mit Heranwachsenden gemacht und müssen gegen zuckersüße Bilder herziger Kindlein Zweifel anmelden. Es kann also gar nicht darum gehen, dass wir wieder in unsere Kindheit zurückkehren. Nein, Jesus stellt einen Vergleich an – zwischen Erwachsenen und Kindern; und es kommt dabei auf den einen einzigen Punkt an, den Erwachsene für ihr Verhältnis zu Gott begreifen sollen: Kinder brauchen Pflege und Zuwendung. Die müssen sie empfangen, ob sie artig oder schwererziehbar sind. Sie können sich die Liebe ihrer Eltern nicht verdienen, aber sie brauchen sie zum Leben. So – sagt Jesus – brauchen wir Menschenkinder die Liebe Gottes. Die können wir uns nicht verdienen, in keiner Weise. Dafür können wir Gott auch keine Abrechnung schicken wie der überhebliche Pharisäer, der Gott die eigenen guten Taten vorrechnet. Da kann man auch nicht wie der junge Mann aufzählen, dass man alle Gebote peinlich genau eingehalten, aber an den Reichtum sein Herz gehängt hat. Nein, vor Gott stehen wir mit leeren Händen – wie Kinder, die um Essen, um Liebe, um ihr Leben, betteln. Von den Gaben, die sie erhalten, hängt alles ab. Wir stehen vor Gott wie der Zollbeamte, der wohl im tiefsten Herzen ahnt, dass man vor Gott mit guten Taten nicht punkten kann. Vor ihm muss man die leeren Hände ausstrecken wie die Kinder. Nur so können wir empfangen.

Das entspricht dem, was Luther immer wieder gegen Ablasszahlungen und gegen Berufung auf die eigenen guten Taten gepredigt hat – in Wittenberg, 1521 auf der Reise nach Worms und später. Diese Zuversicht auf Gottes einseitig großzügige Liebe hatte er aus der Bibel gewonnen. Darum war der Ablasshandel vom Teufel. Wenige Tage vorher hielt er diese Erkenntnis in Worms vor Kaiser und Reich so fest:

»[…] wenn ich nicht durch Zeugnisse der Schrift und klare Vernunftgründe überzeugt werde; […] (dann) bin ich durch die Stellen der heiligen Schrift, die ich angeführt habe, überwunden in meinem Gewissen und gefangen in dem Worte Gottes. Daher kann und will ich nichts widerrufen, weil wider das Gewissen etwas zu tun weder sicher noch heilsam ist. Gott helfe mir, Amen!«

In diesem Sinne wird Luther es auch auf dem Weg zurück nach Wittenberg vor genau 500 Jahren in dieser Kirche gepredigt haben – gegen den ausdrücklichen Willen des damaligen Pfarrers. Schade, ausgerechnet diese Predigt hat sich nicht erhalten! Aber in Eisenach hat der Reformator ganz gewiss nichts anderes vertreten, als er unter Lebensgefahr vor Kaiser und Reich in Worms bezeugte.

Doch was sagen diese alten Geschichten von vor 500 Jahren oder vor 2000 Jahren uns heute? Haben wir nicht ganz andere Probleme? Ich denke: Gründliches Nachdenken kann viele Parallelen zwischen heute und damals aufzeigen. Eine einzige will ich herausgreifen: Mit Sorge beobachte ich, beobachten wir, die Debatten über die Krankheit, die Pandemie, die uns seit über einem Jahr in Atem hält. Wegen ihr halten wir die Abstandsregeln auch in diesem Gottesdienst ein. Dabei beschäftigt uns ja nicht nur die Sorge um die besten Arzneien gegen diese Not und um das angemessene Verhalten im Alltag und um die beste Hygiene in diesem Kampf. Darüber verschiedener Meinung zu sein und mit vernünftigen Argumenten zu streiten, um schließlich gemeinsam die besten Methoden zu finden, das gehört unbedingt dazu. Ohne Streit in der Wissenschaft keine neuen Erkenntnisse. Nein, was mich zunehmend beschäftigt, ja beunruhigt, sind die totalitären, fast religiösen Ansprüche, die in der Öffentlichkeit vertreten werden. Dabei werden Forderungen laut, die jegliches Maß vermissen lassen: Auf der einen Seite jegliches Maß an Vorsicht, die wir den möglichen Kranken, also auch uns selbst, schuldig sind; auf der anderen Seite vermisse ich Geduld und Augenmaß mit denen, die jetzt handeln müssen und oft genug selbst im Nebel tappen, also die gefährlichen Entwicklungen des Virus nur mit großer Unschärfe abschätzen können. Beide Gruppen eint eines: Sie halten die Unsicherheit schlecht aus und verlangen Übermenschliches manchmal leider auch Unmenschliches von denen, die jetzt handeln müssen. Dahinter steht die kindische Erwartungshaltung, dass möglichst jede akute Katastrophe sofort und vollständig beseitigt werden kann. Wenn nicht, dann muss man die Schuldigen suchen und bestrafen. Denn sie hätten versagt und es unterlassen, rechtzeitig alles Notwendige zu tun. Leere Hände, bittende Hände, suchende Blicke, Fehlerfreundlichkeit passen nicht zu diesen Wunschbildern. Da fällt es leichter, die Faust zu ballen und mit Schlägen zu drohen. Dann fällt aber nicht ins Auge, was Schritt um Schritt schon getan wird, was mit viel Mühe allmählich möglich wird, was trotz der zunehmenden Aggressivität des Virus an Schutz erreichbar wird. Ich sehe in aller Hilfe, die wir in diesen Zeiten erfahren, auch den Gott, der uns lehrt, Leiden anderer zu heilen und ihnen wie uns selbst zu helfen. Dort, wo es mit unseren – immer begrenzten – Kräften möglich ist. Doch Dankbarkeit kann erst entstehen, wenn wir begreifen, wie leer unsere Hände waren, sind und wie leer sie immer wieder sein werden. Wir haben nie alles in der Hand, sondern müssen täglich um unser Brot bitten, also um Lebensmittel und damit auch um Mittel gegen tödliche Krankheiten. Und wir haben für jeden kleinen Schritt vorwärts zu danken – immer wieder. In dieser Hinsicht sollten wir Kinder bleiben, die nie ausgesorgt haben, auch künftig bedürftig sein werden; die aber, wenn es gut geht, überschäumende Freude und Dankbarkeit zeigen können.

Ausleger:
Dr. Christoph Kähler war bis 2008 Landesbischof der Evangelisch-Lutherischen Kirche in Thüringen.

Reichtum und Nachfolge, Lukas 18,18–27

Ralf Meister

¹⁸Und es fragte ihn ein Oberer und sprach: Guter Meister, was muss ich tun, dass ich das ewige Leben ererbe? ¹⁹Jesus aber sprach zu ihm: Was nennst du mich gut? Niemand ist gut als Gott allein. ²⁰Du kennst die Gebote: »Du sollst nicht ehebrechen; du sollst nicht töten; du sollst nicht stehlen; du sollst nicht falsch Zeugnis reden; du sollst deinen Vater und deine Mutter ehren!« ²¹Er aber sprach: Das habe ich alles gehalten von Jugend auf. ²²Als Jesus das hörte, sprach er zu ihm: Es fehlt dir noch eines. Verkaufe alles, was du hast, und gib's den Armen, so wirst du einen Schatz im Himmel haben, und komm und folge mir nach! ²³Als er das hörte, wurde er traurig; denn er war sehr reich. ²⁴Da aber Jesus sah, dass er traurig geworden war, sprach er: Wie schwer kommen die Reichen in das Reich Gottes! ²⁵Denn es ist leichter, dass ein Kamel durch ein Nadelöhr gehe, als dass ein Reicher in das Reich Gottes komme. ²⁶Da sprachen, die das hörten: Wer kann dann selig werden? ²⁷Er aber sprach: Was bei den Menschen unmöglich ist, das ist bei Gott möglich.

Ein Bibeltext der verpassten Chancen, liebe Gemeinde. Die Geschichte des reichen Mannes, der sein Vermögen behält und damit seine »Seligsprechung« verspielt. Hätte er doch bloß …

Mich reizt diese Geschichte, um darüber nachzudenken, was mit all den anderen Möglichkeiten ist, in denen unser Leben auch hätte verlaufen können? Nicht erst im Älterwerden bewegt mich diese Frage. Es ist, das ist mir wohl bewusst, ein Spiel der Fantasie. Was wäre, wenn ich der ersten Liebe gefolgt wäre? Was wäre, wenn der Traum von einer Auswanderung realisiert worden wäre? Was wäre, wenn ich das Jobangebot abgelehnt hätte? Was wäre, wenn wir nicht umgezogen wäre, was wäre, wenn …?

Diese Liste ist eine persönliche Liste. Sie fragt nicht nach dem großen Weltgeschehen, sondern nach den persönlichen Entscheidungen, die mein Leben bestimmt haben. Auch in der großen Geschichte gibt es solche Spekulationen, die jeden Historiker, jede Historikerin nur die Achseln zucken lassen. Doch ebenso wie im Privaten gibt es auch in der großen Geschichte kein Zurück mehr. Es ist geschehen!

Doch neben den weltgeschichtlichen Katastrophen oder glücklichen Fügungen führen mich vor allem die privaten Gedankenreisen in ein tiefes Nachdenken. Der Bibeltext aus dem Lukasevangelium ist ein »Hätte-Text«. Meine Kinder spotten, wenn einer immer nur in Möglichkeiten denkt: »Hätte, hätte, Fahrradkette«. Es hat doch keinen Sinn, alle diese »Hätte-Möglichkeiten« abzuspielen. Du lebst dieses Leben so wie es ist. Fertig und Ende! Sie haben recht. Es fügt sich das Leben so wie es ist und bleibt darin eine rätselhafte Verquickung von eigenen Entscheidungen und Fügungen durch andere. Und diese vielfältigen Zufälle oder Schickungen, diese Vorsehung oder Schicksalspunkte, so glaube ich, finden letztlich erst bei Gott zusammen.

Der »Hätte-Text« des heutigen Sonntags wird viele von uns an die Gottesdienste am 3. Oktober erinnern. Einige haben diese Geschichte allerdings nicht aus dem Lukasevangelium, sondern aus dem Markusevangelium bereits vor drei Wochen als Evangelium und Predigt gehört. Diese Hätte-Geschichte ist in den drei synoptischen Evangelien überliefert. Also bei Markus, Matthäus und Lukas. Was wäre aus diesem reichen Jüngling geworden, hätte er … ja, hätte er auf Jesu Wort gehört, hätte er all sein Vermögen den Armen gegeben, hätte er die Nachfolge angetreten? Wäre er selig geworden? Zumindest hätte es uns die scharfe Pointe mit dem Bild des Kamels, das nicht durchs Nadelöhr passt, gekostet, die Jesus hier anfügt. Die hätte dann keinen Raum mehr gehabt und damit wäre eine der schärfsten biblischen Kritiken am Reichtum verloren gewesen. Hätte, hätte Fahrradkette…

Dass diese Erzählung jede Menge Fragen aufwirft, das lesen wir schon in der Geschichte selbst: Denn die Jünger fragen am Ende besorgt: *»Wer kann dann selig werden?«* (Lk 18,26). Sie hatten zuvor die Wirkungslosigkeit Jesu erlebt, sein Ratschlag fand keine Resonanz. Er wird abgelehnt, vom Jüngling ignoriert. Jesus einzige Erwiderung: *»Bei Menschen ist es unmöglich, aber nicht bei Gott; denn bei Gott sind alle Dinge möglich«* (Lk 18,27). Die radikale Entgegensetzung von Gott und Mammon lässt sich menschlich nicht relativieren. Wir kommen aus dem Dilemma nicht heraus, nur Gott kann sie überwinden.

Zur Einordnung dieses absoluten Gegensatzes jedoch hilft ein Blick auf die Lage, in der diese Szene spielt. Diese Spannung zwischen Gott und Geld lässt sich schon in der Jesusbewegung und der ersten urchristlichen Gemeinschaft finden. Gerd Theißen hat das Wesen der Jesusbewegung als Wanderradikalismus charakterisiert. Er beschreibt, dass sich solche radikalen Haltungen nur unter extremen Lebensbedingungen praktizieren ließen. Nur wer aus den alltäglichen Bindungen der Welt entlassen war, also Jesus nachfolgte, wer Haus und Hof, Frau und Kind verlassen hat, konnte diese Nachfolge verbindlich praktizieren. Das war eine Existenz am Rande der Gesellschaft. Wir erinnern uns an die Jüngerberufungen, wie sie teilweise alles stehen und liegen ließen, um dem Wanderrabbi zu folgen. So mussten Mann oder Frau eine von außen gesehen durchaus fragwürdige Existenz führen. Nur in diesem Zusammenhang waren die Worte Jesu vor Umdeutungen, Abschwächungen oder Verdrängungen geschützt. Hier nahm man sie ernst. In diesem Kreis praktizierte man sie. Nur die Wanderer der Heimatlosigkeit konnten das.

Entscheidend ist nun, dass die Jesusbewegung von Anfang an nicht nur aus solchen Wandercharismatikern bestand, die alles hinter sich ließen, so wie die Jünger und Jüngerinnen. Jesu Anhängerschaft war sozial breiter gestreut, und bereits er wird Sympathisanten bei Sesshaften gehabt haben. Von diesen Sympathisanten waren die Wandercharismatiker abhängig. An verschiedenen Orten erhielten sie von ihnen materielle Unterstützung. Spätestens mit der Entstehung der Kirche nimmt dieses Wandercharismatikertum ab. Die radikale Entgegensetzung von Gott und Geld bestand ohne jegliche Abschwächung und hatte ihre Heimat im heimatlosen Lebensstil Jesu und seiner Jünger*innen. Immer wieder gab es in der Kirchengeschichte Bestrebungen, dieses radikale Modell zu kopieren. Die Gründung von Armenorden ist ein solches Beispiel. Doch diese Bewegungen blieben die große Ausnahme.

Was aber bleibt uns, wenn wir diesen historischen Hintergrund ausgeleuchtet haben, von der Unvereinbarkeit zwischen Reich Gottes und der Liebe zum Geld? Ich komme dafür zurück zu meinen Gedankenreisen durch mein bisher gelebtes Leben. Ich frage mich selbst, wo hat Jesus mir vergeblich hinterhergerufen? Mir Ratschläge gegeben, die ich ignoriert oder beiseitegelegt habe? Wo habe ich mich umgewendet und bin davon gegangen? Oder: Wann und wie bin ich ihm nachgefolgt? Habe ich seine Stimme, seine Gebote, seine Haltung für mein Leben angenommen? Vielleicht nicht als Wanderer, das bin ich nie gewesen, aber in meinen Meinungen und Ansichten, in meiner Pflege von Beziehungen, in meiner Hilfe für den Nächsten? So durchleuchte ich mein Leben mit einer neuen Perspektive. Ich sehe viele die Dinge, die mich weit von Jesu Botschaft entfernt haben: Geiz und Gnadenlosigkeit im eigenen Tun. Ich sehe Neid und Ignoranz in meinem Hören oder auch Überhören von anderen Menschen. Ich erkenne, an wie vielen Stellen ich weit von ihm entfernt gewesen bin. Tja, mein Leben ist nah bei dem des Jünglings. Die Dinge, die zu einem weitgehend »anständigen Leben« gehören, gewiss, die halten die meisten von uns. Aber darüber hinaus? Spielt Jesus Christus eine entscheidende Rolle?

Auf meinem Pfad durch das Leben suche ich die Zeiten, in denen Wort und Leben Jesu mein Halt und mein Wegweiser gewesen sind. Ich will ihm nachfolgen. An diese konsequente Lebensgestaltung erinnert uns diese Hätte-Geschichte. Sie bietet nicht zuvörderst eine Handlungsanleitung, sondern fragt schlicht nach dem eigenen Gottesverhältnis. Wie willst Du leben und wem folgst du nach? Wer mit diesem Bibeltext die Vermögenssteuer erhöhen will, sollte andere Begründungen suchen. Hier fallen die beiden Welten zusammen: Diejenige, in der wir leben und unseren Lebensunterhalt verdienen und uns bemühen, dankbar gerechte und gute Menschen zu sein, so wie Martin Luther es beschreibt, und die Welt der Gottesbeziehung, die uns in eine Wirklichkeit setzt, die nicht vollständig erfüllt ist, sondern uns teilweise voraus liegt. In der geht es allein um unsere Beziehung zu Gott und darin um Schuld und Vergebung.

Gewiss fordert Jesus, dass wir mit unserm Eigentum verantwortlich und zum Wohle anderer Menschen umgehen. Aber er ist kein Finanz- oder Steuerberater, auch kein Sozialpolitiker, sondern Gottes Sohn. Der reiche Jüngling, wie es bei Matthäus heißt, will den Weg zum ewigen Leben wissen. Eine Kategorie des »Seligen« gibt es in der säkularen Welt nicht. Es ist kein Zertifikat, welches der Finanzbeamte überreicht und auch eine Spendenbescheinigung mit einer fulminanten Summe enthält nichts von einer Seligkeit, die dem Spender oder der Spenderin zukommt.

Das Überraschende an dieser Begegnung zwischen dem Reichen und Jesu ist: Jesus scheitert. Es ist ein Dialog, in dem Jesu Vorschlag an den Jüngling keine Resonanz erhält. Wie lehrreich. Weder zornig noch abweisend, sondern voller Verständnis und mit Nachsicht sieht er das Verhalten des Reichen an. Im Markusevangelium heißt es so berührend: »Und Jesus sah ihn an und gewann ihn lieb«. Und als der Mann sieht, dass er der Forderung Jesu nicht entsprechen kann, wird er traurig. Eine so gefühlsdichte Atmosphäre lesen wir sonst eher selten in der Bibel.

Vielleicht ist das der tröstende Klang dieser Geschichte, dass ein »hätte« ein »hätte« bleiben kann. Wir betrachten unser Leben als Fragment, wie einen Webteppich, der von der Rückseite eine Vielzahl unterschiedlicher, wirrer Fäden zeigt, die scheinbar ohne System nebeneinanderhängen. Von der Vorderseite aber finden wir ein Muster, ein Bild vor, das unser ganzes Leben ist. In meinem Leben sehe ich oft nur die Rückseite des Teppichs. Wo soll da das Bild entstehen, wo ist eine Ordnung oder ein Muster? So viele Abzweigungen, Hindernisse, Widersprüche durchziehen mein Dasein. Wie soll aus diesem Fragment etwas Ganzes werden. Jesus sagt:

»Bei Menschen ist es unmöglich, aber nicht bei Gott; denn bei Gott sind alle Dinge möglich« (Lk 18,27).

Er sieht und segnet in all seinen Bruchstücken und dem Unvollendeten mein Leben.

Ausleger:
Ralf Meister ist seit 2011 Landesbischof der Evangelisch-Lutherischen Landeskirche Hannovers und seit 2018 auch Leitender Bischof der Vereinigten Evangelisch-Lutherischen Kirche Deutschlands.

Zachäus, Lukas 19,1–10

Michael Bornschein

¹Und er ging nach Jericho hinein und zog hindurch. ²Und siehe, da war ein Mann mit Namen Zachäus, der war ein Oberer der Zöllner und war reich. ³Und er begehrte, Jesus zu sehen, wer er wäre, und konnte es nicht wegen der Menge; denn er war klein von Gestalt. ⁴Und er lief voraus und stieg auf einen Maulbeerfeigenbaum, um ihn zu sehen; denn dort sollte er durchkommen. ⁵Und als Jesus an die Stelle kam, sah er auf und sprach zu ihm: Zachäus, steig eilend herunter; denn ich muss heute in deinem Haus einkehren. ⁶Und er stieg eilend herunter und nahm ihn auf mit Freuden. ⁷Da sie das sahen, murrten sie alle und sprachen: Bei einem Sünder ist er eingekehrt. ⁸Zachäus aber trat herzu und sprach zu dem Herrn: Siehe, Herr, die Hälfte von meinem Besitz gebe ich den Armen, und wenn ich jemanden betrogen habe, so gebe ich es vierfach zurück. ⁹Jesus aber sprach zu ihm: Heute ist diesem Hause Heil widerfahren, denn auch er ist ein Sohn Abrahams. ¹⁰Denn der Menschensohn ist gekommen, zu suchen und selig zu machen, was verloren ist.

Wer kennt Zachäus und seine Geschichte nicht? Natürlich kennen ihn viele nicht, auch sehr viele Eisenacher würden ungläubig mit dem Kopf schütteln, wenn man sie fragen würde, ob der Name Zachäus ihnen irgendetwas sagt.

Aber wir, die wir heute Morgen hier in dieser Kirche sitzen, sind – vermute ich mal – diesem Zachäus schon mehr oder weniger oft begegnet. In der Christenlehre, im Religionsunterricht, in Predigten, Kindermusicals und Bibelgesprächsabenden. Seine Geschichte mit Jesus ist so eindrücklich und schön. Wenn man von Jesus erzählt, kommt man irgendwie an Zachäus nicht vorbei.

Das geht auch mir so, seit ich das erste Mal als Kind von ihm gehört habe. Zuhause oder in der Christenlehre. Zachäus war mir vertraut und auch irgendwie sympathisch. Zachäus, ein Mann, der von den anderen ausgegrenzt wurde, weil er nicht die Normen der Menge erfüllte. Und dann war er auch noch ein sehr kleiner Mann. Man sah auf ihn herab und verachtete ihn. Er hatte keine Freunde und war sehr einsam. Ich hatte immer viel Mitleid mit diesem Zachäus und habe Jesus dafür geliebt, dass er sich solch einem einsamen und verachteten Menschen zuwendet.

Das war für viele Jahre mein Bild von Zachäus. Ein reicher armer kleiner Mann.

Dieses sympathische Bild, das von Zachäus, bekam Kratzer und Risse, als ich mich spätestens im Studium intensiv mit dieser Geschichte zu befassen begann.

Nein, Zachäus war nicht nur einfacher Zöller. Er war Chef der stark frequentierten Zollstation Jericho mit vielen angestellten Zöllnern. Er hatte die Zollstation von den Römer gepachtet. Hatte Geld investiert und hatte nun freie Hand, damit Geld zu machen. Wie, das war den Römern völlig egal. Das öffnete Tor und Tür für Machtmissbrauch und Korruption, für überhöhte Zollgebühren und totale Willkür. Damit konnte man reich werden. Und Zachäus hat dieses Willkürsystem weidlich genutzt, um zu Geld zu kommen, zu sehr viel Geld.

Die Reichen wurden in einem solchen System immer reicher und die Armen immer ärmer. Die Leute hatten allen Grund, einen solchen Menschen zu meiden und zu verachten. Wenn es schon keine Chance gab, gegen diese Machenschaften gerichtlich vorzugehen, so konnte man solche Typen wenigstens mit Missachtung strafen. Man tat, was man konnte, um zumindest ein Gefühl von Gerechtigkeit zu bekommen.

Der mir vertraute Zachäus wurde mir fremder. Und das Murren der anderen über ihn und Jesus wurde mir sehr viel verständlicher.

Und nun begegnete er mir wieder in Vorbereitung auf diese Predigt heute. Ich fragte mich: Was treibt einen solchen Menschen auf die Palme? Ein Mann in seiner Stellung. Will er sich vor den Leuten nun auch noch lächerlich machen?

»Er begehrte Jesus zu sehen, wer der wäre«. Erzählt Lukas. Das kann alles heißen. Ist Zachäus auch noch ein sensationslüsterner Gaffer, der überall dabei sein muss, wo was los ist? Ist es die blanke Neugier? Oder ist da etwas anderes in ihm, das ihn auf die Palme treibt? Eine unbestimmte Sehnsucht, ein schlechtes Gewissen?

Man möchte es gern wissen. Aber die Geschichte schweigt darüber. Es ist scheinbar egal, aus welcher Motivation heraus Menschen zu Jesus und zur Kirche kommen und mit welcher aktuellen Lebensgeschichte. Es scheint egal zu sein, wie lauter oder unlauter, wie tief ehrlich oder oberflächlich die Motivation ist.

Wer kommt, ist willkommen. Oder mit den Worten unserer Jahreslosung: Christus spricht: Wer zu mir kommt, den werde ich nicht abweisen. Ohne Gewissensprüfung. Ohne tadellosen Lebenslauf, ohne Bedingung.

Liebe Schwestern und Brüder! Am 21. März 2022 um 20:15 Uhr lief im ZDF ein Fernsehfilm, der eine wahre Geschichte erzählt. Eine Geschichte, die damals, als sie geschah, in unserem Land und vor allem auch in unserer Kirche große Emotionen ausgelöst hatte. Der Fernsehfilm heißt »Honecker und der Pastor« und erzählt genau die Geschichte von Pfarrer Uwe Holmer und seiner Frau, die

Erich und Margot Honecker im Jahr 1990 für 10 Wochen in Ihrem Pfarrhaus aufgenommen hatten. Keiner wollte diese beiden mehr aufnehmen, selbst die sowjetischen Freunde nicht. Nirgends schienen sie mehr sicher, der Hass vieler Menschen auf Erich und Margot war riesengroß. Der Anwalt der Honeckers bemühte sich zunächst vergeblich um Kirchenasyl. Als die Holmers davon erfuhren, boten sie ihnen Unterschlupf in ihrem Pfarrhaus. Ich erinnere mich an das Murren vieler Leute darüber innerhalb und außerhalb der Kirche. Menschen, die unter diesem Regime gelitten hatten, gerade auch unter dem Regime der roten Margot, der Volksbildungsministerin. Die so viele Lebenswünsche und Pläne von Menschen zerstört hatten. Auch keines der 10 Kinder von Pfarrer Holmer durfte auf die EOS. Familie Holmer war selber mehrfaches Opfer dieser kirchenfeindlichen Bildungspolitik. Und dieses Ehepaar nahm nun die Honeckers bei sich auf. Es gab Zustimmung, aber genauso viel Empörung und Unverständnis. Wie kann ein Mann der Kirche so etwas tun. Diese offensichtliche Zuwendung zu zwei Menschen, die so viel Unrecht zu verantworten hatten, deuteten viele als Schlag ins Gesicht der vielen Opfer. Es gab aufgebrachte Proteste vor dem Pfarrhaus und irgendwann waren die Honeckers auch im Lobetaler Pfarrhaus nicht mehr sicher. »Zustimmung und Ablehnung zu unserer Entscheidung hielten sich in etwa die Waage«, schreibt Pfarrer Holmer in seinen Lebenserinnerungen. Und vermutlich wissen viele von Euch noch, was sie selber damals gedacht und empfunden haben. Pfarrer Holmer schreibt, dass er mit dieser Entscheidung ein Zeichen setzen wollte, dass Vergebung das Herzstück des christlichen Glaubens ist. Ausgelöst hat er damals zumindest eine heftige Diskussion über das Wesen der Vergebung und über das Verhältnis von Vergebung und Reue.

»Honecker und der Pastor« und »Zachäus und Jesus« zwei völlig verschiedene und doch in ihrem Kern sehr eng verwandte Geschichten. Finde ich.

Jesus wendet sich einem Täter zu. Sicher, Zachäus war auch ein Opfer sozialer Ausgrenzung. Aber das hatte er sich doch selbst zuzuschreiben. Wer nicht hören will, muss fühlen! Erich und Margot Honecker waren Täter, sicherlich 1990 auch Opfer sozialer Ausgrenzung, aber auch das hatten sie sich selbst zuzuschreiben. Soll'n sie mal am eigenen Leib spüren, was viele durch sie erlitten haben.

Zachäus auf dem Baum. Die Honeckers vor der Haustür. »Wer zu mir kommt, den werde ich nicht abweisen!« Wie leben wir das Evangelium, wenn Glaube auf Wirklichkeit trifft? Wenn das süße Evangelium zur Zumutung wird und die eigene Entscheidung herausfordert. Das Problem ist, dass die Zuwendung zum Täter unter uns so oft als Abwendung von den Opfern und Missachtung erlebt wird. Aber gerade der Evangelist Lukas betont in so vielen Geschichten, die er überliefert, wie sich die Liebe Gottes immer allen zuwendet und alle meint. Sie wendet sich dem gescheiterten wieder heimkehrenden Sohn zu. Aber genauso dem zu Hause gebliebenen Sohn, der die großzügige Güte des Vaters als völliges

Unrecht ihm gegenüber empfindet. Denn beide bedürfen der Heilung und der Vergebung. Jesus wendet sich der Sünderin zu, aber genauso denen, die draußen stehen und sich aufregen, wie er sich mit einer solchen Frau abgeben kann. Die Freude des Evangeliums will alle erreichen und lädt zur Mitfreude ein. Und wo Freude ist, geschieht Heilung. Denn darum geht es doch in dieser Geschichte, in unseren Lebensgeschichten und der ganzen Weltgeschichte. Um Heilung. Um *Schalom*, der alles und jeden umfasst. Täter und Opfer. Die Geschichte von Jesus und Zachäus und die vielen anderen gerade im Lukasevangelium, dem Evangelium der Freude, durchkreuzen unser Sortieren in verdient und unverdient.

Die Kirche ist nicht offen für alles, aber offen für alle. Ein schöner Satz, eine gewichtige Unterscheidung, eine zeitlose Wahrheit. Aber ich weiß, wir wissen alle, wie schwer es werden kann, diese Worte zu leben. Weil wir natürlich doch die Person mit ihren Taten und Überzeugungen identifizieren. Mensch, du bist, was du tust. Das erleben wir ja auch in diesen aufgeregten Zeiten.

Und doch halten wir fest. Müssen wir um Gottes und der Menschen willen festhalten an dieser Grundüberzeugung unseres christlichen Menschenbildes: Der Mensch ist immer mehr als die Summe seiner Taten. Er ist mehr als die Summe seiner Schandtaten, aber auch mehr als die Summe seiner vermeintlichen Guttaten. Gott seid Dank!

Wir alle, Täter und Opfer, und so oft sind wir beides in einem. Wir alle bedürfen der liebevollen Zuwendung.

Stellt euch doch einmal vor, Jesus wäre unter dem Maulbeerfeigenbaum stehen geblieben und hätte Zachäus so richtig die Leviten gelesen und sich öffentlich über ihn und seine Machenschaften empört. Die Menge hätte vielleicht mit großer Genugtuung reagiert. Endlich sagt mal einer die Wahrheit. Endlich zeigt Jesus klare Kante gegenüber solchen skrupellosen Typen. Unrecht muss beim Namen genannt werden. Die Menge der Leute hätte sich gut und vor allem von Jesus verstanden gefühlt. Als ihr Anwalt, als Anwalt der kleinen Leute.

Zachäus wäre wohl geblieben, wie er war. Vielleicht hätte er sein Tun verteidigt und sich gerechtfertigt. Woher will ich das wissen? Weil ich aus eigener Erfahrung weiß, dass Vorwürfe nur verhärten. Sie verhärten Menschen in ihren Standpunkten und Herzen in ihrer Bitterkeit. Vorwürfe führen in aller Regel zu Machtkämpfen und gegenseitigen Schuldzuweisungen. Daran gehen so viele Ehen zugrunde, weil einer vom anderen den ersten Schritt fordert. Wenn du dich änderst, werde ich mich dir auch wieder zuwenden und vielleicht wieder zärtlich zu dir sein. Werde du aber erst ein anderer. Das ist der sicherste Weg, dass sich nichts ändert, jedenfalls nicht zum Guten …

Bringe dein Leben in Ordnung, gib die Hälfte deines Besitzes den Armen und das zu Unrecht Erworbene gib vierfach zurück! Danach können wir vielleicht einen Termin machen für einen Besuch bei dir! Wenn, dann …

Die Geschichte von Zachäus zeigt so schlicht und ergreifend, dass Heilung und Vergebung nur gelingen, wenn sie bedingungslos angeboten werden.

Die Reue des Zachäus folgt der Vergebung, die ihm Jesus gewährt. Sie ist nicht Vorbedingung, sondern eine Frucht der Liebe, die Jesus ihm zuwendet. Denn Liebe ist das Zutrauen, dass ein Mensch sich ändern kann.

Ob die Vergebung, die wir gewähren, zur Veränderung und zur Reue bei einem anderen führt, wissen wir nicht. Liebe bleibt immer ein Wagnis mit allen Konsequenzen. Die große Freude, die Zachäus empfindet, als Jesus gerade bei ihm, dem skrupellosen Zöllner, zu Gast sein will, verändert Zachäus. Die Honeckers haben zumindest öffentlich nichts bereut und sind auch keine Christen geworden. Liebevolle Zuwendung freut sich an der Heilung, aber sie fordert nicht. Liebe ist das Zutrauen, dass ein Mensch sich ändern kann. Ob und wie es geschieht, liegt nicht in unserer Hand. Die Zachäus-Geschichte hätte auch anders ausgehen können. So wie bei anderen reichen Männern im Lukasevangelium. Aber Christus kennt keinen Menschen, bei dem Hopfen und Malz verloren ist. Es gibt keinen, der der Liebe Gottes nicht wert wäre. Gib keinen verloren, weil es Gott auch nicht tut.

Ich durfte den Schatz der Liebe Gottes von Kindesbeinen an in meinem Elternhaus erfahren. Als Kind war ich ein mitunter ziemlich frecher Knabe und habe meinen Eltern das Leben schwer gemacht und manchmal waren sie mit ihrem Latein am Ende. Ich war unter uns Geschwistern das Sorgenkind meiner Eltern. Aber meine Eltern haben mir genauso viel Zuwendung geschenkt wie meinem Bruder und meiner Schwester. Vielleicht sogar noch mehr, denn sie hatten mir viel zu verzeihen. Ich war für meine Eltern mehr als die Summe meiner kleineren und größeren Schandtaten. Diese Kindheitserfahrung hat in mir den Glauben an einen liebevollen Gott geweckt, der sich allen zuwendet.

Das tat mir damals gut, das tut mir bis heute gut und so will ich weiterleben und mir Christus zu Herzen gehen lassen. Wenn er mich einlädt, sein Wort zu hören, das Mahl mit ihm zu feiern. Dass ich ihn dann mit Freude aufnehme, wie Zachäus, und diese Freude mich heilsam berührt und verändert, mich liebevoller und vergebungsbereiter macht als ich es vorher war.

Und das wünsche ich uns allen, dass diese Freude an Christus und seiner liebevollen Zuwendung uns alle erfüllt. Denn die Freude am Herrn ist unsere Stärke.

Ausleger:
Michael Bornschein ist seit 2014 Rektor im Pastoralkolleg der Evangelischen Kirche in Mitteldeutschland.

Gleichnis vom anvertrauten Geld, Lukas 19,11–27

Dr. Christina-Maria Bammel

[11]Als sie nun zuhörten, sagte er ein weiteres Gleichnis; denn er war nahe bei Jerusalem und sie meinten, das Reich Gottes werde sogleich offenbar werden. [12]Und er sprach: Ein Mann von edler Herkunft zog in ein fernes Land, um ein Königtum zu erlangen und dann zurückzukommen. [13]Der ließ zehn seiner Knechte rufen und gab ihnen zehn Pfund und sprach zu ihnen: Handelt damit, bis ich wiederkomme! [14]Seine Bürger aber waren ihm feind und schickten eine Gesandtschaft hinter ihm her und ließen sagen: Wir wollen nicht, dass dieser über uns herrsche. [15]Und es begab sich, als er wiederkam, nachdem er das Königtum erlangt hatte, da ließ er die Knechte zu sich rufen, denen er das Geld gegeben hatte, um zu erfahren, was sie erhandelt hätten. [16]Da trat der erste herzu und sprach: Herr, dein Pfund hat zehn Pfund eingebracht. [17]Und er sprach zu ihm: Recht so, du guter Knecht; weil du im Geringsten treu gewesen bist, sollst du Macht haben über zehn Städte.[18]Der zweite kam auch und sprach: Herr, dein Pfund hat fünf Pfund erbracht. [19]Zu dem sprach er auch: Und du sollst über fünf Städte sein. [20]Und der dritte kam und sprach: Herr, siehe da, hier ist dein Pfund, das ich in einem Tuch verwahrt habe; [21]denn ich fürchtete mich vor dir, weil du ein harter Mann bist; du nimmst, was du nicht angelegt hast, und erntest, was du nicht gesät hast. [22]Er sprach zu ihm: Mit deinen eigenen Worten richte ich dich, du böser Knecht. Wusstest du, dass ich ein harter Mann bin, nehme, was ich nicht angelegt habe, und ernte, was ich nicht gesät habe, [23]warum hast du dann mein Geld nicht zur Bank gebracht? Und wenn ich zurückgekommen wäre, hätte ich's mit Zinsen eingefordert. [24]Und er sprach zu denen, die dabeistanden: Nehmt das Pfund von ihm und gebt's dem, der zehn Pfund hat. [25]Und sie sprachen zu ihm: Herr, er hat doch schon zehn Pfund. [26]Ich sage euch aber: Wer da hat, dem wird gegeben werden; von dem aber, der nicht hat, wird auch das genommen werden, was er hat. [27]Doch diese meine Feinde, die nicht wollten, dass ich über sie herrsche, bringt her und macht sie vor mir nieder.

Zeitenwende. Wir gehen auf das Ende des Kirchenjahres zu. Der Herbst zeigt sich rauer, kühler, pandemischer.

Zeitenwende. Mit der Suche nach einem neuen Anfang für eine neue Regierung.

Zeitenwende. Wir erinnern uns auch in diesen Tagen, wie sich die Zeiten wenden konnten damals in den Novembertagen 1989.

Zeitenwende und etwas Neues beginnt. Für die einen ist es purer Stress. Für die anderen verbinden sich damit zum Himmel schießende Erwartungen und Hoffnungen. Wird Zeit, dass sich was wendet. Das war die Ansicht der Jünger Jesu. Mit Jesus könnte die neue Zeit beginnen. Wie wird er es angehen? Wann endlich wird sich sein Regierungsantritt weltweit durchsetzen?

Ich stelle mir vor, wie die Jünger davon umgetrieben mit Jesus immer näher nach Jerusalem kamen. Und im Hinaufgehen zur hochgebauten Stadt, die wie zwischen Himmel und Erde zu schweben scheint, fragten sie ihren Meister: Wie wird es sein, dein Reich? Was für ein Himmel, was für eine himmlische Zeit wird uns erwarten? Jesus antwortet immer wieder mit verschiedenen Bildern: *»Das Himmelreich ist wie …«*. Aber endlich angekommen, ganz oben, kurz vor Jerusalem, da sagt Jesus nicht mehr: *»Das Himmelreich ist wie …«*. Der Ton wird anders, rauer: Ihr wollt vom Himmelreich wissen? Ich sage euch, was das Himmelreich *nicht* ist. Ich male euch ein *Gegenbild*! Das griechische Wort, für das im Deutschen das Wort »Gleichnis« verwendet wurde, kann auch *»Gegenbild«* bedeuten.

Jesus malt ein Gegenbild und malt damit diese Welt, wie sie ist, wenn sie ohne die Hoffnung auf einen Himmel, auf ein Reich Gottes ist. Das Gegenbild, das Jesus gemalt hat, hängt Ihnen vielleicht noch in den Ohren. Vom harten König, den niemand wollte und der doch so grausam zum Zuge kam, vom Abrechnen und Abschlachten. Sie haben es gerade gehört. Die Welt – eine Geschichte von einem Gegenbild des Himmelreiches. Scheint sich nicht viel verändert zu haben seitdem? Lohnt sich die Hoffnung auf das Himmelreich noch? Auf ein Reich des Friedens, der Barmherzigkeit und Liebe? Die heute beginnende *Ökumenische Friedensdekade* schafft für solche Fragen ein Zeitfenster. Zeit zur Besinnung. Was brauchen wir zum Leben und wie weit ist eigentlich dieses »Wir«? Was ist Überfluss, was ängstigt, was stärkt und was macht, dass es heller um uns und fairer, gerechter für mehr als nur den eigenen kleinen Zirkel wird? Besinnung in gestressten, angespannten Zeiten; in Zeitenwenden sowieso. Was wird kommen? Sind wir in Herz und Seele darauf vorbereitet?

Es heißt, wir sind weltweit an einem *Kipp-Punkt*. Wir bauen vielleicht als »reiche« Länder noch mehr Barrieren, leisten uns immer aufwändigere Schutzmaßnahmen, aber wir sehen die Mächte und Gewalten wie dunkle Schemen über uns: Marktmächte sind alles andere als neutral – und der Demokratie, schutzbedürftig, wie sie ist, wird gehörig zugesetzt. Ob unsere Lebenswelt, Land, Bäume und Luft, oder unsere Gesellschaft – beide Systeme sind unter Stress geraten. So wie es ist, wird und kann es nicht bleiben. Wie geht ein

Leben, das ein Wohlgehen des Planeten mit der Menschheit ausgleicht? Werden wir es schaffen, unsere Verbrauchsmuster zu ändern?

Es wird nicht nur gesprochen von Kipp-Punkten bezogen auf die klimatischen Verhältnisse, auf Dürren, schmelzende Polkappen, Extremwetter und allgemeine Erderschöpfung. Es geht um mehr. »Wir haben eine Demokratiekrise, Klimakrise und Ungleichheitskrise, und unser Leitindikator BIP vermittelt uns nicht den Hauch der Idee, dass wir ein Problem haben könnten.« So schätzt es der Wirtschaftswissenschaftler Joseph Stiglitz ein.[1]

Gesellschaftliche epochale Kipp-Punkte. Für diese Welt nicht das erste Mal! Auch die reformatorisch-rebellischen Neueinsätze vor 500 Jahren haben einen solchen Zeitpunkt auf der Kippe ausgemacht. Dass sich ausgerechnet in diesen kippeligen Zeiten Martin Luther mehr oder weniger unfreiwillig zurückgezogen einlassen konnte auf das Schriftstudium, das Übersetzen und Neudenken der Botschaft des Evangeliums, ist bemerkenswert: Besinnung auf das Wesentliche, das Schriftverstehen; daraus erneuert sich eine Kirche. Das wird niemand genau so gedacht haben in den Monaten zwischen 1521 und 1522. Und doch ist das eine nicht ohne das andere zu denken.

Kirchenerneuerung und Schriftverstehen. Ich gebe freimütig zu: Mir droht es immer wieder abhanden zu kommen, Schriftverstehen und Kirchenerneuerung wirklich sinnvoll aufeinander zu beziehen! Wie Organisationsveränderung geht, steht ja auch nicht eins zu eins in der Bibel. Aber sie deswegen doch bloß nicht zur Seite legen! Das wäre falsch im Stresstest nicht nur einer Gesellschaft, sondern auch einer Kirche, die sich anders und auf Neues einstellt, weil sich die Herausforderungen für die Menschen ändern. Vieles am Kipppunkt.

In diesen Tagen geht ein Video »durch die Decke«, wird hunderttausendfach angesehen. Es bezieht sich auf die Weltklimakonferenz und unsere desaströse Situation, ohne dass wir unmittelbar zu diesem Zeitpunkt hier in Eisenach viel davon spüren würden. Das Video zeichnet ein Gegenbild zur heilen Welt. Es ist ein Projekt der Vereinten Nationen. In der Hauptrolle des Kurzfilms: Ein Dinosaurier. Er tritt, klar: animiert, in den Plenarsaal der Vereinten Nationen, bringt alle und alles ins Stocken, tritt ans Mikrofon und sagt: »*Listen up, people!*« Hört mir zu. Ich habe in über 60 Millionen Jahren schon eine Menge erlebt, aber sich selbst auszulöschen ist wirklich eine dumme Sache. Welche Entschuldigung habt ihr dafür? »*Wir hatten wenigstens einen Asteroiden.*« Dinos' Fazit: Stoppt die Auslöschung und stoppt eure dämlichen »Entschuldigungen«, warum euch ein Wandel nicht gelungen ist.

---

[1] Zitiert nach: MAJA GÖPEL, Wir wird wichtiger als Ego, *taz, die tageszeitung*, 01.11.2020; URL: *https://taz.de/Politoekonomin-Maja-Goepel-ueber-ideologie/!5722049/* (Stand: 06.11.2021).

Ein Dinosaurier sagt uns die Zeit an! Ein bisschen so ist es auch mit Jesus. Kann er *uns* die Zeit ansagen; ansagen, was die Stunde geschlagen hat? Über den Graben der Epochen hinweg? Jesus, aus der Feder des Evangelisten Lukas heraus beschrieben, tut es. Er inszeniert dabei eine Geschichte von dummen, von Gier getriebenen Entscheidungen, von Gewalt und Auslöschung. Gerade hatte Jesus einen Vertreter dieses ausbeuterischen Steuer-Zölle-Systems besucht. *Den* doch nicht (!), diesen betrügerischen Geldmacher, haben die Leute noch gesagt. Aber da saß Jesus schon bei ihm zu Tisch. Ein Neubeginn, der manchen Zaungast irritierte. Zachäus, der kleine Mann mit dem großen Minderwertigkeitskomplex und dem noch größeren Geldsack zum Selbstbefüllen – das war seine Chance, sein Leben (und nicht nur seine Finanzen) neu zu sortieren. Sich dabei selbst vielleicht wieder zu finden. Das Verlorene retten – Jesus hat es gezeigt bei mehr als einem Abendessen.

Hat übrigens Schule bis heute gemacht. Ich habe noch einmal neu gelernt vom weltweiten ökumenischen »Zachäus-Projekt«. Eine Initiative des Weltmissionsrates, des *Lutherischen Weltbundes*, der *Weltgemeinschaft Reformierter Kirchen* und des *Ökumenischen Rates der Kirchen*. Einsatz für ein »gerechtes Steuersystem, das auf die Bedürfnisse der Armen und Enteigneten ausgerichtet ist und nicht auf die Bedürfnisse einiger weniger.«[2] Gefordert wird die Einführung progressiver Vermögenssteuern weltweit, um die zunehmende Konzentration des Reichtums in den Händen immer mächtigerer Weniger einzudämmen – Hand in Hand mit erhöhten öffentlichen Ausgaben zur Bekämpfung der Armut. Soweit die Zachäus-Initiative. Und Sie merken, heute kann das Evangelium gar nicht anders als politisch sein. Im Evangelium heißt es: *Nach* der Zachäusbegegnung steht Jerusalem, die hochgebaute Zentrale der Macht, auf der Wanderkarte Jesu. Sich in diesen Machtkreis einzuklinken, gerade so einer wie er, Jesus, heißt, nicht wieder unversehrt daraus hervorzukommen. Der davon erzählende Evangelist weiß davon, dass Jesus weiß – genau von diesem Ausgang. Wer in die Mühlen der Macht geht, wird gemahlen. Jesus wird nicht die eigene Haut retten. Er wird vorbereitet sein. Eine Haltung für das Unhaltbare finden. Jesus sucht mit allen, die mit ihm gehen, eine Haltung. Und erzählt darum diese Geschichte, die die Zukunft anders in den Blick zu nehmen versucht. Ihr fragt, was kommt? Ich sage euch, was kommt ohne ein »Abendessen des Umdenkens«!

Das lese ich als den Beginn einer hochpolitischen Story. Die ersten Hörer wussten genau, wovon Jesus, erzählt durch Lukas, sprach. Denn das hatten sie noch gemeinsam im Gedächtnis, was da zwischen den Zeilen stand. Sie erin-

---

[2]   So Philip Vinod Peacock, Referent der *Weltgemeinschaft Reformierter Kirchen* für Zeugnis und Gerechtigkeit, am 11. 07. 2019; URL: *https://de.lutheranworld.org/de/content/ steuergerechtigkeit-zachaus-kampagne-gestartet-21* (Stand: 06. 11. 2021).

nerten sich noch genau an einen Herrschersohn, der der gesamten Provinz das Leben schwer gemacht hatte. Ein Königssohn. Luther hatte in seiner Übersetzung von einem »Edlen« gesprochen (und wir haben heute an und für sich andere Vorstellungen von edlen Menschen!), der sich auf den Weg »ins ferne Land« macht. Wer damals zuhörte, wusste: Das ferne Land war Rom! Also Reiseantritt, um sich von Kaiser Augustus zum König machen zu lassen, zum *Vasallen*könig. Gemeint ist der Sohn des furchtbaren Königs Herodes. Und der Name dieses Tunichtgutes von einem Sohn: Archelaus.

Wie der Vater so der Sohn? Eher noch schrecklicher, das wusste man in der jüdischen Bevölkerung. Der Historiker Josephus berichtet davon, wie groß der Widerstand der Menschen darum war. Denn Archelaus war ein Lukaschenko seiner Zeit – Folter und Tötung waren das Hauptregierungsinstrument. Ähnlich wie die Putins und Bolzonaros von heute – dekadente Paläste, Sommer- und Winterresidenzen sind entstanden in der Provinz, alles für den einen. Moralfreie Zonen waren diese Paläste. Tyrannei hatte einen Namen, ein Gesicht: Archelaus. Ein System von Sklaven hatte er aufgebaut, die die Bevölkerung in Judäa auspressten, wo es nur ging. »Wir wollen keinen solchen Vasallenkönig, wir wollen zur Provinz Syrien zugeteilt werden.« Diese Bitten der Bewohner sind historisch belegt.[3]

Aber es kam anders. Die Verwaltungs- und Ausführungs-Sklaven des Archelaus hatten alle Mittel der Steuereintreibung drauf, während das Königssöhnchen auf dem Weg nach Rom eilte. Sie beuten aus wie es schon die Schächer und Treiber des Vaters Herodes taten. Ein König, eine Herrschaft braucht stets solche Gesinnungsmittreiber, die besinnungslos zur Maschine der Macht werden. Die Diktatoren und Demagogen dieser Welt »brauchen« besinnungslose Mitmacher. Doch *ein* Sklave steigt aus, schert aus. Wird erzählt. Hat das Pfund nicht vermehrt. Ob es diesen einen Sklaven gab? Es gibt sie immer wieder, diejenigen, die anhalten und ausscheren und ihre eigene Haut dabei nicht mehr retten können.

Zu oft geht die Walze der Geschichte über sie hinweg und ihre Namen verlöschen. Dieser Sklave, so lässt Lukas seinen Jesus in der Geschichte erzählen,

---

3   Flavius Josephus, Jüdische Altertümer, Buch XVII, Kapitel 11, § 314 – online z. B. unter https://de.wikisource.org/wiki/J%C3%BCdische_Altert%C3%BCmer/Buch_XVII (06. 11. 2021). Die hier aufgenommene sozialwissenschaftliche Interpretation und die Wahrnehmung der sozialen Perspektive der Gleichnisse ist das hohe Verdienst von Luise Schottroff und vielen anderen Exegetinnen und Exegeten mit dem entscheidenen neuen Blick auf soziale und sozialhistorische Bezüge im Hintergrund der Texte. Beispielgebend für die Fülle der Literatur, die mittlerweile dazu vorhanden ist, sei hier verwiesen auf Marlene Crüsemann / Claudia Janssen / Ulrike Metternich (Hg.), Gott ist anders. Gleichnisse neu gelesen auf der Basis der Auslegung von Luise Schottroff, Gütersloher Verlagshaus 2014.

dieser Sklave hat den Herrn als harten Mann erkannt. Er nennt Ross und Reiter. Sagt die Wahrheit, aber hat selbst kein schnelles Pferd, um sich in Sicherheit zu bringen. »Du hast weggenommen, was du nicht hingelegt hast.« So kritisiert der Sklave den zurückgekehrten alles andere als edel-redlichen Menschen. Alle wussten damals: Gilt nicht die sozialethische Grundregel: Nur nehmen, was man hineingegeben hat? Was der Herrscher stattdessen getan hat, war alles andere als gutes Regiment. Der gierige Thronbesessene nahm, was nicht niet- und nagelfest war – schlimmer noch: Er ließ wegnehmen. Und bei diesem System wollte Sklave Nummer drei nicht mitwirken. Sklave drei war draußen.

Die Tische der Geldwechsler hat der Sklave gemieden. Heute würden wir von der Bank sprechen. Die Tische der Geldwechsler waren ja so etwas wie Banken. Der dritte Sklave wollte das Geld nicht arbeiten lassen, weil er wusste: Hier geschieht Unrechtes mit abgepresstem Geld. Er wird auch um die ablehnende Haltung der Thora zum Zinsenmachen gewusst haben. Jesus wusste, wie die Thora zum Zinsenmachen steht – ablehnend. Nicht von ungefähr übersetzt Luther 1522 »Wucher«, denn das war der Zins. Mit einem Pfund, etwa ein halber Jahresverdienst eines Tagelöhners, wollte und konnte der dritte Sklave nicht wuchern. Darum ins Schweißtuch damit! Ausgerechnet. Aus dem Schweißtuch ist im Lauf der Übersetzungen seit Luthers erster Übersetzung nur ein Tuch geworden. Ich denke allerdings mit dem Schweißtuch an Jesu Passionsweg, an seine Angstkurve voller Schweiß. Ein Hinweis von fern. Der Passionsweg, der nun für den Sklaven folgt, ist bitter: Es wird ihm alles aus der Hand gerissen.

Die Systemträger bekommen das ihm Weggenommene noch oben drauf. Wer hat, dem wird gegeben werden. Dem dritten Sklaven ging es dreckig. Er wurde erwürgt, niedergemacht, abgeschlachtet. Soweit die gewaltvolle Wortwahl in den verschiedenen Übersetzungen.

Liebe Geschwister, mit diesem Gegenbild von einem Himmel erzählt Jesus von seinem eigenen Weg. Nicht als gewaltvoller Vasallenkönig von eines anderen Herrschers Gnaden, sondern als dritter Sklave! Wer also als Antwort auf alle Tyrannei einen tyrannischen Anti-Tyrannen erwartet und erhofft, ist bei Jesus an der falschen Adresse. Die machtvolle Befreiung Jerusalems, Judäas, der Welt, mit dem Schwert in der Hand erfolgt nicht. Jesus denkt anders um. Er weiß, wie schwer es ist. Daraus wird keine attraktive Massenbewegung. Manchmal ist es nur einer von dreien, der anders umdenkt. Und aufhört! Die Jünger verstehen nicht – oder wenig. Wir verstehen es oft nicht. Oder handeln anders als wir denken. Das Königreich, das nahe ist mit Gott und seinem Sohn, ist nicht die Welt, die wir mit Händen, Regeln und Gesetzen, mit Eisen, mit künstlicher Intelligenz, mit sonst was für Kreativität und Innovation erbauen. Wir können auf ein anderes Reich hoffen.

Martin Luthers historisches Wissen war ein anderes als unseres heute. Sein sozialkritischer Blick war scharf. Er sah die soziale Schere auseinandergehen, wo die einen aus den anderen alles herauspressten, was herauszupressen ging. Er sah die Armut, die verlorene Lebenslust und die Verzweiflung, die damit einhergehen. Am Anfang steht die radikale politische Analyse: Ein ungerechter Herrscher, ein ungerechtes Herrschaftssystem – beides muss beim Namen genannt werden. Das braucht Mut. Lukas nennt mit dem erzählten Gegenbild, was zum Himmel stinkt. Gnadenlose Geld- und Machtgier. Die Wahrheit des dritten Sklaven hat einen hohen Preis. Er wurde niedergemacht.

Eine Stadt wie Jerusalem – auch die wurde immer wieder niedergemacht. Auch das hatte Lukas vor Augen. Königtümer, Städte, Reiche fallen. O Gott, wo hört diese Leidspur auf? Was tust du, um es zu beenden? Wann fällst du selbst dem Leidensrad der Gewalt in die Speichen?

Menschlich, menschgeworden, zieht Gott, zieht Jesus ein, in Demut, in Jerusalem auf einem Esel. Gleich nach dem Ende unserer heute gehörten Geschichte wird das erzählt. So könnte Königsein schon heute gehen, sagt er damit. Esel tragen werdende Mütter, haben gute Ohren für die leisen Stimmen und kennen den Weg immer Gott entgegen, wenn er kommt. Wer setzt – sich – auf den Esel, auf das vor der Welt Geringe? Gnade statt Glanz und Glamour. Güte statt brutale Gewalt und Geld. Vergesst diese Bilder nicht. Nehmt sie in eure Seele. Das gibt Haltung im Unhaltbaren. »Aber was können wir darüber hinaus tun?« Das fragten die Jünger Jesus. Das fragen wir Jesus.

Setzt ein, was ihr habt, schleppt es nicht besinnungslos in irgendwelche Banken, wartet nicht ab, bis es sich scheinbar von selbst vermehrt. Legt es in die von den Mühsalen des Lebens getränkten Tücher, legt es in die Herzen der anderen. Legt es in das Gewand der Mitmenschlichkeit. Denn was ihr einsetzt, ist euer Talent zur Liebe, zur Güte, ein Gegenbild der Gewalt.

Zeitenwende, Regierungsbeginn, liebe Geschwister. Wir könnten resigniert die Arme hochreißen und sagen: Was auch immer für Koalitionen ermittelt werden, es ist doch gleich: Die Reichen werden reicher ... Wer hat, dem wird gegeben.

Gott beginnt das Koalieren anders. Auch wenn er die Mächtigen vom Thron stürzt, wie Lukas seine Maria singen lässt und wie wir es bald wieder hören werden. Die von der Weltgeschichte zu oft übersehene Frau singt ihr Jubellied von der Macht der Menschlichkeit. Da gehen dem Management der Bankensysteme die Töne aus. Maria singt davon, wie Gott nach Gnadenspuren in uns sucht. Was wird er bei uns finden? Mit welcher Währung zahlen wir Güte, Menschlichkeit, W/Barmherzigkeit ein? Was ist Ihre Währung? Was bewährt sich für Sie?

Ich fürchte mich vor den Wegen des dritten Sklaven. Auf Golgatha gab es nur Tod – und einen tiefen düsteren Rückschlag für die Menschlichkeit. Nach dieser einen Hinrichtung kamen noch weitere. Die einen beuten noch immer die anderen aus und viele Habenichtse gehen weiter leer aus. Keine Neugeburt auf Golgatha.

Aber etwas sieht anders aus – vom hohen Kreuz aus, von einem tiefen, leeren Grab aus. Kommendes und Gewesenes. Wo die einen Folter und Tod sehen, versuchen wir immer wieder einen Gott, der alles gibt, was er hat. Er macht sich selbst zu dem mit den leeren Händen. Geht leer aus. Damit die Menschen mit der Fülle ausgehen. Alles! Zum Leben! Das ist die »Rechnung« am Kreuz. Wir bekommen alles und noch »oben drauf«. Gott rundet für uns auf. In seiner Währung. Das bewährt sich.

Mit dieser Währung bringen wir es fertig, statt auf bloßen Verbrauch auf ein Wachsen zu setzen – Lebenswachstum. Wächst neu etwas von der Kraft, die uns das Leben, die Schöpfung hüten lässt, wo nur irgend möglich. Nicht die Diktatoren und Dämonen unserer Zeit, sondern der dritte Sklave macht es möglich und hat das letzte Wort! Hilft uns so als Hüter durch Leben und Tod. Darum singe ich so gern, nicht nur in den Abendstunden diese Zeilen:

»So sei es, Herr: die Reiche fallen, / dein Thron allein wird nicht zerstört; / dein Reich besteht und wächst, bis allen / dein großer, neuer Tag gehört.«[4]

Auslegerin:
Dr. Christina-Maria Bammel ist seit 2019 Pröpstin der Evangelischen Kirche Berlin-Brandenburg-schlesische Oberlausitz.

---

[4]   EG 266 *(Der Tag, mein Gott, ist nun vergangen)*, Vers 5.

Jesus weint über Jerusalem, Lukas 19,41–48

Harald Storch

⁴¹Und als er nahe hinzukam und die Stadt sah, weinte er über sie ⁴²und sprach: Wenn doch auch du erkenntest an diesem Tag, was zum Frieden dient! Aber nun ist's vor deinen Augen verborgen. ⁴³Denn es wird eine Zeit über dich kommen, da werden deine Feinde um dich einen Wall aufwerfen, dich belagern und von allen Seiten bedrängen ⁴⁴und werden dich dem Erdboden gleichmachen samt deinen Kindern in dir und keinen Stein auf dem andern lassen in dir, weil du die Zeit nicht erkannt hast, in der du besucht worden bist.

Die Tempelreinigung

⁴⁵Und er ging in den Tempel und fing an, die Händler hinauszutreiben, ⁴⁶und sprach zu ihnen: Es steht geschrieben (Jesaja 56,7): »Mein Haus wird ein Bethaus sein«; ihr aber habt es zur Räuberhöhle gemacht. ⁴⁷Und er lehrte täglich im Tempel. Aber die Hohenpriester und die Schriftgelehrten und die Angesehensten des Volkes trachteten danach, dass sie ihn umbrächten, ⁴⁸und fanden nicht, wie sie es machen sollten; denn alles Volk hing ihm an und hörte ihn.

Dominus flevit – der Herr weinte über Jerusalem, so ist unser Text in der vorreformatorischen Bibel überschrieben und so heißt auch eine römisch-katholische Kapelle, die an den Ort des Geschehens am Ölberg erinnern soll. Sie ist Mitte des zwanzigsten Jahrhunderts entstanden, äußerlich gemahnt sie an eine Träne. Der Innenraum wird ganz durch das große Fenster zum Tempelberg hin bestimmt. Die Blickachse verläuft vom Altarkreuz zur goldenen Kuppel des Felsendomes und den Kirchen und Moscheen der Jerusalemer Altstadt.

In den Fensterverstrebungen kann man einen Kelch oder einen 7-armigen Leuchter, eine Menora, erkennen. Ich halte diesen Blick für ein anrührendes Bild des Beieinanders von Juden und Christen wie auch Muslimen bei allen Unterschieden. Die Tränen Jesu sind Ausdruck von Liebe und Wertschätzung für sein Volk, auch von Verzweiflung angesichts der politischen Katastrophe der Stadtzerstörung während des jüdischen Krieges im Jahr 70, welche Zerstörung das entstehende Lukasevangelium schon im Blick hatte. Leider ist unser Text aber mit einer dunklen Seite unseres Bibelübersetzers verknüpft, berührt das Thema »Luther und die Juden«. Das Motto für unseren Text könnte lauten: »vom angemessen schlechten Beispiel zum offenen Hass«. Übertragen gesprochen: Passt auf, Ihr Evangelischen, wenn Ihr den Schatz des Glaubens nicht genügend wertschätzt, dann werdet ihr alles verlieren, so wie seiner Zeit die Juden …

Professor Thomas Kaufmann[1] hat 2014 Luthers Weg bezüglich der Juden nachgezeichnet, so wie eine Generation vor ihm der in Tübingen lehrende Niederländer Heiko A. Oberman[2]. Oberman war etwas weniger ausführlich, aber dafür mit intensiverem und durchaus entmutigendem Blick auf die Zeitgenossen Luthers. Zwei wichtige Schriften Luthers fallen auf: 1523 »Dass Jesus Christus ein geborener Jude sei«. Luther rät, behutsam mit den Juden umzugehen. Wenn sie erst das wahre (von ihm wiederentdeckte) Evangelium kennen, würden sich etliche zu Jesus Christus bekehren. Nachdem aber der Zustrom der Juden ausblieb, machte der Reformator 1543 seiner Enttäuschung Luft – »Von den Juden und ihren Lügen«. Der offene Hass wurde sogar direkt von Nazipropagandisten nachgedruckt. So wie 1939 hier in der Georgenkirche jüdische Bibelworte nicht willkommen waren. Dass aus bösen Worten ganz geschwind böse Taten werden, haben uns ja die allerletzten Tage in Osteuropa neu vor Augen geführt.

Von Hass ist aber in unserem Textabschnitt überhaupt nichts zu spüren. Jesus wirbt verzweifelt um Jerusalem. Er leidet darunter, dass sein Volk in die Irre geht. »Heimsuchung« (ältere Lutherübersetzung), besuchen, aufsuchen durch Gott, mit denen dies ausgedrückt wird, sind jeweils doppeldeutige Worte: auch im Unangenehmen kann noch eine Erinnerung an Verheißung sein …

Die sogenannte Tempelreinigung drückt eher Zuwendung aus. Nach Lukas weist Jesus die Händler gut protestantisch nur durch das Wort hinaus. Es ist nicht vom Umkippen der Tische wie bei Markus oder wie bei Johannes von einer Geißel die Rede. Ehe das Klischee der jüdischen Geschäftemacherei Urständ feiert, sei daran erinnert, wozu die Wechselstuben sich dort befanden. Die Münzen mit den heidnischen Kaiser- und Götterbildern sollten nicht verwendet werden, um Opfertiere zu kaufen. Der Tempel als Haus des Gebets und der Lehre wird letztlich dem Opferwesen vorgezogen, wie Jesus dann selbst in seinem Tun beschrieben wird, eben als dort lehrend. Übersetzung und Schriftauslegung gaben Luther ganz andere Möglichkeiten als die leider auch stattgehabten Entgleisungen … Insofern ist es gut, dass in verschiedenen Landeskir-

---

[1]   THOMAS KAUFMANN, Luthers Juden, Stuttgart 2014.
[2]   HEIKO A. OBERMAN, Wurzeln des Antisemitismus: Christenangst und Judenplage im Zeitalter von Humanismus und Reformation, Berlin [2]1981.

chen, so auch in der von Hessen und Nassau, zu der Worms gehört, selbstkriti-sche Besinnung zum Thema Luther und Judenhass erfolgt ist. Dankbar nehmen wir Neuanfänge der letzten Jahrzehnte zur Kenntnis. Ich erinnere nur an die heute beginnende Woche der Brüderlichkeit (das fehlende Gendern kann zu-mindest ich verkraften …).

Dass in Jesus – ich denke – auch Gott Tränen vergießt, wir also einen Gott haben, der um die Seinen weint, erinnert mich an den einzigen Trost im Leben und Sterben.

Gibt es eine Verheißung bezüglich der Trümmer des Tempels? Bekanntlich ist vom Tempel ja nur die Westmauer, von manchen Klagemauer genannt, ge-blieben. Durch das Beieinander mit den moslemischen Heiligtümern heutzutage geradezu der Brennpunkt des Nahostkonflikts. Nach jüdischer Tradition ist die Schechina, die Gegenwart Gottes in der Welt, nie ganz von dort gewichen. Wie soll das zusammen gehen: Gottes Verheißung und ein Hotspot von Scheitern und Konflikten? Die besondere Predigt der Steine, von der kurz vor unserem Abschnitt die Rede ist, kann sie nicht im Vertrauen auf Gottes Treue allem Scheitern zum Trotz bestehen. Auch der schreckliche Krieg in der Ukraine spricht doch nicht gegen das Evangelium des Friedens.

Liebe Gemeinde, mich hat der heutige Predigttext nicht zuletzt wegen der besonderen jüdischen Geschichte von Worms angesprochen, man redete im Mittelalter sogar vom Jerusalem am Rhein.

Von Martin Buber[3] gibt es (aus dem Jahre 1933) einen Text über den alten Wormser Judenfriedhof. Er drückt die Spannung aus zwischen dem, was er »Zerspelltheit« nennt und dem Vertrauen auf Gottes Bund. Ich denke, er kann auch uns in Zeiten zerbrechender Hoffnungen Orientierung geben.

»Ich lebe nicht fern von der Stadt Worms, an die mich auch eine Tradition meiner Ah-nen bindet; und ich fahre von Zeit zu Zeit hinüber. Wenn ich hinüberfahre, gehe ich immer zuerst zum Dom. Das ist eine sichtbar gewordene Harmonie der Glieder, der Ganzheit, in der kein Teil aus Vollkommenheit wankt. Ich umwandle schauend den Dom mit einer vollkommenen Freude. Dann gehe ich zum jüdischen Friedhof hinüber. Der besteht aus schiefen, zerspellten, formlosen, richtungslosen Steinen. Ich stelle mich darein, blicke von diesem Friedhofsgewirr zu der herrlichen Harmonie empor, und mir ist, als sähe ich von Israel zur Kirche auf. Da unten hat man nicht ein Quänt-chen Gestalt; man hat nur die Steine und die Asche unter den Steinen. Man hat die Asche, wenn sie sich auch noch so verflüchtigt hat. […]
Ich habe da gestanden, war verbunden mit der Asche und quer durch sie mit den Urvätern. Das ist Erinnerung an das Geschehen mit Gott, die allen Juden gegeben

---

3   Zitiert nach: HANS-JOACHIM SCHOEPS, Jüdisch-christliches Religionsgespräch in neun-zehn Jahrhunderten, Königstein/Taunus 1984.

ist. Davon kann mich die Vollkommenheit des christlichen Gottesraumes nicht abbringen, nichts kann mich abbringen von der Gotteszeit Israels.

Ich habe da gestanden und habe alles selber erfahren, mir ist all der Tod widerfahren:
all die Asche, all die Zerspelltheit, all der lautlose Jammer ist mein; aber der Bund ist
mir nicht aufgekündigt worden. Ich liege am Boden hingestürzt wie diese Steine. Aber
aufgekündigt ist mir nicht.«

Soweit Martin Buber.

Ausleger:
Harald Storch war bis 2021 Dekan des Evangelischen Dekanats Worms-Wonne-
gau.

Was kommt nach der Auferstehung?
Lukas 20,27–39

Dr. Matthias Rost

²⁷Da traten zu ihm einige der Sadduzäer, die sagen, es gebe keine Auferstehung, und fragten ihn ²⁸und sprachen: Meister, Mose hat uns vorgeschrieben (5.Mose 25,5-6): »Wenn jemand stirbt, der eine Frau hat, aber keine Kinder, so soll sein Bruder sie zur Frau nehmen und seinem Bruder Nachkommen erwecken.« ²⁹Nun waren sieben Brüder. Der erste nahm eine Frau und starb kinderlos. ³⁰Und der zweite ³¹nahm sie zur Frau, dann der dritte, desgleichen alle sieben: Sie hinterließen keine Kinder und starben. ³²Zuletzt starb auch die Frau. ³³Die Frau nun: Wessen Frau wird sie in der Auferstehung sein? Denn alle sieben haben sie zur Frau gehabt. ³⁴Und Jesus sprach zu ihnen: Die Kinder dieser Welt heiraten und lassen sich heiraten; ³⁵welche aber gewürdigt werden, jene Welt zu erlangen und die Auferstehung von den Toten, die werden weder heiraten noch sich heiraten lassen. ³⁶Denn sie können hinfort nicht sterben; denn sie sind den Engeln gleich und Gottes Kinder, weil sie Kinder der Auferstehung sind. ³⁷Dass aber die Toten auferstehen, darauf hat auch Mose hingedeutet beim Dornbusch, wo er den Herrn nennt Gott Abrahams und Gott Isaaks und Gott Jakobs (2.Mose 3,6). ³⁸Gott aber ist nicht ein Gott der Toten, sondern der Lebenden; denn ihm leben sie alle. ³⁹Da antworteten einige der Schriftgelehrten und sprachen: Meister, du hast recht geredet.

Was kommt nach der Auferstehung? – Kein Aug hat je gespürt, kein Ohr hat mehr gehört …

Als man dem frommen württembergischen Pfarrer Christoph Blumhardt die Nachricht überbrachte, sein Freund, der Sozialist August Bebel sei gestorben, soll der in seinem unnachahmlichen Schwäbisch gesagt haben: »Där wärd jetzt abr Auugen machet!«

Was kommt nach der Auferstehung?

I.

Was vor dem Tod kam, und wie der Tod kam, das wissen wir, das ist uns heute, am Gedenktag für die Entschlafenen, sehr präsent.

Heute haben wir zuerst das vor dem inneren Auge: Wie sind sie gestorben, die, an die wir heute besonders denken?

War es ein sanfter Tod, ein stilles Hinübergleiten? Hatte die Oma nicht ein friedliches Lächeln auf dem Gesicht, als sie gestorben war. Wie von einem Blick nach drüben, ins Licht, wo sie erwartet wird?

Oder war es ein Kampf, den deine Frau durchgestanden hat, ein Kampf gegen eine furchtbare Krankheit, die das Leben verzehrt hat, ein Kampf bis zum letzten schweren Atemzug?

War es ein plötzlicher Tod, ohne Abschied, ohne letzte Worte, mitten aus dem tätigen Leben? War es ein viel zu früher Abschied?

War es ein Sterben am Straßenrand, in den Trümmern eines Autos? War es ein absichtlicher Tod?

War es ein einsames Sterben auf einer Intensivstation, zwischen Schläuchen und summenden, piependen Geräten – und das letzte, was dieser Mensch auf dieser Erde gesehen hat, waren Gestalten in Schutzanzügen?

Oder wart ihr alle da bei der Sterbenden, bei ihr zu Hause, die Familie, die Kinder und Enkel noch mal an ihrem Sterbebett versammelt?

Vielleicht hast Du auch noch letzte Worte im Ohr. Oder typische Sätze, die man von ihm kannte. Den Klang ihrer Stimme. Eine latente Traurigkeit oder ein helles Lachen darin.

Vieles ist wieder da in unseren Herzen und Gedanken, wenn wir an unsere Verstorbenen denken.

Aber was nach der Auferstehung kommt? – Wer weiß das schon?! Kein Aug hat je gespürt, kein Ohr hat je gehört.

II.

Tanja Blixen schreibt:

»Bis zu diesem Tage hat noch niemand gesehen, dass die Zugvögel ihren Weg nehmen nach wärmeren Gegenden, die es gar nicht gibt, oder dass sich die Flüsse ihren Lauf durch Felsen und Ebenen brechen und einem Meer entgegenströmen, welches nirgends vorhanden ist. Gott hat gewiss keine Sehnsucht oder Hoffnung erschaffen, ohne auch die Wirklichkeit zur Hand zu haben, die als Erfüllung dazugehört. Aber unsere Sehnsucht ist unser Pfand, und selig sind, die da Heimweh haben, denn sie sollen nach Hause kommen.«

Was kommt nach der Auferstehung? Reicht die Sehnsucht nach den wärmeren Gegenden, nach dem Meer, reicht das Heimweh, nach Hause zu kommen? Die Sadduzäer wollen es genauer wissen. Obwohl: sie wollen es im Grunde gar nicht wissen. Die behaupten: es gibt keine Auferstehung. Die wollen Jesus nur aufs Glatteis führen mit ihrer konstruierten Geschichte. Ich sehe sie schon mit einem spöttischen Grinsen auf dem Gesicht, wie sie auf Jesus zugehen. »Den werden wir jetzt mal vorführen. Dazu fällt ihm bestimmt nichts ein.«

Dabei: lustig ist sie eigentlich gar nicht, diese Geschichte, die sie da mitbringen. Stell dir sieben Brüder vor. Der erste heiratet – und stirbt kinderlos. Nach der Tora, das weiß ja jeder, ist es die Plicht des zweiten, die Witwe zu heiraten, damit sein Bruder auf diesem Wege doch noch Nachkommen hat, damit das Leben durch die Generationen hin weitergeht. Leben weitergeben, so die Idee, die dahintersteht, Leben weitergeben kannst du nur in den Nachkommen. Aber auch der zweite Bruder stirbt. Also ist der dritte dran. Der stirbt auch … und so weiter. Die Frau wird durchgereicht durch die Reihe der Brüder – und am Ende: nichts, nicht einmal mit dem letzten bekommt sie ein Kind. Der letzte stirbt, und sie dann auch. Alles fruchtlos. Das Leben läuft so aus, verschwindet in der Bedeutungslosigkeit.

Ja, ausgedacht ist diese Story, aber – auch wenn sie arg konstruiert wirkt – bitter ist sie trotzdem – und trostlos: Vergeblichkeit, Verschwinden, Verlöschen. Nicht einmal in den Kindern leben die Vorigen weiter.

Doch das merken die spitzfindigen Denker gar nicht, wie trostlos diese Geschichte ist. Sie wollen auf etwas anderes hinaus, sie wollen ja die Vorstellung von der Auferstehung der Toten ins Lächerliche ziehen: »Wie wird es nun in der Auferstehung der Toten sein? Mit wem wird die Frau dann verheiratet sein? Alle sieben haben sie ja zur Frau gehabt?«

Aber Moment mal! So weit hergeholt ist das ja gar nicht: Stell dir doch einmal das ganze große Beziehungsnetz vor, das dein Leben ausmacht: Deine Eltern, Geschwister, deine erste Liebe, ein langjähriger Freund, der Mensch an deiner Seite, mit dem Du den größten Teil deines Lebens verbracht hast. Deine Kinder, Enkel … Wie? Was wird denn damit? Wenn dieses ganze große Gewebe deines Lebens nicht einfach zerreißt und zerfällt, sondern einmal vollendet wird zu vollkommener Harmonie?

Und nicht nur das. Der Theologe Karl Barth wurde einmal gefragt: »Herr Professor, werden wir unsere Lieben im Himmel wiedersehen?« – »Ja«, hat der geantwortet, »aber die anderen auch.«

Die anderen auch. Also der Mensch, mit dem Du einmal glücklich warst, aber ihr wart zu verschieden, ihr wurdet einander fremd, ihr konntet einander nicht mehr ertragen, und irgendwann habt ihr euch getrennt. Aber er oder sie bleibt doch – kostbar und schmerzlich zugleich – ein Teil deines Lebens.

Oder ein Mensch, der dir das Leben schwergemacht hat, von dem du hoffst, dass du ihn nie wiedersehen musst. Wird der auch da sein?

Oder einer, der dich tief in deiner Seele verletzt hat, vielleicht der eigene Vater oder die Tochter – die Narbe ist schlecht verheilt, sie schmerzt immer noch. Ja, wie wird es sein in der Auferstehung der Toten?

Wenn du es bist, der dann vor seinem Schöpfer steht, wenn Du es bist, die aufgenommen wird in die ewige Gemeinschaft mit Gott, in die himmlische Welt, wenn er dich ruft: Du, Gotteskind, komm zu mir. Komm in meine Arme. Komm auf meinen Schoß! – dann gehören doch zu diesem Du, zu dieser Person, die du bist, auch alle diese anderen, und deine ganze Geschichte mit ihnen. Nur in Beziehung zu all denen bist du ja die Person, die du geworden bist.

Werdet ihr euch alle wiedersehen, die Lieben und die anderen auch? Und was dann? Einfach Händchen fassen und einen himmlischen Reigen tanzen?

Was kommt nach der Auferstehung? Werden wir einfach da weitermachen, wo unser irdischer Leib aufgehört hat? Oder werden wir alle 33 sein, so alt, wie Jesus war, als er starb? Auch eine schöne Idee. Aber was ist dann mit einem Baby, das nur wenige Tage gelebt hat, dass noch gar kein Bewusstsein und keine Welterfahrung hat. Wird es irgendwie nachgereift? Oder wie würden Eltern, die jung ums Leben gekommen sind, ihren Kindern wiederbegegnen, die hochbetagt gestorben sind?

Irgendwann verknoten sich die Fragen und geraten ins Absurde. Je konkreter wir es uns ausmalen, um so verwirrender wird es. Und geradezu widersinnig wird es, wenn wir das Endliche einfach ins Unendliche, das Irdische einfach ins Himmlische weiterdenken.

III.

Doch was kommt dann, nach der Auferstehung? Den Sadduzäern gibt Jesus schlagfertig Bescheid. Die handfesten Sadduzäer unter uns, die sagen, es gibt keine Auferstehung, die wird das vielleicht nicht überzeugen. Aber dem kleinen Sadduzäer in mir, der sich immer mal wieder fragend zu Wort meldet, dem will ich es erst mal gesagt sein lassen, was Jesus sagt.

Heiraten und Nachkommen zeugen, sagt Jesus den Sadduzäern, geboren werden, sich entwickeln, alt werden und sterben, überhaupt: werden und vergehen, geben und nehmen, leben auf Kosten von anderen und leben zugunsten von anderen, ja fressen und gefressen werden – das gehört alles in diese Zeit, in die Menschenzeit, die Schöpfungszeit, die Erdenzeit. In der Auferstehung aber wird eine große Verwandlung sein. Da sind sie den Engeln gleich und Gottes Kinder. Sagt Jesus. Verwandlung: Das Fragment, das ein Leben geblieben ist, so kurz oder lang es auch war, eingefügt in ein großes Ganzes. Die verlorenen Fäden verknüpft in ein großes Netz. Die einzelne Stimme eingefügt in eine bezaubernde Harmonie. Das Verkehrte, Verbogene, Verquere gerichtet und verbunden zu einem wunderbaren Bau. – Was kommt nach der Auferstehung?

Nicht einfach ein Weiter so, sondern Verwandlung wird sein, sagt Jesus dem Sadduzäer in mir. Bilder der Verwandlung, der Vollendung, der Ganzheit – mehr haben wir nicht, mehr kriegen wir nicht – aber die immerhin. Sie sind den Engeln gleich und Gottes Kinder, sagt Jesus.

Doch noch etwas gibt er dem Sadduzäer in mir zu denken: In der Tora (dem einzigen, was so ein Sadduzäer überhaupt anerkennt) steht es doch: Am brennenden Dornbusch, als *er*, der Ewige, sich dem Mose zu erkennen gibt: Ich bin der Gott Abrahams, Isaaks und Jakobs. Und als Mose fragt: wer bist du, und zur Antwort bekommt: Ich bin, der ich bin, Ich werde sein, der ich sein werde. Ich bin da. Da ist doch klar: Gott ist nicht ein Gott der Toten. Gott ist alles in allem, der Vergangenes, Gegenwärtiges und Zukünftiges umfasst. Für ihn, vor ihm sind sie alle lebendig. Alle gleich-zeitig. Alle da. – Versteht man das? Versteht man da besser, was nach der Auferstehung kommt? – Martin Luther hat es einmal so versucht, verständlich zu machen:

> »Weil nun für Gottes Angesicht kein Rechnung der Zeit ist, so müssen tausend Jahr für ihm sein, als wäre es ein Tag. Darumb ist ihm der erst Mensch, Adam, eben so nahe, als der zum letzten wird geboren werden vorm jüngsten Tage. Denn Gott siehet die Zeit nicht nach der Länge, sondern nach der Quer. Als wenn du einen langen Baum, der vor dir liegt, über Quer ansiehest, so kannst du beide Ort und Ecken zugleich ins Gesicht fassen. Das kannst du nicht tun, wenn du ihn nach der Länge ansiehst. Wir können durch unsere Vernunft die Zeit nicht anders ansehen, denn nach der Länge, müssen anfangen zu zählen von Adam, ein Jahr nach dem anderen, bis auf den jüngsten Tag. Für Gott aber ist es alles auf einem Haufen: was für uns lang ist, ist für ihn kurz und umgekehrt. Denn da ist kein Maß noch Zahl. So stirbt nun der Mensch, der Leib wird begraben und verweset, liegt in der Erden und weiß nichts. Wenn aber der Mensch am jüngsten Tag aufstehet, wird er meinen, er sei kaum eine Stunde dagelegen. Da wird er sich umsehen und gewahr werden, dass so viel Leut vor ihm geboren und nach ihm kommen sind, davon er nichts gewusst hat.«

Für ihn, den Ewigen, vor ihm sind und in ihm sie alle lebendig. Alle gleich-zeitig. Alle da. Er will sie alle lebendig, denn Gott ist ein Gott der Lebenden.

So hat Jesus den Sadduzäern ordentlich Bescheid gegeben. Und schau: Denen hat das offensichtlich gereicht. Und sogar die Schriftgelehrten, die das alles mit angehört hatten, freuen sich und loben den Rabbi Jesus, dass er seinen Bescheid so schön aus der Tora hergeleitet hat.

IV.

Aber reicht uns das, reicht mir das? In der Auferstehung werden sie sein wie die Engel, immer lebendig, immer im Licht, immer in der Gegenwart des Ewigen. Ich würde doch so gern noch ein bisschen mehr wissen. Ich würde gern noch ein kleines Stück weitergehen auf der Spur der Engel.

Keine Sorge, ich mache jetzt keinen Schwenk in esoterische Engelphilosophie oder kommerziellen Engelkitsch. Nein: Bibelverkostung! Ich folge behutsam der Spur der Engel in der Schrift.

Sie werden sein wie die Engel, sagt das Evangelium. Engel sind gewiss leicht und beweglich. – Frag dich mal, wenn du an die denkst, um die du jetzt trauerst: Welche Last wird wohl jetzt von ihnen genommen sein?

Sie werden sein wie die Engel. Engel sind Boten. Nachrichtenüberbringer zwischen der himmlischen und der irdischen Welt. – Überleg mal: Die, von denen du jetzt getrennt bist durch den Tod, die du schon hergeben musstest: Welche Botschaft, welche Erfahrung, welche Weisheit bringen sie mit in die kommende Welt. Und es geht ja nicht ohne Bilder und Klänge – welche Stimme werden sie singen in der himmlischen Polyphonie!

Sie werden sein wie die Engel. Du kannst auch mal umgekehrt fragen: Was könnte eine Person, aufgenommen in die himmlische Herrlichkeit, aus ihrer jetzigen Perspektive – wie ein Engel halt! – dir zu sagen haben? – Eine Frau hat vor zwei Jahren ihren Mann verloren. Plötzlich, in einem Augenblick, nach 54 gemeinsamen Jahren. Sie kommt nicht raus aus der Trauer. Ihr Mann ist noch ganz präsent, in all ihrem Denken, Fühlen, Erleben. Sie spricht auch mit ihm. Ich frage sie: Und was sagt Ihr Mann zu ihnen, wenn Sie immer so traurig sind? – Sie antwortet:»Otto sagt: Christa, jetzt ist es mal gut.«

Sie werden sein wie die Engel im Himmel. Gibt es noch weitere Spuren von Engeln in der Schrift, die zum Himmel führen?

Ich sehe Jakob, der im Traum eine Leiter zum Himmel sieht. Und die Engel Gottes steigen daran hinauf und hinab. Und Jakob erfährt: auch am verlorensten Ort sieht er den Himmel offenstehen: Gott ist hier und ich wusste es nicht! – Kann es nicht sein, dass auch am dunkelsten Ort mir der Himmel offensteht? Dass ich innewerde: Gott ist hier und ich wusste es nicht! In jedem Moment meines Lebens schon im Kontakt mit dem Himmel.

Ich sehe den sterbensmüden Elia. Zu ihm kommt ein Engel, stellt Wasser und geröstetes Brot bereit und ruft ihn: Steh auf und iss. Und Elia läuft schließlich, gestärkt durch die Speise, zum Horeb, dem Berg Gottes und erfährt Gott dort ganz neu. – Könnte es nicht sein, dass auch mich irgendwann Sterbensmüden, dass mich dann ein Engel ruft: Steh auf und iss! Und mich führt an die Tafel zum Festmahl, wo für alle gedeckt ist und alle satt werden.

Ich sehe auch den Engel, der den Frauen am Ostermorgen zuruft: Ihr sucht Jesus, den Gekreuzigten. Er ist nicht hier. Er ist auferstanden. Er wird vor euch hergehen. Geht aber hin nach Galiläa, dort werdet ihr ihn sehen. – Er wird vor euch hergehen.

Haben Sie schon mal drüber nachgedacht, was einmal auf Ihrem Grabstein stehen soll. Grabsprüche sind ja oft Botschaften an die, die noch hier sind. Ich fand mal diesen einen Satz auf einem Grabstein: »He is not here!« und dachte, den möchte ich auch auf meinem Grabstein haben: ›Er ist nicht hier.«

Ja, Christus wird vor uns hergehen. Dort werden wir ihn sehen.

Und was kommt nun nach der Auferstehung? – Kein Aug hat je gespürt, kein Ohr hat mehr gehört solche Freude.

Ausleger:
Dr. Matthias Rost ist Pfarrer in der Arbeitsstelle Gottesdienst der Evangelischen Kirche in Mitteldeutschland.

Verrat und Abendmahl, Lukas 22,1–21

Rüdiger Glufke

¹Es war aber nahe das Fest der Ungesäuerten Brote, das Passa heißt. ²Und die Hohenpriester und Schriftgelehrten trachteten danach, wie sie ihn töten könnten; denn sie fürchteten sich vor dem Volk. ³Es fuhr aber der Satan in Judas, genannt Iskariot, der zur Zahl der Zwölf gehörte. ⁴Und er ging hin und redete mit den Hohenpriestern und mit den Hauptleuten darüber, wie er ihnen Jesus überantworten könnte. ⁵Und sie wurden froh und kamen überein, ihm Geld zu geben. ⁶Und er sagte es zu und suchte eine Gelegenheit, dass er ihn an sie ausliefere ohne Aufsehen. ⁷Es kam nun der Tag der Ungesäuerten Brote, an dem man das Passalamm opfern musste. ⁸Und er sandte Petrus und Johannes und sprach: Geht hin und bereitet uns das Passalamm, damit wir's essen. ⁹Sie aber fragten ihn: Wo willst du, dass wir's bereiten? ¹⁰Er sprach zu ihnen: Siehe, wenn ihr hineinkommt in die Stadt, wird euch ein Mensch begegnen, der trägt einen Wasserkrug; folgt ihm in das Haus, in das er hineingeht, ¹¹und sagt zu dem Hausherrn: Der Meister lässt dir sagen: Wo ist die Herberge, in der ich das Passalamm essen kann mit meinen Jüngern? ¹²Und er wird euch einen großen Saal zeigen, schön ausgelegt; dort bereitet das Mahl. ¹³Sie gingen hin und fanden's, wie er ihnen gesagt hatte, und bereiteten das Passalamm. ¹⁴Und als die Stunde kam, setzte er sich nieder und die Apostel mit ihm. ¹⁵Und er sprach zu ihnen: Mich hat herzlich verlangt, dies Passalamm mit euch zu essen, ehe ich leide. ¹⁶Denn ich sage euch, dass ich es nicht mehr essen werde, bis es erfüllt wird im Reich Gottes. ¹⁷Und er nahm den Kelch, dankte und sprach: Nehmt ihn und teilt ihn unter euch; ¹⁸denn ich sage euch: Ich werde von nun an nicht trinken von dem Gewächs des Weinstocks, bis das Reich Gottes kommt. ¹⁹Und er nahm das Brot, dankte und brach's und gab's ihnen und sprach: Das ist mein Leib, der für euch gegeben wird; das tut zu meinem Gedächtnis. ²⁰Desgleichen auch den Kelch nach dem Mahl und sprach: Dieser Kelch ist der neue Bund in meinem Blut, das für euch vergossen wird! ²¹Doch siehe, die Hand meines Verräters ist mit mir am Tisch.

»Du Verräter!« – das ist eine der ganz besonders heftigen Anklagen, die ein Mensch einem anderen gegenüber äußern kann.

Und sie ist deshalb so vehement und emotional, weil es sich bei einem Verräter nicht um einen Fremden oder einen anonymen Feind handelt, sondern um einen oft engen Vertrauten. Einen Menschen, den man lange kennt, der einem nahe stand, dem man vertraut, vielleicht sogar geliebt hat. Und dann wird dieses Vertrauen und diese Liebe bitter enttäuscht, mit Füßen getreten, ja – verraten. Man fühlt sich hintergangen, ausgenutzt und missbraucht und oft auch mitschuldig, weil man bei dem besagten Menschen vielleicht manches übersehen und ihm zu großes Vertrauen entgegengebracht hatte, obwohl er es – wie sich anschließend herausgestellt hat – nicht verdiente.

Solche Erfahrungen machen wir auf mehreren Ebenen, in den unterschiedlichsten Situationen.

Wenn das Vertrauen zwischen Staaten zerbricht, weil der eine den anderen überfällt. Weil auf einmal Menschen zu Feinden werden, die Nachbarn und Freunde waren. Vielleicht haben noch die Väter und Großväter, Russen wie Ukrainer Seite an Seite gegen die Wehrmacht gekämpft. Und jetzt steht man sich plötzlich als Feind gegenüber. Diejenigen, mit denen man im Frieden zusammenleben wollte, die zum Teil untereinander verwandt sind – mit denen herrscht jetzt Krieg.

Da ist der Verrat zwischen Nachbarn und Freunden in der gleichen Stadt. Vor einigen Jahren hat mir der in Jerusalem beheimatete und aus Wien stammende Generalrabbiner des israelischen Militärs, Morechai Piron, erzählt: »Wir waren mit unseren Nachbarn eng befreundet. Mein Vater war ein verdienter Offizier im I. Weltkrieg. Er wurde von allen geschätzt und verehrt. Wir haben unseren Nachbarn vertraut und wussten, sie werden uns beschützen, wenn die Nazis kommen. Und: Keiner hat uns beschützt. Alle haben sie uns verraten. Und deshalb können wir niemandem mehr vertrauen – außer uns selbst«.

Da ist der Verrat in der eigenen Familie.

Der Sohn lässt sich ausfragen über die Gesinnung seiner Eltern. Er verrät seinen Kontaktleuten private und persönliche Details. »Ist ja nur eine Kleinigkeit, die mir aber so manchen Vorteil bringt« – so denkt er. Und sieht dabei viel zu spät, dass er seine Familie und letztendlich auch sich selbst zerstört durch diesen Verrat.

Verrat ist etwas Furchtbares – im Großen so wie auch im ganz persönlichen Zusammenhang.

Weil bereits bestandenes Vertrauen so schändlich mit Füßen getreten wird und dadurch die Wunden besonders tief gehen – manchmal kaum noch heilen können.

Gibt es überhaupt die Möglichkeit, nach einem Verrat, nach zerbrochenem Vertrauen nochmals neu anzufangen, neues Vertrauen aufzubauen und es nochmals miteinander zu versuchen?

Es gibt Situationen, in denen scheint das ausgeschlossen zu sein.

Sieht man auf die Person des Judas, zeichnet die Bibel ein klares und hartes Bild. »Der Satan fuhr in ihn«, so haben wir im heutigen Predigttext gehört. An anderer Stelle in den Evangelien sagt Jesus über Judas: »Es wäre besser, dieser Mensch wäre nie geboren worden.« Bereits seit zweitausend Jahren bemüht man sich, diese Aussagen über Judas etwas gnädiger zu interpretieren. Man versucht zu hinterfragen, welche Motivation Judas für seinen Verrat hatte. Weil er wollte, dass Jesus seine wahre Macht zeigt und sich selbst aus der Gefangenschaft befreit? Oder doch nur wegen des Geldes, weil er sich einen persönlichen Vorteil erhofft hatte? »Verraten und verkauft« – die besonders perfide Form des Verrats. Das bringt man stets mit Judas in Verbindung, der auf der Liste der Verräter in der Weltgeschichte ganz oben geführt wird.

Doch auch auf viele andere Verbrecher und Verräter trifft das zu. Auf Machthaber, die jegliche Menschlichkeit verraten und andere vertreiben, töten, ja abschlachten lassen.

Auf Menschen, die sich das Vertrauen anderer erschleichen, um sie dann gnadenlos zu verraten und auszuliefern.

Wir könnten nun ganz einfach sagen: Judas und all die anderen Erz-Verräter; das sind abgrundtief böse Menschen. Damit habe ich nichts zu tun. Haken dran.

Und doch wäre diese Form des Umgangs zu kurz gegriffen, vielleicht sogar eine verpasste Chance. Weil wir so tun, als wären wir gefeit davor, in eine ähnliche Situation zu geraten.

Wenn man beobachtet, wie sich im Krieg Verrat, Plünderungen, Vergewaltigungen, Folter, Morde und Massaker wiederholen – seit es Menschen gibt bis zum heutigen Tag – wenn man das sieht, dann ist man klug beraten, auch im eigenen Leben darauf zu achten, dass der innere Kompass noch korrekt ausgerichtet ist und wir nicht kurz davor sind, den falschen Weg einzuschlagen.

Wir sind so oft entsetzt über das, was andere tun, dass wir vor lauter Entsetzen über andere gar nicht mehr darüber nachzudenken, wie wir in einer ähnlichen Situation handeln würden oder ob wir sogar bereits dabei sind, uns durch unterlassene Hilfe oder durch Bequemlichkeit mitverantwortlich oder mitschuldig zu machen. Gerne treten wir die Verantwortung an andere ab, um das Unrecht dieser Welt in Ordnung zu bringen. An die Entscheidungsträger dieser Welt. Und am besten direkt an Gott selbst. Der ist doch verantwortlich, wenn es so viel Verrat, Elend, Streit und Krieg auf der Welt gibt. So wie es im folgenden Dialog scheint:

Zwei Männer sitzen auf einer Bank im Park.
Fragt der eine:
»Wenn du Gott eine Frage stellen könntest, was würdest du ihn fragen?«
Sagt der andere:
»Warum Gott all das Leid auf der Welt zulässt!«

Darauf der Erste:

»Und warum machst du es nicht?«

»Weil ich Angst habe, dass er mich das Gleiche fragt!«

(Aus: Andere Zeiten. Das Magazin zum Kirchenjahr 1/2022)

Warum lassen wir so viel Leid auf der Welt zu? Können wir etwas dazu beitragen, dass sich etwas ändert? Ich denke: ja! Jeder auf seine ganz persönliche Art, mit seinen Fähigkeiten und Möglichkeiten.

Die einen, indem sie anfangen, ihren üppigen Verbrauch zu reduzieren, um sich unabhängiger zu machen von Ländern, die ihre eigene Bevölkerung und ihre Nachbarn unterdrücken und bekämpfen.

Die anderen, indem sie die Helfenden unterstützen. Die vielen Hilfsorganisationen und NGOs, die den Notleidenden beistehen.

Die nächsten, indem sie den Soldaten, die ihr Leben für Freiheit, Gerechtigkeit und Frieden einsetzen, mit Respekt und Dank begegnen und ihnen nicht hinter vorgehaltener Hand oder ganz offen Kriegstreiberei unterstellen.

Wieder andere, indem sie einfach auf die Knie gehen und beten oder ein gutes Wort und einen Zuspruch für diejenigen bereit haben, die helfen und sich aktiv in das Geschehen einbringen.

So kann jeder etwas tun – auf seine und ihre ganz persönliche Art und Weise.

Und gleichzeitig stellen wir immer wieder fest, dass wir diesem Anspruch nicht gerecht werden. Weil wir es selbst oft nicht schaffen, etwas in der Welt zum Positiven zu verändern. Weil wir immer wieder scheitern.

Darum ist es so grundlegend wichtig, dass an diesem heutigen Gründonnerstag nicht der Verrat im Zentrum steht – sondern das Abendmahl.

Das Festmahl der Versöhnung, der Vergebung, des Neuanfangs, des neuen Vertrauens.

Durch Jesu Einladung an seinen Tisch und durch unsere Annahme dieser seiner Einladung ist der erste Schritt zu neuem Vertrauen, zu einem Neubeginn getan.

Alle seine Jünger saßen am Tisch. Die, die im Garten Gethsemane einschlafen werden, diejenigen, die nach Jesu Gefangennahme davonlaufen werden, genauso wie Petrus, der ihn später im Hof des Hohen Priesters dreimal verleugnen wird. Alle mit ihren Fehlern sitzen sie dort und verstehen noch gar nicht, was dieses Mahl für sie eigentlich bedeutet. Weit mehr als ein Passahmahl. Weit mehr als eine Gemeinschaftsfeier. Das äußere wie innere Zeichen, dass es Vergebung und Versöhnung am Tisch des Herrn gibt.

Wer das verstanden hat, der kann sich getrost aufmachen und sich engagieren – auch, wenn er weiß, dass ihm vieles nicht gelingen wird; dass er ein fehlbarer Mensch ist und auch scheitern kann. Aber jeder von uns ist immer wieder eingeladen, am Tisch des Herrn Vergebung, Versöhnung und Neubeginn zu erfahren.

Vor einigen Monaten sagte mir ein General, er könne sich persönlich gar nicht vorstellen, Soldat und Offizier zu sein – ohne seinen christlichen Glauben. Weil er als Christ weiß: in all der Verantwortung, die der Beruf und die Aufgabe eines Soldaten mit sich bringen, wird er immer wieder Schuld auf sich laden: bei vielen seiner Entscheidungen trägt er die Verantwortung für Menschenleben. Und er hat keine Garantie, dass seine Entscheidungen immer die richtigen sein werden. Wenn er nicht wüsste, dass er getragen ist und auch Vergebung erfahren wird, dann müsste er sich in Selbstzweifel und Sorgen verlieren.

Beim Abendmahl erfahren wir diese Vergebung. Es ist das sichtbare und physische Zeichen dafür, dass wir in Jesus einen Neuanfang finden können. Er lädt uns ein – mit all unseren Fehlern. Früher war es notwendig, dass man eine ausführliche Beichte vor dem Abendmahl abgelegt hatte, um dann rein und unschuldig an den Tisch des Herrn treten zu können. Heute ist das nicht mehr die Voraussetzung. Und ich persönlich finde es so auch stimmiger. So wie Jesus von den Menschen, mit denen er gegessen hatte, oder von seinen Jüngern, mit denen er das letzte Abendmahl gefeiert hat, auch nicht eine Reinheit vorausgesetzt hat, so lädt er uns auch mit unserer ganzen Last und unseren Fehlern an seinen Tisch. Dort erfahren wir leibliche wie seelische Verkostung: Vergebung, Versöhnung, Stärkung und die Kraft, nach Verrat und zerbrochenem Vertrauen mit unserem Nachbarn, mit unseren Freunden, mit unseren Kindern oder Ehepartnern neu zu beginnen – im Frieden mit Gott und den Menschen.

Ausleger:
Rüdiger Glufke war Orgelbauer, später persönlicher Referent des Ratsvorsitzenden der EKD Heinrich Bedford-Strohm und ist derzeit Militärpfarrer in der Nordgau-Kaserne in Cham.

Gespräche mit den Jüngern, Lukas 22,24–38

Sven Hanson

²⁴Es erhob sich auch ein Streit unter ihnen, wer von ihnen als der Größte gelten sollte. ²⁵Er aber sprach zu ihnen: Die Könige herrschen über ihre Völker, und ihre Machthaber lassen sich Wohltäter nennen. ²⁶Ihr aber nicht so! Sondern der Größte unter euch soll sein wie der Jüngste und der Vornehmste wie ein Diener. ²⁷Denn wer ist größer: der zu Tisch sitzt oder der dient? Ist's nicht der, der zu Tisch sitzt? Ich aber bin unter euch wie ein Diener. ²⁸Ihr aber seid's, die ihr ausgeharrt habt bei mir in meinen Anfechtungen. ²⁹Und wie mir mein Vater das Reich bestimmt hat, so bestimme ich für euch, ³⁰dass ihr essen und trinken sollt an meinem Tisch in meinem Reich und sitzen auf Thronen und richten die zwölf Stämme Israels. ³¹Simon, Simon, siehe, der Satan hat begehrt, euch zu sieben wie den Weizen. ³²Ich aber habe für dich gebetet, dass dein Glaube nicht aufhöre. Und wenn du dann umkehrst, so stärke deine Brüder. ³³Er aber sprach zu ihm: Herr, ich bin bereit, mit dir ins Gefängnis und in den Tod zu gehen. ³⁴Er aber sprach: Petrus, ich sage dir: Der Hahn wird heute nicht krähen, ehe du dreimal geleugnet hast, dass du mich kennst. ³⁵Und er sprach zu ihnen: Als ich euch ausgesandt habe ohne Geldbeutel, ohne Tasche und ohne Schuhe, habt ihr je Mangel gehabt? Sie sprachen: Nein, keinen. ³⁶Da sprach er zu ihnen: Aber nun, wer einen Geldbeutel hat, der nehme ihn, desgleichen auch eine Tasche, und wer's nicht hat, verkaufe seinen Mantel und kaufe ein Schwert. ³⁷Denn ich sage euch: Es muss das an mir vollendet werden, was geschrieben steht (Jesaja 53,12): «Er ist zu den Übeltätern gerechnet worden.» Denn was von mir geschrieben ist, das hat ein Ende. ³⁸Sie sprachen aber: Herr, siehe, hier sind zwei Schwerter. Er aber sprach zu ihnen: Es ist genug.

Um was geht es hier *eigentlich*? Diese Frage stelle ich mir manchmal, wenn ich eine Diskussion, ob als Teilnehmer in einem Gremium oder als Zuschauer eines Fernsehtalks, verfolge. Da ist eine ganz konkrete Sachfrage, die von kompetenten Menschen geklärt werden soll. Etwas also, worüber sich reden lässt: Argumente werden ausgetauscht, gegeneinander abgewogen und schließlich ein Fazit gezogen. Aber Moment – die Argumente, die zu hören sind, haben ja gar nichts miteinander zu tun. Eigene Positionen werden gebetsmühlenartig wiederholt. Manche in der Runde sind schon ausgestiegen, die sagen gar nichts mehr. Und die, die noch reden, fangen an, sich mit Vorwürfen zu belegen. Die eine will das so nicht stehen lassen, der andere möchte auch mal was sagen, wieder jemand fühlt sich nicht ernst genommen, und schließlich wird nur noch gebrüllt. Solche Dynamiken kennen wir alle irgendwoher, wenn Sachfragen zu Machtfragen werden. Und wer schließlich am lautesten schreit, hat am Ende recht. Denn entweder traut sich niemand zu widersprechen, oder aber andere steigen schließlich resigniert aus dem Gespräch aus, weil es nichts mehr bringt.

Bei Lukas wird auf wohltuende Weise ganz offen benannt, was wir in langen Sitzungen oder auch Verhandlungen oft kunstvoll verkleiden und verschleiern wollen: Wer von uns ist hier eigentlich der Größte, fragen sich die Jünger Jesu ganz unverblümt, und darüber entspinnt sich schließlich ein handfester Streit. Mit Bedacht hat der Evangelist Lukas diese Überlieferung zwischen das letzte Abendmahl Jesu und seine Verhaftung eingefügt. Es ist wie eine letzte Mahnung, ein Vermächtnis, bevor Jesus den schweren Weg ans Kreuz geht. Seht zu, will Lukas der Gemeinde sagen, dass ihr euch nicht verzettelt in Machtkämpfen und schier endlosen Streitereien. Lasst ab von eurem Kompetenzgerangel, euren Privatfehden und all den Eitelkeiten, die der Sache Gottes am Ende doch nur im Wege stehen. Hütet euch davor, als große Figuren in die Geschichte eingehen zu wollen, indem ihr andere einschüchtert und bedroht – selbst wenn ihr glaubt, dies mit Gottes Segen zu tun. Das aber scheint mir am gefährlichsten zu sein: Menschen, die sich als Diener der Sache, der Kirche, des Volkes gerieren, aber letztlich nur ihre eigenen Belange und Vorteile und Machtgelüste befriedigen wollen. Es ist erschreckend, wie sehr die Geschichte Deutschlands und Europas, die Geschichte des Christentums, ja, die Menschheitsgeschichte davon geprägt war und noch ist. Warum das so ist, dafür gibt es viele Erklärungen. Die einfachste ist wohl: Weil wir Menschen so sind. Frühe Erfahrungen von Ausgrenzung und Benachteiligung, von Gewalt und Missbrauch prägen Menschen ebenso wie irrationale, zuweilen pathologische Ängste und Neigungen. Aber diese Erklärungen können und dürfen keine Rechtfertigung für missachtendes, rücksichtsloses und gewalttätiges Verhalten sein. »Ihr aber nicht so!« ruft Jesus seinen Jüngern zu. Und lässt sie ahnen, welchen Verwerfungen und Konflikten sie ausgesetzt sein werden.

Bis heute ist diese Welt geprägt von Gewalt und Zweifeln. Das hat sich nie grundlegend geändert. Auch Martin Luther sah sich einer aus den Fugen geratenen Welt gegenüber, was ihn annehmen ließ, dass das Weltende nah sei. Das hat in ihm die Dringlichkeit seines reformatorischen Anliegens noch einmal verstärkt. Wer davon ausgeht, in nicht allzu ferner Zukunft vor den Richterstuhl Christi zu treten, der wird sich intensive Gedanken machen über die Fragen von Glauben und Gerechtigkeit. Dass das auch andere auf ihre Weise in Luthers Zeit taten, davon zeugt eine bis heute gespaltene Kirche, die es nicht schafft, sich an dem einen Tisch des Herrn zu versammeln, sondern stattdessen immer wieder mit Rückzugsgefechten beschäftigt ist: ob wegen dem unseligen kirchlichen Antisemitismus, der es hier in Eisenach in institutionalisierter Form zu trauriger Berühmtheit gebracht hat, ob wegen der beschämenden Missbrauchsfälle im vermeintlich geschützten Raum der Kirche, ob im Versagen der Kirchen in Zeiten der Diktatur, wo Menschen in ihrem Aufbegehren, in ihren Gewissenskonflikten allein gelassen wurden. Und gegenwärtig sehen wir im Krieg gegen die Ukraine einen hohen kirchlichen Würdenträger, der – anstatt mit aller Kraft sein enges Verhältnis zum russischen Machthaber für ein klares Bekenntnis gegen den Krieg zu nutzen – darauf hofft, von einem zu erwartenden neuen Kräfteverhältnis zu profitieren. Zur Erinnerung: Das Moskauer Patriarchat lehnt die Rechtmäßigkeit einer eigenständigen Ukrainisch-Orthodoxen Kirche ab. Auch hier geht es um Macht und Einfluss, anstatt auch eine andere Geschichte und Tradition als nur die eigene anzuerkennen. Diese Anerkennung wäre doch aber die Basis, um die Gemeinschaft in Christus als wichtigstes und verbindendes Element unseres Glaubens zu finden.

Jesus spricht ironisch von den Machthabern, die sich Wohltäter nennen. Wohltäter – *Euergetes* – war häufig ein Ehrentitel oder sogar ein fester Beiname hellenistischer Herrscher, egal wie brutal oder rücksichtslos sie auch waren. Solche Titel waren und sind bloßer Schmuck, auch wenn sich Menschen davon blenden lassen. Aber wie soll man den Äußerungen und der Hybris der Macht, wie selbstherrlichen und brutalen Despoten, wie den kleinen und großen Tyrannen unserer Zeit begegnen? Reicht es, einfach den Frieden einzufordern, ohne dafür etwas in die Waagschale zu werfen? Genügt es, sich hinter der Behauptung von Gewaltlosigkeit und Nächstenliebe zu verstecken und im Übrigen die Welt ihrem Lauf zu überlassen?

Bei Lukas gibt es noch diese seltsame Rede, wo Jesus davon spricht, alle Habe zu verkaufen, um sich ein Schwert zu beschaffen, worauf ihm die Jünger zwei bereits vorhandene Schwerter zeigen. Die Kirchengeschichte deutete die beiden Schwerter als weltliche und geistliche Gewalt, was in der Folge immer wieder Deutungen provozierte, in welchem Verhältnis etwa Staat und Kirche zueinander stehen. Bis heute gibt es sehr unterschiedliche Antworten darauf. Dietrich Bonhoeffer bekannte nach einem schmerzhaften Erkenntnisprozess: »Wenn die Kirche den Staat ein Zuviel oder ein Zuwenig an Ordnung und Recht ausüben sieht, kommt sie in die Lage, nicht nur die Opfer unter dem Rad zu verbinden, sondern dem Rad selbst in die Speichen zu fallen.« Ein Zeugnis wie dieses bedeutet aber, es darf weder für die russisch-orthodoxe Kirche im Moment noch für uns einfache Antworten auf die Realität des Bösen und der Gewalt geben. Es braucht in der Nachfolge Christi immer wieder den Mut, um der Liebe und Gerechtigkeit willen etwas zu riskieren. So wie Petrus, der Mut zeigt – und doch auch versagt. Sein Versagen steht für unsere Ängste und Zweifel, wenn wir überlegen, was wir alles zu verlieren haben. Und doch führt der Weg der Jünger weiter, viel weiter, als sie anfangs dachten und glaubten. So wird auch unser Weg, der Weg der Kirche, der Weg dieser Welt weiterführen hin zum Tisch, wo wir alle gemeinsam essen und trinken werden in Frieden und ohne Angst. Bis dahin aber braucht es eine vitale Hoffnung, die gleichermaßen aus Mut im Angesicht des Kreuzes und Glauben an die Auferstehung Jesu erwächst.

Ich möchte mit einer alten Legende schließen, welche davon erzählt, wie der Teufel den Herrn Jesus überreden wollte, er sollte doch nicht am Kreuz sterben: »Die Kirche braucht dich auf Erden! Wer soll predigen und heilen und die Gemeinde führen, wenn du nicht mehr da bist?« fragte der Teufel. »Ich habe schon etliche Männer ausgesucht«, antwortete Jesus. »Aber Petrus und Johannes und diese paar Leute werden das alleine nie schaffen.« »Nein, aber sie werden andere finden, die ihnen helfen, und diese werden wiederum andere finden …« »Aber wenn sie es nicht tun?«, fragte der Teufel. »Wenn ihnen die Lust vergeht und sie anfangen, untereinander zu streiten! Ist dein Plan, Menschen zu gebrauchen, nicht sehr riskant?« »Ja«, antwortete Jesus, »sehr riskant! Die Kirche könnte sogar daran scheitern, aber einen anderen Plan habe ich nicht!«[1]

Ausleger:
Sven Hanson ist Pfarrer der EKM und Leiter des Mitteldeutschen Bibelwerkes – Canstein Bibelzentrum in Halle/Saale.

---

[1] GOTTFRIED HÄNISCH, Anstöße – Ein Glaubensbuch, Evangelische Verlagsanstalt, Berlin 1977.

Jesus in Gethsemane, Lukas 22,39–46

Dr. Gabriele Metzner

³⁹Und er ging nach seiner Gewohnheit hinaus an den Ölberg. Es folgten ihm aber auch die Jünger. ⁴⁰Und als er dahin kam, sprach er zu ihnen: Betet, dass ihr nicht in Anfechtung fallt! ⁴¹Und er riss sich von ihnen los, etwa einen Steinwurf weit, und kniete nieder, betete ⁴²und sprach: Vater, willst du, so nimm diesen Kelch von mir; doch nicht mein, sondern dein Wille geschehe! ⁴³[Es erschien ihm aber ein Engel vom Himmel und stärkte ihn. ⁴⁴Und er geriet in Todesangst und betete heftiger. Und sein Schweiß wurde wie Blutstropfen, die auf die Erde fielen.] ⁴⁵Und er stand auf von dem Gebet und kam zu seinen Jüngern und fand sie schlafend vor Traurigkeit ⁴⁶und sprach zu ihnen: Was schlaft ihr? Steht auf und betet, damit ihr nicht in Anfechtung fallt!

Im Grunde gut

Vor einem Jahr wiegte mich die Lektüre eines Buches in einem unglaublich guten Gefühl. »Im Grunde gut« lautet der Titel des Buches, geschrieben von dem Niederländer Rutger Bregman. Er beabsichtigt darin nichts weniger als eine neue Geschichte der Menschheit zu schreiben.[1] Anhand verschiedener Beobachtungen und historischer Forschungen stellt er den Menschen trotz Auschwitz, Terrorismus und Kriegstreiberei als ein zutiefst solidarisches Wesen heraus. Könnte da nicht, so fragt er, unter dem dünnen Firnis der Zivilisation gar kein böses, barbarisches Wesen zum Vorschein kommen, wie man immer behauptete, sondern ein grundgutes, das nur durch seine Mitmenschlichkeit überleben konnte? Überraschend für mich die Ergebnisse seiner Untersuchungen, wenn er z.B. beschreibt, wie 90% der Waffen nach einer Schlacht im Amerikanischen Bürgerkrieg noch geladen waren, ja z.T. sogar überladen, damit die

---

[1] RUTGER BREGMAN, Im Grunde gut. Eine neue Geschichte der Menschheit, Rowohlt Hamburg 2020.

Soldaten nicht schießen mussten. Dann zitiert er George Orwell in seinem Klassiker über den Spanischen Bürgerkrieg: »In diesem Kriege schoss immer jeder an jedem vorbei, wenn es irgendwie menschenmöglich war.«[2]

Im Grunde gut?

Ach, wenn wir es doch heute glauben könnten. Denn der Krieg ist da, trotzdem. Menschen sterben und wir sehen ihm auf allen Kanälen ins Gesicht. Die hässliche Fratze des Bösen schaut uns in den Trümmern von Mariupol entgegen, in den Panzerfäusten und scharf gestellten Bomben, in den Drohungen und Lügen, die Menschen zu Tätern machen. Im Grunde gut? Ja, vielleicht, aber gerade jetzt sehen wir wieder auch das Gegenteil davon. Für uns ist es wie der Boden, der nicht mehr trägt und unter unseren Füßen schwankt. Wir ahnen nur, was als Nächstes kommen könnte. Die Menschen in der Ukraine erleben das aber alles leibhaftig. Da schwankt nicht nur der Boden tatsächlich unter den Füßen, sondern auch die Hauswand, bevor sie ganz zusammenbricht und die Hoffnung auch beim Abschied auf ein Wiedersehen.

»*Simon, Simon, siehe, der Satan hat begehrt, euch zu sieben wie den Weizen*«[3] sagt Jesus nach der Fassung des Lukasevangeliums zu Petrus. Und als der beteuert, dass er »im Grunde gut sei«, was sich bei ihm dann so anhört: »*Herr, ich bin bereit, mit dir ins Gefängnis und in den Tod zu gehen*«[4] bringt Jesus die besten Vorsätze zum Einsturz: »*Petrus, ich sage dir: Der Hahn wird heute nicht krähen, ehe du dreimal geleugnet hast, dass du mich kennst.*«[5] Es braut sich etwas über ihnen zusammen. Über ihnen und unter ihnen. Der nächste Schritt könnte schon in den Abgrund führen. Und sie stecken da mittendrin. Mit ihren großen Vorsätzen und kleinen Versprechungen, ihren Lügen und Unterstellungen. Zuletzt zerlegen sie sich auch noch gegenseitig und wollen jeder für sich die Größten sein.

Wenn der Boden schwankt

An ihrem letzten Abend mit Jesus spüren die Jünger die Risse, die sich zwischen ihnen auftun: Spricht Jesus zu ihnen: »*Mich hat herzlich verlangt, dies Passalamm mit euch zu essen, ehe ich leide.*«[6] Merkwürdig auch das, was er über Brot und

---

[2]   Ders., 107. George Orwell, Mein Katalonien: Bericht über den Spanischen Bürgerkrieg, Diogenes Zürich 2003, 48.
[3]   Lukas 22,31.
[4]   Lukas 22,33.
[5]   Lukas 22,34.

Wein sagt: Mein Leib und mein Blut. Da ist etwas im Gange, was sie nicht aufhalten werden, und weglaufen können sie auch nicht. Am Ende rüsten sie auf, wie alle, die sich bedroht fühlen: *»Herr, siehe, hier sind zwei Schwerter.«*[7] Doch Jesus wehrt ab.

Die Luft wird dünn, der abgestandene Wein schmeckt niemandem mehr. Sie müssen an die frische Luft. Es ist Zeit für die Stille. *Nach seiner Gewohnheit,* sagt Lukas, geht Jesus mit ihnen in den stillen, kühlen Garten am Ölberg. Abstand gewinnen. Jeder für sich hängt seinen Gedanken nach. In der Magengrube steckt die Angst vor all den trüben Gedanken. Sie nimmt ihnen alle Kraft.

Ich glaube, schon lange nicht mehr ist uns dieses Gefühl so nah wie in diesen Tagen. Die Folgen der Pandemie, die Klimakrise und nun ein Krieg in Europa. Alle Errungenschaften bewahren nur scheinbar davor. Weder die schönsten Worte, die klügsten Erkenntnisse und mächtigsten Ideen noch feierlich verkündete Verträge und eine als gewachsen empfundene Zusammenarbeit. Manche fühlen sich müde und verletzt. Das nackte Leben schützt nie mehr als ein dünner Firnis, eine zarte Hülle nur. Frieden ist immer zerbrechlich, angreifbar und unendlich kostbar. Er ist ein Hauch von Glück nur über dem Abgrund voller Hass und Wahn. Ich sehe es ja: Der Mensch ist niemals nur gut, sondern zu allem Unheil fähig. Gleich werden sie kommen, die Lukas einfach *die Macht der Finsternis* nennt. Sie werden ihre Befehle ausführen und zu Ende bringen, was sie sich vorgenommen haben. Und nichts wird gut daran sein.

Jesus in der Anfechtung

Bis dahin ist Zeit, einen Steinwurf lang. Nur einen Moment die Augen zu machen, um nicht immer wieder diese Bilder zu sehen. Stille und Beten und die Angst, dass ich den Boden unter den Füßen verliere. Wie zu sich selbst sagt Jesus zu den Jüngern: *Betet, damit ihr nicht in Anfechtung fallt!* Dann erleben wir einen Jesus, der Blut und Wasser schwitzt. Der sich stützen lassen muss von einem Engel Gottes. Der so stark von seiner Angst getrieben wird, dass Spätere diesen ganzen Abschnitt von dem Engel und dem Schweiß, der wie Blutstropfen auf die Erde fällt[8], eliminieren. Sie erkennen ihren Herrn und Heiland darin nicht wieder, den Gottessohn und Retter der Welt. Eine Klammer im Luthertext erinnert an ihre Zweifel und ihre Unsicherheit, ob man so von Jesus reden und so an ihn glauben kann? An einen, der selbst tief angefochten ist?

---

[6]   Lukas 22,15.

[7]   Lukas 22,38.

[8]   »Blut und Wasser schwitzen« gehört zu den biblischen Bildern, die Martin Luther durch seine Bibelübersetzung geprägt hat. Vgl. RAINER METZNER, Ein Buch mit Sieben Siegeln. Die Redewendungen der Bibel, Leipzig 2022, 362f.

Glaube und Zweifel

Die Klammer um diese merkwürdige Sache mit dem Engel und dem schwitzenden Jesus in der Lukas-Version ist doch eigentlich eine Frage. Eine, die sich die Menschen einige Jahrzehnte nach Jesus gestellt haben. Eine, die ich schon oft gestellt bekommen habe als Pfarrerin und Sie vielleicht auch. Ob mir der Glaube hilft und ob ich hinter allem, was geschieht, einen guten Gott sehe, der die Geschicke der Menschen lenkt. Das fragen Menschen oft dann, wenn Schlimmes passiert. Manchmal frage ich mich das auch selbst und merke, dass es mir mein Glaube gerade nicht leichter macht und dass ich nicht für alle Fragen eine Antwort parat habe. Wer glaubt, für den wird es auch kompliziert. Schon für mein eigenes Leben fällt es mir schwer, Gott und mein Leben zusammen zu denken. Denn da sehe ich nicht nur einen »im Grunde guten« Menschen, sondern auch einen mit Abgründen und Schuld.

Mit Jesus in der Anfechtung

Doch du, Jesus, weißt, wie es sich anfühlt, auf festem Boden zu stehen. Du kennst Momente des festen Zutrauens in eine Welt, die »im Grunde gut« ist und für die es sich lohnt zu beten. Du hast Worte, die den Glauben tragen: *Selig sind, die Frieden stiften. Dein Wille geschehe.* Sie befestigen mein Glaubensfundament, wenn der Boden schwankt, machen es stark. Sie tragen mitten im Streit der Welt. Du, Jesus, bist der Gott-mit-uns in der Tiefe, in der Verzweiflung, auch in der Anfechtung. Der Grund alles Guten auch in uns.

Am Ende unserer heutigen Verkostung heißt es dann auch: *Steht auf und betet, damit ihr nicht in Anfechtung fallt!* Für Martin Luther, der so viel von der Anfechtung wusste, folgt sie dem Glauben an den gnädigen Gott und stärkt ihn von Tag zu Tag. Glaube ohne Anfechtung gibt es für ihn nicht. Oder anders: Glaube ist nie nur Glaube, sondern ist nur mit dem Zweifel zu haben.

Und da ich heute von Wittenberg nach Eisenach komme, so wie Luther vor 500 Jahren von Eisenach nach Wittenberg, darf ein Zitat von ihm nicht fehlen. Es stammt aus seiner Invokavitpredigt vom 9. März 1522 in der Wittenberger Stadtkirche: »… und so nimmt der Glaube durch viele Anfechtung und Anstöße immer zu und wird von Tag zu Tag gestärkt. Solches Herz, mit Tugenden begnadet, kann nimmer ruhen noch sich still verhalten, sondern ergießt sich wie-

---

9   Martin Luther, Predigt am Sonntag Invokavit, 9. März 1522, Text nach: Martin Luther, Der Kampf um die reine Lehre, in Kurt Aland (Hrsg.), Luther Deutsch, Die Werke Martin Luthers in neuer Auswahl für die Gegenwart, Band 4, Berlin 1950, 59.

derum aus zu dem Nutzen und Wohltun an seinen Brüdern (und Schwestern), wie ihm von Gott geschehen ist.«[9]

Auslegerin:
Dr. Gabriele Metzner ist seit 2019 Superintendentin des Kirchenkreises Wittenberg.

Jesu Gefangennahme, Lukas 22,47–53

Dr. Margot Käßmann

⁴⁷Als er aber noch redete, siehe, da kam eine Schar; und einer von den Zwölfen, der mit dem Namen Judas, ging vor ihnen her und nahte sich Jesus, um ihn zu küssen. ⁴⁸Jesus aber sprach zu ihm: Judas, verrätst du den Menschensohn mit einem Kuss? ⁴⁹Als aber, die um ihn waren, sahen, was geschehen würde, sprachen sie: Herr, sollen wir mit dem Schwert dreinschlagen? ⁵⁰Und einer von ihnen schlug nach dem Knecht des Hohenpriesters und hieb ihm sein rechtes Ohr ab. ⁵¹Da sprach Jesus: Lasst ab! Nicht weiter! Und er rührte sein Ohr an und heilte ihn. ⁵²Jesus aber sprach zu den Hohenpriestern und Hauptleuten des Tempels und den Ältesten, die zu ihm hergekommen waren: Ihr seid wie gegen einen Räuber mit Schwertern und mit Stangen ausgezogen? ⁵³Ich bin täglich bei euch im Tempel gewesen, und ihr habt nicht Hand an mich gelegt. Aber dies ist eure Stunde und die Macht der Finsternis.

Judas Iskariot ist keine beliebte Figur der Weltgeschichte! Er steht für den Verräter, der für Geld anscheinend alles hergibt. Einer, der die eigenen Überzeugungen verrät, wenn es ihm nützt. Der Vertrauen böswillig missbraucht um des eigenen Vorteils willen. Der Judaskuss ist in die Geschichte eingegangen als Symbol für Verrat, ja für schlimmsten Verrat unter Freunden.

Das erste Mal habe ich anders über Judas nachgedacht, als wir in der 12. Klasse das Musical »Jesus Christ Superstar« im Musikunterricht besprochen haben. Da ist Judas derjenige, der das Auftaktlied singt. Er ist voller Erwartung, voller Hoffnung, dass Jesus der ist, der alles ändern wird. Flammend singt er seine Liebe, seine Verehrung, seine Hochachtung in die Welt. Und er warnt Jesus geradezu vor Selbstüberschätzung und dem Größenwahn einiger Anhänger. Der Judas im Musical befürchtet, dass die gemeinsame Sache leiden wird unter dem Erwartungsdruck. Ja, es scheint fast, als begehe er seinen Verrat an Jesus nur aus Liebe, um ihn zu bewahren – nicht zuletzt vor den überhöhten Ansprüchen derer, die in ihm einen Erlöser, den Messias sehen, der politische Veränderung bringt. Oder um ihn unter Druck zu setzen, endlich, endlich zu handeln.

Seitdem schaue ich mit einem neuen Blick auf die biblischen Texte, und dieser Blick hat mir Judas nähergebracht. Er kann nicht einfach nur abgetan werden als der Geldgierige, der für 30 Silberlinge den Freund verrät. Wir können ihn auch sehen als einen, der verzweifelt ist, der den Mann, den er verehrt, schützen will. Judas ist dann einer, der weiß, dass die vielen Erwartungen nicht einzulösen sind. Er sucht einen Ausweg.

Judas hat gehofft auf das, was Jesus sagt, die Ankündigung des Reiches Gottes, das hat ihn begeistert. Und er sieht doch, dass alles schief zu gehen scheint. Das Volk jubelt Jesus zu, aber Judas ahnt, wie schnell die Stimmung im Volk umschlagen kann. Heute sind sie begeistert, schon morgen werden sie rufen »Kreuzige ihn!«. Wie sollen sie so den Umbruch in Gang setzen, den Judas als notwendig ansieht, jetzt und hier?

Oder gehört er auch zu denen, die für sich ganz persönlich mehr erhofft hatten? Jesus auf einem Esel, wirkt das nicht peinlich, lächerlich geradezu? Warum ist er nicht auf majestätische Art eingezogen, auf einem Pferd? Judas hätte das arrangieren können, das wäre doch kein Problem gewesen. Das wäre doch eine viel bessere Strategie gewesen: Klar den Kampf ansagen und offensiv angreifen, statt sich in tiefsinnigen Diskursen zu ergehen? Ach ja, Judas hatte sich schon Hoffnungen für sich selbst gemacht, auf eine leitende Stellung sozusagen? Oder war er begeistert etwa von der Bergpredigt als so ganz andere Perspektive für das Zusammenleben der Menschen?

Wer war Judas Iskariot? Wir wissen, dass er Jesus lange Zeit begleitet hat. Bis zuletzt, bis zu jenem Abendmahl blieb er an seiner Seite. Und doch hat er ihn ausgeliefert bei jenem Treffen im Garten Gethsemane. Es ist zu simpel, ihn einfach als teuflischen Verräter abzustempeln, wir sollten es uns nicht zu einfach machen mit ihm. Vielleicht wollte er ja eine Art Schutzhaft für Jesus, bis die Aufregung vorüber war. Ja, Menschen machen Fehler, tragische Fehler. Und doch bleibt gerade hier auch die Frage: Hatte Judas eine Rolle zu spielen? Wenn dieser Weg ans Kreuz gegangen werden musste, war der Verrat nicht notwendig? Aber auch solche Fragen können nicht von Verantwortung freisprechen. Nein, wir sind keine Marionetten Gottes. Und doch, vieles bleibt hier offen, lässt sich theologisch disputieren…

Mit seiner Schuld ist Judas nicht fertig geworden. Er wollte nicht dieses grauenvolle Ende aller Hoffnungen am Kreuz. Nein, er hoffte auf anderes. Vielleicht dachte er auch, er könnte Jesus provozieren zum großen Durchbruch. Am Ende ist Judas offensichtlich schockiert von den Folgen seines eigenen Handelns. Damit kann er nicht leben. So stirbt er noch vor Jesus. Im Matthäusevangelium lesen wir:

»Als Judas, der ihn verraten hatte, sah, dass er zum Tode verurteilt war, reute es ihn, und er brachte die dreißig Silberlinge den Hohenpriestern und Ältesten zurück und sprach: Ich habe Unrecht getan, dass ich unschuldiges Blut verraten habe.

Sie aber sprachen: Was geht uns das an? Da sieh du zu! Und er warf die Silberlinge in den Tempel, ging fort und erhängte sich.« (Mt 27,3–5)

Und wer hat im Garten Gethsemane das Schwert gezogen? War es vielleicht Petrus, einer der anderen großen Protagonisten an der Seite von Jesus?

Vielleicht aber hat auch Petrus das Schwert gezogen. Er wollte ja stets gerne derjenige sein, der Jesus besonders nahe ist, sein engster Vertrauter. Dafür wünscht er sich Anerkennung. Aber als es wirklich eng wird, packt ihn dann doch die Angst. Jesus ist gefangen genommen, er wird verurteilt werden, und da wird natürlich nach den Mitläufern gefragt, nach den Sympathisanten. Hier wäre jetzt das große, flammende Bekenntnis gefragt. So einer wollte Petrus eigentlich sein. Doch der Typ des großen Bekenners ist er in dieser Situation nicht. Er schwört Jesus nicht zu kennen.

Auch dieser Mann hat im entscheidenden Augenblick versagt. Das löst eine Mischung aus Mitleid, Verständnis und Verachtung aus. Er, der so groß getönt hat, wie stark er sich identifiziert mit Jesus und seiner Sache, der knickt so schnell ein!

Ja, Menschen knicken schnell ein, wenn sie Angst haben. Da brauchen wir nur an uns selbst denken, an die Kompromisse, die wir machen, wenn wir unsere Träume von einer gerechten Welt träumen, aber doch froh sind, wenn das Gehalt oder die Rente auf dem Konto ist. Wenn Menschen vegan leben, aber billig Kleidung einkaufen, den Widersprüchen der Welt nicht entgehen können. Oder wenn der Krieg in der Ukraine viele in Windeseile anderes denken lässt über Bundeswehr und Waffen.

Ach, der Petrus, er ist uns schon nahe. Wahrscheinlich sollten wir uns einfach daran freuen, dass ein eher fehlbarer Mensch, einer wie du und ich, derjenige sein wird, der dann doch die Botschaft weiterträgt. Mich tröstet das oft, wenn ich denke, ich werde meinen Herausforderungen nicht gerecht. Es ist trostreich für alle, ob wir haupt- oder ehrenamtlich in der Kirche tätig sind oder als Christinnen und Christen mitten in der Welt, in der Nachbarschaft oder am Arbeitsplatz. Wir müssen nicht alle gleich die Großartigsten und Tapfersten sein, um für unseren Glauben einzustehen. Gott ruft ganz normale Menschen mit all ihren Schwächen und Fehlern in die Nachfolge.

Petrus hat Angst vor dem Versagen, er kann darüber weinen. Das macht ihn sympathisch und nahbar. Und dann schenkt Gott ihm die Kraft, doch konsequent seinen Weg zu gehen, einen überzeugenden Weg. Machen wir Petrus nicht zu einem großen Übermenschen, auf dem die ganze Kirche aufbauen muss. Er ist eher der Normalmensch, das Fußvolk, das wir alle als Kirche sind. Das macht doch Hoffnung …

Tja, da waren sie im Garten Gethsemane, Petrus und die anderen Jünger. Und es kommt Judas mit den Hohenpriestern und Hauptleuten, um Jesus zu verhaften. Warum jetzt, warum hier? Sie hätten ihn doch längst festnehmen können, sagt er ihnen. Er war schließlich oft genug im Tempel. Jesus sagt: »Aber dies ist eure Stunde und die Macht der Finsternis.« Mich berührt das. Immer wieder gibt es die Stunde des Unrechts, die unberechenbare Macht der Finsternis, der wir ohnmächtig gegenüberstehen.

Wer das Schwert gezogen hat, um die Verhaftung zu verhindern, wissen wir nicht. Jesus aber will nicht mit dem Schwert verteidigt werden. »Lasst ab! Nicht weiter!«, ruft er. Jesus heilt denjenigen, der verletzt wurde, um ihn zu verteidigen. Er wird so mit einer Provokation erinnert werden. »Steckt das Schwert an seinen Ort«. Mehr noch: »Liebet eure Feinde«. Oder: »Bittet für die, die euch verfolgen.«

Was heißt das nun in diesen Tagen? Ich denke, eine Kirche, die sich in der Nachfolge dieses Mannes sieht, kann nicht mitten hinein in einen Krieg Waffenlieferungen befürworten. »Lasst ab!«, ruft Jesus.

Der Ruf nach Waffen ist ja emotional nachvollziehbar, weil wir das entsetzliche Leid in der Ukraine sehen und empört sind über den Angriffskrieg von Wladimir Putin. Aber wir können genauso empört sein über einen russisch-orthodoxen Patriarchen, der dieses Kriegsverbrechen verteidigt, wie über Kirchenvertreter, die nun erklären, dass Krieg zwar nach Gottes Willen nicht sein solle, aber wenn er dann stattfindet, Bewaffnung doch Sinn macht. Mich erinnert das an ein Andachtsbuch für deutsche Soldaten im zweiten Weltkrieg, das eine Freundin im Nachlass ihres Vaters gefunden hat. Unter dem fünften Gebot, du sollst nicht töten, steht in Klammern: Gilt nicht in Kriegszeiten. Damit macht es sich die Kirche, machen es sich Christen zu einfach, wenn alle biblischen Vorgaben im Kriegsfall einfach außer Kraft gesetzt werden. Denn die Botschaft Jesu ist eine Provokation bis heute. Martin Luther King hat erklärt, das Gebot der Feindesliebe sei das Schwerste, was Jesus uns hinterlassen hat. Und das stimmt genau so bis heute.

Das Christentum und solche christliche Haltung wird in unserem Land inzwischen eher belächelt. Da geht es manchmal spöttisch um die letzten, die *noch* Mitglied sind. Was haben die mit ihrem Glauben noch zu sagen in einer säkularen, aufgeklärten Welt? Schlimmer noch: Die haben sich doch selbst diskreditiert mit den Missbrauchsskandalen, die sie zu vertuschen versucht haben.

Klar, das tut weh. Doch wir bewähren uns mit unserem Glauben gerade in schwieriger Zeit. In Schönwetterzeiten ist Glaube leicht. So leicht, dass manche ihn für überflüssig erachten. Aber in Zeiten von Leid, Bedrängnis, Not ist Glauben schwer, weil wir nicht verstehen können, wie Gott das zulässt. Es ist die Kraft Gottes, schreibt Paulus, die uns ermöglicht trotzdem das Gottvertrauen zu behalten. Und, liebe Gemeinde, es ist eine schwierige Zeit. Nicht nur wegen Corona oder dem Krieg gegen die Ukraine. Unsere Kirchen in Deutschland stecken in einer tiefen Krise. Waren in der Bundesrepublik 1960 noch 94 Prozent der Bevölkerung Mitglied einer Kirche, so sind es heute 54 Prozent. Angesichts der rasanten Austrittszahlen werden Kirchenmitglieder in absehbarer Zeit eine Minderheit sein im Land.

Das hat viele Ursachen: Vertrauensverlust gerade auch durch die Missbrauchsfälle. Säkularisierung. Familien, die schon in vierter Generation keinen Bezug mehr haben zur christlichen Tradition. Eine veränderte religiöse Landschaft durch Zuwanderung.

Ein Kollege aus Ostdeutschland sagte mir letzte Woche: Warum habt ihr in Westdeutschland uns eigentlich nie nach unseren Erfahrungen in einem staatlich verordneten Atheismus gefragt? Ja, warum haben wir im Westen nicht gefragt? Wir hätten frühzeitig lernen können von den Erfahrungen der Kirche in der DDR. Sie wurde in die Minderheit gezwungen. Aber sie war stark. Sie hatte enorme Widerstandskraft. Das hat sich 1988/89 gezeigt, als der Ruf »Keine Gewalt!« aus den Kirchen in Leipzig, Dresden und Ostberlin in die Demonstrationszüge auf den Straßen getragen wurde.

Unsere Kirche wird definitiv kleiner werden, auch in Westdeutschland. Aber sie kann wirksam sein. Ich erinnere mich daran, als 2006 die neue Ikea-Filiale auf dem Expo Gelände eröffnet wurde. Es gab kostenfreie Hotdogs an einem Sonntag und der Parkplatz war schnell überfüllt. Manche sagten: Na, seht ihr, so holt man Menschen ran! Kostenlose Hotdogs verteilen aber wird nicht die Lösung für unsere Kirche sein. Ich denke, sie ist überzeugend, wenn sie nahe bei den Menschen ist. Im Glück bei Taufe und Trauung. In Ängsten, in Gottesdienst, Seelsorge, bei Beerdigung. Wann immer sie Gemeinschaft bietet in schwerer und in guter Zeit. Bei Friedensgebeten wie in diesen Tagen. Bei Festen und Feiern in frohen Tagen und im Krankenhaus, am Sterbebett in schweren Tagen. Denn in all diesen Tagen trägt der Glaube, dass Gott bei uns ist.

Das gilt im Übrigen auch für die Existenz der Kirche. Martin Luther sagte: »Wir sind es doch nicht, die da die Kirche erhalten könnten. Unsere Vorfahren sind es auch nicht gewesen. Unsere Nachkommen werden's auch nicht sein: sondern, der ist's gewesen, ist's noch und wird's sein, der da sagt: ›Ich bin bei euch alle Tage bis an das Ende der Welt‹ (Mt 28,20)«.

Das ist tröstlich. Ja, Kirche wird anders. Aber es wird Kirche sein. Auch in diesem Land. Und sie wird gebraucht werden, weil sie inmitten von Angst und Krieg, inmitten von Konsumfixierung und Medienpräsenz eine Kontrastgesellschaft bildet, von mehr redet als von Angst und Geld. Von dem, was größer ist in unserem Leben und über unseren Horizont hinausgeht.

Der Volkskammerpräsident Horst Sindermann sagte nach der friedlichen Revolution in der DDR: »Mit allem haben wir gerechnet, nur nicht mit Kerzen und Gebeten«. Das bewegt mich bis heute. Und deshalb werde ich weiter Kerzen anzünden, an Friedensgebeten und an Friedensdemonstrationen teilnehmen. Und all der Kriegslogik zum Trotz halte ich daran fest, dass mehr Waffen keinen Frieden schaffen. »Selig sind, die Frieden stiften«, sagte einst Jesus. Ich bin überzeugt, das hat bis heute Gültigkeit.

Kirche wird sein. Anders als sie war. Hier in Ostdeutschland gibt es mehr Erfahrung damit als in Westdeutschland. Aber sie wird sein. Sie wird manche Logik gegen den Strich bürsten. Und sie wird es tun mit fehlbaren Menschen wie einst Judas und Petrus. Das ist doch ermutigend auch in Zeiten, in denen wir verzagen könnten. Aber wer hätte das nicht alles schon vor uns gekonnt. Verzagen gilt nicht.

Am Vorabend seines Todes sagte Martin Luther King: »Ich mache mir keine Sorgen. Wie jeder andere würde ich gern lange leben. Langlebigkeit hat ihren Wert. Aber darum bin ich jetzt nicht besorgt. Ich möchte nur Gottes Willen tun. Er hat mir erlaubt, auf den Berg zu steigen. Und ich habe hinübergesehen. Ich habe das Gelobte Land gesehen. Vielleicht gelange ich nicht dorthin mit euch. Aber ihr sollt heute Abend wissen, dass wir, als ein Volk, in das Gelobte Land gelangen werden. Und deshalb bin ich glücklich heute Abend. Ich mache mir keine Sorgen wegen irgendetwas. Ich fürchte niemanden. Meine Augen haben die Herrlichkeit des kommenden Herrn gesehen.«

Das hat mich immer bewegt. Er war 39 Jahre alt. Am nächsten Tag wurde er erschossen. Wir brauchen Hoffnungen und Visionen, gerade in schwierigen Zeiten. Wir sind überzeugt: Es gibt das gelobte Land. Menschen könnten in Frieden und Gerechtigkeit miteinander leben. Wir haben die Fähigkeit, unsere Mitwelt zu bewahren. Und so werden wir jeden Tag versuchen, dazu beizutragen, dass das gelobte Land in unserer Zeit und Welt ein wenig sichtbar wird.

Das Schwert und das Kreuz haben nicht das letzte Wort. Die Hoffnung auf Ostern, auf Leben ist längst gesät. Diese Hoffnung lässt sich nicht mit Waffen vernichten.

Auslegerin:
Dr. Margot Käßmann war Landesbischöfin der Evangelisch-Lutherischen Landeskirche Hannovers, Vorsitzende des Rates der Evangelischen Kirche in Deutschland (EKD) und bis 2018 Botschafterin für das Reformationsjubiläum.

Die Verleugnung des Petrus, Lukas 22,54–62

Kathrin Oxen

⁵⁴Sie ergriffen ihn aber und führten ihn ab und brachten ihn in das Haus des Hohenpriesters. Petrus aber folgte von ferne. ⁵⁵Da zündeten sie ein Feuer an mitten im Hof und setzten sich zusammen; und Petrus setzte sich mitten unter sie. ⁵⁶Da sah ihn eine Magd im Licht sitzen und sah ihn genau an und sprach: Dieser war auch mit ihm. ⁵⁷Er aber leugnete und sprach: Frau, ich kenne ihn nicht. ⁵⁸Und nach einer kleinen Weile sah ihn ein anderer und sprach: Du bist auch einer von denen. Petrus aber sprach: Mensch, ich bin's nicht. ⁵⁹Und nach einer Weile, etwa nach einer Stunde, bekräftigte es ein anderer und sprach: Wahrhaftig, dieser war auch mit ihm; denn er ist auch ein Galiläer. ⁶⁰Petrus aber sprach: Mensch, ich weiß nicht, was du sagst. Und alsbald, während er noch redete, krähte der Hahn. ⁶¹Und der Herr wandte sich und sah Petrus an. Und Petrus gedachte an des Herrn Wort, wie er zu ihm gesagt hatte: Ehe heute der Hahn kräht, wirst du mich dreimal verleugnen. ⁶²Und Petrus ging hinaus und weinte bitterlich.

Der Optimismus ist schnell verklungen. Wie die helle, irritierende Zuversicht dieser Melodie, mitten in der Passion: *Ich folge dir gleichfalls mit freudigen Schritten / und lasse dich nicht, / mein Leben, mein Licht.* Große, süße Worte, aufgespart für die besonderen Momente im Leben. Sie prickeln auf der Zunge, wenn man sie sagt. Es ist leicht, sich selbst damit zu berauschen.

Herr, ich bin bereit, mit dir ins Gefängnis und in den Tod zu gehen. Das hatte (zum Beispiel) Petrus zu Jesus gesagt, an ihrem letzten Abend, als sie zusammen um den Tisch saßen. War es der Wein, war es die Stunde, war es die Lust zu dem einen, großen Bekenntnis mit dem Geschmack von Tapferkeit, von Opferbereitschaft und Heldenmut? Ich bin hier, ich bleibe bei dir, ich bin bereit. Ich folge dir gleichfalls, mit freudigen Schritten. So beseelt war Petrus mit Jesus gegangen.

Aber schon draußen im Garten war der große Moment am Tisch verflogen. Und die prickelnde Wachheit auf einmal verwandelt in lähmende Müdigkeit. Dass der Abend daran schuld sei, der Wein, die Anspannung, die sie alle gespürt hatten, das war alles keine Ausrede mehr. Sie schliefen. Aus welchen Gründen auch immer.

Schlafend vor Traurigkeit, so fand Jesus sie. So erzählt es Lukas, so, als suche er einen Grund für diese unverzeihliche Müdigkeit. So menschenfreundlich das auch gemeint ist, das Entsetzen Jesu angesichts seiner schlafenden Freunde bleibt doch stehen zwischen den Zeilen: *Was schlaft ihr?*

Bist du etwa eingeschlafen, Petrus? Das ist der Fauxpas jeder Nacht, die voll Liebe sein will und nicht wach bleiben kann. Wenn gerade nichts wichtiger wäre, als wach zu bleiben, da zu bleiben, nah zu sein. Es gab Schweiß und Blut und Tränen in diesem Garten und Jesus war allein damit. Es war nur der erste Akt der Tragödie, in die sie alle mit hineingerissen wurden. Sie wurden wach mit dem Geschmack von Schlaf im Mund. Sie versuchten, sich unauffällig den Schlaf aus den Augen zu reiben. Aber da waren die Soldaten schon da.

Als wir wach wurden, waren die Soldaten schon da. Als wir uns noch den Schlaf aus den Augen rieben am 24. Februar 2022, da hatte der Krieg schon begonnen. »Wir sind in einer anderen Welt aufgewacht«, dieser viel zitierte Satz – ist der eigentlich richtig oder falsch? Oder haben wir bloß den Garten, in dem wir schliefen, mit dem Paradies verwechselt? Und vergessen, dass wir immer noch jenseits von Eden leben, in einer Welt voller Mühen und Leiden? Viel zu pessimistisch hätte mir das noch vor ein paar Wochen geklungen. Und mit eiligen Schritten hat mich die Wahrheit eingeholt, dass das Böse jederzeit einbrechen kann und alles zertrampeln, wie die Schar Soldaten mit ihren Stiefeln im Garten Gethsemane. *»Dies ist eure Stunde und die Macht der Finsternis.«* (Lk 22,53a).

Sie ergriffen ihn aber und führten ihn ab und brachten ihn in das Haus des Hohenpriesters. Petrus aber folgte von ferne. Da zündeten sie ein Feuer an mitten im Hof und setzten sich zusammen; und Petrus setzte sich mitten unter sie. (Lk 22, 54 f.)

Dies ist die Stunde. Der Augenblick der Wahrheit für Petrus. So eilig sind seine Schritte auf einmal gar nicht mehr. Er folgt Jesus nur von ferne, im Schutz der Finsternis. Nach kurzem Zögern setzt er sich in diesem Hof in den Kreis um das Feuer. Er bereut es sofort. Was kann man schon erkennen von meinem Gesicht im zuckenden Schein der Flammen, verborgen im Schatten des Umhangs, das hat er gedacht. Es war doch so kalt.

Aber es wurde noch kälter bei den Worten der Frau: *Dieser war auch mit ihm.* Dieser, kein anderer. Er, Petrus. Sie hatte ihn genau angesehen. Woher kannte sie ihn nur? Und während er das dachte, sagte er etwas anderes: *Frau, ich kenne ihn nicht.* Sein Optimismus ist schnell verklungen. *Ich bin bereit, mit dir ins Gefängnis und in den Tod zu gehen.*

In Wahrheit müsste es heißen: Ich bin zu gar nichts bereit, in diesem kalten Hof vor dem Haus. Ich bin noch nicht einmal bei ihm drinnen, wo sie ihn bestimmt schon gefesselt haben und ihn vielleicht schlagen, einfach so. Weil man das eben so macht, wenn man Macht dazu hat. Weil diese Welt kein Paradies ist, sondern sich jederzeit in einen Ort voll finsterer Schrecken verwandeln kann.

Ich kenne ihn nicht. Ich bin's nicht. Ich weiß nicht, was, du sagst. Es dauert alles gar nicht lange, nur etwa eine Stunde. Unerbittlich genau schreibt Lukas es auf. Da hat Petrus Jesus schon dreimal verleugnet. Dann kräht der Hahn. Der Schrei im Ohr macht Petrus endgültig wach. Kurz nach Mitternacht geschieht das alles, zur Zeit der dritten Wache, im *gallicinium*, in der Stunde des Hahns. Die graue Nüchternheit des Tages zieht langsam auf. Und Petrus bleibt allein im Hof mit der Wahrheit über sich selbst.

Ein Augenblick der Wahrheit, auch für uns. Denn wir sind ja nicht drinnen in diesem Krieg, so grausam und schmutzig. Wir sitzen im Hof davor und uns ist kalt. Denn wir dachten, das gäbe es gar nicht mehr in unserer Welt, im 21. Jahrhundert, dass einer das eben so macht, weil er Macht dazu hat. Einen Krieg beginnen, in ein Land einmarschieren, Städte zerbomben, die Frauen und Kinder auf die Flucht zwingen nur mit dem Allernötigsten.

Wir reiben uns den Schlaf des Friedens und der Sicherheit aus den Augen und sehen ungläubig auf die Bilder. Auf einmal sind sie nicht mehr stumm und schwarz-weiß, sondern lebendig und bewegt, mit Ton und in Farbe. Rauch und Trümmer, Soldaten und zerschossene Panzer, Schweiß und Blut und Tränen. Und Tapferkeit, Opferbereitschaft, Heldenmut, diese großen, ein bisschen eingestaubten Worte, dazu bekennen sich gerade die anderen, ausgerechnet sie. Sie leiden doch, nicht wir.

Es hat nicht lange gedauert, nur ein paar Tage, da saßen wir da mit der Wahrheit über uns selbst. Wir waren so optimistisch, so irritierend zuversichtlich, auch angesichts all dessen, was schon lange vorher geschehen war. Was weiß ich denn von der Ukraine, was interessiert mich die Krim oder überhaupt dieser ganze unübersichtliche Osten Europas? Natürlich sind wir für Frieden ohne Waffen, für Schwerter zu Pflugscharen.

Angesichts dieses Krieges zerbrechen Weltbilder und Menschenbilder. Diese Einsicht ist ernüchternd. Und manche von uns sehen so aus und benehmen sich so, als hätten sie vor allem mit ihrer eigenen, gewaltigen Ernüchterung zu kämpfen. Als ginge es ihnen nicht anders als nach einem langen Abend mit zu viel Wein, eingeschlafen und plötzlich aufgewacht. Ein Augenblick der Wahrheit im unbarmherzigen Licht eines neuen Tages.

Es ist ein ähnliches Licht wie das, in dem die Frau das Gesicht von Petrus gesehen hat. Es fällt auf unsere Überzeugungen und auf unser Bild von uns selbst. Was bin ich bereit zu tun, wenn andere leiden müssen? Wie tapfer wäre ich, was würde ich opfern, wo zu einer Heldin werden?

Die großen Worte sind leicht gesagt: Frieden, Menschenrecht, Völkerrecht. Man kann sich berauschen daran. Aber jetzt kosten sie uns auf einmal etwas, so überraschend konkret an der Tankstelle und im Supermarkt. Es geht um Gas und um Öl, es geht erstaunlicherweise wirklich darum, wer die Feuer nährt, um die wir uns setzen. Dies ist der Augenblick der Wahrheit über uns selbst. Und jetzt entscheidet sich, was nur Worte sind. Und was Taten.

Und der Herr wandte sich und sah Petrus an. Und Petrus gedachte an des Herrn Wort, wie er zu ihm gesagt hatte: Ehe heute der Hahn kräht, wirst du mich dreimal verleugnen. Und Petrus ging hinaus und weinte bitterlich. (Lk 22, 61f.)

Alles geschieht zur gleichen Zeit, in einem Augenblick. Der Hahn kräht. Jesus wendet sich noch einmal um, als sie ihn wegführen. Er sieht Petrus an. Mit dem einen Blick ist alles wieder da. Und alles ist gesagt. *Der Hahn wird heute nicht krähen, ehe du dreimal geleugnet hast, dass du mich kennst. (Lk 22,34)*

Nichts ist geblieben von seinem großen Versprechen als ein Hahnenschrei im Ohr, die Schwäche im Herzen, die Scham. Petrus erlebt die Passion in der Passion, das Leiden im Leiden: Dass es so schwer ist, wach zu bleiben, da zu sein, nah zu sein, wo Menschen leiden.

Jesu, blicke mich auch an. Ich will nicht allein bleiben mit der Wahrheit über mich selbst. Im Augenblick der Wahrheit halte ich mich fest an diesem einen, letzten Blick Jesu. So, wie man sich festhalten kann an einem letzten Blick, manchmal ein Leben lang. Weil dieser Blick mich festhält, mit meiner Schwäche und Scham. Und mit meinen Tränen.

Auslegerin:
Kathrin Oxen ist seit 2018 Pfarrerin an der Kaiser-Wilhelm-Gedächtniskirche in Berlin.

Jesu Verhör und Verurteilung, Lukas 22,63–23,25

Dr. Matthias Rein

[63]Die Männer aber, die Jesus gefangen hielten, verspotteten ihn und schlugen ihn, [64]verdeckten sein Angesicht und fragten: Weissage, wer ist's, der dich schlug? [65]Und viele andere Lästerungen sagten sie gegen ihn. [66]Und als es Tag wurde, versammelte sich der Rat der Ältesten des Volkes – Hohepriester und Schriftgelehrte –, und sie führten ihn vor ihren Hohen Rat [67]und sprachen: Bist du der Christus, so sage es uns! Er sprach aber zu ihnen: Sage ich's euch, so glaubt ihr's nicht; [68]frage ich aber, so antwortet ihr nicht. [69]Aber von nun an wird der Menschensohn sitzen zur Rechten der Kraft Gottes. [70]Da sprachen sie alle: Bist du denn Gottes Sohn? Er sprach zu ihnen: Ihr sagt es, ich bin es. [71]Sie aber sprachen: Was bedürfen wir noch eines Zeugnisses? Wir haben's selbst gehört aus seinem Munde.

23[1]Und die ganze Versammlung stand auf, und sie führten ihn vor Pilatus [2]und fingen an, ihn zu verklagen, und sprachen: Wir haben gefunden, dass dieser unser Volk aufhetzt und verbietet, dem Kaiser Steuern zu geben, und spricht, er sei Christus, ein König. [3]Pilatus aber fragte ihn und sprach: Bist du der Juden König? Er antwortete ihm und sprach: Du sagst es. [4]Pilatus sprach zu den Hohenpriestern und zum Volk: Ich finde keine Schuld an diesem Menschen. [5]Sie aber beharrten darauf und sprachen: Er wiegelt das Volk auf damit, dass er lehrt im ganzen jüdischen Land, angefangen von Galiläa bis hierher. [6]Als aber Pilatus das hörte, fragte er, ob der Mensch aus Galiläa wäre. [7]Und als er vernahm, dass er unter die Herrschaft des Herodes gehörte, sandte er ihn zu Herodes, der in diesen Tagen auch in Jerusalem war. [8]Als aber Herodes Jesus sah, freute er sich sehr; denn er hätte ihn längst gerne gesehen; denn er hatte von ihm gehört und hoffte, er würde ein Zeichen von ihm sehen. [9]Und er fragte ihn mancherlei. Er antwortete ihm aber nichts. [10]Die Hohenpriester aber und die Schriftgelehrten standen dabei und verklagten ihn hart. [11]Aber Herodes mit seinen Soldaten verachtete und verspottete ihn, legte ihm ein weißes Gewand an und sandte ihn zurück zu Pilatus. [12]An diesem Tag wurden Herodes und Pilatus Freunde; denn vorher waren sie einander feind. [13]Pilatus aber rief die Hohenpriester und die Oberen und das Volk zusammen [14]und sprach zu ihnen: Ihr habt diesen Menschen zu mir gebracht als einen, der das Volk aufwiegelt; und siehe, ich habe ihn vor euch ver-

hört und habe an diesem Menschen keine Schuld gefunden, deretwegen ihr ihn anklagt; ¹⁵Herodes auch nicht, denn er hat ihn uns zurückgesandt. Und siehe, er hat nichts getan, was den Tod verdient. ¹⁶Darum will ich ihn züchtigen lassen und losgeben. ¹⁷Er musste ihnen aber zum Fest einen Gefangenen losgeben. ¹⁸Da schrien sie alle miteinander: Hinweg mit diesem! Gib uns Barabbas los! ¹⁹Der war wegen eines Aufruhrs, der in der Stadt geschehen war, und wegen eines Mordes ins Gefängnis geworfen worden. ²⁰Da redete Pilatus abermals auf sie ein, weil er Jesus losgeben wollte. ²¹Sie riefen aber: Kreuzige, kreuzige ihn! ²²Er aber sprach zum dritten Mal zu ihnen: Was hat denn dieser Böses getan? Ich habe keine Schuld an ihm gefunden, die den Tod verdient; darum will ich ihn züchtigen lassen und losgeben. ²³Aber sie setzten ihm zu mit großem Geschrei und forderten, dass er gekreuzigt würde. Und ihr Geschrei nahm überhand. ²⁴Und Pilatus urteilte, dass ihre Bitte erfüllt würde, ²⁵und ließ den los, der wegen Aufruhr und Mord ins Gefängnis geworfen war, um welchen sie baten; aber Jesus übergab er ihrem Willen.

Jesus zieht in Jerusalem ein. Die große Menge ruft laut und zieht ihm entgegen. Er hat den toten Lazarus ins Leben zurückgeholt. Davon erzählen sie. Viele schließen sich an. Sie rufen: »Da kommt der König von Israel.« Sie schwenken die Palmenzweige. Die Menge ist begeistert. Jesus zieht in Jerusalem ein, nicht hoch zu Ross, sondern auf einem Eselsfüllen. Die Jünger wundern sich. Später werden sie es verstehen. Die Menge jubelt. Und die Pharisäer sind machtlos. So erzählt es der Evangelist Johannes.

Der Evangelist Lukas erzählt diese Geschichte anders: Nicht die Menge, nicht ganz Jerusalem jubelt. Allein die Jünger jubeln. Sie empfangen ihren König, den König im Namen des Herrn. Sie rufen: »Friede im Himmel und Ehre in der Höhe!« Dieselben Worte, mit denen die Engel die Geburt Jesu ankündigen auf dem Feld bei den Hirten. Die Jünger treten bei Jesu Einzug in die Stadt als irdische Engel auf. Der Evangelist Lukas setzt einen weiteren anderen Akzent: Jesus weint über Jerusalem. Gerade eingezogen als wahrer König unter Freudengesängen, nun die Tränen:

»Wenn doch auch du, Jerusalem, erkenntest an diesem Tag, was zum Frieden dient! Aber nun ist's vor deinen Augen verborgen. Es wird eine Zeit über dich kommen, da werden deine Feinde um dich einen Wall aufwerfen, dich belagern und von allen Seiten bedrängen und werden dich dem Erdboden gleichmachen samt deinen Kindern in dir und keinen Stein auf dem andern lassen in dir, weil du die Zeit nicht erkannt hast, in der du besucht worden bist.« (Lk 19,42–44)

Jesus in Jerusalem. Ein Weg vom »Hosianna« zum »Kreuzige ihn!«. Wir halten an einer Station auf diesem Weg inne. Wir hören, wie Jesus verurteilt wurde. Wer verurteilt ihn? Die Jünger, die Gegner, die Machthaber, die Menge? Warum

soll er sterben? Warum verhindert niemand, dass er, der Unschuldige, zum Tod
verteilt wird? Warum verhindert er, der König, dies nicht selbst? Und was hat
das alles mit Gott zu tun?

Lukas, der Evangelist, erzählt. Jesus wendet sich an das Volk in Jerusalem.
Sie hören ihm zu, sie folgen ihm, sie stellen sich auf seine Seite. Seine Feinde,
die Oberen und Hohenpriester, wollen ihn fangen, ihn überführen und töten.
Aber das können sie nicht. Sie fürchten das Volk.

Jesus lehrt im Tempel, in seinem Haus. Er vertreibt die Händler: »Mein
Haus wird ein Bethaus sein, ihr habt es zur Räuberhöhle gemacht.« Alles Volk,
so Lukas, hört ihn und hing ihm an. Jesus steht den Hohenpriestern Rede und
Antwort. Er antwortet klug und vollmächtig. Jesus, der wahre König, mächtig,
gut, mit großem Zuspruch und viel Sympathie.

Dann aber: Judas, der Freund, verrät ihn, das letzte Mahl mit den Freunden,
seine Todesangst in Gethsemane, die Gefangenahme. Jesus in den Händen der
Feinde. Die Hohenpriester, der Hohe Rat. Im Mittelpunkt eine Frage: Bist Du
Christus? Bist du Gottes Sohn?

Jesu Antwort: Egal, was ich sage: ihr glaubt mir nicht. Der Menschensohn
sitzt von nun an zur Rechten Gottes. Ihr sagt es selbst: Ich bin Gottes Sohn.

Sie bringen ihn zu Pilatus und klagen ihn offiziell an. Die Vorwürfe sind
politisch: Er hetzt das Volk auf. Er verbietet, dem Kaiser Steuern zu zahlen. Er
gibt sich als König aus. Pilatus untersucht und urteilt: Dieser Mann ist unschuldig.

Er überstellt ihn an den zuständigen jüdischen König von Galiläa, Herodes
Antipas. Es ist immer gut, wenn man jemand anderen findet, der zuständig ist.
Herodes befragt Jesus eingehend. Er ist auf ganz anderes aus. Ein Zeichen von
Jesus – das wär's. Sein Urteil: unschuldig. Er schiebt Jesus ab, wieder zu Pilatus.
Und so berichtet Lukas, der Evangelist:

*Pilatus aber rief die Hohenpriester und die Oberen und das Volk zusammen und
sprach zu ihnen: Ihr habt diesen Menschen zu mir gebracht als einen, der das
Volk aufwiegelt; und siehe, ich habe ihn vor euch verhört und habe an diesem
Menschen keine Schuld gefunden, deretwegen ihr ihn anklagt; Herodes auch nicht,
denn er hat ihn uns zurückgesandt. Und siehe, er hat nichts getan, was den Tod
verdient. Darum will ich ihn züchtigen lassen und losgeben. Er musste ihnen aber
zum Fest einen Gefangenen losgeben. Da schrien sie alle miteinander: Hinweg mit
diesem! Gib uns Barabbas los! Der war wegen eines Aufruhrs, der in der Stadt geschehen war, und wegen eines Mordes ins Gefängnis geworfen worden. Da redete
Pilatus abermals auf sie ein, weil er Jesus losgeben wollte. Sie riefen aber: Kreuzige,
kreuzige ihn! Er aber sprach zum dritten Mal zu ihnen: Was hat denn dieser Böses
getan? Ich habe keine Schuld an ihm gefunden, die den Tod verdient; darum will
ich ihn züchtigen lassen und losgeben. Aber sie setzten ihm zu mit großem Geschrei
und forderten, dass er gekreuzigt würde. Und ihr Geschrei nahm überhand. Und*

Pilatus urteilte, dass ihre Bitte erfüllt würde, und ließ den los, der wegen Aufruhr und Mord ins Gefängnis geworfen war, um welchen sie baten; aber Jesus übergab er ihrem Willen.

Volk und Obere schreien: »Kreuzige Jesus.« Und Pilatus übergibt den unschuldigen Jesus ihrem Willen.

Der Menschensohn muss viel leiden und verworfen werden. Die Ältesten und Hohepriester verwerfen ihn. Er wird getötet. So hatte Jesus am Beginn seines Weges durch das Land seinen Jüngern geweissagt. Und dann erneut: Der Menschensohn wird überantwortet in die Hände der Menschen. Und ein drittes Mal: Der Menschensohn wird verspottet, misshandelt, angespien, gegeißelt und am Ende getötet.

Solches geschieht nun, geweissagt, nicht für möglich gehalten, grundlos, unerklärlich. Jesus, der König – in der Hand der Menschen – das geht nicht gut aus.

Die Bilder der Toten auf der Straße der Kleinstadt von Butscha in der Ukraine stehen uns vor Augen. Die Anwohner berichten Furchtbares. Soldaten kamen, schlugen, folterten, erschossen, brandschatzten. Sie griffen einfach jemanden heraus. Eine Frau, einen Mann, ein Kind. Wahllos, ohne Grund, ohne Anlass. Sie verbreiteten Angst und Schrecken. Das war die Absicht. Wir legen die Bilder nebeneinander. Jesus im Verhör, Jesus in der Hand der Soldaten, Jesus vor Pilatus, die schreiende Menge. Und die Bilder von gequälten, vertriebenen, zu Tode geängstigten Menschen. In der Ukraine, im Jemen, in Syrien, in Afghanistan.

Warum tun Menschen solches? Warum stoppen Herodes und Pilatus, verantwortlich für Recht und Gesetz, für den Schutz des unschuldig Angeklagten, nicht die Todesspirale? Sie sehen die Unschuld. Warum schreit die Menge: »Kreuzige ihn!«? Eben noch hingen sie an Jesu Lippen.

Sie verhöhnen das Opfer Jesus. Sie verhöhnen die Opfer von Butscha, wenn sie behaupten, da lägen Schauspieler. Jesus geht in den Tod, Schritt für Schritt, eine Spirale in die Finsternis. Ohne Schuld, geweissagt.

Uns treibt eine zweite Frage um: Warum geht Jesus in den Tod? Der König, der wahre König der Juden, der Sohn Gottes, der Menschensohn. Der zur Rechten Gottes sitzt!

Hier unterscheiden sich die Bilder. Jesus, der Mann unter Anklage. Einerseits. Die unschuldig Leidenden im Krieg. Andersseits.

Jesus ist nicht einfach zufällig am falschen Ort. Er ist bewusst nach Jerusalem gegangen. Er ist der Konfrontation im Tempel nicht ausgewichen, er hat sich nicht vertan.

Wir folgen Jesus und erleben, wie er solches an sich geschehen lässt. Er sagt nichts mehr, er antwortet nicht auf die Fragen. Er greift nicht ein. Er hält die Spirale in die Finsternis nicht auf. Jesus geht den Weg in die Niedrigkeit. Er stellt dem Bösen nicht seine Macht entgegen. Eine Macht, an der Tod und Teufel zerschellen. Das ist nicht Gottes Weg.

Jesus geht hinein in das Böse und erleidet es. Er neutralisiert, entkräftet, zersprengt das Böse von innen. Das ist Gottes Weg.

Der Weg Jesu in den Tod führt nicht an das Ende. Aber das wissen Jesu Freunde, die Augenzeugen, die passiv und die aktiv an seiner Vernichtung Beteiligten noch nicht.

Die Bilder aus Butscha, die vielen Bilder aus dem Krieg, die Berichte von Schrecken und Tod.

Wie kann das aufhören? Wie können Menschen, die solch Grauen erlebt haben, damit leben, danach weiterleben?

Heidi Tagliavini, Diplomatin aus der Schweiz, schaut auf 20 Jahre Vermittlungsarbeit zwischen Kriegsgegnern zurück. Grosny, Georgien, Ukraine. Das waren ihre Stationen. In gewaltsamen Konflikten, im Krieg, so die Diplomatin, geben Menschen ihre Menschlichkeit auf. Sie verfolgen rücksichtslos ihre Ziele. Es geht um Macht, um Politik, um Vermögen. Dafür ordnen sie alles unter. Abgründe tun sich auf. Unvorstellbar. Dafür stehen die schrecklichen Ereignisse in Butscha beispielhaft. Als Vermittlerin versuchte sie, mit den verfeindeten Seiten im Gespräch zu bleiben. Unrecht und Gewalt müssen benannt und anerkannt werden. Das fordern die Opfer, das brauchen die Opfer, um weiterleben zu können.

Im Verlauf der Kriege zeigt sich aber auch: Am Ende haben beide Kampfparteien Blut an den Händen. Es führt kein Weg daran vorbei: Täter und Opfer müssen miteinander weiterleben. Aufgabe der Vermittler ist, immer neue Vorschläge zu machen, die die Spirale des Todes stoppen. Sie müssen beharrlich kreativ sein. Immer und immer wieder.

Auch wenn Gewalt, Tod und Schuld so grausam wüten. Sie haben nicht das letzte Wort. Am Ende wird das Leben das Böse neutralisieren, entkräften und von innen zersprengen.

Der wahre König siegt.

Ausleger:
Dr. Matthias Rein ist seit 2012 Senior (Superintendent) des Evangelischen Ministeriums Erfurt.

Kreuzigung und Tod, Lukas 23,26–49

Dr. Friederike Spengler

(Der Predigttext wird später gelesen.)

Der Tod: von weltlichen und geistlichen Machtzentren öffentlich in Szene gesetzt.

Die Soldaten nehmen ihre Waffen, die Kleidung des Getöteten und gehen zurück in die Kaserne. Sie haben ihren Dienst erledigt.

Jesus ist tot. Gekreuzigt um die 12. Stunde nach Sonnenaufgang am Ende einer Woche um das Jahr 30. Die Staatsdiener habe die Drecksarbeit erledigt. Nachfragen wären sinnlos gewesen, man hörte auf Befehle, ordnete sich unter. War doch nur ausführendes Organ …

Was dem Gekreuzigten an jenem Karfreitag geschah, ist das Gegenprogramm zu dem, was der Gekreuzigte selbst ist. Jesus: Zeuge für Gottes Gerechtigkeit und Vergebung.

Als solcher war er auch als Messias erwartet. Etwa von Jesaja.

Er wird mit Gerechtigkeit richten die Armen und rechtes Urteil sprechen den Elenden im Lande … Gerechtigkeit wird der Gurt seiner Lenden sein und die Treue der Gurt seiner Hüften, schreibt der Prophet.

Als solcher wurde er ersehnt: als Anwalt der Armen, Unterdrückten, der Notleidenden, Benachteiligten und Elenden. Nun hängt er – gefoltert, gedemütigt und nach fragwürdigem Prozess verurteilt – am Kreuz. Aufgespannt zwischen Himmel und Erde. Links und rechts von ihm Straftäter.

Nüchtern erzählt Lukas die Geschichte. Hören wir, ob sie uns nicht doch *Evangelium,* also *gute Botschaft* werden kann.

[26]Und als sie ihn abführten, ergriffen sie einen, Simon von Kyrene, der vom Feld kam, und legten das Kreuz auf ihn, dass er's Jesus nachtrüge. [27]Es folgte ihm aber eine große Volksmenge und viele Frauen, die klagten und beweinten ihn. [28]Jesus aber wandte sich um zu ihnen und sprach: Ihr Töchter von Jerusalem, weint nicht über mich, sondern weint über euch selbst und über eure Kinder. [29]Denn siehe, es wird die Zeit kommen, in der man sagen wird: Selig sind die Unfruchtbaren und

die Leiber, die nicht geboren haben, und die Brüste, die nicht genährt haben!
³⁰Dann werden sie anfangen zu sagen zu den Bergen: Fallt über uns!, und zu den
Hügeln: Bedeckt uns! ³¹Denn wenn man das tut am grünen Holz, was wird am
dürren werden? ³²Es wurden aber auch andere hingeführt, zwei Übeltäter, dass
sie mit ihm hingerichtet würden. ³³Und als sie kamen an die Stätte, die da heißt
Schädelstätte, kreuzigten sie ihn dort und die Übeltäter mit ihm, einen zur Rechten
und einen zur Linken. ³⁴Jesus aber sprach: Vater, vergib ihnen; denn sie wissen
nicht, was sie tun! Und sie verteilten seine Kleider und warfen das Los darum.
³⁵Und das Volk stand da und sah zu. Aber die Oberen spotteten und sprachen: Er
hat andern geholfen; er helfe sich selber, ist er der Christus, der Auserwählte
Gottes. ³⁶Es verspotteten ihn auch die Soldaten, traten herzu und brachten ihm
Essig ³⁷und sprachen: Bist du der Juden König, so hilf dir selber! ³⁸Es war aber
über ihm auch eine Aufschrift: Dies ist der Juden König. ³⁹Aber einer der Übeltäter,
die am Kreuz hingen, lästerte ihn und sprach: Bist du nicht der Christus? Hilf dir
selbst und uns! ⁴⁰Da antwortete der andere, wies ihn zurecht und sprach: Fürchtest
du nicht einmal Gott, der du doch in gleicher Verdammnis bist? ⁴¹Wir sind es zwar
mit Recht, denn wir empfangen, was unsre Taten verdienen; dieser aber hat nichts
Unrechtes getan. ⁴²Und er sprach: Jesus, gedenke an mich, wenn du in dein Reich
kommst! ⁴³Und Jesus sprach zu ihm: Wahrlich, ich sage dir: Heute wirst du mit mir
im Paradies sein. ⁴⁴Und es war schon um die sechste Stunde, und es kam eine
Finsternis über das ganze Land bis zur neunten Stunde, ⁴⁵und die Sonne verlor ih-
ren Schein, und der Vorhang des Tempels riss mitten entzwei. ⁴⁶Und Jesus rief laut:
Vater, ich befehle meinen Geist in deine Hände! Und als er das gesagt hatte, ver-
schied er. ⁴⁷Als aber der Hauptmann sah, was da geschah, pries er Gott und sprach:
Fürwahr, dieser Mensch ist ein Gerechter gewesen! ⁴⁸Und als alles Volk, das dabei
war und zuschaute, sah, was da geschah, schlugen sie sich an ihre Brust und
kehrten wieder um. ⁴⁹Es standen aber alle seine Bekannten von ferne, auch die
Frauen, die ihm aus Galiläa nachgefolgt waren, und sahen das alles.

Liebe Gemeinde,

»Und als sie kamen an die Stätte, die da heißt Schädelstätte, kreuzigten sie ihn
dort und die Übeltäter mit ihm, einen zur Rechten und einen zur Linken.«

Gerade wegen seiner Knappheit und Nüchternheit geht mir der Satz durch und
durch. *Ein* Satz reicht. Geschrieben, distanziert wie eine Zeitungsnotiz oder die
Eilmeldung auf einem Nachrichtenkanal.
    Und dann ein Bruch. Plötzlich nicht mehr distanzierte Ferne. Plötzlich ganz
nah dran: *Jesus aber sprach: Vater, vergib ihnen; denn sie wissen nicht, was sie*
tun! Bewegende Worte.
    In einigen Handschriften des Evangeliums fehlt der Vers.
    Eine mögliche Erklärung aus der Geschichte Israels: Als im Jahr 70 die Rö-

mer Jerusalem einnahmen und den Tempel zerstörten, sahen das Christen als Strafe für die Kreuzigung Jesu an. »Da waren doch die Juden selbst dran schuld«, meinten sie.

Jesus aber sprach: Vater, vergib ihnen; denn sie wissen nicht, was sie tun! »Das kann doch Jesus nicht so gemeint haben! Den Tätern vergeben? Dieser anstößige Vers muss raus!« Nicht überall fehlte er. Und so konnte ihn Martin Luther, als er auf der Wartburg das Neue Testament übersetzte, übernehmen.

Ein Satz – eine ganze Theologie!

Mich erinnert dieser Satz Jesu an ein Gebet aus einem der Todesorte im Deutschland des vergangenen Jahrhunderts. Gerade jetzt im April erinnern wir uns ja wieder an die Befreiung der Vernichtungslager im Jahr 1945: Buchenwald, Mittelbau-Dora, Bergen-Belsen, Sachsenhausen, Flossenbürg, Dachau, Ravensbrück. Aus Ravensbrück stammen Zeilen, in denen heißt es:

»Friede den Menschen, die bösen Willens sind, und ein Ende aller Rache ...Die Grausamkeiten spotten allem je Dagewesenen, sie überschreiten die Grenzen menschlichen Begreifens, und zahlreich sind ihre Märtyrer. [...] auf dass wieder Friede sein möge auf dieser armen Erde den Menschen, die guten Willens sind, und dass dieser Friede auch zu den anderen komme.«[1]

Ein Gebet aus dem KZ, geschrieben im Geiste Jesu: so wie er nicht gegen Feinde und Gegner wütet, nicht einmal gegen die tatenlos Zusehenden. Vielmehr alle Gott vor die Füße legt: Hier, Vater, nimm Hass, Unterdrückung und Gewalttaten. Nimm hin alle Gleichgültigkeit der Menschen. Ziehe sie zu dir.

Welche Bedeutung Jesu Fürbitte für den Schuldigen hat, zeigt ein Blick auf die jüdische Gerichtspraxis. Vom Angeklagten wurde ein Schuldbekenntnis erwartet. Der Hohepriester stand dabei, nahm es entgegen und sprach den Schuldigen ledig und los. In diesem Sinne bittet Jesus für seine Mörder. Luther schreibt, hier spricht unser aller Hohepriester.

Und Jesus bittet auch an Gottes Statt: Denn der Schmerz, den Menschen damals Jesus zugefügt haben, ist Gottes Schmerz. Und der Schmerz, den Menschen in Ravensbrück und Buchenwald Menschen zugefügt haben, ist Gottes Schmerz. Und der Schmerz, den Soldaten der russischen Armee heute Menschen in Kiew, Butscha und Kramatorsk zufügen, ist Gottes Schmerz. Jesus übergibt die Schuldigen seinem Vater, der wird Recht sprechen.

Bis zum letzten Atemzug hat Jesus die im Blick, zu denen er gesandt ist, hält daran fest, *zu suchen und selig zu machen, was verloren ist* (Lk 19,10).

---

[1]   Das gesamte Gebet ist im EG Bayern/Thüringen aufgenommen und auf S. 200 abgedruckt.

Die allgemeine Bitte um Entschuldung der Menschen durch Gott wird im Gespräch Jesus mit dem einen der beiden Übeltäter ganz konkret. Diesem sagt Jesus auf den Kopf zu: *Wahrlich, ich sage dir: Heute wirst du mit mir im Paradies sein.*

Mitten in der Hölle grausamen Leidens reißt Jesus den Himmel auf und zeigt das Paradies. Hier wird einem zugesprochen:»Dir sind deine Sünden vergeben, deine Entfernung von Gott ist überwunden. Mein Kreuz bringt dich mit hindurch.«

Jesus Kreuz – Durchgang zum Paradies.

Und das Volk stand da und sah zu – Gaffer und Schaulustige am Ort der Katastrophe. Oder auch bewusst hinbestellt, um eingeschüchtert und kleinlaut zu werden?

Das Volk glotzt, gafft, guckt zu. Karl Barth schreibt: Hier steht auch die erste christliche Gemeinde. Wir sehen angewidert, interessiert, erschrocken auf das, was vor unseren Augen geschieht. Waren wir, Hörerinnen und Hörer, bis dahin nicht eingeplant in dieser Geschichte, stehen nun mit unterm Kreuz.

Anders als die anderen Evangelien es erzählen, stirbt Jesus nach Lukas nicht mit einem Schrei oder mit verständigem: »*Es ist vollbracht.*« Er stirbt mit dem Abendgebet eines frommen Juden auf den Lippen (Psalm 31,6): *Vater, ich befehle meinen Geist in deine Hände!*

Wir werden Zeugen eines höchst innigen Einvernehmens zwischen Gott-Vater und Gott-Sohn. Dass es Gott selbst ist, der am Kreuz leidet, wird noch einmal unterstrichen. Jesus lässt sich nicht das Leben nehmen, sondern übergibt es dem Vater.

Die letzten Worte sind ein liebevolles Zwiegespräch. Was für ein Testament!

Als solches hört es auch der römische Hauptmann. Er erkennt Jesus als den *Gerechten*. Aus einem Gleichgültigen und Täter wird einer, der ab jetzt genau hinsehen wird.

Sieh auch du hin, Gemeinde, wie Jesus stirbt, so wirst auch du genau hinsehen …

Jesus Christus / wenn ich dich frage / warum du so gestorben bist / umgeben von Zuschauern / ein Spott der Leute –

Dann erkenne ich mich wieder;
Meine krampfhaften Versuche, jeden Schmerz zu vermeiden / die Abgründe in mir, die ich nicht begreifen kann / meinen Wunsch nach Ruhe, der mich oft gefühllos und gleichgültig macht / die Gedankenlosigkeit, mit der ich meine Tage zubringe / die Schuld, die ich zu vergessen suche.

Und ich erkenne meine Welt:
Die Macht, die Menschen missbraucht und zerstört / den Fortschritt, der sich selbst
zugrunde richtet / den Krieg, begonnen aus Angst / die Unfähigkeit, Unrecht beim
Namen zu nennen und ihm entgegen-zutreten / die Gewöhnung an das alles, die
sich nicht mehr erschrecken lässt –

Und ich erschrecke, Herr,
über mich und diese ganze Welt / und suche dich / und frage dich / am Kreuz,
Herr / wer ich bin / woran ich leide / wer an mir leidet / und wem ich Hilfe und
Hoffnung geben kann / trotz allem.[2]

Ihr Lieben,
der Karfreitag führt uns in die Tiefe. Auch in die Abgründe, in unsere Abgründe.
Das Evangelium aber bezeugt, dass es keine Tiefe und keinen Abgrund gibt, in
denen Gott nicht schon da ist.
    Selbst im Tod? Ja und Amen, auch da ist Gott schon da.
    Das ist das Geheimnis dieses Tages: Das Wort des Lebens inmitten des To-
des. Mitten im Tod sind wir vom Leben umfangen.
    Gott will nicht ohne den Menschen leben. Gott lebt für uns! Dass Gott lebt,
feiern wir am Ostertag. Dass Gott *für uns* lebt, ist die Wahrheit seines Todes.
Beides gehört untrennbar zusammen.

Auslegerin:
Dr. Friederike Spengler ist seit 2018 Regionalbischöfin im Sprengel Süd der
Evangelischen Kirche in Mitteldeutschland.

---

[2]   Wolfhart Koeppen, PST III/1, 1981, 197.

Jesu Auferstehung, Lukas 24,1–6

Dr. Michael Trowitzsch

¹Aber am ersten Tag der Woche sehr früh kamen sie zum Grab und trugen bei sich die wohlriechenden Öle, die sie bereitet hatten. ²Sie fanden aber den Stein weggewälzt von dem Grab ³und gingen hinein und fanden den Leib des Herrn Jesus nicht. ⁴Und als sie darüber ratlos waren, siehe, da traten zu ihnen zwei Männer in glänzenden Kleidern. ⁵Sie aber erschraken und neigten ihr Angesicht zur Erde. Da sprachen die zu ihnen: Was sucht ihr den Lebenden bei den Toten? ⁶Er ist nicht hier, er ist auferstanden.

Trotz

Recht hatte er gehabt. Christus ist auferstanden von den Toten. Recht hatte er gehabt. Amen. Starke Worte? Ja. Die glücklichsten Worte, die es gibt. Er ist auferstanden von den Toten.

Liebe Gemeinde! Reden wir heute groß und trotzig über Auferstehung, über den machtvollen Auferstehungs-Gott! Mit schwachen Kräften, natürlich. Mit brüchiger Stimme, ja. Als ängstliche Christenmenschen. Aber so trotzig es geht! Der Nazarener wollte es nicht hinnehmen, dass die Schwächsten und Elendesten nach Belieben gefressen werden. Recht hatte er gehabt.

Was war denn vorher geschehen, im Lebenslauf des Jesus von Nazareth? Gott hatte für ihn gebrannt. Er, Jesus von Nazareth, hatte für Gott gebrannt. Das hieß jetzt: Er hatte für die Liebe gebrannt. Das hatte es vorher nie gegeben. Wohin er kam, er hatte die Liebe überall hingetragen. Er hatte Kranke geheilt. Er hatte Tote auferweckt, im Namen Gottes des Allmächtigen. Er hatte in Gleichnissen Gott als den Liebenden nahegebracht. In der Bergpredigt die Gewaltlosigkeit der Liebe verbindlich gemacht und mit Vollmacht verkündigt, dass die Friedensbringer selig seien, die Friedensbringer. Das war die einfache Absage an Geist, Logik und Praxis der Grausamkeit, die Absage an Gewalt und Krieg. Absage! Und noch zuletzt, am Kreuz, noch zuletzt hatte er geflüstert: »Vater, vergib ihnen, denn sie wissen nicht, was sie tun!« Unglaubliche Liebe bis in den bösartigen, höllischen Tod.

Unglaubliche Liebe. Ein wilder Gedanke. Eine leidenschaftliche, nie gehörte, dramatische Wahrheit. –

Aber, nein, so schien es, das ließ sich denn doch nicht durchhalten. Golgatha, Stätte der hundert Totenköpfe. Der Liebevolle war zuletzt gescheitert, so musste es aussehen. Gegen Gewalt und Tod konnte er nicht ankommen, scheinbar. Man hatte ihn weggebissen. Wer ist allmächtig? Bösartige Antwort: Der Tod hat den Kopf gehoben.

Nein. Nein. Der dritte Tag. Ostern. Heiliges Ostern. Unfassbar! Jetzt ist alles ganz anders! Dieser bis zuletzt Liebevolle ist jetzt von Gott ins Recht gesetzt. Der Herr ist auferstanden! Nicht symbolisch, sondern real. Nicht als Veranschaulichung eines Wertes oder eines Gedankens oder einer Idee. Sondern »leiblich, sichtbar, hörbar, greifbar«. Recht hatte er gehabt. Gott, so heißt es herrlich bei Jesaja, Gott geht *»mit diesem Volk wunderlich um, aufs Wunderlichste und Seltsamste«* (Jes 29,14).

Ja, liebe Gemeinde, reden wir über Auferstehung. Wunderlich. Seltsam. Groß. Trotzig! –

Aber nun. Eine Stimme, ein grinsender Dämon. Ein Dämon will uns zurückreißen zum Karsamstag. Karsamstag: Das heißt Gottesfinsternis, das heißt Christuslosigkeit. Unterschätzen wir diesen Tag nicht! Diesen Karsamstag gibt es heute immer noch. Immer wenn das Böse losgelassen wird wie ein tollwütiger Hund – immer dann beißt der Karsamstag, immer dann schreit der Dämon. Bis heute. Ist das eine leise Grabesstimme – an einem »stillen Tag«? Der Karsamstag als »stiller Tag«? Nein, das ist jedes Mal ein dämonisches Triumphgeschrei: triumphal wegen des Niedermachens des Gottessohnes, das Kreischen, das Geheul des Vernichtungswillens, ohrenbetäubend laut wie die Einschläge von Raketen in einem brutal überfallenen Land. Der Karsamstag ist jedes Mal der furchtbare Tag der Jesus-Leiche. Der Jesus-Leiche und der Grausamkeit der brutalen Kriegsknechte von Golgatha. Die foltern und lachen. Nichts geschieht, als dass sich die Bösartigkeit von Golgatha wie ein Tier festbeißt in die Welt, festbeißt in unsere Geschichte.

Der Tag der Jesus-Leiche: Tot ist die Barmherzigkeit. Die Liebe verfault. Dann kriecht zwangsläufig der Krieg herbei, dann kommt sehr schnell und sehr real das Böse auf – und es eskaliert, es steigert sich auf, es wird immer schlimmer.

Liebe Gemeinde! Lassen wir das allgemeine und abstrakte Reden vom Bösen! Reden wir konkret vom konkreten Karsamstag. Der hat ein neues Datum: 24. Februar 2022 – der Beginn eines neuen Todesbrüllens. Reden wir von heute. Weil es nicht anders geht. Weil wir heute nicht weniger als den großen Trotz Gottes brauchen. Heute. Den großen Trotz – Gottes.

Trotz gegen die eskalierende Gewalt! Gegen eine eiserne Zwangsläufigkeit. Gegen eine ganze Maschinerie. Die Maschinerie einer Steigerung, ein Höherschrauben. Sehr primitiv ist dieser Mechanismus. Der lautet nämlich: Was sich nicht mit Gewalt erreichen lässt, das lässt sich aber mit mehr Gewalt errei-chen, mit brutalerer Gewalt, mit tödlicheren Waffen, mit Massenvernichtungs-mitteln. Eine furchtbare Dynamik. Das ist Geist, Logik und Praxis der Leiche: die Drohung mit der totalen Vernichtung. Der Tod hebt den großen, glotzenden Kopf.

Eine »Zeitenwende«, deren Zeugen wir sind? Ach was. Keine Wende. Son-dern ein einfaches Weitermachen. Ein weiteres furchtbares Hochschrauben der Spirale der teuflischen Waffen. Immer erscheint das Verbessern der Waffen ir-gendwie zwangsläufig und unausweichlich und unaufhaltsam. Um Gottes wil-len!

Da sitzt ein Besessener verschlagen und verkrampft an seinem Schreibtisch und droht mit dem Einsatz von Atomwaffen. Und auf der anderen Seite, jenseits des Atlantiks, sitzt jemand, der auch über Atomwaffen verfügt. Und beide wis-sen, dass der blaue Planet in ein paar Tagen verwüstet werden kann. Abschre-ckung. Gleichgewicht des Schreckens. Fragiles angebliches Gleichgewicht: auf des Messers Schneide. Aber wie lange noch? Hat der Dämon Zeit zu warten? Nur ein bisschen braucht der tollwütige Hund zu warten. Nur so lange, bis die Abschreckung versagt. Wann wird das sein? Ist der Wahnsinn überhaupt noch zu stoppen? Eine absolut gottlose Situation. Da schreit die Stimme eines mensch-heitsweiten Irrsinns. Irgendwie sind wir es selbst, irgendwie. Wir selbst. Wir modernen Menschen. Die Zunge hängt uns heraus, seit langem, aus Gier nach immer tödlicheren Waffen. Waffen-Idiotie. Atom-U-Boote etc. haben wir ja schon seit Jahrzehnten. Jetzt verfügen die Banditen im Kreml auch noch über Hyper-schallwaffen (mit denen man gut Geburtskliniken treffen kann). Solche Waffen muss der Westen natürlich auch bald haben, zwangsläufig, nicht wahr, mög-lichst schnell. Kann das sein, dass wir uns inzwischen für das Gefühl des Schre-ckens abgetötet haben? Es ist zum Verzweifeln. Man schämt sich zu Tode. Ist die Menschheit denn verrückt geworden? Sind wir verrückt geworden? Ja. Noch nie waren wir solche Idioten.

Bitteres Lachen des Dämons. Er grinst. Er will einfach Ostern niedertram-peln. Natürlich geht er auf die Osterpredigt los. Er will der Osterpredigt das Maul stopfen. Was sagt er? »Die Waffen sind alles und die Gewaltlosigkeit schon mal überhaupt nichts«, zischt er, wie die Schlange in den Wassern. »Ihr Ossis mit euren Kerzen und eurem Ruf ›Keine Gewalt‹. Und Sie, kleiner Eisenacher Oster-Prediger, überheben Sie sich nicht! Leichtgewicht! Bringen Sie denn das Gewicht, anzureden mit Ihrer lachhaften Osterbotschaft gegen den Krieg und gegen die gigantische Waffenmaschinerie? Immer nur der angeblich allmächtige Gott. Kommen Sie sich bei den großen Sprüngen und den großen, feierlichen Worten nicht ein bisschen verloren und lächerlich vor? Haben Sie's nicht ein bisschen todesnäher?«, zischt der Dämon, und dann, maulaufreißend: »Sie, Pre-diger der Liebe, Prediger der Auferstehung, halten Sie endlich den Mund! Und zwar für immer!« –

Nein, liebe Gemeinde. Dem Prediger ist hart ins Gesicht geschlagen, und er blutet vielleicht, aber er wird nicht den Mund halten. Weil es auf ihn selbst gar nicht ankommt. – Gleich dazu noch mehr.

Aber zuerst noch einmal eine große, sehr andere Stimme, die des Johann Sebastian Bach. Nein, der hielt auch nicht den Mund. Der rief laut, musikalisch, erschütternd: »Soli Deo Gloria.«

Dem Prediger soll das Maul gestopft werden. Weil uns der Dämon in das Böse zurückreißen will, in ein Mitmachen, in Hinnahme und Beförderung der gigantischen Waffenmaschinerie. So dass wir an ihr teilhaben. Wir sollen einfach dabei sein. Um Gottes willen, nein! Kommt nicht in Frage! Wir wollen nicht dabei sein im Schlachthaus. Wir sind keine Menschen des Karsamstag. Wir gehören da nicht hin. Der Herr ist auferstanden! Heiliges Ostern. Wir sind Menschen von Ostern. Wir sind Menschen der Nachfolge: die einfach der Lebenslinie des barmherzigen Jesus von Nazareth folgen. Dietrich Bonhoeffer nannte das »einfältigen Gehorsam«. Weil die Liebe jetzt Recht hat. Weil die Liebe jetzt und heute den einfältigen Gehorsam erwartet.

Überhaupt, auf die Glaubwürdigkeit des Oster-Predigers kommt es nun am wenigsten an. Ist doch egal, wenn ich mir verloren vorkomme. Ich bin hier nur der arme Klavierspieler. I am only the piano player. Ich bin nur das einfältige Niemandlein, ein ängstliches Christenkind – mit Furcht und Zittern. Meiner Predigt bin ich menschlich und sprachlich nicht gewachsen, nicht im Geringsten. Nein, mein eigener kleiner Trotz ist das nicht. Es ist der Trotz Gottes, der Auferstehungs-Trotz. Gott sei Dank: das härteste »Trotzdem« der Welt. »Trotz dem alten Drachen.« Gott selber hat dem Drachen schon getrotzt. Ja, mit Berufung auf die Auferstehung Christi gilt ja schon: »*Rahab zerhauen, der Drache durchbohrt*« (Jes 51,9). »*Der Herr sucht die gewundene Schlange heim, und den Drachen im Meer tötet er.*« (Jes 27,1)

Er will aber jetzt auch unseren kleinen Trotz. Die Folgen sind ungeheuer, und die Folgen sind konkret, wenn diese Botschaft ernstgenommen wird. Wie ernst nehmen wir sie? Wie konkret nehmen wir die Nachfolge? Und den einfältigen Gehorsam?

Wir, die Kirchen? Wir, die Christen? Fallen wir zurück? »Gewehre rechts, Gewehre links – das Christkind in der Mitten!«, heißt es bitter und sarkastisch (Tucholsky). Müssen wir denn unsererseits immer noch weiter unterstützen, was von der Finsternis herangekrochen kommt? Wann hören wir auf, zuzustimmen oder mitzumachen, wenn die Wahnsinnsspirale immer noch weiter hochgedreht wird? Jede Waffengeneration ist ja zweifellos immer noch wahnsinniger, weil zweifellos noch viel tödlicher. »Der Schoß ist fruchtbar noch, aus dem das kroch.« Aufrüsten und Wettrüsten. 100 Milliarden »Sondervermögen« – sie werden »ein schöner Anfang« sein. Bis zu welcher Grenze gehen wir mit? Weiter und weiter? Aber wann geben wir unsererseits der Waffen-Idiotie den Abschied? »Morgen«? Überhaupt nicht? Wann springen wir heraus aus der Täterreihe? Widerlager, Ausscheren, Nein ohne jedes Ja, Ausklinken. Raus aus der Täterreihe.

Ist denn alles vergessen? Vergessen, dass die Bundesynode der Kirchen der DDR schon 1983, in tiefen DDR-Zeiten, eine »Absage an Geist, Logik und Praxis der Abschreckung« erteilt hat, eine Absage an das sogenannte »Gleichgewicht des Schreckens«. Und dass das 1987 in Görlitz wiederholt wurde. Ungeheuer mutig dieses Bekenntnis damals! Heute vergessen? Fallen wir zurück?

Und ein bisschen Trotz unsererseits? Wenigstens ein bisschen Görlitz-Trotz? Wir wollen inständig darum beten. Noch einmal: mit Furcht und Zittern. Der Glaube hält aber die unantastbare Auferstehungsbotschaft fest. Er hält sie in den gefalteten Händen fest. Wenn es um die Auferstehung des liebevollen Christus geht, weicht deshalb der Glaube keinen Zentimeter zurück. Weil sich das ausschließt: der sich immer nur aufsteigernde Wahnsinn dort – und die göttliche Auferstehungsbotschaft hier.

Die Auferstehungsbotschaft: Das ist nun eine sehr andere Stimme, nicht mehr die des Irrsinns. Die sagt vielmehr, dass die Liebe jetzt Recht hat – und auch in Ewigkeit Recht bekommen wird. Eine große Stimme.

»Ich hörte eine große Stimme, die sprach: Siehe da, die Hütte Gottes bei den Menschen! Und er wird bei ihnen wohnen, und sie werden sein Volk sein, und er selbst, Gott, wird mit ihnen sein. Und Gott wird abwischen alle Tränen von ihren Augen, und der Tod wird nicht mehr sein, noch Leid noch Geschrei noch Schmerz wird mehr sein, denn das Erste ist vergangen. Und der auf dem Thron saß, sprach: Siehe, ich mache alles neu.« (Offb 21,3–5)

Liebe Gemeinde! Festigkeit des Herzens – man kann nur darum beten. Wir wollen dringend und leidenschaftlich darum bitten. Sich aber nicht die Ohren zudröhnen lassen vom Gebrüll. »Vergesst Ostern!«, schreit es. »Vergesst die Nachfolge!« Nein. Niemals werden wir es vergessen. Niemals. Wir halten uns die Ohren zu. Wir lassen uns nicht aus Ostern herausdrängen, zurück zur allegenwärtigen Leiche und zu den Kriegsknechten von Golgatha. Der Herr ist wahrhaftig auferstanden. In Ewigkeit wird die Liebe recht bekommen, die Gewaltlosigkeit, die Menschlichkeit.

Ja, das ist unsere feste, trotzige Gewissheit. Verheißungsvoll sagt der Prophet: *»Ich habe deine Stirn so hart wie einen Diamanten gemacht«* (Hes 3,9). Irgendwie ist das ja auch die Gewissheit des Martin Luther. Und des Johann Sebastian Bach. Und des Karl Barth und des Dietrich Bonhoeffer. Wir glauben an den Auferstehungs-Gott. Heiliges Ostern! Der Gekreuzigte ist auferstanden von den Toten. Genau das sind die einfältigsten und die tiefsten und die besten Worte, es es gibt. Der Herr ist auferstanden.

Wenn sie irr werden – soll'n sie die Wahrheit sehn.
Wenn sie sinken ins Meer – soll'n sie auferstehn.
Wenn die Liebenden fallen – die Liebe fällt nicht.
Und dem Tod soll kein Reich mehr bleiben. (Dylan Thomas)
Ja. – So ist es. – Perfekt. – Punkt. – Basta. – Sela, Psalmende. – Amen.

Ausleger:
Dr. Michael Trowitzsch war bis 2010 Professor für Systematische Theologie an
der Friedrich-Schiller-Universität Jena.

Der Weg nach Emmaus, Lukas 24,13–33

Dr. Beate Hofmann

¹³Und siehe, zwei von ihnen gingen an demselben Tage in ein Dorf, das war von Jerusalem etwa sechzig Stadien entfernt; dessen Name ist Emmaus. ¹⁴Und sie redeten miteinander von allen diesen Geschichten. ¹⁵Und es geschah, als sie so redeten und einander fragten, da nahte sich Jesus selbst und ging mit ihnen. ¹⁶Aber ihre Augen wurden gehalten, dass sie ihn nicht erkannten. ¹⁷Er sprach aber zu ihnen: Was sind das für Dinge, die ihr miteinander verhandelt unterwegs? Da blieben sie traurig stehen. ¹⁸Und der eine, mit Namen Kleopas, antwortete und sprach zu ihm: Bist du der Einzige unter den Fremden in Jerusalem, der nicht weiß, was in diesen Tagen dort geschehen ist? ¹⁹Und er sprach zu ihnen: Was denn? Sie aber sprachen zu ihm: Das mit Jesus von Nazareth, der ein Prophet war, mächtig in Tat und Wort vor Gott und allem Volk; ²⁰wie ihn unsre Hohenpriester und Oberen zur Todesstrafe überantwortet und gekreuzigt haben. ²¹Wir aber hofften, er sei es, der Israel erlösen werde. Und über das alles ist heute der dritte Tag, dass dies geschehen ist. ²²Auch haben uns erschreckt einige Frauen aus unserer Mitte, die sind früh bei dem Grab gewesen, ²³haben seinen Leib nicht gefunden, kommen und sagen, sie haben eine Erscheinung von Engeln gesehen, die sagen, er lebe. ²⁴Und einige von denen, die mit uns waren, gingen hin zum Grab und fanden's so, wie die Frauen sagten; aber ihn sahen sie nicht. ²⁵Und er sprach zu ihnen: O ihr Toren, zu trägen Herzens, all dem zu glauben, was die Propheten geredet haben! ²⁶Musste nicht der Christus dies erleiden und in seine Herrlichkeit eingehen? ²⁷Und er fing an bei Mose und allen Propheten und legte ihnen aus, was in allen Schriften von ihm gesagt war. ²⁸Und sie kamen nahe an das Dorf, wo sie hingingen. Und er stellte sich, als wollte er weitergehen. ²⁹Und sie nötigten ihn und sprachen: Bleibe bei uns; denn es will Abend werden, und der Tag hat sich geneigt. Und er ging hinein, bei ihnen zu bleiben. ³⁰Und es geschah, als er mit ihnen zu Tisch saß, nahm er das Brot, dankte, brach's und gab's ihnen. ³¹Da wurden ihre Augen geöffnet, und sie erkannten ihn. Und er verschwand vor ihnen. ³²Und sie sprachen untereinander: Brannte nicht unser Herz in uns, da er mit uns redete auf dem Wege und uns die Schrift öffnete? ³³Und sie standen auf zu derselben Stunde, kehrten zurück nach Jerusalem und fanden die Elf versammelt […].

Gestern hat es begonnen, das Fest der Verwandlung von Tod in Leben, von Verzweiflung in Hoffnung. Heute, am Ostermontag, stehen wir an der Schwelle zurück in unseren Alltag. Und damit stehen wir vor der Frage: Und was bedeutet all das für unser Leben? Wie begleitet uns die Ostererfahrung auf unserem Weg durch diese schwierige Zeit, durch so viele Krisen und Veränderungen? Krieg, Pandemie, Klimawandel …

Der heutige Predigttext erzählt von Wegerfahrungen. Zwei Jünger Jesu machen sich auf den Weg nach Emmaus und das, was sie dabei erleben, ist für mich eine der wichtigsten Erfahrungen mit Jesus Christus, die uns die Bibel überliefert hat. Denn hier wird exemplarisch erzählt, wie Menschen mit einschneidenden Veränderungen umgehen. Hier wird uns gezeigt, wie wir Veränderungen in unserem Leben, in unserer Gesellschaft, in unserer Welt bewältigen können.

Der Weg nach Emmaus ist eine Verwandlungsgeschichte, eine Transformationsgeschichte. Die Erfahrung der beiden Jünger kann uns helfen, mit Abschied umzugehen, mit dem Abschied von einem lieben Menschen, mit dem Abschied von vertrauten Lebensgewohnheiten nach einer Scheidung oder einem Umzug, mit dem Abschied von einer liebgewordenen Form von Kirche oder einer vertrauten Weltsicht.

All das beschäftigt auch die beiden Jünger, die sich da auf den Weg nach Emmaus machen. Einige Jahre haben sie mit Jesus verbracht, haben ihr Leben auf seine Botschaft ausgerichtet, sind mit ihm von Dorf zu Dorf gezogen. Sie haben die Gemeinschaft genossen der Menschen, die mit Jesus unterwegs waren; sie haben gemeinsam gelebt, geglaubt, gehofft. Und dann ist innerhalb von wenigen Tagen alles vorbei. Jesus wird verhaftet, im Eilverfahren wird ihm der Prozess gemacht und er wird hingerichtet. Von Ferne haben sie gesehen, wie er am Kreuz gestorben ist.

Damit war alles, worauf sie gehofft und vertraut hatten, dahin, durchkreuzt, gestorben und begraben. Der, der seine Feinde lieben wollte, ist von seinen Feinden ermordet worden. Und die, die ihm gefolgt sind, haben sich versteckt, aus Angst, dass auch sie verhaftet werden. Und als sie sich nach zwei Tagen heimlich wieder getroffen hatten, immer noch geschockt und demoralisiert, da kamen die Frauen, die zu Jesus ans Grab gegangen waren. Das Grab war leer! »Er ist nicht hier, er ist auferstanden.« Das hatten ihnen zwei Engel gesagt.

Das war zu viel für die beiden Jünger, das konnten sie nicht fassen. Und darum tun sie das, was viele Menschen tun, die von einer Veränderung überfordert sind: Sie ziehen sich zurück ins Vertraute. Und so machen sich die beiden auf nach Emmaus, ein Dorf 2 Stunden entfernt. Ob sie da herkommen, ob sie da Familie haben, all das bleibt unklar. Jedenfalls haben sie dort Zuflucht.

So tun die zwei Jünger etwas, was in Trauerprozessen große Bedeutung hat. Sie kommen in Bewegung, sie laufen, und dabei sprechen sie über das, was sie erlebt haben. Das Laufen verändert ihre Perspektive, macht den Kopf frei, lüftet das Hirn. Und das Reden hilft, die eigenen Gefühle zum Ausdruck zu bringen, sich den ganzen Kummer, die Fragen und Zweifel von der Seele zu reden.

Und während sie laufen und reden, gesellt sich einer zu ihnen und fragt nach. Er ermuntert sie, von dem zu erzählen, was sie erlebt haben. Und so schildern sie das, was sie in den letzten Tagen in Jerusalem erlebt haben. Und der Fremde hört zu, gibt ihnen Raum, das, was sie beschäftigt, in Worte zu fassen. Das ist der erste Schritt der Seelsorge.

Und dann kommt es zu einem zweiten Schritt: Die drei diskutieren über die Bedeutung des Geschehenen im Licht der Heiligen Schrift. Die zwei Jünger sind der Meinung, dass mit dem Verschwinden von Jesus ihre Hoffnung auf Veränderung und Erlösung dahin ist. Der Fremde hält dagegen. Er deutet den Tod Jesu als einen notwendigen Schritt auf dem Weg in die Erlösung. Er verweist auf die Propheten, auf die Worte vom leidenden Gottesknecht bei Jesaja und anderes. So versucht er, das Geschehene einzuordnen, es zu deuten, ihm einen Sinn zu geben.

Zu verstehen, warum etwas geschieht, warum ein Mensch geht, warum ein Krieg ausbricht, warum eine Form von Kirchesein keinen Anklang mehr findet, das ist für die, die bleiben, ein wichtiger Schritt, um das Geschehene irgendwie verarbeiten zu können. Oft versuchen wir nicht nur zu verstehen, sondern suchen dabei auch nach Schuldigen, nach einem, der verantwortlich ist für das, was geschieht, den man dafür hassen und bestrafen kann.

Manchmal scheint das ganz einfach zu sein. Wir erleben im Moment einen Krieg in der Ukraine, der grausam, brutal und völkerrechtswidrig ist. Putin hat diesen Krieg angezettelt, weil er sein Herrschaftsgebiet vergrößern will. Er ignoriert in diesem Krieg alle Gebote des Völkerrechts und der Humanität, er unterdrückt freie Meinungsäußerung und regiert wie ein Diktator. All das ist belegbar und wird hoffentlich eines Tages vor dem internationalen Gerichtshof in Den Haag verhandelt und verurteilt. Doch damit wird noch kein Friede. Schuldige verurteilen schafft Gerechtigkeit, aber für den Frieden braucht es noch einen Schritt mehr, nämlich den Willen, die Logik des Krieges und der Gewalt zu überwinden und zu einer gerechten Friedensordnung zu finden. Danach suchen wir in diesen Tagen, dafür beten wir.

Und manchmal gibt es Situationen, da gibt es keine einfachen Antworten und keine klaren »Schuldigen«. Das ist auch bei schweren Krankheiten und Naturkatastrophen so, auch bei der Corona-Pandemie. Es gibt viele Gründe, warum sich die Pandemie ausgebreitet hat, aber es gibt keinen einzelnen Menschen, den man dafür verantwortlich machen und verurteilen kann. Das ist für manche schwer auszuhalten und sie suchen Schuldige, entwickeln Theorien, die irgendwie einordnen, was da gerade geschieht. Doch die Antworten sind zu einfach. Wir müssen lernen, mit Ambivalenzen zu leben, es auszuhalten, dass es nicht einen einfachen Weg zum Frieden oder zum Gesundwerden oder Gesundbleiben gibt.

Auch die zwei auf dem Weg nach Emmaus entdecken, dass nicht einfach alles umsonst war oder sie sich geirrt haben. Sie erkennen durch die Diskussion mit dem Fremden, dass dieser Tod am Kreuz eine tiefere Bedeutung hatte, die neue Sichtweisen eröffnet und die Logik von Gewalt und Gegengewalt durchbricht.

Und die zwei Jünger spüren, dass es ihnen guttut, mit dem Fremden zu reden und ihre Fragen miteinander zu besprechen. Als sie in Emmaus angekommen sind, bitten sie ihn darum: Bleibe bei uns, denn es will Abend werden. Sie wollen den, der ihnen Trost gibt, gern bei sich behalten. Und der Fremde geht mit.

Gemeinsam essen sie zu Abend. Sie machen Pause, sie stärken sich, sie erleben Gemeinschaft, auch das ist ein wichtiger Schritt auf dem Weg durch Abschiede und Veränderungen. Und es ist genau das, was in der Pandemie oft nicht möglich war, was diese Zeit so schwer und anstrengend gemacht hat. Dass wir einander in den Gemeinden nicht begegnen konnten, dass wir auch in den Familien und im Freundeskreis nicht miteinander essen und feiern konnten, dass viele Ältere, aber auch junge Menschen sich sehr einsam gefühlt haben und auch jetzt kaum raus gehen, das hat uns auch als Gesellschaft und auch als kirchliche Gemeinschaft bis ins Mark getroffen. Darum ist es wichtig, alle Wege zu nutzen, die jetzt wieder möglich sind, in den Kirchen, draußen in der Natur, aber auch im digitalen Raum, um uns wieder in Kontakt und in ein Miteinander zu bringen.

Doch es braucht nicht nur Begegnung und Gemeinschaft in dieser Zeit, es braucht auch diese Momente des Innehaltens, Ausruhens, sich Stärkens. Denn gerade in den Pausen, im Innehalten geschieht Wesentliches. Wer immer nur arbeitet und schafft, übersieht, dass uns wichtige Einsichten und Ideen oft in der Ruhe, in der Pause, manchmal sogar im Schlaf geschenkt werden, jedenfalls nicht im Arbeiten.

Das erleben auch die Jünger. Im Brotbrechen gehen ihnen plötzlich die Augen auf. Sie erkennen, dass es Jesus selbst war, der sie da auf ihrem Weg begleitet hat. Bis zu diesem Moment waren ihre Augen gehalten, war ihr Begleiter ein Fremder. Doch am Brotbrechen, an diesem Zeichen, das er ihnen zum Abschied geschenkt hat, erkennen sie ihn. Damit wird das Abendmahl als Begegnung mit Christus bestätigt. Wenn wir nach Ostern Gemeinschaft mit Christus suchen, dann finden wir sie im gemeinsamen Brotbrechen. Dort begegnet uns Christus. Und wo das erkannt und erfasst ist, da braucht es auch die physische Gegenwart Christi nicht mehr. »Er verschwindet vor ihnen.« Heißt es in der Geschichte.

Doch diese Erfahrung erschreckt die Jünger nicht wie die Begegnung mit dem leeren Grab, ganz im Gegenteil. Sie hilft ihnen zurück zum Eigentlichen. »Brannte nicht unser Herz, als er mit uns redete?«

Angestoßen durch die Begegnung mit Christus, durch die Erinnerung an die gemeinsame Schriftauslegung und die Gemeinschaft in Brot und Wein wird den beiden wieder klar, woran sie glauben, wofür ihr Herz brennt, was sie begeistert, woher ihre Kraft und Motivation für die Nachfolge kommen. Und das bringt sie in Gang. Sofort machen sie sich auf den Rückweg nach Jerusalem. Alle Müdigkeit und Erschöpfung sind verflogen. Sie müssen das, was sie gerade erlebt haben, was ihnen die Hoffnung und die Kraft zurückgegeben hat, unbedingt und sofort mit den anderen teilen.

Wofür brennt unser Herz? Ich finde es wichtig, dass wir uns diese Frage in der Kirche immer wieder stellen. Damit erinnern wir uns an das, was uns in die christliche Gemeinschaft geführt hat, und an das, was uns Kraft gibt, was uns motiviert, also in Bewegung bringt. Und das weckt die Kraft, sich auf den Weg zu machen.

In den letzten Wochen habe ich oft über diesen Rückweg nach Jerusalem nachgedacht. Die beiden Jünger laufen los, ohne eine klare Vorstellung zu haben, was jetzt geschieht, wie das Leben als christliche Gemeinschaft ohne Jesus aussieht. Sie gehen einen Weg ins Offene.

Sie können ihn gehen, weil sie durch die Begegnung mit Jesus wieder wissen, was der Grund ihrer Hoffnung, die Basis ihres Glaubens ist. Das müssen sie den anderen erzählen, das wollen sie mit den anderen weiterdenken. Wohin das führt, was dabei herauskommt, das ist in diesem Moment unsicher, offen, ein Wagnis. Die zwei auf ihrem Weg nach Jerusalem haben keine fertige Strategie zur Kirchenentwicklung, aber sie haben das feste Vertrauen, dass ihr Weg mit Jesus Christus noch nicht zu Ende ist, dass es weitergeht, dass sich Neues entwickeln wird. Es wird anders sein als vor Karfreitag und Ostern, mit neuen Rollen, Formen und Aufgaben.

Aber es wird weitergehen, im Geist Christi, mit seiner Botschaft. Darauf vertrauen sie, das bringt sie in Bewegung. Und dadurch kann Neues entstehen, damals in Jerusalem und heute bei uns.

So gestärkt können auch wir uns auf den Weg in unseren Alltag machen, in die mühselige Suche nach Wegen zum Frieden in der Ukraine und bei uns, auf den Weg, in neuen Formen Kirche zu sein und die Botschaft von Jesus Christus zu teilen. Und darum: Vertraut den neuen Wegen, auf die der Herr uns weist.

Auslegerin:
Dr. Beate Hofmann ist seit 2019 Bischöfin der Evangelischen Kirche von Kurhessen-Waldeck.

Jesu Erscheinen vor den Jüngern, Lukas 24,36–48

Michael Lehmann

[36]*Als sie aber davon redeten, trat er selbst mitten unter sie und sprach zu ihnen: Friede sei mit euch!* [37]*Sie erschraken aber und fürchteten sich und meinten, sie sähen einen Geist.* [38]*Und er sprach zu ihnen: Was seid ihr so erschrocken, und warum kommen solche Gedanken in euer Herz?* [39]*Seht meine Hände und meine Füße, ich bin's selber. Fasst mich an und seht; denn ein Geist hat nicht Fleisch und Knochen, wie ihr seht, dass ich sie habe.* [40]*Und als er das gesagt hatte, zeigte er ihnen seine Hände und Füße.* [41]*Da sie es aber noch nicht glauben konnten vor Freude und sich verwunderten, sprach er zu ihnen: Habt ihr hier etwas zu essen?* [42]*Und sie legten ihm ein Stück gebratenen Fisch vor.* [43]*Und er nahm's und aß vor ihnen.* [44]*Er sprach aber zu ihnen: Das sind meine Worte, die ich zu euch gesagt habe, als ich noch bei euch war: Es muss alles erfüllt werden, was von mir geschrieben steht im Gesetz des Mose und in den Propheten und Psalmen.* [45]*Da öffnete er ihnen das Verständnis, dass sie die Schrift verstanden,* [46]*und sprach zu ihnen: So steht's geschrieben, dass der Christus leiden wird und auferstehen von den Toten am dritten Tage;* [47]*und dass gepredigt wird in seinem Namen Buße zur Vergebung der Sünden unter allen Völkern. Von Jerusalem an* [48]*seid ihr dafür Zeugen.*

Liebe Gemeinde, liebe Menschen, die Sie Jesus Christus nachfolgen, folglich: liebe Jüngerinnen und Jünger,

mit dieser besonderen Anrede möchte ich Sie in die Geschichte, die auszulegen uns heute aufgetragen ist, hineinholen. Denn wir, Sie und ich, gehören mitten hinein in die Geschichte, am Sonntag nach Ostern, dem Fest der Auferstehung. Denn warum sind wir im Gottesdienst zusammengekommen? Weil uns der Auferstandene begegnet; hier, in diesem Gottesdienst, wie in jedem Gottesdienst auch, kommt er auf uns zu, begegnet uns, sendet Zeichen seiner Liebe und des Lebens.

Und nun sind Sie und ich hier, um uns erzählen zu lassen von diesen seltsamen Dingen, die andere erlebt haben: Die Frauen, die vom leeren Grab berichteten. Petrus, der es, wie die anderen Jünger, nicht glauben konnte, aber selbst ging, um nachzuschauen, und irritiert und verwundert zurückkehrte. Die zwei Jünger, die nach Emmaus unterwegs waren und begleitet wurden von einem Fremden, den sie erst im Nachhinein als den Auferstandenen erkannten. So berichtet es der Evangelist Lukas.

Und wir wiederholen die Worte, reden davon, was Menschen vor langer Zeit erlebt haben ...

Da tritt heute, in unserem Gottesdienst, der Auferstandene unter uns – und spricht uns an.

Als sie aber davon redeten, trat er selbst mitten unter sie und sprach zu ihnen: Friede sei mit euch!

I.

Woran, liebe Gemeinde, liebe Jüngerinnen und Jünger, würden Sie erkennen, dass es nicht irgendjemand ist, sondern Jesus Christus?

Die Jünger jedenfalls meinen zunächst, einen Geist zu sehen.

Sie erschraken aber und fürchteten sich und meinten, sie sähen einen Geist.

Kluge Theologen weisen darauf hin, dass damals der Glaube an Geister noch weit verbreitet war; man hielt Geister für ganz real. Die gebildete hellenistische Society, für die der Evangelist Lukas schreibt, fand Geistsein sogar ganz schick: Die Vergeistigung des Menschen, die radikale Orientierung auf Individualität, Willen und Persönlichkeit, das Verschwinden des Körpers – Liebe Gemeinde, finden Sie nicht auch: Das böte auch heute noch Stoff für eine ganz aktuelle Predigt zu Körperoptimierung, Gesundheitswahn, auch zu Essstörungen (hier vielleicht vor allem die Anorexie). Doch darüber wollen wir heute nicht weiter nachdenken. Sie merken gleichwohl schon, liebe Jüngerinnen und Jünger: Es sind unsere Themen, die im heutigen Predigttext verhandelt werden. – Und so bleibe ich mal bei der Vermutung der Jünger, es würde ihnen ein Geist begegnen. Und zwar heute. Auch heute ist der Glaube an Geister noch ganz real. Geister gibt es, sogar Ungeister: Etwa den Geist von Aggression und Krieg – schauen Sie nur in unser ukrainisches Nachbarland. Den Geist von Nationalismus und Isolationismus – immerhin kandidiert heute in der Präsidentenwahl in Frankreich neben dem bisherigen Präsidenten eine rechtsnationalistische Kandidatin. Den Geist von Hass und Rachedurst – schauen Sie auf die vertrackte Situation in Israel und Palästina. Den Geist von Überheblichkeit und dünkelhafter Volkstümelei – da brauchen wir nicht weit zu schauen,

das gibt es auch in unserem Land. Den Geist von Egoismus und Rücksichtslosigkeit – da brauchen noch weniger weit zu schauen, das finden wir auch bei
uns selbst.

Lauter Geister. Begegnet man diesen Geistern oder drängen sie sich in unsere Wahrnehmung oder erstehen sie gar in uns auf, ist unsere Standardreak-
tion: Geister? Die gibt's ja gar nicht. O ja, es gibt sie, unter uns, auch in uns –
und da wie hier toben sie sich aus, die Geister von Aggression, Hass, Rache,
Überheblichkeit, Dünkelhaftigkeit, Egoismus, Rücksichtslosigkeit … Aber anstatt sie zu verscheuchen, verleugnen wir sie, rufen wir: Geister? Die gibt's ja
gar nicht. Aber so werden wir die Geister unserer Tage nicht los.

Ich komme zu meiner Frage zurück: Woran, liebe Gemeinde, würden Sie
erkennen, dass Ihnen der Auferstandene begegnet? Wir haben gehört: Der Auferstandene ist kein Geist, das wäre zu billig. Und so nötigt uns der Auferstandene zu einer konkreteren Wahrnehmung.

Und er sprach zu ihnen: Was seid ihr so erschrocken, und warum kommen solche
Gedanken in euer Herz? Seht meine Hände und meine Füße, ich bin's selber. Fasst
mich an und seht; denn ein Geist hat nicht Fleisch und Knochen, wie ihr seht,
dass ich sie habe.

Und wir lernen: Der Auferstandene begegnet uns nicht abstrakt, nicht im Geist,
nicht symbolisch, nicht metaphorisch, nicht als könne man sagen: Den gibt's ja
gar nicht. (Auch diese Form der Verleugnung Jesu Christi ist ein heutiges Phänomen.) Unser Glaube an die Auferstehung ist konkret, ist nicht unbegreiflich,
sondern begreifbar.

Und als er das gesagt hatte, zeigte er ihnen seine Hände und Füße.

Unser Glaube an die Auferstehung hat Hand und Fuß, ist nicht unbegreiflich,
sondern begreifbar, im Wortsinn.

Liebe Gemeinde, reicht Ihnen das als Anschauung für Ihre Wahrnehmung?
Glauben Sie nun tatsächlich, dass der, der tot war, lebt? Den Jüngern damals
reichte das noch nicht.

Da sie es aber noch nicht glauben konnten vor Freude und sich verwunderten,
sprach er zu ihnen: Habt ihr hier etwas zu essen? Und sie legten ihm ein Stück ge-
bratenen Fisch vor. Und er nahm's und aß vor ihnen.

Jetzt übertreibt der Erzähler aber, sollte man meinen, vielleicht tut er's auch,
aber wenn, dann mit gutem Grund: Die Evangelisten scheinen eine unbändige Freude daran zu haben, die Begegnungen mit dem Auferstandenen so
unterschiedlich, so vielgestaltig wie möglich zu beschreiben: Die Frauen hal-

ten ihn für einen Gärtner. Auch die Emmaus-Jünger erkennen ihn nicht. Der Auferstandene isst vor den Jüngern einen Fisch. Wir hören es. Dann verspeist er mit den Jüngern 153 frisch gefangene Fische, dazu noch Brot. Er sagt zu Maria:

Rühre mich nicht an! Denn ich bin noch nicht aufgefahren zum Vater. Er sagt zu Thomas: *Reiche deinen Finger her und sieh meine Hände, reiche deine Hand her und lege sie in meine Seite,*

Liebe Gemeinde, in der Begegnung mit Thomas treiben die Evangelisten die Konkretion der Auferstehung auf die Spitze, und hier bricht sich auch Erzählung, überholt sie sich selbst: Weil seither Thomas, trotz aller seiner Verdienste um die Ausbreitung des Christentums im Osten, über all die Jahrhunderte als der »ungläubige Thomas« bezeichnet wird.

… und sei nicht ungläubig, sondern gläubig!

Diese Vielgestaltigkeit, an der die Evangelien mit Freude fabulieren, könnten wir auch als einen einzigen Widerspruch verstehen. Ich finde aber: Die Unterschiedlichkeit der Berichte über die Begegnung mit dem Auferstandenen sagt uns: Ihr Lieben, das ist alles nicht so wichtig; der Auferstandene kann euch so begegnen oder so, oder so oder so. Wichtig ist: So oder so begegnet er euch. Er begegnet euch tatsächlich: Er begegnet euch nicht als Geist oder als ein Traum, nicht als Chiffre oder Symbol. Er begegnet euch in eurem Alltag, und wenn ihr *in meinem Namen zusammenkommt, dann bin ich mitten unter euch.*
    … und sei nicht ungläubig, sondern gläubig!

II.

Wenden wir einmal den Blick von uns, den Jüngerinnen und Jüngern ab. Und schauen auf Gott, den Erhabenen und Ewigen, der *die Welt so liebte, dass er seinen eingeborenen Sohn gab, auf dass alle, die an ihn glauben, nicht verloren werden, sondern das ewige Leben haben.* (Joh 3,16)
    Ach, könnten wir einmal aus dieser himmlischen Perspektive auf uns Menschen schauen, was würden wir für Erkenntnisse gewinnen? Aber das ist uns verwehrt. Dennoch, wir könnten uns wenigstens Folgendes vorstellen: Da sendet jemand ein Zeichen der Liebe und des Lebens. Aber wir sagen: Das gibt's ja gar nicht. Vielleicht ein Geist. – Dann dürften wir das sichtbare Zeichen seiner Liebe anfassen, begreifen. Aber wir können's noch immer nicht glauben. – Dann hält er Tischgemeinschaft mit uns. Und wir zweifeln noch immer? Zweifeln

noch immer an der Wirklichkeit des Lebens, das uns geschenkt wird? Zweifeln noch immer an seiner Liebe?

O ihr Toren, zu trägen Herzens, all dem zu glauben, was die Propheten geredet haben! (Lk 24,25)

sagt der Auferstandene bei anderer Gelegenheit seinen Jüngerinnen und Jüngern. Man könnte schon an unseren trägen Herzen verzweifeln, die Geduld verlieren, von uns ablassen, uns aufgeben. Und tatsächlich: Sind wir nicht eine Welt voller ungläubiger Thomasse?

Wir ermessen, wenn wir auf diesen Predigttext schauen, die unermessliche Geduld Gottes mit uns, sein fortgesetztes Bemühen, in uns die Zweifel zu zerstreuen und Glauben zu wecken. Und so kommt er immer wieder auf uns zu; in jedem Gottesdienst, in Wort und Sakrament, in jeder Tischgemeinschaft kommt er auf uns zu, begegnet uns, sendet Zeichen seiner Liebe und des Lebens.

III.

Es kommt also gar nicht darauf an, wie genau er uns begegnet; das ist sogar in den Evangelien vielfältig und verschiedenartig beschrieben; wir haben es ja vorhin gesehen. Aber wenn nicht darauf, worauf kommt es dann an?

Wenn wir die Begegnung mit Gott so individualisieren müssen, dass wir zwar viele konkrete Aussagen, aber keine allgemeine Aussage treffen können, dann ist doch gar keine Glaubensgemeinschaft möglich, dann müsste doch unsere Glaubensgemeinschaft auseinanderfallen?

Er sprach aber zu ihnen: Das sind meine Worte, die ich zu euch gesagt habe, als ich noch bei euch war: Es muss alles erfüllt werden, was von mir geschrieben steht im Gesetz des Mose und in den Propheten und Psalmen. Da öffnete er ihnen das Verständnis, dass sie die Schrift verstanden, und sprach zu ihnen: So steht's geschrieben, dass der Christus leiden wird und auferstehen von den Toten am dritten Tage;

Das sind meine Worte ... So steht's geschrieben ...

Seit einem Jahr lädt Ihre Gemeinde zur Bibelverkostung ein, um einem Wort der Heiligen Schrift nachzulauschen, nachzudenken, nachzugehen, was das heißt:

Das sind meine Worte ... So steht's geschrieben ...

Und da mir die Aufgabe zukommt, als fast letzter Gastprediger in dieser Reihe in Ihrer Georgenkirche predigen zu dürfen, darf ich Ihnen auch sagen: Das genau ist es: Jesu Worte hören. Die Heilige Schrift lesen.

Da öffnete er ihnen das Verständnis …

So erscheint Jesus vor seinen Jüngern. So erscheint der Auferstandene auch Ihnen, liebe Jüngerinnen und Jünger. Jedes Mal, wenn Predigerinnen und Prediger Ihnen die Schrift ausgelegt und Ihnen das Verständnis geöffnet haben, *dass sie die Schrift verstanden,* widerfährt Ihnen das Gleiche wie den Jüngern damals: Ihnen begegnet der Auferstandene.

… und dass gepredigt wird in seinem Namen Buße zur Vergebung der Sünden unter allen Völkern. Von Jerusalem an seid ihr dafür Zeugen.

So müssten wir eigentlich sagen: Das Thema meiner Predigt ist nicht »Jesu Erscheinen vor den Jüngern«, sondern »Jesu Erscheinen durch seine Jüngerinnen und Jünger«. Ihr, liebe Jüngerinnen und Jünger, *seid dafür Zeugen.* Der Auferstandene tritt in unsere Mitte, auch heute, das geschieht in jedem Gottesdienst; in Wort und Sakrament, in jeder Tischgemeinschaft kommt er auf uns zu, begegnet uns, sendet Zeichen seiner Liebe und des Lebens. Und wir sind dafür Zeugen, bezeugen Gottes Liebe und den Sieg des Lebens. Zunächst uns gegenüber und dann hoffentlich auch vor aller Welt.

Und wenn Sie in der zu Ende gehenden Bibelverkostung ein Resümee ziehen wollen – und mehr wollen als zu sagen: »Schön, jetzt haben wir aber vieles gehört.« – nämlich: »Schön, davon wollen wir anderen etwas mitteilen.« – und fragen: »Womit wollen wir anfangen, Zeugnis zu geben, davon zu reden?« – dann könnten wir ja zum Beispiel auf den Anfang unseres Predigttextes schauen:

Als sie aber davon redeten, trat er selbst mitten unter sie und sprach zu ihnen: Friede sei mit euch!

Das wäre ein Anfang, das wäre doch ein guter Anfang für unser Zeugnis als Christinnen und Christen in der Welt: Das wäre gut gegen alle Geister, die uns und unsere Welt plagen: Die Geister von Aggression, Hass, Rache, Überheblichkeit, Dünkelhaftigkeit, Egoismus, Rücksichtslosigkeit …

Friede sei mit euch.

Und wenn wir das bezeugen: Gottes Sieg des Lebens über den Tod, seine unermessliche Liebe, in einer Welt der ungläubigen Thomasse – dann wird Gott uns all unseren Zweifel, der Beweise sucht, wo Leben und Liebe zu finden ist, nachsehen, und er wird seine ungeteilte Freude an seinen Jüngerinnen und Jüngern haben.

Ausleger:
Michael Lehmann ist seit 2012 Personaldezernent der Evangelischen Kirche in Mitteldeutschland.

Jesu Himmelfahrt, Apostelgeschichte 1,3–11

Eberhard Grüneberg

³Ihnen zeigte er sich nach seinem Leiden durch viele Beweise als der Lebendige und ließ sich sehen unter ihnen vierzig Tage lang und redete mit ihnen vom Reich Gottes. ⁴Und als er mit ihnen beim Mahl war, befahl er ihnen, Jerusalem nicht zu verlassen, sondern zu warten auf die Verheißung des Vaters, die ihr – so sprach er – von mir gehört habt; ⁵denn Johannes hat mit Wasser getauft, ihr aber sollt mit dem Heiligen Geist getauft werden nicht lange nach diesen Tagen. ⁶Die nun zusammengekommen waren, fragten ihn und sprachen: Herr, wirst du in dieser Zeit wieder aufrichten das Reich für Israel? ⁷Er sprach aber zu ihnen: Es gebührt euch nicht, Zeit oder Stunde zu wissen, die der Vater in seiner Macht bestimmt hat; ⁸aber ihr werdet die Kraft des Heiligen Geistes empfangen, der auf euch kommen wird, und werdet meine Zeugen sein in Jerusalem und bin ganz Judäa und Samarien und bis an das Ende der Erde. ⁹Und als er das gesagt hatte, wurde er vor ihren Augen emporgehoben, und eine Wolke nahm ihn auf, weg vor ihren Augen. ¹⁰Und als sie ihm nachsahen, wie er gen Himmel fuhr, siehe, da standen bei ihnen zwei Männer in weißen Gewändern. ¹¹Die sagten: Ihr Männer von Galiläa, was steht ihr da und seht gen Himmel? Dieser Jesus, der von euch weg gen Himmel aufgenommen wurde, wird so wiederkommen, wie ihr ihn habt gen Himmel fahren sehen.

Wie kaum ein anderer kirchlicher Feiertag hat Christi Himmelfahrt zwei fast gegensätzliche Seiten: einerseits hat der Tag natürlich einen theologischen Hintergrund. Aber andererseits wird dieser Tag sehr volkstümlich, um nicht zu sagen feucht fröhlich, gefeiert. Dieses Auseinanderfallen von christlichem Inhalt und dem allgemeinen Brauch, diesen Feiertag zu begehen, gibt es so deutlich bei keinem anderen Fest. Wer von Ihnen, liebe Schwestern und Brüder, wird heute noch mit einem kleinen Wägelchen, auf dem ein Bierkasten steht, oder wenigstens mit Bierflaschen in einem Rucksack zu einer Tour aufbrechen? Dann heben Sie bitte die Hand! (Ein Mann meldet sich).

Sehen Sie! Das meine ich! Eigentlich ist es gut und richtig, christlichen Bezug und allgemeines Brauchtum zusammenzuhalten. Also zum Gottesdienst zu gehen und anschließend auf Himmelfahrtstour. Aber die meisten, die zu Christi Himmelfahrt in die Kirche gehen, betrachten diese Männer-Touren draußen eher mit einer irritierten Skepsis. Die meisten Männer wiederum – das unterstelle ich jetzt einfach –, die ihr Wägelchen heute durch Wald und Flur ziehen und sich schon seit Wochen auf diesen Feiertag gefreut haben, wissen nicht so ganz, was sie an diesem Tag in einer Kirche feiern könnten? Und da sie tief im Innern immer noch wissen, dass man in einer Kirche nicht mit einer Bierflasche in der Hand sitzt, hat diese Feiertagsgestaltung – in Form eines Gottesdienstes – für sie eindeutig etwas Ausladendes.

*

Diese Vorüberlegungen will ich nicht weiter vertiefen. Sondern mit Blick auf den als Evangelium gehörten Bibelabschnitt die Frage stellen: Was ist eigentlich an diesem ersten Himmelfahrtstag passiert, von dem Lukas in der Apostelgeschichte berichtet?

Meine Gedanken sind sofort am letzten Vers des Bibelabschnittes hängen geblieben. Jesus hat seinen Jüngern, die jetzt schon Apostel – also Gesandte – heißen, noch einmal richtig grundsätzliche Weisungen für die Zukunft gegeben.

Und dann passiert das, was wir als Christi Himmelfahrt bezeichnen. Vor den Augen der Apostel schwebt der auferstandene Christus, noch in seiner menschlichen Gestalt und mit seinen menschlichen Eigenschaften, denn er hat ja zu ihnen gesprochen, in die Höhe – himmelwärts! Und dann – weiter oben – verschwindet er in einer Wolke! Und nichts ist mehr von ihm zu sehen.

Und nun stehen die Apostel – was man sich natürlich nur zu gut vorstellen kann – mit weit aufgerissenen Augen und Mündern da und starren fassungslos in den Himmel! Plötzlich stehen bei ihnen – so schreibt Lukas – zwei Männer in weißen Gewändern. Es liegt nahe, in ihnen Engel zu vermuten. Denn in seiner Ostergeschichte berichtet Lukas wortwörtlich von Engeln in weißen Gewändern, die in der Grabeshöhle sitzen, genau an der Stelle, an der Jesus lag. Und diese Engel, die offenbar mehr wissen als die Apostel, sagen zu denen: »Was steht ihr da und seht zum Himmel!«

Mit anderen Worten: »Da gibt's jetzt nichts mehr zu sehen! Jesus wird nicht noch mal aus der Wolke rausgucken. Heute nicht und auch nicht in der nächsten Zeit! Sondern: »Ihr werdet Jesus erst wiedersehen – und zwar in der Gestalt, in der ihr ihn kennt –, wenn er am Ende der Zeit, am Jüngsten Tag wiederkehrt und das Reich Gottes auf der Erde beginnt.«

Damit haben sich die Jünger zufriedengegeben. Sie haben nicht mehr länger nach oben geschaut, sondern sind nach Hause gegangen. Sie haben sich natürlich auch deshalb damit zufriedengegeben, weil sie damals hofften, dass diese Wiederkunft Christi schon bald kommen würde und sie noch nicht wussten, was wir heute wissen, nämlich: dass es sich doch etwas hingezogen hat und immer noch zieht. Das heißt, was Jesus den Aposteln damals am Tag seiner

Himmelfahrt gesagt hat, gilt heute immer noch: »Es gebührt euch nicht, Zeit und Stunde zu wissen, die der Vater in seiner Macht bestimmt hat.« So ist es also und uns bleibt nichts anderes übrig, als weiter zu warten.

Nur die Vorstellung vom Himmel, wohin Jesus dann aufgefahren ist, hat sich natürlich gehalten. Wir beten ja auch: Vater unser im Himmel! Und wenn wir von Gott reden, zeigt nicht selten jemand zu dem da oben! Der Himmel oder die Himmel, wohin Jesus am Himmelfahrtstag an die Seite Gottvaters entschwebt ist, ist jedenfalls offensichtlich etwas anderes als der blaue oder der bewölkte Himmel über uns. Der Himmel, in dem Jesus lebt, muss eine andere Wirklichkeit sein, die für uns allerdings nicht sichtbar ist.

Dieses Nicht Sichtbarsein ist zwar ein wenig schade, war aber für manche auch eine echte Erleichterung. Als beispielsweise Juri Gagarin vor nunmehr sechzig Jahren als erster Mensch ins Weltall geflogen war, kommentierte er: »Ich bin in den Weltraum geflogen – aber Gott habe ich dort nicht gesehen!« Das war vor allem für Chrustschow und seine Genossen eine große Beruhigung, die als Kommunisten natürlich in ihrem Kinderglauben stecken geblieben und bis dahin in dieser Frage ziemlich angespannt waren. Aber diese Aufregung wäre nicht nötig gewesen, wenn sie – wie wir – an dieser Stelle in der Bibel gelesen hätten. Gott ist nicht sichtbar! Aber Gott ist erlebbar!

Fragen wir »Harry Potter«-Leserinnen, ob es eine Geisterwelt mit Wesen gibt, die den Augen von gewöhnlichen Sterblichen verborgen sind, dann bekommen wir zur Antwort: Selbstverständlich gibt es die! Und es ist eine Welt, in der das Gute und das Böse ständig miteinander im Kampf sind. Und in der ohne den mutigen Harry schon die Mächte des Bösen die Oberhand gewonnen hätten. Aber dank Harry siegt das Gute über das Böse.

Fragen wir »Herr der Ringe«- oder »Chroniken von Narnia«-Leserinnen, ob es neben unserer sichtbaren Welt noch andere verborgenen Welten gibt, dann bekommen wir zur Antwort: Selbstverständlich gibt es die! Und die dunklen Mächte wollen in ihnen die Herrschaft gewinnen, was nur mutige Hobbits oder furchtlose Kinder verhindern können.

Fragt jemand uns Bibelleserinnen, ob es eine spirituelle Welt gibt, in der Jesus lebt und in der er gemeinsam mit Gott dem Vater und Gott dem Heiligen Geist in unsere Welt hineinwirkt, so sagen wir: Aber selbstverständlich gibt es die! Und es ist die echte Welt, in der Engelwesen und Dämonen miteinander kämpfen. Die Bibel ist voll davon, wie sich böse Mächte der Menschen und ihrer Welt bemächtigen wollen und wie die guten Mächte und Engelsgewalten dagegenhalten und sich unter den Menschen Verbündete suchen. Und die Apostel damals waren die ersten, die das an sich selbst persönlich erlebt haben und denen Jesus angekündigt hat: »Ihr werdet die Kraft des Heiligen Geistes empfangen und ihr werdet meine Zeugen sein.«

*

Liebe Schwestern und Brüder, sitzt hier jemand, der noch nicht erlebt hat, wie ihn böse Mächte in Versuchung führen wollten? Sitzt hier jemand, der noch nicht erlebt hat, wie helfend, wie rettend, wie schützend Gott Vater, Sohn und Heiliger Geist in sein Leben hineingewirkt hat?

Über die Jahrhunderte haben unzählige Menschen Erfahrungen mit Gott gemacht. Gott, den sie nicht gesehen, aber dessen Wirken sie erlebt haben. Unzählige Menschen haben deshalb Zeugnis abgelegt vom Wirken Gottes in die Welt hinein, in ihre Leben hin. Wir sagen: Gott ist im Himmel und umschreiben damit seine kraftvolle geistliche Gegenwart!

Die Leitfigur in dieser realen spirituellen Welt heißt aber eben nicht Harry oder Frodo. Unsere Leitfigur ist kein Romanheld in einer erdachten Phantasiewelt. Unsere Leitfigur ist der lebendige Jesus, wie er uns im Buch der Bücher begegnet oder noch besser, im Buch des Lebens begegnet.

Er ist das personifizierte Bindeglied zwischen unserer sichtbaren Welt und der unsichtbaren Geisteswelt. Und sein Hinübergehen von der körperlichen in die geistliche Dimension ist in den biblischen Texten überraschend gut nachzuvollziehen.

Nach der Auferstehung am Ostermorgen erscheint er den Frauen und später den Jüngern äußerlich noch wie ein Mensch. Er sieht zwar nicht mehr dem Jesus ähnlich, den sie kennen, aber er geht und spricht wie ein Mensch. Nur an seinen Worten und an seinem Verhalten begreifen die Jünger, die auf dem Weg nach Emmaus mit ihm reden, dass es Jesus ist. An seinem Aussehen und an seiner Stimme haben sie ihn nicht erkannt. Aber ein Transformationsprozess muss schon im Gange sein. Denn der Auferstandene geht zur Versammlung seiner Jünger durch verschlossene Türen.

Und zu seiner Himmelfahrt wird dieses Hinübergleiten von der Körperlichkeit in eine geistige Dimension vollendet. Äußerlich scheint er immer noch ein Mensch zu sein, der mit seinen Aposteln spricht von Angesicht zu Angesicht. Dann aber schwerelos entschwebt und schließlich vor ihren Augen für immer unsichtbar bleibt. Und trotzdem – auch in dieser neuen Dimension – unsere Orientierung und unsere Stärke bleibt. Und wir finden Zugang zu ihm und zu seiner geistlichen Welt. Nicht mit einem Zug, der auf einem Dreiviertel-Bahnsteig abfährt, und auch nicht, indem wir durch einen großen Schrank gehen und auf der Rückseite in eine andere Welt kommen. Wir finden Zugang zu seiner Welt im Glauben und im Gebet. So einfach ist das, auch wenn es etwas Übung braucht und vielleicht sogar etwas Mut.

*

So! Ist das nun der Grund, den es zu feiern gibt? Kann ich das mit wenigen Worten sagen, wenn mich draußen vor der Kirchentür jemand mit der Flasche Bier in der Hand anspricht und mir einen schönen Vatertag wünscht?

Wieso überhaupt Vatertag? Ist Vatersein ein Grund zu feiern oder gar zum Betrinken? Keine Ahnung, wer darauf gekommen ist! Vielleicht weil es einen Muttertag gibt, soll es auch einen Vatertag geben? Oder hängt das tatsächlich damit zusammen, dass – wie es im Glaubensbekenntnis heißt – Jesus nach seiner Himmelfahrt zur Rechten Gottes sitzt, des allmächtigen Vaters? Das wäre eine große Erklärungskurve!

Oder Herrentag? Im Sinne von Tag des Herrn? Das könnte schon zu Christi Himmelfahrt passen! Denn immerhin steht unser Herr im Mittelpunkt und dass die Männer durch die Landschaft ziehen, kommt daher, dass auch Jesus mit den Seinen hinaus ins Freie gezogen ist.

Oder gar Männertag? Als Ausgleich für den Frauentag? Ich weiß nicht!

Wenn mich jemand fragen würde, was wir eigentlich zu Christi Himmelfahrt feiern, dann würde ich sagen: Es ist so etwas wie das Jubiläum der Amtseinführung Jesu als Gott! Wie ein Regierungschef seinen Amtseid ablegt und damit – eine bestimmte Zeit nach seiner Wahl – seine Regierung beginnt. Oder die Queen feiert jedes Jahr das Jubiläum ihrer Thronbesteigung und das ganze Land feiert mit.

Thronbesteigung! Das kommt vielleicht sogar dem Charakter von Christi Himmelfahrt am nächsten. Es ist das Jubiläum der Thronbesteigung Jesu. Denn das Bild, dass er seitdem zur Rechten Gottes sitzt, assoziiert ja einen Thron. Und so wird er ja auch auf vielen Bildern dargestellt. Das zu feiern, scheint mir jedenfalls ziemlich einleuchtend.

Und vor allem würde das bedeuten, dass demnächst ein kolossales Jubiläum anstünde. Gemeinhin wird angenommen, dass Jesus im Alter von 33 Jahren gekreuzigt wurde und auferstanden ist. Das würde bedeuten, – nimmt man das Jahr »Null« als das Geburtsjahr Christi – dass 2033 am Himmelfahrtstag das 2000. Jubiläum seiner Thronbesteigung zu feiern wäre. Hut ab vor der Queen, aber da kann auch sie nicht mithalten! Ich werde mir den Termin jedenfalls vormerken.

Ausleger:
Eberhard Grüneberg war bis 2017 Vorstandsvorsitzender der Diakonie Mitteldeutschland.

Die Nachwahl des zwölften Apostels, Apostelgeschichte 1,12–26

Dr. Thomas Seidel

[12]Da kehrten sie nach Jerusalem zurück von dem Berg, der Ölberg heißt und nahe bei Jerusalem liegt, einen Sabbatweg entfernt. [13]Und als sie hineinkamen, stiegen sie hinauf in das Obergemach des Hauses, wo sie sich aufzuhalten pflegten: Petrus, Johannes, Jakobus und Andreas, Philippus und Thomas, Bartholomäus und Matthäus, Jakobus, der Sohn des Alphäus, und Simon der Zelot und Judas, der Sohn des Jakobus. [14] Diese alle hielten einmütig fest am Gebet samt den Frauen und Maria, der Mutter Jesu, und seinen Brüdern.

Die Nachwahl des zwölften Apostels

[15]Und in diesen Tagen trat Petrus auf unter den Brüdern - es war aber eine Menge beisammen von etwa hundertzwanzig - und sprach: [16] Ihr Männer, liebe Brüder, es musste das Wort der Schrift erfüllt werden, das der Heilige Geist durch den Mund Davids vorausgesagt hat über Judas, der denen den Weg zeigte, die Jesus gefangen nahmen; [17]denn er wurde zu uns gezählt und hatte Anteil am gleichen Dienst. [18]Der erwarb einen Acker von dem ungerechten Lohn und stürzte vornüber und barst mitten entzwei, und alle seine Eingeweide quollen hervor. [19]Und es ist allen bekannt geworden, die in Jerusalem wohnen, sodass dieser Acker in ihrer Sprache genannt wird: Hakeldamach, das heißt Blutacker. [20]Denn es steht geschrieben im Buch der Psalmen (Psalm 69,26; 109,8): »Seine Behausung soll verwüstet werden, und niemand wohne darin«, und: »Sein Amt empfange ein andrer.« [21]So muss nun einer von den Männern, die bei uns gewesen sind die ganze Zeit über, als der Herr Jesus unter uns ein und aus gegangen ist - [22]seit seiner Taufe durch Johannes bis zu dem Tag, an dem er von uns genommen wurde -, mit uns Zeuge seiner Auferstehung werden. [23]Und sie stellten zwei auf: Josef, genannt Barsabbas, mit dem Beinamen Justus, und Matthias, [24]und beteten und sprachen: Herr, der du aller Herzen kennst, zeige an, welchen du erwählt hast von diesen beiden, [25]dass er diesen Dienst und das Apostelamt empfange, das Judas verlassen hat, um an seinen Ort zu gehen. [26]Und sie warfen das Los über sie und das Los fiel auf Matthias; und er wurde hinzugezählt zu den elf Aposteln.

Möglicherweise ist es euch vorhin, beim Hören dieser Verse aus dem 1. Kapitel der Apostelgeschichte, ähnlich ergangen wie mir. Ich finde: dieser Predigttext ist *überraschend, verstörend* und *fundamental.*

Dieser Predigttext ist *überraschend,* weil er *(beinahe) gendergerecht* ist. Hier eine Verskostprobe: *Diese alle hielten einmütig fest am Gebet samt den Frauen und Maria, der Mutter Jesu, und seinen Brüdern.* (*Acta 1, 14*)

»Diese alle …«: die Apostel, die namentlich noch einmal aufgeführt werden, sind von besonderer, von zentraler Bedeutung, keine Frage. Doch die nachhimmelfahrtliche, also: die Ur-Gemeinde, ist kein »closed shop«, keine »Männertagsveranstaltung«. Nein, es ist eine lebendige, eine tragfähige, eine »einmütige« Gebetsgemeinschaft … *samt den Frauen und Maria, der Mutter Jesu … und seinen Brüdern!* Die Ursprungsfamilie Jesu ist von Anfang an Bestandteil der neuen Gottesfamilie, der Familie von Schwestern und Brüdern in Christo. Und wir, du und ich, gehören, seit wir »aus der Taufe gekrochen sind«, wie Luther sagen würde, zu dieser Familie. Überraschend und hoffnungsfroh finde ich, dass diese lebendige, tragfähige, »einmütige« Gebetsgemeinschaft, diese neue Gottesfamilie von Anfang an nicht nur Männer und Frauen (und auch Diverse) meint, sondern dass sie offenkundig auf Wachstum angelegt ist: … *es war aber eine Menge beisammen von etwa hundertzwanzig.*

Also: Dieser Predigttext ist 1. *überraschend,* weil er einen starken Anfang setzt und beschreibt: nicht ausgrenzend, sondern entsprechend der Schöpfungsordnung, als betende Gemeinschaft von Männern und Frauen, als Kirche der jesuanischen Verwandtschaft und der zahlreichen Wahlverwandten: aus vielen Völkern – wie wir es nächste Woche in der Pfingstgeschichte werden bestaunen und fröhlich feiern können!

Dieser Predigttext ist 2. allerdings auch *verstörend,* weil er völlig ungeschönt und brutal die Folgen der Gottlosigkeit aufzeigt, auch wenn diese Gottlosigkeit auf eigentümliche Weise in Gottes Heilsplan eingewoben zu sein scheint. Judas, der … *der zu uns gezählt wurde und Anteil hatte am gleichen Dienst …,* hebt Petrus würdigend hervor, dieser Judas Iskariot wird als Prototyp des von Gott Getrennten, des totgeweihten Sünders, gezeichnet. Die Schilderung der Folgen dieser Gottlosigkeit sind buchstäblich verstörend und ziemlich unappetitlich: … *er stürzte vornüber und barst mitten entzwei, und alle seine Eingeweide quollen hervor.*

Dietrich Bonhoeffer benennt diese Ur-Sünde, die Judas hier verkörpert, »Entzweiung im Ursprung«. Menschen, die vom Diabolos, dem Durcheinanderwerfer und Zertrenner, beherrscht werden, über-stürzen sich, sie verlieren ihre Fassung. Sie stehen in der Gefahr, völlig zu zerbrechen. Sie sind mitten im Leben von Chaos, Unheil und Tod gefangen, gelähmt, beherrscht. Auch wir kennen gelegentlich das dumpfe Gefühl der Trennung von dem, »was die Welt und uns im Innersten zusammenhält«, manchmal ohne es deutlich spüren oder beschreiben zu können. Diese Kostprobe ist unappetitlich, sie ist schrecklich und – sie ist schrecklich wichtig. Denn: sie hält eine heilsame Verstörung für uns bereit. Die Botschaft des Judas lautet: Nehmt die Gefahr der Sünde, der Trennung von Gott, des Verrats an Gottes guter Ordnung ernst. Achtet auf den Diabolos! Er wird euch auf den Fersen sein. Sein größter Trick ist, dass auch in den Kirchen kaum noch von ihm, dem Versucher, dem Teufel, der alten Schlange, dem lebensfeindlichen Fürsten dieser Welt, gesprochen wird. Das macht es ihm leicht, uns auf vielfältige und heimtückische Weise zu kränken und zu verwirren.

Judas kannte als Weggefährte Jesu das »Herren-Gebet«: … *führe uns nicht in Versuchung, sondern erlöse uns von dem Bösen.* Er hat dieses Gebet aufgegeben und fiel der Zerstörung anheim.

Also: Dieser Predigttext ist 2. *verstörend,* weil er uns darauf hinweist, dass das Leben in der Nachfolge Christi seit den Tagen der Apostel kein »Wellnessprogramm«, keine »Vertröstung« verheißt. Judas personifiziert die Trostlosigkeit der Gottesferne und – er hält eine heilsame Störung für mich bereit. Er lehrt mich, die Entzweiung im Ursprung ernst zu nehmen, um aus dem Zeugnis der Ur-Gemeinde Einmütigkeit, Zusammen-Halt und Lebensmut schöpfen zu können.

Dieser Predigttext ist 3. nicht nur überraschend und verstörend, sondern auch *fundamental.* Er ist fundamental, weil er uns mit dem eben Gesagten auf die Fundamente, auf wesentliche Bauelemente der Kirche und unseres Christseins verweist. In biblischen Texten können wir Architekturbilder und Metaphern finden, die uns die Ursprungskräfte und Bau-Stoffe unserer Kirche und unseres Lebens kenntlich machen. Und so bin ich auch in diesem Predigttext auf einige architektonische Hinweise gestoßen, die seine erbau-liche Dimension erschließen helfen: Gleich zu Beginn heißt es: … *sie stiegen hinauf in das Obergemach des Hauses, wo sie sich aufzuhalten pflegten.* Für mich heißt das: der Ort des einmütigen Gebets, der Raum des urgemeindlichen Zusammenseins ist nicht gleichgültig. Hier ist es das oberste Stockwerk eines Hauses in Jerusalem, mit offenem Zugang aufs Dach, dem Himmel ein Stück näher, im Licht der Sonne am Tage und eingehüllt in ein funkelndes Sternenzelt bei Nacht. Mit einem freien Blick über die Stadt, hinauf zum Tempel. Hier, … *im Obergemach des Hauses, wo sie sich aufzuhalten pflegten* … ist die Gemeinde den Niederungen des Alltags für die Zeiten der Andacht und der Feier des Mahles enthoben. Hier ist gut sein. Hier hat Gott einen guten Ort, einen Raum der Begegnung mit *ihm* und mit den Brüdern und Schwestern geöffnet.

Doch auch der Un-Ort, der Nicht-Ort wird erwähnt. Der Raum, in dem Menschen leben, die die heilsame Verstörung meiden:

[…] es musste das Wort der Schrift erfüllt werden, das der Heilige Geist durch den Mund Davids vorausgesagt hat über Judas […] Seine Behausung soll verwüstet werden, und niemand wohne darin. (Acta 1,11 und 20)

Verwüstung und Ungeborgenheit, Leere und Einsamkeit sind die Kennzeichen der Architektur des Anti-Christen, sie prägen die Räume der Gottlosigkeit und Sünde. Sie stehen im krassen Gegensatz zum gott- und geistvollen Obergemach der Ur-Gemeinde.

Also: Dieser Predigttext ist 3. nicht nur *überraschend* und *verstörend*, sondern auch *fundamental*, weil er uns auf die Behausungen Gottes verweist, auf die Hütten Gottes bei den Menschen, auf die Räume des Heils und der Heiligung.

Die von mir erwähnten *überraschenden, verstörenden und fundamentalen Kostproben* waren sozusagen die Vorspeise oder, um in der Baumetaphorik zu bleiben: die Skizze, die hinweist auf die tragende Architektur unseres Glaubens. Im bauplanerischen Zentrum dieses Predigttextes und im Fokus lukanischer Theologie steht eine zeitlich-überzeitliche Einsicht: der Abschied von der »Parusie«, der »Naherwartung« (von der baldigen Wiederkunft Christi) und die damit verbundene Notwendigkeit des Aufbaus der Kirche als Institution. Nun galt es, belastbare, lebensdienliche Strukturen gemeinsamen Lebens zu denken, zu hoffen und zu bauen. In diesen Zusammenhang gehört die Komplettierung der von Jesus berufenen Apostelschar: Die fundamentale Bedeutung der »12«.

Jetzt können, nein, jetzt müssen zwei *[…] von den Männern, die bei uns gewesen sind die ganze Zeit [...],* als Kandidaten aufgestellt werden. Jetzt wählt Christus, der wahre Mensch und wahre Gott, mit, in der Einheit des Geistes. Die Vorauswahl treffen die »11«. Doch die Entscheidung darüber, wer das vakante Amt des Judas antritt, trifft Gott selbst. Diese Gottesentscheidung muss erbeten sein: *[…] und sie beteten und sprachen: Herr, der du aller Herzen kennst, zeige an, welchen du erwählt hast von diesen beiden, dass er diesen Dienst und das Apostelamt empfange, das Judas verlassen hat.* Der *Herr* entscheidet: *[…] und das Los fiel auf Matthias; und er wurde hinzugezählt zu den elf Aposteln.* Damit waren es wieder und damit bleiben es für immer: 12, »die Zwölf«. Warum nicht 11 oder 13?

Eine Erklärung dazu finden wir in der Apostelgeschichte selbst, am Ende des 2. Kapitels: *Sie blieben aber beständig in der Lehre der Apostel und in der Gemeinschaft und im Brotbrechen und im Gebet. (Acta 2, 42)*

Das Lernen und Leben in dieser Überlieferungsgemeinschaft zeigt uns ganz deutlich: Christliche Kirche und christliche Existenz erschöpfen sich nicht in frommer Gesinnung oder politischer Überzeugung. Christliche Kirche und christliche Existenz sind nicht gleichzusetzen mit formeller Kirchenmitgliedschaft oder Zugehörigkeit zu einer Parochie oder Ortsgemeinde. Ich und du, jede und jeder von uns, sind hineingetauft in den *Kosmos Christi*. Das griechische Wort Kosmos macht diese universelle, großartige Dimension kenntlich, die in protestantischen Kirchen gelegentlich übersehen oder unterschätzt wird: Kosmos (gr. *kósmos*) bedeutet Ordnung, Weltordnung, aber auch Schmuck und Schönheit. Kosmos bedeutet Ehre, Glanz, militärische und staatliche Ordnung und gute Verfassung. Wenn ich diesen in mir, über mir und um mich herum wirksamen Kosmos Christi empfinde, wenn ich den auferstandenen *Herrn* bekenne, lobe und preise, dann wird mir die Ehre, der Glanz und die Verheißung des Glaubens bewusst. Dann kann kein Zweifel daran bestehen, dass 11 oder 13 Apostel völlig außerhalb der Fassung lägen, bar jeder Ordnung und Schönheit!

Das Lernen und Leben *[...] in der Lehre der Apostel und in der Gemeinschaft und im Brotbrechen und im Gebet [...]* offenbart uns an vielen Stellen, dass die Architektur unseres Glaubens von A bis O, seit den Tagen der Schöpfung, über Mose und die Propheten bis zu den Evangelisten und Aposteln von heiliger Symmetrie geprägt ist. Das ist uns vorgegeben, wir können es entdecken und bestaunen. Wir können unseren »Sinn und Geschmack fürs Universum« gebrauchen und schulen. So nannte Friedrich Schleiermacher in »Reden über die Religion« (1799) seine Einladung an die »Verächter des Glaubens unter den Gebildeten«.

Diese sinn-volle und schmack-hafte Überlieferungsgeschichte kennt 4 große und 12 kleine Propheten. Sie kennt 4 Evangelien und 12 Apostel. Fundamental für die apostolische 12er-Architektur ist die tiefe Überzeugung, die in der Predigt Jesu anklingt und die in den Briefen des »unzeitigen« Apostels Paulus weiter intoniert wird: die 12 Apostel sind die »Erben« der 12 Stämme Israel. Der alte Bund, das Alte Testament, wird im neuen Bund, im Neuen Testament, weitergetragen und aufgehoben. So, wie wir es in der Liturgie des heiligen Mahls in den Einsetzungsworten Jesu bekennen, schmecken, sehen und empfangen: *Dieser Kelch ist der Neue Bund in meinem Blut, das für euch vergossen wird.* (Lk 22,19–20). Dass in unserem Text zu Anfang von ›120 Brüdern« gesprochen wird, die den entscheidenden Auftritt des »Apostelfürsten« Petrus flankieren – also: 10 x 12 – ist alles andere als ein Zufall, sondern eine Bestätigung jener heiligen und heilsgeschichtlichen Symmetrie.

Nicht nur in den Baumetaphern der heiligen Schrift, sondern auch an den Bauelementen unserer Kirchen, ihrer Kreuzgestalt, ihrem Licht, das von Osten in den Raum fällt, den tragenden Säulen (häufig sind es 12, die Apostel symbolisierend), entdecken wir den Kosmos Christi. Die Kirche als steingewordenes Evangelium *und* die Kirche als das beständige Gotteslob der versammelten Gemeinde, umringt und getragen von den Aposteln und Propheten. Gebet und Gebäude, Sinn und Form unseres einen, allgemeinen, apostolischen, evangelischen Glaubens durchdringen und inspirieren sich wechselseitig.

So ist am Schluss meiner Bibelverkostung (hoffentlich) deutlich geworden, dass die von mir erwähnten *überraschenden, verstörenden und fundamentalen Kostproben* hingewiesen haben auf die tragende, auf die heilige Symmetrie unseres Glaubens, auf die kosmische Architektur der Kirche Jesu Christi.

Mir sind beim Prüfen, Abklopfen und Vorkosten des Predigttextes mit überraschender Kraft einige Verse aus dem Epheserbrief vor mein inneres Auge getreten. Er-bauliche Sätze, die die *existenzielle* Dimension der Architektur unseres

Glaubens aufschließen helfen. Diese Kostprobe möchte ich euch, kurz vor dem Sonntagsbraten, nicht vorenthalten. Sie sei euch Liebhaberinnen und Liebhabern der Eisenacher Bibel-Küche, euch Gourmets der Heiligen Schrift, als Gabe und Aufgabe zugesprochen:

Epheser 2, 19 ff: So seid ihr nun nicht mehr Gäste und Fremdlinge, sondern Mitbürger der Heiligen und Gottes Hausgenossen, erbaut auf den Grund der Apostel und Propheten, da Jesus Christus der Eckstein ist, auf welchem der ganze Bau ineinandergefügt wächst zu einem heiligen Tempel in dem Herrn. Durch ihn werdet auch ihr mit erbaut zu einer Wohnung Gottes im Geist.

Ist das nicht eine köstliche biblische Verheißung, die Appetit macht auf mehr?! Auf ein Leben am Tisch des *Herrn*, um immer wieder aufs Neue zu schmecken und zu sehen, wie freundlich dieser *Herr* ist?!

Ausleger:
Dr. Thomas A. Seidel ist Leiter der Diakonenausbildung am Diakonischen Bildungsinstitut Eisenach und seit 2019 Vorsitzender der Internationalen Martin Luther Stiftung.

Pfingstwunder, Apostelgeschichte 2,1–12

Cornelia Biesecke / Stephan Köhler

¹Und als der Pfingsttag gekommen war, waren sie alle beieinander an einem Ort. ²Und es geschah plötzlich ein Brausen vom Himmel wie von einem gewaltigen Sturm und erfüllte das ganze Haus, in dem sie saßen. ³Und es erschienen ihnen Zungen, zerteilt und wie von Feuer, und setzten sich auf einen jeden von ihnen, ⁴und sie wurden alle erfüllt von dem Heiligen Geist und fingen an zu predigen in andern Sprachen, wie der Geist ihnen zu reden eingab. ⁵Es wohnten aber in Jerusalem Juden, die waren gottesfürchtige Männer aus allen Völkern unter dem Himmel. ⁶Als nun dieses Brausen geschah, kam die Menge zusammen und wurde verstört, denn ein jeder hörte sie in seiner eigenen Sprache reden. ⁷Sie entsetzten sich aber, verwunderten sich und sprachen: Siehe, sind nicht diese alle, die da reden, Galiläer? ⁸Wie hören wir sie denn ein jeder in seiner Muttersprache? ⁹Parther und Meder und Elamiter und die da wohnen in Mesopotamien, Judäa und Kappadozien, Pontus und der Provinz Asia, ¹⁰Phrygien und Pamphylien, Ägypten und der Gegend von Kyrene in Libyen und Römer, die bei uns wohnen, ¹¹Juden und Proselyten, Kreter und Araber: Wir hören sie in unsern Sprachen die großen Taten Gottes verkünden. ¹²Sie entsetzten sich aber alle und waren ratlos und sprachen einer zu dem andern: Was will das werden?

Einer:

Das war vielleicht ein Tag – unglaublich, unbelievable, incroyable, neveroyatnyy, … – Sah alles noch ganz schön anders aus, als ich aufgestanden bin an dem Morgen, irgendwie trüb-grau, leicht vernebelt. – Was will das werden, hab ich gedacht. Warten, immer warten! Irgendwann wird's doch hoffentlich anders werden. Ja, weiß schon, manchmal muss man Geduld haben, hoffen, aushalten … Das wird schon …! – Aber eines Tages wirst du einfach müde vom Warten. Die Hoffnung schrumpft, wird kleiner und kleiner. Die Erwartung brennt aus! Alles festgefahren, perspektivlos irgendwie! Keine Kraft, was anzufangen; keine Ideen. – So saßen wir da, hoffnungslos, alle miteinander …, alle Türen schön zu, die Fenster geschlossen, keine Bewegung, kein Schwung. – Tja, dacht ich, so ist es nun halt. Kannste nix machen. – Losgehen, einfach anfangen? – Ach je, den Mut musste erstmal haben, nach allem, was passiert ist. Will doch keiner hören, was ich zu erzählen hätte. Was Neues probieren? Mal was ganz anders machen? – Was soll das bringen? Kommt ja doch nichts raus dabei! – Wir sind eben nur ein kleines Häuflein, bisschen verloren, bald vergessen? Damit musst du dich abfinden!

Und die anderen von uns? Die haben ganz ähnlich gedacht, fürcht' ich. – Konntest du ihnen ja ansehen: Hängende Schultern, trüber Blick. Sehr still war's bei uns, düster, stickig …

Eine andere:
Das war vielleicht ein Tag – meine Güte! Das glaubt mir doch keiner, hab ich gedacht! Dabei fing der Tag so an wie immer. Bisschen langweilig. Ich tu, was ich immer tu nach dem Frühstück; sehe die Leute, die ich immer sehe, … – Unterhalten haben wir uns – nichts Tiefsinniges, nein. Small-Talk halt über dies und das. Was die Regierung so alles mal endlich anders machen müsste; was die Stadt verpasst hat, zu verbessern an den Straßen; was die Nachbarn für seltsame Leute sind … – sowas halt. Was eben jeder so redet den ganzen Tag. – Machst dir ja nicht ständig grundlegende Gedanken über dein Leben. – Viel zu anstrengend wär das.

Aber dann – du glaubst es nicht, …! Echt! Erst dacht ich, die sind betrunken, übergeschnappt. – Lautes Lachen, Reden, Singen, ein regelrechtes Brausen war das … – Und das schon am frühen Vormittag und mitten in meiner Stadt! … Unglaublich!

»Sag mal,« hab ich meinen Nebenmann gefragt, »sind das nicht diese bisschen frommen Leute, die immer so zusammengekommen sind und ganz still und friedlich ihr Ding gemacht haben? Die, wo man nicht so recht wusste, was das eigentlich soll?« »Ey, das glaubste nicht! Jetzt kommen die hier angerauscht und reden und jubeln und singen von ihrem Gott – regelrecht mitreißend. Da musst du ja aufpassen, dass du nicht gleich noch selbst mitmachst. Erkennste ja nicht wieder, diese Leute! So fröhlich, so begeistert! Was is'n da los? Hab'n die was genommen?«

Und du hältst es nicht für möglich: Die Leute um mich herum haben tatsächlich zugehört, diskutiert. Manche haben eingestimmt, mitgemacht, mitgesungen … – Fast hätt's mich selbst auch mitgerissen, wirklich! – Aber nee, so leicht fall ich da nicht drauf rein. Man muss ja vorsichtig sein! Wer weiß, was da wirklich dahintersteckt. Nee, nee – nicht mit mir!

Einer:
Nee, betrunken waren wir nicht, auch wenn das manche gedacht haben. Obwohl – so ein bisschen wie ein Rausch hat sich's schon angefühlt. Aber eher so ganz leicht, wie nach einem Glas Maibowle oder wie wenn du verliebt bist, ganz beschwingt fröhlich, bisschen schwebend. – Der Kopf ganz klar, aber mein Herz

hat gerast. – Ach, was sage ich: Richtig gehüpft ist es in mir. Gebrannt hat's. Und bei den anderen von uns war's genauso. Hellwach waren wir mit einem Mal. Es wurde geredet, gelacht. Die Ideen sprudelten nur so hervor. Richtig wunderbar war das, ein regelrechtes Brausen.

Wirklich, ich bin sonst keiner, der große Reden hält oder gar anfängt, laut zu singen. Eher im Gegenteil: Ich bin so der Beobachtertyp, der Stille, Ruhige. Aber in dem Moment – da hab ich über mich selbst gestaunt. Hätt' mich beinahe nicht wiedererkannt. Ein Teil von mir konnt's kaum glauben: Die Worte sprudelten nur so heraus aus mir. Ich hab erzählt, war begeistert ...

Und wisst ihr, was ich jetzt denke? Das sollte so sein. Dieses Warten, die lange Unsicherheit, die Hoffnungslosigkeit, das hatte alles seinen Sinn. Wir mussten das erleben, damit wir selbst andere verstehen, wenn's ihnen so geht. Dass wir mitfühlen und uns einfühlen können und ihnen dann von dem erzählen, was Jesus uns versprochen und gesagt hat: Dass wir eben nicht allein bleiben. Dass Gottes Geist kommt und da ist. Dass Er uns tröstet und bewegt und Mut macht.

Ein bisschen wie bei so einem Mosaik ist das – Puzzle nennt ihr das, glaub ich: Zwischendrin geht's manchmal ganz schön mühsam voran. Welches Teil gehört denn nun wohin? – Aber dann, wenn du fast fertig bist und die letzten Teile siehst – dann weißt du auf einmal: Ach ja, genau! So muss es sein! Das passt perfekt hier hin. Ich hab's! – Und das ist ein wunderbares Gefühl. Ungefähr so ist es mir da gegangen. Die Puzzleteile haben sich zusammengefügt: Und ich hatte plötzlich ein großartiges Bild vor mir – unglaublich beinahe, unbelievable, incroyable, neveroyatnyy, ...:

Lektor:

Und es geschah plötzlich ein Brausen vom Himmel wie von einem gewaltigen Sturm und erfüllte das ganze Haus, in dem sie saßen. ³Und es erschienen ihnen Zungen, zerteilt und wie von Feuer, und setzten sich auf einen jeden von ihnen, ⁴und sie wurden alle erfüllt von dem Heiligen Geist und fingen an zu predigen in andern Sprachen, wie der Geist ihnen zu reden eingab. ⁵Es wohnten aber in Jerusalem Juden, die waren gottesfürchtige Männer aus allen Völkern unter dem Himmel. ⁶Als nun dieses Brausen geschah, kam die Menge zusammen und wurde verstört, denn ein jeder hörte sie in seiner eigenen Sprache reden. ⁷Sie entsetzten sich aber, verwunderten sich und sprachen: Siehe, sind nicht diese alle, die da reden, Galiläer? ⁸Wie hören wir sie denn ein jeder in seiner Muttersprache? [...] Wir hören sie in unsern Sprachen die großen Taten Gottes verkünden. ¹²Sie entsetzten sich aber alle und waren ratlos und sprachen einer zu dem andern: Was will das werden?

Eine andere:

Wisst ihr was? (flüstert): Ich hab mich doch taufen lassen. (wieder lauter) Nein, nicht gleich. Bisschen hab ich noch gezögert, überlegt, gegrübelt, … – So spontan bin ich dann doch nicht. Aber diese Leute, die haben mich echt begeistert! Mitgerissen haben die mich! Haben von Jesus erzählt, dass er uns Gott ganz nahe sein lässt, jeden Tag, in jeder Situation. Dass er ganz besonders für solche wie uns da ist, für die, die nicht besonders fromm sind, besonders berühmt, besonders schlau oder reich. – Und ich konnt's richtig gut verstehen. Ist ja sonst nicht so meins: so tiefsinnig sein, auf meine Lebensfragen lauschen. – Aber da war's plötzlich anders. Richtig angesprochen haben die mich, mein Herz hat gebrannt. Plötzlich war da was, dass ich mich Gott wirklich ganz nahe gefühlt habe – wie ein lebendiger Hauch, ein frisches Brausen.

»Was will das werden?« hab ich da gedacht. Ist das richtig? Passt das für mich? Kann ich das wirklich glauben, mich dran festhalten? – Ich bin erst nochmal 'ne Runde gelaufen, hab nachgedacht. – Aber dann hat mein Herz immer noch gebrannt. Ich wollte mehr hören. Kosten wollte ich davon, probieren und schmecken, wie es den Lebensgeschmack verändert.

Und so bin ich wieder hin zu diesen Leuten. Hab' mich dazugesetzt. Und die haben erzählt von ihrem Herrn, ihrem Jesus. Hatte ich vorher noch nie so gehört. Und wie die von ihm geredet haben. Leidenschaftlich, wirklich be-geistert, mitreißend! Dass Jesus von Gott kommt und seinen Frieden bringt in unsre Welt und seine Hoffnung – auch in mein Leben. Und plötzlich wusst' ich: Das hab ich mir doch immer schon gewünscht. Nicht in diesem Alltagstrott bleiben, wo ein Tag wie der andere ist. Eben nicht: Das war schon immer so. Die Menschheit ist schlecht. Die da oben machen, was sie wollen, und wir kleinen Lichter können eh nichts tun… – Na, ihr kennt das ja … Aber damit will ich mich nicht abfinden. Das kann nicht alles sein, was man über diese Welt und über das Leben denken kann. Ich will hoffen! Ich will Veränderung! Ich will glauben, dass es auch anders geht. – Ich wusste nur nicht, wie.

Doch jetzt hab ich gedacht: Das klingt ja wunderbar! Diesem Jesus möchte ich auch nahe sein. Möcht' ihn in mein Leben lassen, ihm vertrauen. – Ja, das sind meine Leute! Da will ich mit dazugehören. – Ja, und da hab ich mich taufen lassen.

Und hinterher war das toll. Wir haben zusammengesessen und ich konnte gar nicht mehr aufhören zu strahlen. Wunderbar, dacht' ich, so fühlt sich also dieses neue Leben an, von dem sie so begeistert erzählt haben.

Aber jetzt …? Jetzt bin ich wieder allein und weiß irgendwie nicht so recht …

Lektor:

Sie entsetzten sich aber alle und waren ratlos und sprachen einer zu dem andern: Was will das werden?

Ja – eben! Das frage ich: Was will das werden? Was ist das denn nun gewesen mit diesem Brennen im Herzen. Diese Leute, diese Jesus-Leute, die haben gesagt: Das ist der Heilige Geist, der Geist von Gott, Gottes Werk. Diesen Geist hat Jesus uns zugesagt. Er wird uns halten und tragen. Trösten wird er uns und weiterbringen. Er wird uns inspirieren und begeistern.

Aber: Was ist das??? Was soll ich denn meiner Familie sagen, wenn die mich fragen: Warum willst du jetzt zu denen gehören? Das mit dem heiligen Geist – wie soll man das erklären? Geht das überhaupt? Also: Ich geh' da wieder hin. Gleich morgen. Ich will mehr von Jesus wissen.

Eine/r:

Wunderbar war das, einfach herrlich! Begeistert war ich! Und als ich dann gesehen hab, wie die Leute zuhören, wie sie froh wurden und manche sogar gejubelt haben – da habe ich mich ein bisschen gefühlt wie im Himmel. – Ja, genau das haben wir gebraucht, oder besser genau den, den Heiligen Geist, so wie ihn Jesus uns versprochen hatte: »Er wird eure Kraft sein, euer Trost, eure Gottesberührung, wenn ich nicht mehr selber da bin,« so hat er gesagt.

Was will das werden? – So haben viele gefragt an diesem Pfingsttag in Jerusalem. Ich auch. Und ich hab mich in die Zukunft geträumt: Ganz erstaunlich will das werden! Wunderbar gottesbewegt, eine große Gemeinschaft! Der Geist kann schenken, dass Menschen sich verstehen.

Wenn auch nur einige von denen, die da aus fernen Ländern da waren in der Stadt …

Lektor:

Parther und Meder und Elamiter und die da wohnen in Mesopotamien, Judäa und Kappadozien, Pontus und der Provinz Asia, [10]Phrygien und Pamphylien, Ägypten und der Gegend von Kyrene in Libyen und Römer, die bei uns wohnen, [11]Juden und Proselyten, Kreter und Araber

… ja genau, wenn auch nur einige von denen selbst diesen Geist erleben und in ihrer Heimat erzählen von diesem Tag, von ihrem Glauben, dann breitet sich die Pfingstfreude aus, überall. Und das wird nicht ohne Folgen bleiben – träume ich. Eine weltweite Gemeinschaft wird entstehen: Schwestern und Brüder verbunden im Glauben an Jesus Christus. Ihren Kindern und Enkeln werden sie davon erzählen. Es wird weitergehen, …

Und sicher werden Menschen auch immer wieder die Erfahrung machen, dass sie dasitzen und warten … und hoffen und sich fragen: »Was will das werden?«Immer wieder wird es Zeiten geben, in denen Menschen sich trostlos fühlen, ohnmächtig allein und ohne Hoffnung – eben so, wie es uns ging. – Aber auch dann – träume ich – wird dieser pfingstliche Geist plötzlich da sein, wie ein frischer Himmelswind, wie ein Sturm manchmal. Und Er wird sie berühren ganz sacht oder anschubsen, aufwecken und verändern, sodass sie spüren: Ja, Gott, Du bist wirklich da, ganz nah in meinem Leben! Gottes Geist lässt uns nicht allein. Er lässt uns verstehen und hoffen und Er führt uns zusammen auf Seinen Weg zum Leben. – Ja, darauf vertraue ich.

Ausleger:
Cornelia Biesecke ist Pfarrerin an der St. Annenkirche in Eisenach.
Stephan Köhler ist Pfarrer an der Georgenkirche in Eisenach.

Die erste Gemeinde, Apostelgeschichte 2, 37–47

Harald Rückert

[37]Als sie aber das hörten, ging's ihnen durchs Herz, und sie sprachen zu Petrus und den andern Aposteln: Ihr Männer, liebe Brüder, was sollen wir tun? [38]Petrus sprach zu ihnen: Tut Buße, und jeder von euch lasse sich taufen auf den Namen Jesu Christi zur Vergebung eurer Sünden, so werdet ihr empfangen die Gabe des Heiligen Geistes. [39]Denn euch und euren Kindern gilt diese Verheißung und allen, die fern sind, so viele der Herr, unser Gott, herzurufen wird. [40]Noch mit vielen andern Worten bezeugte er das und ermahnte sie und sprach: Lasst euch erretten aus diesem verkehrten Geschlecht! [41]Die nun sein Wort annahmen, ließen sich taufen; und an diesem Tage wurden hinzugefügt etwa dreitausend Menschen. [42]Sie blieben aber beständig in der Lehre der Apostel und in der Gemeinschaft und im Brotbrechen und im Gebet. [43]Es kam aber Furcht über alle, und es geschahen viele Wunder und Zeichen durch die Apostel. [44]Alle aber, die gläubig geworden waren, waren beieinander und hatten alle Dinge gemeinsam. [45]Sie verkauften Güter und Habe und teilten sie aus unter alle, je nachdem es einer nötig hatte. [46]Und sie waren täglich einmütig beieinander im Tempel und brachen das Brot hier und dort in den Häusern, hielten die Mahlzeiten mit Freude und lauterem Herzen [47]und lobten Gott und fanden Wohlwollen beim ganzen Volk. Der Herr aber fügte täglich zur Gemeinde hinzu, die gerettet wurden.

I.

Es begann alles mit einer langen Predigt. Nach heutiger Rhetorik beurteilt war sie wohl nicht besonders gut. Aber sie ging *durchs Herz* und führte zu Reaktionen: *»Was sollen wir tun?«* wurde gefragt.

Antwort: *»Kehrt um! Jeder soll sich taufen lassen zur Vergebung der Sünden.«* Und sie ließen sich taufen. Öffentlich kehrten sie sich von der Sünde ab, weg vom Drehen um sich selbst, weg vom »Zuerst ich«.

Das ist ja die Sünde schlechthin: dass wir uns krampfhaft selbst festhalten müssen, dass wir uns nicht Gott hingeben können und uns auch nicht hergeben wollen für Menschen, die auf unsere Hingabe warten. Die Taufe ist Zeichen der Änderung: Ich will mich allein an Gott festhalten. Oder besser: Ich bin von Gott gehalten! Damit beginnt der Aufbruch weg von der Fixierung auf sich selbst hinein in die immer tiefere Gemeinschaft mit Gott und hinein in immer tiefere Gemeinschaft mit anderen Menschen.

Darum geht es an Pfingsten: Um den Aufbruch hinein in Gemeinschaft. Berührt werden vom Heiligen Geist, Christ werden, Teil einer Gemeinschaft werden. Aufbruch hinein in Gemeinschaft? – Gemeinsinn, Solidarität und Rücksicht sind derzeit in unserer Gesellschaft höchst gefährdet. Zu Beginn der Pandemie schien es, als würden die Menschen angesichts der geforderten Distanzierungsmaßnahmen erst recht füreinander da sein und näher zusammenrücken.

Inzwischen scheint die Distanzierung tatsächlich zu wachsen: Impfkritik und Impffreiheitenfolge, Maskenpflicht und Lockerung von Einschränkungen – die Auseinandersetzungen werden härter.

Klimaschutz und Migration, Antisemitismus und Verschwörungserzählungen – schier unüberbrückbare Gräben tun sich auf. Die Sprache verroht, einfachste Anstandsregeln werden missachtet. Polarisierung nimmt zu. – Aufbruch hinein in Gemeinschaft? Wie nötig wäre so ein pfingstlicher Aufbruch für unsere Gesellschaft!

Genau damit begann Gottes Geist damals an Pfingsten: mit der Sammlung von Menschen zu einer in Christus verbundenen Gemeinschaft. Davon gingen positive Impulse aus ins damalige gesellschaftliche Umfeld. Die Gemeinschaft der ersten Christen fand »Wohlwollen beim ganzen Volk«. Und heute? Auch innerhalb der Christenheit finden Polarisierungen statt. Harte Worte werden gesprochen und unbarmherzige Urteile gefällt. Sind wir vielleicht nur ein Spiegelbild der Gesellschaft? Ums »Wohlwollen beim ganzen Volk« ist es schlecht bestellt. Der Umgang der Kirchen mit sexualisierter Gewalt und mit Menschen bestimmter sexueller Identitäten wird kritisch beleuchtet. Wie die Kirche mit Minderheiten und mit Macht umgeht, steht zur Debatte. Alles berechtigt, meine ich. – Aufbruch hinein in Gemeinschaft? Wie nötig wäre solch ein pfingstlicher Aufbruch auch innerhalb unserer Kirchen und Gemeinden!

II.

Berührt werden vom Heiligen Geist, Christ werden und Teil einer Gemeinschaft werden – an Pfingsten geht es um den Aufbruch hinein in diese Gemeinschaft. Darin wird das eigene Leben gehalten und geformt, und zugleich entfaltet es prägende Kraft für Kirche und Gesellschaft.

Zunächst geht es im christlichen Glauben um etwas ganz Persönliches: Berührt und bewegt vom Heiligen Geist geht es um meine ganz persönliche Antwort des Vertrauens und Gehorsams. Hierbei kann ich mich – wie in der Liebe –

durch niemand anderen vertreten lassen. Es geht um *mein* Vertrauen, *meine* Liebe, *meinen* Gehorsam, *meine* Zuversicht, *meinen* Einsatz und um *meine* Zweifel.

Zugleich ist christlicher Glaube etwas zutiefst Gemeinschaftliches. Gottes Geist stellt mich hinein in eine Gemeinschaft. Ungefragt – wie bei einer leiblichen Familie – gehört man mit Schwestern und Brüdern zusammen. In dieser Gemeinschaft wird mein Glaube weiter geformt, vertieft und belebt. Hier kann erfahren werden, wie erfüllend es ist, in einem lebendigen Prozess von Geben, Nehmen und Gebrauchtwerden zu leben, oder sich einfach fallen lassen zu können. Hier können überraschende Perspektiven entdeckt werden, und zusammen mit anderen kann Neues ausprobiert werden. Die Meinung, Glaube sei etwas so Privates, dass es nur »den lieben Gott und mich« etwas angeht, ist ein gravierender Irrtum. Ein »Ja« zu Gott ohne ein »Ja« zur Gemeinschaft verkommt schnell zu einem »Ja« zu meinem eigenen Bild von Gott.

Wer mit Gott in Kontakt tritt, bekommt es mit Menschen zu tun! Unausweichlich wird man immer wieder damit konfrontiert, dass andere ihren Glauben anders ausdrücken, ihn in anderen Formen leben und andere Erfahrungen machen. Immer wieder wird es Situationen geben, in denen dies nicht nur als Bereicherung, sondern als Herausforderung erlebt wird. Jedoch kann gerade das die notwendige Korrektur sein, die Gott mir zumutet. Wer sich der Gemeinschaft entzieht, läuft Gefahr, aus der Realität des Lebens und des Glaubens abzuleiten und sich einer Illusion hinzugeben. Eine Illusion aber, so schön sie für eine gewisse Zeit sein mag, taugt niemals, um darauf das eigene Leben aufzubauen.

Der Heilige Geist führt hinein in den Glauben und die Gemeinschaft mit anderen zum Heil und Wohl von Menschen. Diese Gemeinschaft hat Ausstrahlung und wirkt hinein in unsere Gesellschaft. So wird das Miteinander von Menschen auf eine Weise geprägt, wie sich Gott diese Welt und das Miteinander von Menschen dachte.

III.

So hat es die erste christliche Gemeinde in Jerusalem erfahren. Der Bericht darüber nennt vier wesentliche Aspekte dieser Gemeinschaft:

Die Lehre der Apostel – also das Wort Jesu Christi: »Du bist gewollt!«, »Du bist wahrgenommen!«, »Du bist geliebt!«, »Du bist angenommen!«, »Du bist erlöst!«, »Du bist befähigt!« – Das sind die entscheidenden Worte, die mein Leben tief berühren, radikal verändern und unwiderstehlich in Bewegung versetzen. Niemand kann sie sich selbst sagen. Ich kann sie nur zugesprochen bekommen. Genauso, wie ich mir Liebe nicht selbst zusprechen kann. Erst wenn es mir ein anderer Mensch sagt und mich in den Arm nimmt, gibt es dieses Kribbeln im

Bauch, das mein Leben berührt und verändert. Diese Worte des Evangeliums von Jesus Christus werden in der Gemeinde verkündigt, zugesprochen, vergewissernd in Erinnerung gerufen und herausfordernd ausgelegt.

Brotbrechen – also das Mahl Jesu Christi: Immer wieder lädt Jesus Christus an seinen Tisch. Auch wenn Menschen immer wieder einschränkende Bestimmungen vornehmen: Bei Christus sind alle willkommen! Uneingeschränkt. Jederzeit. Bei der Mahlfeier werden wir vergewissert und daran erinnert, dass Christus sein Leben mit uns teilt und dass unser Leben ein großes Ziel hat. Wir sind als einzelne und gemeinsam unterwegs und brauchen Wegzehrung für den Weg durchs Leben. Dieses stärkende Mahl wird in der Gemeinde gefeiert.

Gebet – also das Gespräch mit Jesus Christus: Kirche ist der Ort des Gebets, einzeln und gemeinsam. Im Beten geben wir Antwort auf Gottes Wort. Gebet – persönlich und in Gemeinschaft – verändert unser Leben: Beladene Menschen werden erquickt, träge Hände werden fleißig, müde Augen werden aufmerksam und harte Herzen gnädig.

Gemeinschaft – also die Familie Jesu Christi: Was das *Wort von Gott* für mich und meinen Alltag bedeuten kann, wie es uns miteinander betrifft und unser Handeln bestimmt, dies kann nur im gemeinsamen Hören, im Gespräch miteinander und mit Gott geschärft werden. Was sagt Gott uns im Blick auf Fragen der Klimagerechtigkeit? Was im Blick auf unser Verhalten in einer sich mehr und mehr polarisierenden Gesellschaft? – Das steht der Familie Jesu Christi gut an: Diese Fragen über der aufgeschlagenen Bibel angehen und um Antworten des Glaubens ringen. Gemeinsam, nicht besserwisserisch gegeneinander.

Am *Tisch des Herrn* können wir in Gottes Gegenwart Freude und Leid, Hoffnung und Enttäuschung teilen. Geteilte Freude wird so zu doppelter Freude. Geteiltes Leid wird so zu halbem Leid. Wie können wir das Brot des Lebens, von dem wir am Tisch des Herrn gestärkt werden, mit anderen teilen? Wie kann der für uns gedeckte Tisch auch für andere gedeckt werden? – Das steht der Familie Jesu Christi gut an: Gemeinsam vom Tisch des Herrn kommend, den Tisch für andere bereiten.

Beten lernt man in der »Familie Christi«. In der Gemeinschaft ist das Gespräch mit Gott lebendig. Gemeinsam darf das Bitten und Klagen, das Danken und Loben, unser Leben prägen. Wie können wir aus dem Gespräch mit Gott heraus, neu das verstummte oder gar verweigerte Gespräch zwischen Menschen anstoßen? – Das steht der Familie Jesu Christi gut an: Gemeinsam Gott in den Ohren liegen und die Brennpunkte unsere Gesellschaft *ohne Unterlass* mit ihm durchdeklinieren.

IV.

In der Gemeinde ist das Wort Jesu lebendig, das trägt; wird das Brot des Lebens gereicht, das nährt; wird das Reden mit Gott eingeübt, das verändert; ist die Familie Gottes zuhause, die Lebensraum bietet.

Diese Gemeinschaft der Christen ist dazu bestimmt, Licht und Salz der Erde zu sein. Immer wieder gilt es, verschlossene Türen zu öffnen, um aus der Enge der eigenen Grenzen herauszutreten und die Gemeinschaft aller Menschen im Geist Jesu Christi mitzugestalten. Dazu hat Gott uns, die Gemeinschaft der Kinder Gottes, seine Kirche, berufen.

Liebe Schwestern und Brüder, an Pfingsten geht es um den Aufbruch hinein in Gemeinschaft. Der Heilige Geist, der damals Menschen ergriffen und bewegt hat, ist derselbe Geist, der heute weht. Ihnen und uns gemeinsam wünsche ich eine starke, kräftige Brise dieses Geistes, die uns und unsere Gemeinden durchpustet.

Wäre doch großartig, wenn auch im Jahr 2021 über uns Christen gesagt würde:

Sie blieben beständig in der Lehre der Apostel und in der Gemeinschaft und im Brotbrechen und im Gebet. [...][Sie] lobten Gott und fanden Wohlwollen beim ganzen Volk. Der Herr aber fügte täglich zur Gemeinde hinzu, die gerettet wurden.

Ausleger:
Harald Rückert ist seit 2017 Bischof der Evangelisch-methodistischen Kirche und seit 2019 auch stellvertretender Vorsitzender im Vorstand der ACK in Deutschland.

Bildnachweis

Baines, Nicholas	privat
Balint, Kristof	© EKBO
Bammel, Dr. Christina-Maria	Matthias Kauffmann
Bedford-Strom, Dr. Heinrich	© ELKB/Rost
Begrich, Dr. Gerhard	Fotostudio Ulrich Schrader / © Kloster Drübeck
Biesecke, Cornelia	privat
Block, Dr. Johannes	© Thomas Klitzsch
Bornschein, Michael	privat
Carstens-Kant, Simone	privat
Chalupka, Michael	epdUschmann
Fuchs, Ralf-Peter	privat
Fuhrmann, Angela	© Dietlind Steinhöfel
Gebauer, Ralf	privat
Gidion, Anne	privat
Glufke, Rüdiger	privat
Göbel, Angelika	Kirchenkreis Eisenach-Gerstungen
Greßler, Michael	Sebastian Schmid, Wernau
Grüneberg, Eberhard	privat
Gymnasium Martin-Luther	Schulstiftung der EKM
Hanson, Sven	© Steffi Kaiser
Hilsemer, Manfred	privat
Hirsch-Hüffell, Thomas	privat
Hoffmann, Georg-Martin	privat
Hofmann, Dr. Beate	medio.tv / Schauderna
Ifland, Christoph	privat
Jäger, Carmen	privat
July, Dr. Frank Otfried	© EMH / Gottfried Stoppel
Junkermann, Ilse	privat
Kähler, Dr. Christoph	© Armin Kühne
Käßmann, Dr. Margot	© Julia Baumgart Photography
Köhler, Stephan	privat
Kramer, Friedrich	© Anne Hornemann
Krüger, Johann-Friedrich	© Hartmann Lotz

Kühnbaum-Schmidt, Kristina	Marcelo Hernandez – Nordkirche
Lehmann, Michael	privat
Mader, Rudolf	privat
Mattausch, Birgit	privat
Meister, Ralf	Jens Schulze
Metzner, Dr. Gabriele	privat
Mikosch, Dr. Hans	© EKMD
Niebuhr, Prof. Karl-Wilhelm	privat
Noack, Axel	Jörg Hammerbacher
Noetzel, Dr. Jutta	privat
Oxen, Katrin	privat
Phieler, Gabriele	Bodo Goepel
Piontek, Andreas	© EKMD / Kirchenkreis Mühlhausen
Pöhlmann, Armin	privat
Pompe, Hans-Hermann	privat
Rein, Dr. Matthias	privat
Reinhardt, Johannes	privat
Rinecker, Theresa	© Anne Hornemann
Robscheit, Wolfgang	privat
Rost, Dr. Matthias	privat
Rückert, Harald	© emk, Volker Kiemle
Schüfer, Tobias	© EKMD
Schwarze, Andreas	privat
Seidel, Dr. Thomas	privat
Spengler, Dr. Friederike	privat
Stawenow, Dr. Christian	privat
Storch, Harald	© Rudolf Uhrig
Stötzner, Katrin	privat
Trautwein, Ulrike	© EKBO
Trowitzsch, Dr. Michael	© Karin Exarchos
Weidner, Martin	privat